管理業務主任者
マンション管理士

出る出る
受験判例
160選

嶋本 勝浩

税務経理協会

はじめに

　本書は，マンション管理士と管理業務主任者の二資格の取得を切望する受験生を悩ませている「判例」に特化した試験対策書である。本書では，マンションを含む不動産取引に関する最新かつ重要な判例を取り上げているので，宅地建物取引主任者等の試験対策にも有効である。

　受験生の早期合格の一助となればという切実な気持ちから，効率的かつ実用的な資格試験の基本書を書き続ける一方で，講師としても資格試験に携わっている筆者が，最短距離でゴールを駆け抜けるための「手掛かり」を提示したものである。

　筆者は，永年にわたり，マンション又は一戸建て住宅やアパート等の設計及び企画から，施工・販売・引渡・管理・建替えの段階に至るまでのあらゆる業務に取り組んできた。いわば，不動産を扱う実務者として相当のキャリアを積んできた。不動産は，人間が生き，活動し，生計を立てるために必要不可欠な基盤であり，ここには人生が凝縮される。なかでも，住宅に関する要望は，人の暮らしと一生が千差万別であるように，収入や家族構成等によって刻々と変化し，人生の各段階における要望が凝縮する。住宅は，各人のライフステージを映しだす「鏡」のようである。

　二級建築士，宅地建物取引主任者，マンション管理士，管理業務主任者の資格は，住宅等の不動産を扱う実務者にとって極めて有用であった。私の実務経験は，資格を持つことによって支えられたものであり，資格の形骸化が叫ばれているが，私にとっては，死活的に不可欠の「道具」である。

　資格とは，持たない者にとっては必要性を有しないものであるが，一旦それを得た者にとっては不可欠であり，業務に携わるための免許証ともいうべきものである。しかし，独立自営を目指さない者にとっては，自らが持たずとも，在籍する法人に有資格者が存在すれば足りるものである。従って，必要性はない。

実務者としては，資格を持って様々の困難に果敢に立ち向かうべきである。不動産に関する法令には，時代の変化と多様性に追い付けず，「現実問題に十分対応できない」という葛藤や現実の厳しさがあるのも事実である。これを知っているのは，資格を持って主体的に業務を行う実務者だけである。

　不動産を扱う業務には，人間の要望と金銭的出資が交錯し，紛争が生じるが，その解決は，裁判に委ねざるを得ない。裁判によって，最終的な解決を図り，法治国家を維持しているのである。従って，判例には，事実認定に即して紛争の解決を最終的に示す意義があり，法令の適用に際して現実的な判断を行う機能を有する。それゆえ，判例が資格試験において尊重され，資格試験に受かるために，重要視されるのである。

本書の特徴と読み方

　160もの判例は，受験生のために抽出したものである。概ね，次の4つに区分される。試験に出る可能性の高いものを選択していることはいうまでもない。

---

① マンション管理士，管理業務主任者及び宅地建物取引主任者の三資格の法定更新の講習に取り上げられている判例（5年毎に，マンション管理士には講習を受ける義務があり，他の資格には更新する義務がある）。
② 先例的意義又は通説の見解を形成する基礎となる判例
③ 近時の注目判例
④ 法制度の不備又は未整備を解決する判例

　本書に記載した判例には，宅地建物の販売者と買主，マンションの事業者と買主又は施工業者，マンション管理組合と管理業者又は区分所有者等の関係において，日常的に起こり得る可能性の高いものを選択して，その解決方法や法律の根拠を示すという役割も担わせている。

　受験生のみならず，宅地建物の仲介業者，マンション分譲事業者，マンション管理業者や管理組合の理事長又は区分所有者，施工業者には，トラブルや問

題点に対して解決に向けての示唆を与えるものであり，不動産の販売から施工・引渡・管理に至る業務において注意すべき点が明らかになると考える。「即座に見開くことのできる」，「コンパクトな」判例集である。手元において頂ければ，問題点の解決方法の方向性が示される。

本書の読み方として，基礎知識をまず把握しようと考えている場合には，【Theme & Target】と【基礎的事項の確認】を有機的に関連づけて活用すると，俯瞰的に「森」が見えると考える。本書の特徴は，次のとおりである。

- 第1に【The Point】には各章の課題を，【Theme & Target】には争点を示した。【基礎的事項の確認】においてその解答を明確にしている。
- 第2に【重要判例】には，概括的内容を明らかにするために表題を記し，簡潔を旨として，最終的な判断が示された上級審を記載した。見解の変更又は先例的意義等により，必要に応じて下級審を併記した。
- 第3に【争　点】においては，法令の適用上何が問題となっているかを簡潔に示し，その結論を明らかにした。裁判を概観し，理解を早くするためである。
- 第4に【事実の概要】においては，裁判所の認定事実を中心として，当事者の主張に基づくものを含めて，事実をできるだけ要約した状態で，具体的に報告することとした。判例には，いくつかの特殊ともいえる固有の状況が見受けられるのでそれを整理して伝えるとともに，判決文は長大なものになるので，結論に直接影響しない部分を切り捨てる作業が必要となる。判決に係わる認定事実の根幹部分に焦点をあてることに配慮した。
- 第5に【当事者の主張】においては，原告及び被告のそれぞれの主張を箇条書きにして，請求内容の重複を避け，整然かつ簡潔明瞭に記載した。
- 第6に【判　旨】においては，裁判の結論を示すとともに，判決の骨子を箇条書きで明らかにした。

● 第7に【ワンポイント整理】又は【絵解き】においては，図解及び表組み等によって，判例の内容が記憶に残るものとなるように工夫した。建築基準法・宅地建物取引業法や民法・民事訴訟法・民事執行法・民事保全法等の適用について，読者の理解を深めることに努めた。

　本書では，重要判例を抽出してその結論に至る過程で，記憶に残るようなインパクトのある展開を心がけている。「記憶に残ること」，「具体的かつ平易な解説であること」，「不動産実務において出くわす可能性が高く，試験対策として注意すべき重要判例であること」を念頭に置きつつ，受かるために必要とされる160判例を選択している。

　受験生から実務者，さらには管理組合の理事長，区分所有者まで，幅広くマンション等の不動産に携わる方々を対象とした判例集である。

　不動産販売の企画・設計・施工から販売・管理に至るまでの実務者であると同時に，資格学校で情熱と熱意を持って，受験生と接してきた実体験を『出る　出る　受験判例160選』で十分に表現させて頂いた。試験に何としても受かりたいという受験生の期待に応えるための試験対策本である。

　ぜひ，本書を手元において一気呵成に合格へと突き進んで頂きたい。

　　　　　　　　　　　　　　　　　　　　平成21年4月22日　　嶋本　勝浩

○凡例
1．法令については，次の略称を用いている。
　建物の区分所有等に関する法律→区分所有法
　被災区分所有建物の再建等に関する特別措置法→被災マンション法
　マンションの管理の適正化の推進に関する法律→管理適正化法
　マンションの建替えの円滑化等に関する法律→建替え円滑化法
　宅地建物取引業法→宅建業法
　宅地建物取引業法施行規則→宅建業法規則
　マンション標準管理規約→標準管理規約
　マンション標準管理委託契約書→標準委託契約
　民事訴訟法→民訴法
　民事執行法→民執法
　建築物の耐震改修の促進に関する法律→耐震改修法
　高齢者，身体障害者等が円滑に利用できる特定建築物の建築の促進に関する法律→ハートビル法
　高齢者，障害者等の移動等の円滑化の促進に関する法律→バリアフリー新法
　住宅の品質確保の促進等に関する法律→品確法
　建築物における衛生的環境の確保に関する法律→衛生環境法
　失火ノ責任ニ関スル法律→失火責任法
　エネルギーの使用の合理化に関する法律→省エネ法
　自動車の保管場所の確保等に関する法律→車保管法
　動物の愛護及び管理に関する法律→動物愛護法
　個人情報の保護に関する法律→個人情報保護法
2．条文については，次のとおりとする。
　区分所有法→条文番号のみを示す。
　単に26条4項と記された場合，区分所有法26条4項を示す。
　尚，1962年（昭和37年）4月4日に公布された区分所有法を「1962年法」と称する。これは，1963年4月1日に施行された。

1983年（昭和58年）5月21日に公布，1984年1月1日に施行された区分所有法を「1983年法」と称する。
2002年（平成14年）12月11日に公布，2003年6月1日に施行された区分所有法を「2002年法」と称する。
区分所有法以外の法令については，民事訴訟法30条1項のように根拠法令を示す。

目 次

はじめに

本書の特徴と読み方

第1章 試験分析と判例 …………………………………… 1

第1節 資格の特性と難易度 ………………………………… 1
第2節 合格基準と出題範囲の分析 ………………………… 2
(1) 合格率及び合格点 ……………………………………… 2
(2) 出題分析 ………………………………………………… 3

第2章 判例の分析 ………………………………………… 7

第1節 判例の出題意図 ……………………………………… 7
第2節 過去問の根拠判例 …………………………………… 8
(1) 管理業務主任者試験の判例に関する出題 …………… 8
(2) マンション管理士試験の判例に関する出題 ………… 12

第3章 建物の区分所有 …………………………………… 23

【重要判例1：雑排水管と取替工事費の負担】…………………… 24
【重要判例2：管理人室と専有部分の判断】……………………… 27
【重要判例3：管理人室の専有部分の否定】……………………… 29
【重要判例4：共用設備のある車庫の専有部分性】……………… 31
【重要判例5：ピロティの専有部分性の否定と造作工事】……… 33
【重要判例6：スロープ等の専有部分性の否定と所有権留保】… 35
【重要判例7：倉庫と構造上の独立性】…………………………… 37
【重要判例8：車庫と構造上の独立性】…………………………… 39

第4章　バルコニーと法的性質　……………………… 45

【重要判例9：規約共用部分の認定】……………………………… 46
【重要判例10：専有部分の認定】…………………………………… 49
【重要判例11：サンルームの撤去命令】…………………………… 51
【重要判例12：バルコニーの温室改造】…………………………… 53
【重要判例13：パラボラアンテナの撤去命令】…………………… 54

第5章　駐車場と専用使用権分譲　……………………… 59

【重要判例14：専用使用権分譲の法的性質】……………………… 60
【重要判例15：専用使用権分譲と公序良俗違反】………………… 62
【重要判例16：分譲駐車場の法的性質】…………………………… 66
【重要判例17：駐車場の専用使用権分譲対価の帰属先】………… 67
【重要判例18：分譲駐車場の有効性と専用使用料の増額】……… 70
【重要判例19：専用使用権分譲の法的性質と有効性（最高裁の見解）】…… 74
【重要判例20：専用使用権者の使用期間の変更】………………… 78
【重要判例21：マンション敷地の不法駐車場建物】……………… 80
【重要判例22：専用使用権の分譲対価及び使用料の帰属】……… 82
【重要判例23：専用使用権の消滅及び有償化と特別の影響】…… 86
【重要判例24：専用使用権に関する対価不払と消滅】…………… 90
【重要判例25：立体駐車場の管理費と特別の影響】……………… 93

第6章　建物の敷地と敷地利用権　……………………… 97

【重要判例26：建蔽率違反と損害賠償責任】……………………… 97
【重要判例27：専有部分の取得と敷地利用権との関係】………… 99

第7章　管理者又は理事長の責務と管理組合法人 … 103

【重要判例28：権利能力なき社団の要件】……………………… 104
【重要判例29：理事長の債務不履行と損害賠償の請求主体】……… 106
【重要判例30：外壁タイルの落下と損害賠償請求】………………… 107
【重要判例31：区分所有予定者の決議と規約の有効性】…………… 112
【重要判例32：管理組合法人による訴訟提起】……………………… 113
【重要判例33：代理人の理事会出席を定めた規約】………………… 116
【重要判例34：仮理事長の選任】……………………………………… 119
【重要判例35：管理業者を非難する理事長の不法行為】…………… 120

第8章　区分所有者の権利義務 … 123

【重要判例36：分譲業者への屋上広告塔の撤去請求】……………… 125
【重要判例37：耐震壁に設置した貫通孔】…………………………… 126
【重要判例38：積立金等の請求と弁護士費用】……………………… 128
【重要判例39：フローリング騒音と受忍限度】……………………… 129
【重要判例40：フローリング騒音と損害賠償】……………………… 131
【重要判例41：フローリングの張替えと不法行為】………………… 132
【重要判例42：フローリングの張替えと不法行為及び差止請求】… 134
【重要判例43：カラオケ騒音と転貸借契約の解除】………………… 136
【重要判例44：カラオケスタジオの営業】…………………………… 140
【重要判例45：店舗の営業時間の制限と集会の決議】……………… 142
【重要判例46：ラーメン屋営業不承認と不法行為】………………… 146
【重要判例47：保育室の使用禁止】…………………………………… 148
【重要判例48：居酒屋の使用禁止】…………………………………… 150
【重要判例49：パチンコ店と共同利益背反行為】…………………… 153
【重要判例50：近隣住民の受忍限度と損害賠償請求】……………… 156
【重要判例51：日照被害と受忍限度】………………………………… 160

【重要判例52：風害と損害賠償請求】………………………………… 163

第9章　管理費等の支払義務と不払対策 ………… 169

【重要判例53：エレベーターの管理費等①】………………………… 170
【重要判例54：エレベーターの管理費等②】………………………… 172
【重要判例55：管理費等の負担割合と原告適格】…………………… 175
【重要判例56：管理費等債権に関する定期給付債権の認定】……… 179
【重要判例57：管理者の解任請求と管理費等の支払義務】………… 182
【重要判例58：規約の定めと分譲業者の管理費等の免除】………… 185
【重要判例59：分譲業者の赤字補填と管理費等の免除】…………… 188
【重要判例60：特定承継人の滞納使用料の負担義務】……………… 189
【重要判例61：駐車場の特別修繕費の負担】………………………… 192
【重要判例62：滞納管理費等と給水停止】…………………………… 197
【重要判例63：滞納者と単独請求】…………………………………… 199
【重要判例64：滞納管理費等の請求】………………………………… 201
【重要判例65：駐車場壁面の塗装工事と費用償還請求】…………… 203
【重要判例66：正当の理由と給水拒否】……………………………… 205
【重要判例67：管理費等の滞納と重要事項説明】…………………… 209
【重要判例68：中間取得者の滞納管理費等の支払義務の否定】…… 212
【重要判例69：中間取得者を特定承継人に包含】…………………… 217
【重要判例70：中間取得者を特定承継人に包含】…………………… 218
【重要判例71：従前区分所有者の滞納管理費等の支払義務】……… 219
【重要判例72：管理費の滞納と使用禁止請求の否認】……………… 222
【重要判例73：管理費等の滞納と給湯停止】………………………… 225
【重要判例74：管理費の長期滞納と氏名の公表】…………………… 228
【重要判例75：管理費等の滞納と相殺禁止】………………………… 231
【重要判例76：共用部分による利益と管理費等との相殺】………… 234
【重要判例77：将来発生すべき管理費等の認容】…………………… 238

【重要判例78：自力救済条項と損害賠償責任】……………………… 240

第10章　重要事項説明と瑕疵担保責任　………………………… 245

【重要判例79：営業担当者の説明と契約解除及び手付金等返還請求】…… 247
【重要判例80：マンションの日照被害と不実告知】………………… 252
【重要判例81：隣地の日照被害と損害賠償責任】…………………… 256
【重要判例82：南側隣地の建築計画不告知と損害賠償責任】……… 261
【重要判例83：新築住宅における軟弱地盤の不告知】……………… 264
【重要判例84：全戸南向き表示と損害賠償責任】…………………… 267
【重要判例85：マンションの違法増築と損害賠償責任】…………… 270
【重要判例86：値下げ分譲と重要事項説明】………………………… 274
【和解事例１：一棟全体の修繕積立金の滞納額不告知と重要事項説明】… 277
【和解事例２：大規模修繕工事の調査不足と和解補償金】………… 279
【重要判例87：差押登記の調査不足と損害賠償請求】……………… 281
【重要判例88：処分禁止の仮処分登記の調査不足と損害賠償請求】…… 284
【重要判例89：既存不適格建築物と損害賠償請求】………………… 286
【重要判例90：建売住宅の接道義務違反と損害賠償請求】………… 288
【重要判例91：給水ポンプ室騒音の不実告知と錯誤無効】………… 292
【重要判例92：シックハウス症候群と契約解除】…………………… 294
【重要判例93：防音性能と瑕疵担保責任】…………………………… 298
【重要判例94：中古マンション購入と予期せぬ区分所有者】……… 300
【重要判例95：ローン不調と錯誤無効】……………………………… 302
【重要判例96：ローン特約不記載と損害賠償請求】………………… 304
【重要判例97：過去の自殺と瑕疵担保責任】………………………… 306
【重要判例98：マンション内の自殺と瑕疵担保責任】……………… 308
【重要判例99：地中の産業廃棄物と瑕疵担保責任】………………… 310
【重要判例100：害虫の発生と瑕疵担保責任】……………………… 313

第11章　建物の設置又は保存の瑕疵　……………………… 317
【重要判例101：漏水事故と共用部分の認定】……………………… 318
【重要判例102：漏水事故と損害賠償責任】………………………… 321
【重要判例103：漏水事故と管理組合の責任】……………………… 325

第12章　共用部分の変更　……………………………………… 329
【重要判例104：専用庭の駐車場改築】……………………………… 330
【重要判例105：バルコニーの改造と規約違反】…………………… 332
【重要判例106：駐車場の抽選性の変更と特別決議】……………… 334
【重要判例107：室外機設置と規約違反】…………………………… 336

第13章　管理者の権利と義務　………………………………… 339
【重要判例108：管理者の選任手続】………………………………… 340
【重要判例109：理事長による訴訟提起】…………………………… 343
【重要判例110：理事長による訴訟提起】…………………………… 345
【重要判例111：共用部分の欠陥と管理組合による訴訟提起】…… 350
【重要判例112：通行地役権と所有権留保】………………………… 352
【重要判例113：理事長の善管注意義務違反】……………………… 356
【重要判例114：区分所有者に対する事務報告義務】……………… 358
【重要判例115：理事長等に対する職務執行停止の仮処分申請】… 360
【重要判例116：エレベーター保守契約の中途解約】……………… 363

第14章　規約の定めと集会の決議　…………………………… 367
【重要判例117：第1次高島平マンション事件】…………………… 368
【重要判例118：本郷ハイツ事件】…………………………………… 370
【重要判例119：管理費等の負担の違いと有効性】………………… 372
【重要判例120：クリーンハンドの原則】…………………………… 373

【重要判例121：原始管理規約の成立要件】………………………… 374
【重要判例122：規約の定めによる議決権の割合】………………… 376
【重要判例123：日照阻害の不利益と増築費用の負担】…………… 378
【重要判例124：縮小された議決権の有効性】……………………… 380
【重要判例125：ペット飼育禁止規約の有効性】…………………… 382
【重要判例126：一代限りのペット飼育規約】……………………… 385
【重要判例127：ペット飼育と管理規約案の説明義務】…………… 388
【重要判例128：賃借人の迷惑行為と区分所有者の責任】………… 390
【重要判例129：専有部分の用途制限と特別の影響】……………… 391
【重要判例130：事務所賃貸借契約と管理組合の承認拒絶】……… 393
【重要判例131：特定承継人の専有部分の用途制限】……………… 395
【重要判例132：招集手続の瑕疵と決議の有効性】………………… 399
【重要判例133：駐車場の増設と書面決議】………………………… 400
【重要判例134：損害賠償請求権の個別請求】……………………… 402

第15章 義務違反者に対する措置 ……………… 407

【重要判例135：組合員の不法行為（名誉毀損）】………………… 409
【重要判例136：野鳩の餌付】………………………………………… 413
【重要判例137：各区分所有者による訴訟提起】…………………… 414
【重要判例138：ペット飼育と行為差止等の請求】………………… 416
【重要判例139：暴力団関係者と競売請求】………………………… 417
【重要判例140：暴力団関係者と引渡請求①】……………………… 418
【重要判例141：暴力団関係者と引渡請求②】……………………… 421
【重要判例142：滞納管理費等と競売請求①】……………………… 423
【重要判例143：滞納管理費等と競売請求②】……………………… 424
【重要判例144：競売請求と差押え担保権者】……………………… 426
【重要判例145：賃貸借契約の解除と引渡請求①】………………… 429
【重要判例146：賃貸借契約の解除と引渡請求②】………………… 431

【重要判例147：賃貸借契約の解除と引渡請求③】 ……………… 434

第16章　大規模復旧と買取請求権 ……………… 439
【重要判例148：買取請求権の時価】 ……………………………… 439

第17章　建替えと売渡請求権 ……………………… 447
【重要判例149：売渡請求権の被行使者の義務】 ………………… 448
【重要判例150：売渡請求権の時価】 ……………………………… 450
【重要判例151：建替え決議の無効確認】 ………………………… 458
【重要判例152：建替え決議の有効性】 …………………………… 462
【重要判例153：未分譲棟の団地関係】 …………………………… 470

第18章　財産管理と登記 …………………………… 473
【重要判例154：管理業者の倒産と預金口座】 …………………… 474
【重要判例155：管理業者名義の預金と預金者の認定】 ………… 478
【重要判例156：権利能力なき社団の不動産登記】 ……………… 481
【重要判例157：共用部分への変更登記】 ………………………… 482
【重要判例158：敷地権の共有持分割合の更正登記】 …………… 486

第1章 試験分析と判例

第1節　資格の特性と難易度

　マンション管理士及び管理業務主任者資格の登録制度は，マンションのストック数約545万戸（平成20年末時点。3階建て以上。鉄骨鉄筋コンクリート造・鉄筋コンクリート造・鉄骨造。国土交通省統計）という時代になり，その適正な管理によって，資産の維持及び居住環境の確保を果たすという社会的要請によって，創設されたものである。

　両資格を取得するための試験は，平成13年より開始されたが，管理業務主任者試験は13年58％及び14年29％を除くと，毎年20％前後の高い合格率で推移している。マンション管理士試験は，ほぼ7％～8％という難関資格となっている。管理業務主任者には，管理業者に必要とされる専任の法的設置義務があるが，マンション管理士は，名称独占資格に留まる。マンション管理士のプロフェッショナルアドバイザーとしてのフィールドは多岐にわたるが，報酬規定はなく，自己研鑽や実務経験の積み重ねに大きく影響される資格であるといえる。

第2節　合格基準と出題範囲の分析
(1) 合格率及び合格点

【管理業務主任者試験】

	平成20年	平成19年	平成18年	平成17年	平成16年	平成15年
受験者	20,215人	20,194人	20,830人	22,576人	24,104人	27,017人
合格者	4,113人	4,497人	4,209人	5,019人	4,617人	5,651人
合格率	20.3%	22.3%	20.2%	22.2%	19.2%	20.9%
合格点	34点	33点	33点	36点	37点	35点

	平成14年	平成13年
受験者	35,287人	57,719人
合格者	10,390人	33,742人
合格率	29.4%	58.5%
合格点	33点	38点

【マンション管理士試験】

	平成20年	平成19年	平成18年	平成17年	平成16年	平成15年
受験者	19,301人	19,980人	21,743人	26,184人	31,278人	37,752人
合格者	1,666人	1,479人	1,814人	1,909人	2,746人	3,021人
合格率	8.6%	7.4%	8.3%	7.3%	8.8%	8.0%
合格点	37点	36点	37点	34点	30点	38点

	平成14年	平成13年
受験者	53,319人	96,906人
合格者	3,719人	7,213人
合格率	7.0%	7.4%
合格点	36点	39点

(2) 出題分析

次表により，選択肢ごとの出題比率を分野別に分析している。出題によってはすべての選択肢が1法律を根拠として解けない場合がある。従って，問題ごとではなく，選択肢ごとに解答の拠り所となる法律を検討して出題分析を行っている。

【管理業務主任者試験の出題分析（選択肢合計1,600）】

	出題分野	20年	19年	18年	17年	16年	15年	14年	13年
1	区分所有法	16	25	21	26	25	34	38	31
2	管理適正化法・指針	20	20	20	20	20	20	20	20
3	標準管理規約	33	24	30	21	31	20	29	20
4	標準委託契約	16	12	12	16	20	16	14	12
5	被災マンション法	0	1	0	0	0	0	0	0
6	建替え円滑化法	0	4	0	4	4	4	0	0
7	民法	36	28	35	35	28	32	21	28
8	民訴法・民執法・破産法	1	3	4	4	4	0	4	5
9	借地借家法	6	4	4	0	0	1	0	0
10	不動産登記法	0	0	4	0	0	0	0	1
11	宅建業法	4	7	6	4	8	4	5	5
12	都市計画法	0	0	0	0	0	0	0	0
13	建築基準法	13	24	12	14	23	12	15	11
14	建築士法	0	0	0	0	0	0	0	0
15	国土交通省告示，防犯・昇降機指針	9	1	0	3	5	9	6	3
16	耐震改修法	6	0	0	0	0	0	4	4
17	ハートビル法・バリアフリー新法	4	0	0	0	0	4	0	0
18	品確法	0	4	4	0	4	8	4	4
19	衛生環境法	0	0	0	0	0	0	1	0
20	労働安全衛生法	0	0	0	0	0	0	0	0
21	アフターサービス	4	4	0	2	4	4	0	6
22	建物知識	16	17	24	31	4	19	25	21

23	水道法・下水道法	0	2	0	0	4	0	0	1
24	消防法・告示	1	4	4	0	4	4	5	4
25	失火責任法	0	0	0	0	0	0	0	0
26	浄化槽法	0	0	0	0	0	0	1	2
27	電気事業法・電気設備	0	0	0	0	0	0	0	2
28	省エネ法・告示	0	0	4	0	0	0	0	0
29	警備業法	1	0	0	0	0	0	0	0
30	車保管法	1	0	0	0	0	0	0	0
31	郵便法・動物愛護法	1	0	0	0	0	0	0	0
32	消費者契約法・個人情報保護法・利息制限法	4	0	4	8	0	0	0	0
33	組合会計・税務	8	16	12	12	12	8	8	20
	合　　計	200	200	200	200	200	200	200	200

【マンション管理士試験の出題分析（選択肢合計1,600）】

	出　題　分　野	20年	19年	18年	17年	16年	15年	14年	13年
1	区分所有法	50	44	49	42	59	61	68	62
2	管理適正化法・指針	20	20	20	20	20	20	20	22
3	標準管理規約	23	34	28	26	23	13	10	26
4	標準委託契約	3	0	4	4	4	5	4	4
5	被災マンション法	0	0	0	4	0	0	0	4
6	建替円滑化法	4	4	4	4	4	4	0	0
7	民　　法	31	22	24	27	18	18	21	14
8	民訴法・民執法・破産法	1	0	0	1	3	1	2	1
9	借地借家法	1	0	0	2	0	0	0	0
10	不動産登記法	3	4	5	4	0	4	4	5
11	宅建業法	0	0	0	0	0	1	0	5
12	都市計画法	4	4	4	4	4	4	4	4
13	建築基準法	8	8	13	9	11	10	8	11
14	建築士法	0	0	0	0	0	0	1	1
15	国土交通省告示，防犯・昇降機指針	4	0	3	0	0	1	5	0

16	耐震改修法	0	0	0	0	0	0	0
17	ハートビル法・バリアフリー新法	2	0	0	0	0	0	0
18	品確法	0	0	2	0	1	3	4	4
19	衛生環境法	0	0	0	0	0	0	0
20	労働安全衛生法	0	4	0	0	0	0	0
21	アフターサービス	0	0	0	0	0	0	0
22	建物知識	25	25	27	35	31	37	22	19
23	水道法・下水道法	5	2	4	4	8	4	0	4
24	消防法・告示	5	8	4	8	4	4	6	4
25	失火責任法	0	4	0	0	0	0	0
26	浄化槽法	0	0	0	0	0	4	0
27	電気事業法・電気設備	0	1	1	0	2	0	7	1
28	省エネ法・告示	0	4	0	0	0	0	0
29	警備業法	0	4	0	0	0	4	0
30	車保管法	0	0	0	0	0	0	4
31	郵便法・動物愛護法	0	0	0	0	4	0	0
32	消費者契約法・個人情報保護法・利息制限法	3	0	0	0	0	0	0
33	組合会計・税務	8	8	8	6	8	4	6	5
	合　　計	200	200	200	200	200	200	200

第2章 判例の分析

第1節　判例の出題意図

　判例は，紛争事実の解決に際して，最終的な解決方法を示すもので，規範的な拘束力を有するものである。先例の蓄積という意味で，机上の空論に頼りがちな資格試験では，極めて重要な意義を持つ。宅地建物の販売から区分所有建物の管理及び建替え実務に連なる，法令適用から実務への「橋渡し的」な役割を担うもので，資格試験において出題の意義は高い。

　管理業務主任者，マンション管理士，宅地建物取引主任者の本試験では，出題傾向は違うが，重複する出題分野が相当数存在する。宅地建物の販売に携わる宅地建物取引主任者と区分所有建物の管理規約及び建物管理，管理組合に携わる管理業務主任者及びマンション管理士は，時系列的につながる資格である。これらの三資格において，判例に根拠を求める出題が相当程度存在し，合否を左右する場合がある。

　「判例によれば，正しいものはどれか又は誤っているものはどれか」という問いかけには，出題意図として，概ね2つの考え方がある。

① 特定の判例からのみ解答が導出される。注目される判例が，上告審まで争われ，最高裁の見解として先例的意義を有するものとして判決が出されている。特定の判例を知っていなければ，解答を出すことが困難な問題である。
② 多数蓄積された判例の見解に基づいて，解答を導出する問題がある。通説的見解であり，特定の判例に基づき，結論を出すものではない。判

> 例を知っていない場合でも，通説的見解や明文規定の適用によって，解答を出すことが可能である。

　尚，問いかけは，「民法の規定によれば，正しいものはどれか」としつつも，実際には，最近の重要判例を下敷きにした事例問題を出題している場合がある。この場合には，上記①に基づく判断が必要となる。

　本書では，宅地建物の販売から，管理，建替えに至るまでの重要な判例として「158判例」及び「和解事例2つ」を取り上げている。合計して，受験に必要な「160選」としている。直近かつ重要なものと先例的意義を有するものに絞り込んでいる。資格試験の出題者にとって，「宝の山」ともいえるものである。これらの一部は，三資格の更新の際の講習会のテキストでも取り上げられ，実務者として理解しておくべき判例で，重要度が高い。

　受験者はこれを理解し，資格試験の試験場で活用すべきである。ぜひ，判例にしっかりと取り組んで欲しい。いままでの勉強とは，違うアプローチによって容易に正解にたどりつけるようになるであろう。

第2節　過去問の根拠判例

　過去の本試験問題を検討すると，次表のとおり判例に関する出題がなされている。管理業務主任者及びマンション管理士試験について，平成13年の試験創設時から20年までのすべての過去問を検討した。本書で取り上げた判例には，【重要判例番号】を記載した。

(1) 管理業務主任者試験の判例に関する出題

出題年・問題番号	根 拠 判 例 と 判 旨
平成14年第5問	最判昭和46年4月23日 賃貸借の目的となっている土地の所有権の移転に際しては，賃借人の承諾を必要とせずに，新所有者が旧所有者の権利義務を承継する。
平成14年第41問	東京高判平成6年8月4日【重要判例125】 具体的な被害が発生する場合に限定することなく，ペット飼育を一律に禁止する規約は有効である。規約の変更によってペット飼育の

	禁止を定めることは，既に犬を飼育する一部の区分所有者に特別の影響を及ぼすものではなく，その者の承諾を得る必要はない。 京都地判昭和63年6月16日【重要判例11】 区分所有者が，ルーフテラスに設置したサンルームに対して，管理組合の撤去請求は認められる。ルーフテラスについては，通常用方に従って利用すべき義務があり，緊急避難通路ともなる。改造禁止の規約に反するので，設置した区分所有者の承諾は不要である。
平成15年第5問	最判平成11年4月23日 同一所有者に属する土地及び建物に，異なる抵当権者のために抵当権が設定され，建物の抵当権実行後に土地について抵当権が実行された場合，土地の競売により建物についての法定地上権が成立する。
平成15年第34問	最判平成12年3月21日【重要判例101】 マンションの専有部分の床下空間及び天井裏空間に設置され，汚水及び雑排水が流入する排水枝管は，共用部分である。排水枝管は，直下階の住戸の天井裏空間を経由するもので，直上階の住戸の区分所有者は，排水枝管の点検・清掃・修理等を行うことができない。排水枝管は，2条4項に定める専有部分に属しない建物の附属物であり，共用部分に該当する。 最判平成10年11月20日【重要判例23】 駐車場の専用使用権を分譲業者から購入した区分所有者にとって，それを消滅させる集会の決議は，特別の影響を及ぼす。承諾なく消滅させる決議は無効で，有償化するための決議には，社会通念上，値上げの妥当性を検討する必要がある。
平成15年第39問	最判平成12年3月21日【重要判例101】 排水枝管の漏水事故の原因者が特定でき，故意又は過失による帰責事由が明らかであれば，原因者に不法行為責任が成立する。
平成16年第40問	最判昭和56年6月18日【重要判例7】 構造上の独立性の認定のためには，常時完全に周囲のすべてが遮蔽されている必要はない。隔壁・階層によって他の部分と遮蔽され，その範囲が明確であれば足りる。専有部分に共用設備があっても，その割合が僅少で区分所有者の排他的使用が可能であれば，利用上の独立性を認めて専有部分として認定することができる。
平成17年第10問	最判平成16年4月23日【重要判例56】 区分所有者が滞納した管理費等の支払請求権は，民法169条に定める定期給付債権として5年間の短期消滅時効の対象となる。
平成17年第29問	東京高判平成6年8月4日【重要判例125】

平成17年第39問	最判平成2年11月26日【重要判例33】 「理事に事故があり，理事会に出席できないときは，その配偶者又は一親等の親族に限り，これを代理出席させることができる」という規約が，民法55条に定める包括的委任に抵触するか否かが争われたが，代理の条件を限定しているので委任の本旨に反するものではなく，管理組合の私的自治に属するものであるため，違法ではない。
平成18年第39問	最判平成16年4月23日【重要判例56】
平成18年第42問	最判平成13年11月27日 瑕疵担保責任による損害賠償請求権は，民法167条1項に定める債権に該当するので，引渡時から10年が経過すれば消滅時効にかかる。買主が売買の目的物の引渡を受けた時点から消滅時効は進行する。
平成19年第6問	大判昭和2年4月25日 賃借人が賃貸人に対して無断で行った譲渡又は転貸であっても，転貸借関係の契約自体は，当事者間において有効である。賃貸人は，転借人に対して賃料の請求をすることができる。 最判昭和26年5月31日 無断譲渡又は転貸を承諾しない賃貸人は，賃貸借契約を解除することなく，直接的に譲受人又は転借人に明渡を請求することができる。無断転貸の場合，賃貸人は，転借人の地位を認めることなく，目的物の明渡請求をすることができる。賃貸人は，賃貸借契約を解除することを要しない。
平成19年第33問	東京高判平成6年8月4日【重要判例125】 東京地判昭和63年11月28日【重要判例46】 店舗の業種制限，営業方法・店舗の内装制限等に関する規約の改正が，特別の影響を及ぼすか否かが争われた。1階が店舗，2階以上11階までが住居で使用されているマンションにおいて，住環境を著しく阻害し，著しい臭気等を発する業種の店舗営業は，共同の利益に反することが明らかであり，店舗に関するこのような制約は区分所有者が一般的に負っている制約の範囲内である。ラーメン屋を営業する者に賃貸していた区分所有者にとって，受忍限度を超える不利益はないため，特別の影響を及ぼすものではない。
平成19年第39問	最判昭和62年7月17日【重要判例141】 区分所有者が，暴力団組長との間に賃貸借契約を締結して専有部分を賃貸したが，暴力団関係者が宿泊又は出入りするとともに，品行不正な行為が発生した。区分所有者全員又は管理組合法人が，賃貸借契約の解除及び専有部分の引渡請求を提訴する決議を行うに際して，義務違反者である賃借人のみに弁明の機会を与えれば足りる。

	訴訟において被告となるのは，区分所有者及び賃借人の双方である。管理組合への引渡後，正当な権限を有する区分所有者に引き渡される。
平成20年第6問	最判平成元年10月27日 抵当権の効力は，目的不動産の賃料債権に及ぶ。抵当権者は，賃借人が供託した賃料の還付請求についても物上代位権を行使することができる。債権者は，区分所有者が設定した抵当権に基づき，専有部分の賃借人の賃料債権に対して抵当権を行使することができる。
平成20年第39問	最判平成5年2月12日【重要判例3】 管理人室が，専有部分に該当するか否かが争点となった。共用部分である管理事務室に隣接する管理人室には，構造上の独立性があっても，管理事務室のみでは管理人を常駐させて管理業務を適切かつ円滑に遂行することが困難であり，両室の機能的な分離ができないため，管理人室には利用上の独立性がない。管理人室は，専有部分には当たらず，区分所有権の目的とはならない。
平成20年第41問	最判平成4年10月20日 瑕疵担保責任に基づく契約の解除又は損害賠償請求は，買主がその事実を知った時から1年以内に行う必要がある。これは，除斥期間を定めたもので，時効の中断のない固定期間で，当事者の援用を必要としない。別段の特約がない限り，買主が，その事実を知ってから1年以内に追及しなければ，売主は，瑕疵担保責任を免れる。

(2) マンション管理士試験の判例に関する出題

出題年・問題番号	根 拠 判 例 と 判 旨
平成13年第1問	最判昭和56年6月18日【重要判例7】 車庫又は倉庫に共用設備の存在があっても割合が僅少でその余りの部分を排他的使用に供することができ，区分所有者の排他的使用と共用設備の利用との関係において相互に支障がない場合，専有部分とすることができる。
平成13年第5問	東京地判平成7年11月21日【重要判例136】 居住者が行った野鳩の餌付と飼育によって，洗濯物が干せない，悪臭，鳩の死骸，騒音等の被害が生じた。区分所有者の静穏かつ清潔な日常生活を著しく妨げ，共同利益背反行為に該当するため，使用貸借契約の解除及び引渡請求が認められた。
平成13年第14問	最判昭和44年7月17日 賃貸されている建物所有権が売買された場合，旧賃貸人に差し入れられた敷金は，新賃貸人に承継される。新賃貸人は，賃借人に対して敷金の返還義務を負う。
平成13年第15問	大判昭和5年12月18日 畳建具は，容易に取り外すことができるか否かにかかわらず，一旦建物に備えつけられれば建物の一部を構成し，建物に付加して一体となるものであり，抵当権の設定後に登記されたものといえども抵当権の効力は及ぶ。
平成13年第21問	最判平成12年3月21日【重要判例101】
平成13年第32問	東京高判平成8年12月26日【重要判例111】 管理組合が，共用部分のひび割れ等の瑕疵について，施工業者，分譲業者に対して補修代金相当額の損害賠償請求を行った。管理組合には，訴訟当事者としての適格性が認められたが，損害賠償請求権は可分債権であるとして，管理組合の請求は棄却された。 東京地判平成2年10月26日【重要判例57】 分譲業者が管理者となり，管理業務を行っていたところ，区分所有者であるにもかかわらず，管理費等を支払っていなかった。管理費等の不払を理由とする他の区分所有者による解任請求は認められた。
平成13年第34問	東京高判平成6年8月4日【重要判例125】
平成14年第5問	最判昭和62年7月17日【重要判例141】
平成14年第6問	最判昭和62年7月17日【重要判例141】

平成14年第11問	最判平成7年9月8日 保証人による時効完成前の一部弁済の自認行為があったとしても，完成した主債務全部の時効援用権は制限されない。 最判昭和50年11月28日 二重訴訟を解消するために，前訴が取り下げられた場合，請求の趣旨を同じくする後訴が維持されれば，前訴の提起による時効の中断の効力は消滅しない。
平成14年第13問	最判平成元年10月27日 抵当権の効力は，目的不動産の賃料債権に及ぶ。
平成14年第14問	最判平成3年4月2日 建物とその敷地が売買の目的とされた場合，賃貸人が修繕すべき欠陥が敷地にあっても，売買の目的物に隠れた瑕疵があるとはいえず，買主がこれを理由として契約を解除することはできない。賃貸人に対して敷地の修繕義務の履行を請求すれば足り，売買の目的物である賃借権の欠陥ということはできない。
平成14年第27問	東京高判平成6年8月4日【重要判例125】
平成15年第8問	最判平成2年11月26日【重要判例33】
平成15年第12問	最判昭和47年9月7日 売主Aが，第三者Bの詐欺を理由として，悪意の買主Cとの間の売買契約を取り消した場合，Cの登記抹消義務とAの売買代金の返還義務とは，同時履行の関係に立つ。CはAから代金全額の返還を受けるのと引換えに，抹消登記手続をすべき義務を負う。 最判昭和33年2月21日 債権者が詐害行為取消権を行使するためには，自己の債権が詐害行為取消権の行使以前に発生していなければならない。
平成15年第15問	最判昭和47年5月25日 死因贈与の取消には，民法1022条に定める遺言の撤回の方式に関する部分を除外して準用する。従って，死因贈与には，遺言の方式の規定の準用はされない。 最判昭和32年5月21日 死因贈与の方式については，遺贈に関する規定の準用はされない。 遺贈とは，遺言によって，受遺者に無償で財産的利益を与えることをいう。
平成16年第14問	最判昭和30年5月31日 相続財産の共有は，民法249条に定める共有と性質を異にするものではない。相続財産の共有及び分割に関しては共有に関する256条

	以下の規定が第一次的に適用される。但し，共同相続人はいつでも，相続財産の分割を請求することができない。民法908条に基づき，遺言により相続開始時から5年以内であれば遺産分割を禁止できる。 最判昭和39年2月25日 共有物を目的物とする賃貸借契約の解除は，民法252条にいう共有物の管理に関する事項に当たるので，共有持分が過半数に満たない共有者は，単独で契約解除の意思表示を示しても，効力を生じない。契約解除については，民法544条1項の解除権の不可分性の規定は適用されない。共有者3名のうち2名の賛成によって，賃貸借契約の解除が認められる。
平成16年第15問	最判昭和44年7月17日 賃貸されている建物所有権の移転に伴い，賃貸人の地位が新たな所有者に移転した場合，旧賃貸人に差し入れられた敷金は，未払賃料に充当された後，残額の権利義務関係は，新賃貸人に承継される。但し，平成16年3月31日までに対抗要件を備えた短期賃貸借（建物は3年間）であれば，抵当権者に対抗することができる。建物賃貸借期間が5年の場合，短期賃貸借ではないため，新たな買受人には対抗できないので，敷金の支払請求をすることはできない。
平成16年第16問	最判平成15年10月10日 請負業者が注文者に無断で，工事請負契約において耐震性を高めるために約定された鉄骨を使用しなかった場合，使用された鉄骨が，構造計算上居住用建物の安全性について問題のないものであったとしても当該鉄骨を使用した主柱工事については瑕疵があると解する。 最判昭和54年3月20日 請負の目的物に瑕疵がある場合，瑕疵の修補が可能な場合であっても，修補請求をすることなく，直ちに修補に代えて損害賠償請求をすることができる。 最判昭和54年3月20日 瑕疵修補請求権と瑕疵修補に代わる損害賠償請求権のいずれを行使するかは，注文者が自由に選択できる。注文者は，直ちに修補に代えて損害賠償請求を行い得る。 最判平成14年9月24日 請負の目的物である建物に重大な瑕疵があるために建て替えざるを得ない場合，注文者は，請負契約の解除をすることはできないが，建替え費用相当額の損害賠償を請求することができる。 最判平成9年7月15日 注文者が，請負人の報酬債権に対し，瑕疵修補に代わる損害賠償債権を自働債権とする相殺の意思表示をした場合，損害賠償債権は相

	殺適状時（建物引渡時）に遡って対当額で消滅する。注文者は，相殺後の報酬残債務について，相殺の意思表示をした翌日から履行遅滞による責任を負う。
平成17年第7問	東京地判昭和61年9月25日【重要判例105】 区分所有者が，マンションの外周壁及びバルコニーに広告看板を設置した。規約には，バルコニー及び玄関周壁に広告看板等を設置することを禁止する旨の定めがあり，57条に定める違反行為停止等の請求に基づき，その撤去が認められた。区分所有者には特別の影響を及ぼすものではなく，承諾は不要である。
平成17年第8問	最判平成10年11月20日【重要判例23】 無償であった駐車場専用使用権の一部を消滅させ，一部を有償とする集会の決議が，専用使用権者に特別の影響を及ぼすものであるか否かが争われた。第一審が控訴審で覆され，上告審では，控訴審の審理不尽の違法が指摘され，一部破棄差戻しとなった。 一部を消滅する決議は，特別の影響を及ぼすので，区分所有者の承諾のない決議は無効である。一部を有償化する決議には，社会通念上の相当性を検討する必要がある。有償化の必要性及び合理性が認められ，かつ，設定された使用料の額が社会通念上相当な額であると認められる場合，専用使用権者に特別の影響を及ぼすものではないので，その承諾を得る必要はなく，有効に成立する。 最判平成10年10月30日【重要判例18】 駐車場における専用使用料の増額は，専用使用権者の承諾を得ることなく，規約の定め又は集会の決議によって可能であるが，増額の程度が社会通念上相当な額を超える場合には，特別の影響を及ぼすので，専用使用権者の承諾が必要になる。低廉な使用料を社会通念上相当な額にまで増額する旨を規約において定める場合には，承諾は不要となる。
平成17年第11問	東京地判平成3年3月8日【重要判例37】 現在の区分所有者が，耐震壁に貫通孔を開けてガスバランス釜を取り付けたところ，共同利益背反行為に当たるとして，管理者及び他の区分所有者から原状回復を求められた。現在の区分所有者に対して，従前の区分所有者が開けた貫通孔を含めて，ガスバランス釜及び配管・配線の撤去と原状回復，弁護士費用に関する請求が認められた。

平成17年第13問	最判昭和62年7月7日 無権代理制度と表見代理制度は，互いに独立した制度であるから，相手方は，表見代理の主張をせずに直ちに無権代理人の責任を問うことができる。無権代理人は，表見代理の主張をして自己の責任を免れることはできない。
平成17年第14問	最判昭和46年4月23日 新所有者が，賃貸中の土地所有権につき，賃貸人としての権利義務を承継するに際しては，賃借人の承諾を必要としない。新旧所有者間の契約をもってすれば足りる。
平成17年第15問	最判昭和41年4月20日 消滅時効の完成後に，債務者が債権者に対して債務の承認をした場合，時効完成の事実を知らないときでも，以後は完成した時効を援用することはできない。
平成17年第16問	最判昭和36年12月15日 不特定物の売買において，給付物に瑕疵があることを受領後に発見した場合，買主は，売主の瑕疵担保責任を負う等の瑕疵を認識した上で給付を履行として認容したと認められる事情が存在しない限り，取替え又は追完の方法による完全履行請求権を有する。不完全給付が売主の帰責事由に基づく場合には債務不履行となるので，買主は損害賠償請求権及び解除権も有する。
平成17年第18問	最判昭和29年4月8日 金銭等の可分債権又は可分債務については，共同相続人の相続分に応じて，当然に分割承継される。被相続人の滞納管理費等について共同相続人が連帯債務を負うものではない。
平成18年第10問	東京高判平成6年8月4日【重要判例125】
平成18年第12問	最大判昭和9年10月16日 連帯保証人は，弁済をするにつき，正当な利益を有する者であり，弁済によって当然に債権者に代位する。連帯保証人は，自己の権利に基づき，求償できる範囲内において債権の効力及び担保として債権者の有する一切の権利を行使することができる。 最判昭和61年11月27日 複数の保証人及び物上保証人を兼ねる者の弁済による債権者に代位する場合，両方の資格を兼ねる者も一人として数えて，民法501条4号又は5号に定める公平の理念に基づき，全員の人数に応じた平等の割合とする。

第2章　判例の分析

平成18年第13問	最判平成15年11月14日 建築士は，買主との関係において建築士法及び建築基準法による規制の実効性を失わせる行為をしてはならない法的義務があるので，違反行為により，損害を被った買主に対して不法行為に基づく損害賠償責任を負担する。分譲業者の指示に基づき違反行為を行った建築士は不法行為責任を負う。 最判昭和32年3月26日 民法719条1項に定める共同不法行為が成立するためには，各自に主観的要件である故意または過失の備わることが必要である。但し，不法行為者間に共謀又は共同の認識があることは必要ではなく，客観的に権利侵害が共同でなされれば足りる。 最判昭和43年4月23日 共同行為者の各自の行為が客観的に関連し，共同して違法に損害を加えた場合に，各自の行為がそれぞれ独立に不法行為の要件を備えるときは，各自が違法な加害行為と相当因果関係にある全損害につき，賠償責任を負う。建築士の違法設計と施工業者の手抜工事が相俟って耐震強度の低いマンションが建築された場合，両者は，共謀がなくても共同不法行為責任を負う。
平成18年第14問	大判昭和7年5月27日 法人が民法44条によって不法行為責任を負う場合，代表機関である理事も又，個人として民法709条に定める不法行為責任を負う。従って，管理費等を着服した管理業者の役員及び法人に対して損害賠償請求をすることができる。尚，法人の不法行為能力等を定めた民法44条の規定は，平成18年に削除された。 最判平成16年4月23日【重要判例56】
平成18年第15問	最判昭和41年11月18日 使用者Bが，被用者Aと第三者Cの共同過失を原因とする交通事故による損害を賠償した場合，過失割合に基づくCの負担部分についてCに対して求償権を行使することができる。 最判昭和63年7月1日 被用者Bが事業の執行につき，第三者Cとの共同不法行為により他人Dに損害を加えた場合，Cが過失割合に基づく自己の負担部分を超えて損害賠償をした場合，使用者Aに対してBの負担部分を求償することができる。従って，Cは，A及びBに対して請求することが可能である。 最判昭和57年3月4日 共同不法行為者が負担する損害賠償義務は，不真正連帯債務である。

17

	連帯債務ではないので，民法434条に定める連帯債務者の一人に対する履行の請求は，他の連帯債務者に対しても，その効力を生ずるという規定は適用されない。共同不法行為が，行為者の共謀にかかわる場合であっても同様である。被害者Ｄは，不法行為者の各人（Ａ，Ｂ及びＣ）に対して，損害賠償額の全額を請求することができる。 不真正連帯債務とは，同一内容の給付を目的とする債務が意図的ではなく偶然に競合し，債務者がそれぞれの立場において負担し，債務者の一人が弁済すれば他の者が債務を免れるものである。弁済以外の事由については，債務者に生じた事由が他の債務者に影響しない点が連帯債務とは異なる。 最判平成6年11月24日 共同不法行為者が負担する損害賠償債務は，不真正連帯債務であるため，民法437条に定める免除の絶対効の規定は適用されない。 最判平成10年9月10日 Ａ及びＢの共同不法行為によって損害を加え，共同不法行為者の一人であるＡと被害者Ｃとの間で和解が成立した。Ａが請求額の一部についてＣに和解金を支払い，ＣがＡに対して残債務を免除した場合に，ＣがＢに対しても残債務を免除する意思を有していた場合には，Ｂにも免除の効果が及ぶ。 連帯債務者の一人に対して行った債務の免除は，連帯債務者の負担部分についてのみ，他の連帯債務者の利益のためにもその効力を生ずるという，民法437条の規定は，当然には適用されない。すなわち，被害者が他の連帯債務者に対する債務を免除するという意思表示があることを要件とする。
平成18年第16問	最判平成9年9月12日 遺言者に相続人は存在しないが，相続財産全部の包括受遺者が存在する場合，民法951条にいう「相続人のあることが明らかでないとき」には当たらない。 包括受遺者は，相続人と同一の権利義務を有する者であり（民法990条），遺言者に相続人がいない場合でも，遺産全部についての包括受遺者が，当然に承継取得する。 最判昭和50年10月24日 相続人が不存在の場合，特別縁故者に分与されなかった相続財産は，相続財産管理人が国庫に引き継いだ時に国庫に帰属する。相続財産全部の引継ぎが完了するまでは，相続財産法人は消滅せず，相続財産管理人の代理権も，引継ぎ未了の相続財産について存続する。被相続人に相続人がいることが不明で，相続人として権利を主張する

		者がいない場合，当然に国庫に帰属するものではない。特別縁故者がいればその者に帰属し（民法958条の３），特別縁故者に分与されなかった相続財産が国庫に帰属する（民法959条）。
平成19年第６問		最判平成元年11月24日 共有者の一人が死亡し，相続人の不存在が確定し清算手続が終了した場合，被相続人の共有持分は，民法958条の３に基づき，特別縁故者への財産分与の対象となる。財産分与がなされず，当該共有持分を承継する者がいないまま相続財産として残存することが確定した時に，はじめて，民法255条により他の共有者に帰属する。 特別縁故者とは，被相続人と生計を同じくした者（内縁の夫婦・事実上の養親子等），被相続人の療養看護に努めた者等をいう。
平成19年第15問		最判平成７年１月24日 責任を弁識する能力のない未成年者の行為によって火災が発生した場合，重大な過失の有無は未成年者の監督義務者について考慮される。監督義務者に重大な過失がない場合には，火災による損害賠償責任を免れる。 最判昭和30年３月25日 被用者の失火に重大な過失がある限り，使用者はその選任・監督について重大な過失がなくても，民法715条１項に定める使用者責任を負担する。 最判昭和30年３月25日 失火による火災の場合，不法行為の特則として失火責任法の適用があるので，失火者は，重過失がある場合に限り，損害賠償責任を負担する。失火責任法は，不法行為責任を制限するが債務不履行責任を制限しないので，軽過失による失火の場合，失火者は不法行為責任を免れるが，契約責任との関係では民法415条に定める債務不履行責任を免れない。すなわち，債務不履行による損害賠償責任には，失火責任法の適用はない。借家人が軽過失で借家を焼失させた場合，債務不履行責任を負担しなければならない。
平成19年第16問		最判昭和41年６月23日【重要判例135】 他人の名誉を毀損する行為であっても，公共の利害に関する事実に係るもので，専ら公益を図る目的から主張された場合，摘示された事実が真実であることが証明されれば，違法性がないものとして，不法行為は成立しない。事実が真実であることが証明されなくても，行為者においてその事実を真実と信じるについて相当の理由があれば，故意又は過失がないものとして不法行為は成立しない。

平成19年第17問	最判昭和29年4月8日 金銭等の可分債権又は可分債務は，共同相続人の相続分に応じて，当然に分割承継される。
平成20年第2問	東京地判平成9年6月26日【重要判例60】 強制執行又は担保権の実行による売却を原因として区分所有権を取得した者は，特定承継人に該当する。
平成20年第4問	大阪高判平成11年9月30日【重要判例90】 分譲業者が，適法な建築確認を受けず，建築基準法の違反を知りつつ，土地建物の分譲を行い，買主が引渡後に当該瑕疵を確認した場合，債務不履行・瑕疵担保・不法行為を理由とする損害賠償責任を問われる。建物の共用部分の安全性を損なう瑕疵がある場合，管理組合は，分譲業者に瑕疵担保責任及び不法行為責任に基づく損害賠償を請求することができ，設計・施工業者が必要な注意義務を怠った場合には，これらの者に対して損害賠償請求をすることができる。
平成20年第15問	最判昭和51年9月7日 共有土地の不法占拠者に対して，共有者が損害賠償請求をする場合，各人の共有持分割合に応じて請求すべきものであり，共有持分割合を超えて請求することは許されない。漏水による損害賠償請求は，可分債権であるため，共有者は各人の持分割合を超えて行うことはできない。 最判昭和42年8月25日 共同相続財産に属する建物の使用貸借契約が終了した場合，明渡請求権は，不可分給付を求める権利である。複数の貸主は，全員のために建物全部の明渡を請求することができる。管理費の支払義務は，管理組合に対して不可分債務であるため，共有者各人に対して全額の請求が可能である。
平成20年第25問	横浜地判昭和60年9月26日【重要判例9】 バルコニーの防水工事に反対した区分所有者が，工事費を負担せず，植木鉢の撤去に応じなかったので，全住戸の一括施工のため，妨害物の撤去及び妨害禁止の決定を得て工事を行った。管理組合が行うバルコニー防水工事を妨害したことは，不法行為を構成する。売買によって譲り受けた特定承継人は，原因者である譲渡人に工事費を請求することができる。工事の遅れによって割高になった工事費の負担義務は，原因者である区分所有者に存する。

平成20年第27問	最判平成10年10月30日【重要判例18】 駐車場使用料が社会的に相当な範囲で値上げされた場合には，これを使用する区分所有者に特別の影響を及ぼすものではなく，承諾は不要である。
平成20年第31問	最判平成2年11月26日【重要判例33】 「理事に事故があり，理事会に出席できないときは，その配偶者又は一親等の親族に限り，これを代理出席させることができる」という規約の改正は，代理の条件を限定しているので委任の本旨に反するものではない。

第3章 建物の区分所有

The Point

- 専有部分及び共用部分に関して，その区分の基準を明確にする。
- ピロティに設置した構築物の撤去請求は認められるか。
- 車庫又は倉庫が専有部分であると認定するための要件は何か。

【Theme & Target】

① 雑排水管は共用部分に当たるので，区分所有者全員が雑排水管の取替工事費を負担する旨の集会の決議は有効か。
② 分譲業者が所有権保存登記を備えた管理人室において，防災設備は小部分にとどまり，管理組合が規約共用部分である旨の登記をしていない場合，専有部分であると認められるか。
③ 共用部分である管理事務室と隣接する管理人室は，構造上の独立性があっても，管理事務室とは機能的に分離できないので，利用上の独立性は否定されるのか。
④ 分譲業者が所有権保存登記を行った地下車庫は，専有部分として登記の対象となるのか。
⑤ 区分所有者が，ピロティに物置を設置して独占的に使用する場合，ピロティは共用部分であるため，構築物の撤去が認められるか。
⑥ スロープ及び通路について，分譲業者が所有権を留保して自己の倉庫として排他的な利用に供した場合，専有部分として認定されるか。
⑦ 共用設備が設置された倉庫について，管理人が出入りしても，区分所有者による排他的使用に対して格別の障害又は制限を生じることがない場合には，専有部分と認定することが可能か。
⑧ 分譲業者が，玄関ロビーに隣接して設けた車庫について所有権保存登記を行った。そこには共用設備が存在するが，専有部分と認定されるか。

重要判例1　雑排水管と取替工事費の負担

平2（ワ）9240号（東京地判平成3年11月29日）

【争　点】

雑排水管が老朽化しているため，取替工事を行い，取替工事費のうち，その一部費用を各区分所有者が負担することが集会の決議によって決められたところ，❶取替工事は必要か❷雑排水管は共用部分か❸取替工事費のうち，20万円は管理費から支出し，これを超える部分は区分所有者が一時金として支出するという決議は有効かという3点が問題となった。雑排水管は，共用部分であり，取替工事費の一部費用負担を定めた決議は有効であると認定された。

【事実の概要】　管理組合Xは，専有部分内の雑排水管の取替工事を実施すること及び取替工事費のうち，20万円までは管理費から支出し，これを超える部分は区分所有者が負担することを臨時総会で決議した。Xは，専有部分内の雑排水管（枝管）の取替工事を実施したが，区分所有者Aが，取替工事に協力しないため，取替工事を実施できなかった。

【当事者の主張】　Xは，Aに対して，次のとおり主張して提訴した。
①　取替工事に協力する義務があり，取替工事を妨害してはならない。
②　取替工事費については，区分所有者各人が，管理費から20万円を負担し，20万円を超える部分について一時金を支出する義務を負う。
③　債務不履行として弁護士費用を含む62万円を損害賠償として請求する。

【判　旨】

Xの請求をほぼ全面的に認容する。

① 雑排水管から漏水が数回発生し，雑排水管の半数以上の水流が悪化していた。雑排水管の鉄管部分が腐食し，漏水の原因となっていた。このまま放置すれば，漏水が頻発するおそれがあった。

② 雑排水管の耐用年数は15年程度だが，本件マンションは竣工後17年が経過した。取替工事によって撤去した雑排水管は，腐食が進んでいた。

③ 取替工事が完了した雑排水管は，ジェット洗浄ができ，水流が良くなった。Aの雑排水管は，古いままで，ジェット洗浄ができないため，階下の区分所有者は，漏水の不安が払拭できない。取替工事を実施する必要性がある。

④ 床下と階下の天井との間に雑排水管は存在し，維持管理の面からは，2条4項の専有部分に属しない附属物である。分譲時のパンフレットには，排水管は共用部分であることが説明され，管理規約では，雑排水管が組み込まれている床スラブは共用部分とされていることを考慮すると，雑排水管は共用部分である。Xの管理の対象として，管理費によって維持管理してきたものであり，18条1項に基づき，共用部分の管理として集会の決議によって行うことができる。

⑤ 工事費の負担を求める決議は，不参加者のための説明会，広報によるビラの配布等事前通知の手続を経て決議されたもので有効に成立している。Aは，白紙委任状を提出したが，適法に成立した集会の決議に従う義務がある。

⑥ Aには，工事協力義務，工事妨害禁止義務がある。Aは，管理費から支出する20万円の工事費支払に同意し，自己負担金を支払う義務がある。Aが，Xに対して45万円を支払うことを命ずる。

┌───┐
│ 絵解き☞：マンションの雑排水配管の構造   │
│ ┌───┐ │
│ │ (a)　住戸Bの天井裏空間を経由して住戸Aの床下空間に入る構造 │ │
│ └───┘ │
│   │
│ （図：雑排水本管、配管スペース、耐力壁、床スラブ、 │
│   住戸Aの居室・床材・床下空間、住戸Bの居室・天井材・ │
│   天井裏空間、雑排水枝管、①〜⑥の番号付き）   │
└───┘

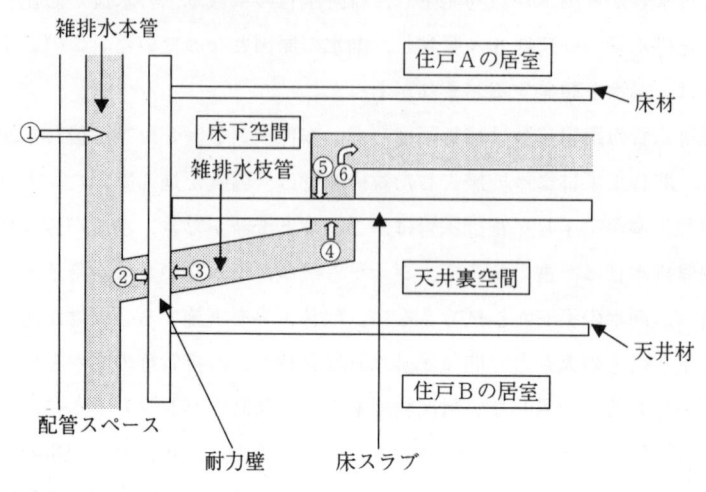

本事案の施工方法で，耐力壁の貫通部分（②〜③）と床スラブの貫通部分（④〜⑤）は，共用部分であり，それ以外の枝管は，住戸Aの専有部分（⑤〜⑥）又は住戸Bの専有部分（③〜④）とする考え方もある。但し，本判決では，枝管のすべて（①〜⑥）を共用部分と認定した。建築年次の古い老朽化したマンションは，この構造が多い。

(b) 住戸Bを経由することなく，住戸Aの床下空間に入る構造

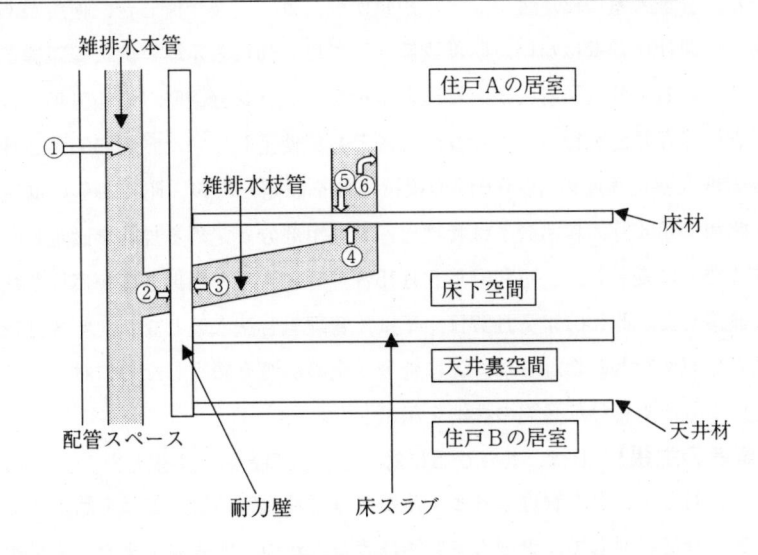

現在の一般的施工方法又は標準管理規約の想定する施工方法で，枝管（③～⑥）は，住戸Aの専有部分と認定される。マンションの排水には，台所・洗面・洗濯及び便汚水による雑排水と雨水の2種類があり，雑排水と雨水とは，排水管の用途を区分する必要がある。

重要判例2　管理人室と専有部分の判断

昭61（ワ）11732号，昭62（ワ）17115号（東京地判昭和63年11月10日）

【争　点】

分譲業者が，分譲時において所有権保存登記を完了し，構造上の独立性を有する管理人室の専有部分性が問題となった。独立して管理人室以外の建物の用途に供することができることから利用上の独立性を認定するとともに，管理人室の防災設備は，その占める割合が小部分にとどまり，管理組合が規約共用部分としての登記をしていない状況を理由として，専有部分であると認定された。

【事実の概要】 管理人室は，1階玄関ホールに面して受付用小窓が設けられている。管理人室には，畳（3畳）が敷かれ，ガス台及び流し台，便所があり，室内には間仕切り壁はない。防災設備としては，防災表示盤と火災警報機が設置されている。分譲業者Aが，管理人室をマンション分譲時（昭和51年3月）に所有権保存登記を行った上で管理業者として使用していた。昭和53年2月，Aは管理人室に極度額5,000万円の根抵当権を設定した後，昭和59年に倒産した。昭和59年4月，自治会Yは管理人室を共用部分と定める規約を設定し，管理業者をZに変更した。昭和61年5月15日，管理人室の根抵当権が実行され，Bが競落した。昭和61年7月27日，Yは，管理組合法人Xとなり同年8月12日に法人登記が行われた。Bは，Xに管理人室の明渡を請求したのに対し，Xは，反訴により所有権移転登記の抹消を請求した。

【当事者の主張】 Bは，X及びZに対して，次のとおり主張した。
① Xに対して，Bを管理業者とするか又は管理人室の賃料支払を請求する。
② X及びZに対して，管理人室を明け渡し，かつ，明渡完了までは賃料相当額月額55,000円の損害賠償を請求する。

Xは，次のとおり，主張した。
① 管理人室には，管理に必要な防災表示盤と火災警報機が設置されている。これは，法定共用部分であり，競売によってBが所有権を取得することはない。
② 管理人室が，専有部分であるという前提に立つとしても，規約によって共用部分である旨を定めている。Aとは使用貸借契約を締結済みであり，Bはこれを引き継ぐことになる。
③ Bは，事情を承知していながら競落し，不当な高額による買取請求や賃料請求をしている。賃料相当額は，月額15,000円である。明渡は，権利の濫用に当たるので，Bの所有権移転登記の抹消を請求する。

【判　旨】
管理人室を専有部分と認定，Bの明渡請求を認容。
① 受付用小窓や防災設備があり，分譲時から管理人室として利用されてきた

事実はある。しかしながら，障壁によって，構造上の独立性を有し，専用の出入口，ガス台・水道・流し台等の厨房設備が備わっており，独立して管理人室以外の建物の用途に供することができる。
② Aが，所有権保存登記をし，使用価値・交換価値を把握してきた経緯を考慮すると，利用上の独立性を有するため，管理人室は専有部分であると認められる。
③ 管理人室の防災設備は，小部分にとどまり移設可能である。管理人室は，区分所有者に必要なものではあるが，不可欠とはいえない。
④ 管理人室は，Aが所有権保存登記をし，根抵当権の目的となった。Xが，規約共用部分を第三者に対抗するためには，その旨の登記をする必要があるがなされていない。
⑤ X及びZに対して，Bに管理人室を明け渡し，かつ，明渡完了までは，月額3万円の賃料相当額の支払いを命ずる。

重要判例3　管理人室の専有部分の否定

第一審：昭62(ワ)12101号（東京地判平成元年3月8日），控訴審：平元(ネ)967号（東京高判平成2年6月25日），上告審：平2(オ)1369号（最判平成5年2月12日）

【争　点】

管理人室が，専有部分に該当するか否かが争点となった事案である。共用部分である管理事務室と隣接する管理人室には，構造上の独立性があっても，管理事務室のみでは管理人を常駐させて管理業務を適切かつ円滑に遂行することが困難であり，両室の機能的な分離ができないため，管理人室には利用上の独立性がない。管理人室は，専有部分には当たらないと判断した。

【事実の概要】　本件マンション（地上7階建て。総戸数108戸）は，1～2階に店舗・駐車場・倉庫等，2階以上には居宅108戸を有し，昭和52年5月にEが分譲した。管理事務室と隣接した管理人室について，Sが所有権保存登記を備えて，管理業者Yが占有していた。管理人室（床面積37.35㎡）には共用設備や電話はなく，和室（4.5畳及び6畳の2室）・台所・便所・浴室・廊下がある。玄関（裏側出入口）には，施錠できる鉄製の玄関扉があり，外部に直接出入りすることができる。管理人室の南西側にある管理事務室（床面積8.28㎡）との間に床段差はなく，鍵がないガラス引戸によって仕切られ，自由に往来できる。管理事務室には，区分所有者の応対と管理のために，ロビーに面してガラス窓とカウンターが設けられ，警報装置・配電盤・共用電灯の点灯装置が設置されている。Yが，分譲当初から管理業務を行っていたが，管理組合Xと管理費等の値上げに関する対立が生じてから，昭和59年7月以降，Xの自主管理となり，Xは，管理人Zを雇用して管理事務室で管理業務を行っていた。Yは，その後も管理人室を占有し，店舗・駐車場・倉庫の専有部分の管理のために，Yの管理人を常駐させていた。Yの管理人室の利用は，Xの自主管理の前後において，次のような形態をとっていた。

Xの自主管理前（Yが管理業務を担当） ❶　休憩・着替え・用便等に使用 ❷　管理書類の保管	⇨	Xの自主管理後 ❶　仮設便所を利用 ❷　管理書類は，住戸で保管

本事案の平面図（概念図）は，次のとおりである。

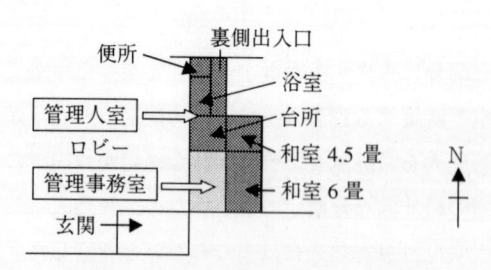

```
           便所    裏側出入口
                 浴室
  管理人室 →    台所
   ロビー       和室4.5畳    N
  管理事務室 →   和室6畳
         玄関 →
```

分譲時の設計図では，管理人室と管理事務室を一体として「管理人室」と表示し，Eは，パンフレットには1階に位置する共用部分として，管理事務室との

区別をせずに「管理人室」と記載している。

【当事者の主張】　管理組合の役員A（6名）が，次のとおり主張して提訴した。

① 管理人室は，管理事務室と一体かつ不可分のものとして利用されるべき共用部分である。
② 共有持分権に基づき，管理人室の保存登記の抹消と明渡を求める。

S及びYは，次のとおり主張した。

① 管理人室は，グループ会社の所有する店舗・駐車場・倉庫の専有部分を管理するために設けられたものである。
② （上告理由）原審において否定された管理人室の利用上の独立性は，認められる。独立の建物としての用途に供する外形を有し，排他的使用に供することができるという判断基準（最判昭和56年6月18日）に逸脱する。

【判　旨】

上告審　管理人室は利用上の独立性に欠けるため，共用部分である。

① 本件マンションは，比較的規模が大きく，居宅の専有部分が大部分を占めている。多岐にわたる管理業務を遂行するためには管理人を常駐させる必要性があるが，管理事務室のみでは管理人を常駐させることは困難である。
② 管理人室は，管理事務室と併せて一体的利用が予定され，両者は機能的には分離できないものである。
③ 管理人室は，管理人を常駐させる居宅としての機能が大部分を占め，構造的には独立性があるが，利用上の独立性がないため，共用部分である。

重要判例4　共用設備のある車庫の専有部分性

第一審：昭50(ワ)455号（神戸地判昭和53年10月27日），控訴審：昭53(ネ)1843号（大阪高判昭和55年2月29日），上告審：昭55(オ)554号（最判昭和56年7月17日）

【争　点】

区分所有者が，分譲業者の所有権保存登記がなされた地下車庫について，共用部分であることを主張し，所有権保存登記の抹消を求めた事案である。控訴審が覆され，上告審では第一審と同様に，専有部分として所有権保存登記の対象となることが認定された。

【事実の概要】　本件車庫は，竣工時，スチールのシャッターの出入口で外部に通じ，間仕切壁によって4～6台分の車を収用することができた。本件車庫の床面は，公道と同一の高さにあり，地階には，本件車庫のほか，店舗，事務室，ホールがあり，1～5階には住宅，屋上にはペントハウスがあった。分譲業者であるYが，本件車庫について所有権保存登記をした。竣工時は，Yのみが車庫を常時利用していたが，昭和41年6月，Yは，車庫を改築して店舗又は居室にして，K，L，Mの3名に賃貸した。区分所有者Aは，改築によって車庫が狭くなったため，本件車庫は共用部分であると主張した。本件車庫には，天井にマンションのための配線及び配管，床下に浄化槽及び受水槽，床面にマンホールと手動排水ポンプが設置されていた。専門業者が，浄化槽の清掃のために年1～2回，点検・消毒薬投入のために月1回，手動排水ポンプの故障に際して随時，立ち入って修理する必要があった。

【当事者の主張】　Aは，Yに対して次のとおり主張した。
① 　車庫は，共用部分である。
② 　所有権保存登記の抹消と店舗及び居室の明渡を求める。

【判　旨】

上告審　Aの所有権保存登記の抹消請求は認められない。

① 　次の❶～❸のすべてを満たすので，本件車庫は，専有部分として，区分所有権の目的となる。

　❶ 　共用設備が小部分を占めるにとどまり，その余りの部分をもって独立の建物と実質的に異なることのない態様の排他的使用に供することができる。

　❷ 　他の区分所有者による共用設備の利用・管理によって，本件車庫の排他

的使用に格別の制限又は障害を生じることがない。
  ❸ 本件車庫の排他的使用によって，共用設備の保存及び他の区分所有者による共用設備の利用に影響を及ぼすことがない。
② 本件車庫には，専門業者が立ち入り，作業をすることが予定されているにすぎず，共用設備の利用・管理によって本件車庫の排他的使用に格別の制限又は障害を生ずるか否かについて，原審では明確になっていないため，専有部分として区分所有権の目的となることを否定することはできない。原審には，この点を斟酌していないことにつき，区分所有法の解釈適用を誤った違法があるといわざるを得ない。
③ 原審でさらに審理を尽くすため，Y及びKに関する部分を破棄し，原審に差戻しとする。

重要判例5　ピロティの専有部分性の否定と造作工事

第一審：平元(ワ)569号（浦和地判平成3年11月19日），控訴審：平3(ネ)4148号・4194号（東京高判平成7年2月28日）

【争　点】

区分所有者が，自転車置場及び通路等として利用されていたピロティに外壁等を設けて，物置として独占的に使用する至ったことが問題となった。ピロティは，共用部分であることが認定され，管理者であるマンションの自治会長による外壁等の撤去及び明渡請求が認められた事案である。撤去費用の損害賠償請求については，認められなかった。

【事実の概要】　本件マンション（総戸数40戸，昭和41年竣工）において，1階の103号室（専有面積14.55m^2）は，分譲業者Aが，管理人室として所有権を留保していた。103号室には管理人は置かれず，空室状態であった。103号室以外の39戸が分譲され，共有持分割合はすべて40分の1であった。103号室の西

側にはピロティ（幅員3,270mm）があり，区分所有者全員の共有として自転車置場又は通路の用途に約12年間使用されていた。昭和51年，区分所有者39人は，本件マンション自治会を設立し自治会規約を定め，自治会長Xを管理者として選任した。自治会規約において，ピロティは，自治会が管理する共用部分であり，区分所有者全員に使用権がある旨をAとともに確認した。Aは，昭和53年12月，Bに103号室を150万円で売却し，移転登記を経由したが，ピロティは，売買の対象には含まれていない。昭和63年10月，Bは，ピロティの南側及び北側に外壁を設置してピロティを塞ぎ，専有部分として造作工事（増築及び改築工事）を行い，専有部分の床面積を増加する表示変更登記を済ませた。103号室の床面積は，44.63m^{2}に増加した。平成元年4月，Bから103号室を600万円で購入したCは，賃借人と称するDと共同して，北側外壁にガラス戸及び基礎ブロック（高さ500mm）を設置し，物置として使用した。

【当事者の主張】 Xは，ピロティは共用部分であるとして，次のとおり主張した。

① Bに対して，外壁の撤去費用相当額（554,346円）の支払いを請求する。
② Cに対して，外壁の撤去を請求する。
③ CDに対して，ガラス戸及び基礎ブロックと物置の撤去，ピロティの明渡とともに，ガラス戸・基礎ブロックの撤去費用相当額（535,600円）の損害賠償を請求する。

CDは，次のとおり主張した。

① Aは，103号室については，当初からピロティを含む増築を予定していた。Bは，購入時において，ピロティの増築が可能であるという説明を受けて購入したものである。
② ピロティは共用部分ではない。

【判　旨】

控訴審　ピロティは共用部分である。但し，撤去費用の損害賠償請求は認められない。

① ピロティは，独立した建物としての用途に供する外形を有するものではな

い。利用上も独立性を持つものではない。
② 　約12年間にわたり，区分所有者全員の共有として自転車置場又は通路に使用されていたもので，木材による囲い壁やガラス戸の設置によって，所有権の対象となる独立した建物とはならない。ピロティが共用部分であることは明らかである。
③ 　ピロティの改築部分は，103号室に構造上附合した，運命を共にする構成物とみることもできない。
④ 　CDの行為は，共同利益背反行為に該当する。CDに対し，57条に基づき，外壁，ガラス戸，基礎ブロックの撤去とピロティの明渡請求を認容する。
⑤ 　撤去費用の損害賠償請求については，撤去の強制執行の費用負担者がCDであり，具体的な金額は執行裁判所において定められる。未だ損害として発生せず，将来の請求として認めなければならない事情がないため，認められない。

重要判例6　スロープ等の専有部分性の否定と所有権留保

平6(ワ)15868号（東京地判平成12年7月21日）

【争　点】
区分所有者全員の利用に供するスロープ及び通路について，分譲業者が所有権を留保して，自己の倉庫として排他的な利用に供した場合，構造上及び利用上の独立性を理由として，専有部分として認定されるか否かが問われた事案である。倉庫として排他的に使用できる建物部分ではなく，地下2階に通じる通路であり，利用上の独立性を欠くために，専有部分であることが否定された。

【事実の概要】　本件マンションは，昭和49年7月に竣工した専有面積12.85m^2〜36.16m^2の単身者用又は小規模事務所用のワンルームマンション（合計189

戸）である。坂倉建築研究所が設計した蜂の巣（honeycomb）構造の斬新なデザインを有する。北側に位置する公道を背にして，1階から上階に住宅を有する東棟及び西棟が，地階の玄関ロビー・1階の外部廊下・2階〜9階の南側ブリッジによって接続されている。公道からは階段を下って広場を経由して，地階にある正面玄関に入る。敷地の西側には，公道から地下2階に通じるスロープ（幅員約6m，長さ約29m，床面積約174㎡）がある。地下2階の中央に存する一部をA部分（床面積約291㎡）といい，B部分（床面積約126㎡）は西側スロープの一部である。A部分は，昭和49年から区分所有者に対して12区画の駐車場として賃貸されていたが，昭和56年以降，分譲業者Yが倉庫（ステンドグラスの保管用倉庫）として使用している。A部分には，エレベーターホール・ダストシュート・ゴミ集積室が中央に配置され，防火扉又はエレベーター扉によって，完全に遮断することが可能である。天井と床下には，給水管・ドレーン管・受水槽・エレベーターピット等の共用設備が設けられている。公道からA部分に入るためには，スロープを降り，南側突き当たりを直角に左折するが，幅員約2,550㎜ の狭い通路を通るために車両の自損事故が相次ぎ，倉庫として利用の転換を図った。B部分は，一部が吹抜けで大部分が人工地盤によって覆われているが，Yが設置した金属製の門扉のため，地下2階への出入りが制限されている。

【当事者の主張】　Yは，次のとおり主張した。
①　A部分及びB部分は，所有権を留保した専有部分である。
②　A部分及びB部分には，構造上及び利用上の独立性がある。
区分所有者5名（「X」という）は，次のとおり主張した。
①　A部分及びB部分は，区分所有者全員の共有に属する共用部分であり，その確認を求める。

【判　旨】————————————————————————
Xの請求を認容する。
①　A部分は，倉庫として排他的に使用できる建物部分ではない。A部分は，東西棟やゴミ集積室等への通路であり，地下2階の共用設備の補修・管理を

するために区画する部分である。Yが倉庫として使用した場合，区分所有者による共用部分と共用設備の利用を妨げるおそれがある。A部分は，利用上の独立性を有していない。
② B部分は，地下2階に通じる通路であり，A部分と機能的には一体である。A部分と同じく利用上の独立性を欠く。

重要判例7　倉庫と構造上の独立性

第一審：昭50(ワ)3842号（東京地判昭和51年10月12日），控訴審：昭51(ネ)2462号（東京高判昭和53年8月16日），上告審：昭53(オ)1374号（最判昭和56年6月18日），再上告審：（最判昭和61年4月25日）

【争　点】
第一審及び控訴審と，上告審では見解が分かれたが，最高裁において，共用設備が設置された倉庫について，管理人の出入りによって，区分所有者による排他的使用に対して格別の障害又は制限を生じることがない場合には，構造上及び利用上の独立性を認めて，専有部分と認定することが可能であることを示した判決である。

【事実の概要】　本件マンション（総戸数65戸。7階建て）は，昭和38年に新築されたが，1階にある倉庫2室（床面積81.09m^2。倉庫2室に該当する倉庫(1)及び倉庫(2)を併せて「本件倉庫」という）は，未登記であった。分譲業者Bが，本件倉庫について昭和49年6月17日に東京法務局渋谷出張所において所有権保存登記をしたことに対して，区分所有者A（7人）は，「本件倉庫は共用部分であり，区分所有権の対象ではない。」として，その無効及び抹消を求めて訴訟を提起した。Bの所有権保存登記後，会社更生手続の開始決定により，Cが更生管財人に選任されている。本件倉庫は，間仕切壁（ブロック壁）で，倉庫(1)及び倉庫(2)に区分されている。倉庫(1)には，床面に汚水及び雑排水のマン

ホールがある。倉庫(1)及び倉庫(2)の天井高さは，いずれも2,890㎜であるが，床面から2,050㎜の高さには，電気配線及び水道配管が配置されている。倉庫(1)の壁面には，電気スイッチ・積算電力計を組み込んだ配電盤並びに換気・汚水処理・揚水ポンプ等のスイッチが設置され，管理人が，1日3回程度スイッチの操作等のために入庫する。倉庫(2)には，配電盤及びマンホール等は存在しない。木造の物置として，倉庫(1)には14区画，倉庫(2)には3区画がブロック壁に面して設置され，一部の区分所有者が利用している。

【当事者の主張】 Aは，Bに対して次のとおり主張した。
① 本件倉庫には，共用設備が存在する部分とその操作及び維持管理等のために必要な部分があり，共用部分に該当する。
② Bが，倉庫(1)及び倉庫(2)について，一体として所有権保存登記をしたことは無効である。

Bは，Aに対して次のとおり主張した。
① （上告理由） 原審において，倉庫(1)及び倉庫(2)を一律に共用部分と認定したことは認められない。
② （上告理由） 本件倉庫のうち，倉庫(2)については，構造上及び利用上の独立性が認められる。一律に区分所有権の目的に該当しないとしたことは，法律の解釈を誤った違法がある。
③ （上告理由） 本件倉庫のうち，倉庫(1)については，必要に応じて，管理人が出入りしているが，配電盤の設置部分と倉庫部分とは，構造上明確に区分されている。管理人が，出入口を共通にしたとしても，利用上の独立性が否定されるものではない。

【判　旨】

上告審　Bの控訴を棄却した部分を破棄し，東京高裁に差し戻す。
① 電気スイッチの操作や汚水及び雑排水のマンホール等の清掃のために管理人が出入りをすることによって，区分所有者による倉庫の排他的使用に対して格別の障害又は制限を生じることがない場合には，専有部分として区分所有権の目的とすることができる。

② 本件倉庫のうち，倉庫(2)に関しては，構造上の独立性を有する建物部分であるが，共用設備として床上2,050㎜の高さに電気配線・水道配管が設置されている。共用設備の利用及び管理によって，倉庫(2)の排他的使用に格別の制限又は障害を生じるか否かについて，原審では明確にされていない。原審の認定した事実だけでは，少なくとも倉庫(2)については，専有部分とすることを否定できるものではない。
③ 倉庫(2)については，構造上及び利用上の独立性を認定することができる。共用設備の存在は専有部分の認定の妨げにはならない。倉庫の共用設備は，倉庫の床面積及び空間に比して極めて僅少な部分にとどまり，その他の大部分において実質的に独立の建物と異なることなく，倉庫としての排他的使用に供することができる。
④ 倉庫(2)を含めて，本件倉庫を共用部分と認定した原審を破棄差戻しとする。尚，倉庫(1)の共用部分の認定を否定するものではない。

【ワンポイント整理：利用上の独立性の認定】
❶ 共用設備が小部分を占めるにすぎない。
❷ 区分所有者による当該建物の排他的使用が可能である。
❸ 区分所有者の排他的使用が共用設備の保守・管理に影響を及ぼさない。

重要判例8　　車庫と構造上の独立性

第一審：昭50(ワ)3842号（東京地判昭和51年10月12日），控訴審：昭51(ネ)2479号（東京高判昭和53年8月16日），上告審：昭53(オ)1374号（最判昭和56年6月18日）

【争　点】
分譲業者が，玄関ロビーに隣接して設けた車庫を対象として所有権保存登記を行った。この車庫が，構造上及び利用上の独立性を有し，専有部分となるか否かが問題とされた。車庫には共用設備が設けられているが，専有部分であると判断した。本事案は【重要判例7】とマンション及び当事者を同じくする訴訟であるが，上告人及び被上告人は，その立場を逆にした。

【事実の概要】　本件マンション（総戸数65戸。7階建て）において，1階にある車庫6区画につき，分譲業者Bが，昭和49年6月17日に所有権保存登記をした。これに対して，区分所有者A（7人）は，「本件車庫は共用部分であり，区分所有権の対象ではない。」として，その無効及び抹消を求めて訴訟を提起した。Bの所有権保存登記後，昭和49年10月，会社更生手続の開始決定により，Bは更生会社となり，Cが更生管財人に選任された。本件車庫の屋根は，コンクリートによって築造され，その三方にはコンクリートブロックによる間仕切壁が構築されている。本件車庫の出入口にはシャッターはなく，鉄製パイプ（鉄管）を上下動させて区画している。本件車庫には，排気管及びマンホールが設置されているが，共用設備の存在が専有部分であることを認定することの妨げにならないか否かが問題となった。

【当事者の主張】　Aは，Bに対して次のとおり主張した。
① （上告理由）　原審において，敷地との遮蔽物がないにもかかわらず，構造上の独立性を肯定したことは，適切な判断とは認められない。
② （上告理由）　本件車庫には，排気管（2ヵ所の臭気抜き管）及びマンホール（3ヵ所の排水用マンホール）の共用設備がある。共用設備がなければ，マンション全体の利用が損なわれることは明らかである。これを考慮せずに，専有部分であることを認定したことには，法令解釈の誤りがある。
③ （上告理由）　本件車庫は，マンションの居住者にとって必要不可欠である。共用部分であると解すべきである。

【判　旨】

上告審　共用設備の存在は専有部分の認定の妨げにはならない。車庫としての構造上及び利用上の独立性を認定する。

① 　1条に定める構造上他の部分と区別された建物部分，すなわち構造上の独立性とは，構造上の建物の構成部分である隔壁，階層等により独立した物的支配に適する程度に他の部分と遮断され，その範囲が明確であれば足り，必ずしも周囲すべてが完全に遮蔽されていることを要しない。

② 　本件車庫には，排気管及びマンホールが設置されているが，これらの共用設備は車庫の小部分にとどまり，管理のために日常的に立ち入る必要はない。その余の大部分において実質的に独立の建物と異なることなく，駐車場としての排他的使用に供することができる。

③ 　他の区分所有者の共用設備の利用や管理によって，当該区分所有者の排他的使用に格別の制限又は障害を生じることがなく，反面，当該区分所有者による排他的使用によって，共用設備の保存や他の区分所有者の利用に影響を及ぼすことがない場合には，専有部分として区分所有権の目的とすることができる。

④ 　本件車庫は，1棟の建物のうち構造上他の部分と区分され，それ自体として独立の建物としての用途に供することができる建物部分である。建物の専有部分として区分所有権の目的となるとした原審の判断は，正当として是認できる。

【ワンポイント整理：車庫と倉庫に関する裁判所の判断】

	本件車庫【重要判例8】	本件倉庫【重要判例7】
第一審	専有部分である。 ① コンクリートブロックの壁，4本の柱と天井庇，鉄製パイプによって構造上区分されている。 ② 直接外部に出ることが可能で，利用上の独立性を有する。 ③ 共用設備の存在は，利用上の独立性を有することの妨げにはならない。	共用部分である。 ① 共用設備が存在する部分は，共用部分である。 ② 管理上必要な共用部分の電気・水道等を操作するための設備や配管等が設置され，独立して建物の用途に供することができない。 ③ 共用設備が存在する部分を区画せずに，本件倉庫を一体として専有部分に属するとして所有権保存登記をしたことは無効である。
控訴審	専有部分である。 ① 第一審と同旨 ② 区分所有の対象部分を自己または特定の第三者の専有部分として留保する場合，区分所有者全員の決議を必要としない。 ③ 管理費等を負担しないことにより直ちに本件車庫の所有権を喪失しない。	共用部分である。 ① 管理人が，共用設備のスイッチの操作等のために入庫する。共用設備が存在する部分は区分所有権の対象とならない。 ② Bが，本件倉庫を一体として専有部分に属するとして所有権保存登記をしたことは無効である。
上告審	専有部分である。 ① 構造上の独立性のためには，隔壁，階層等により他と遮断され，その範囲が明確であれば足り，完全に遮蔽されていることを要しない。 ② 共用設備は小部分にとどまり，その余の大部分において実質的に独立の建物と異なることなく，駐車場としての排他的使用に供することができる。	倉庫(2)は，専有部分である。 ① 倉庫(2)は，構造上及び利用上の独立性を認定する。共用設備の存在は専有部分の認定の妨げにはならない。共用設備は，倉庫の床面積及び空間に比して極めて僅少な部分にとどまり，その他の大部分において実質的に独立の建物と異なることなく，倉庫としての排他的使用に供することができる。 ② 倉庫(2)を含めて，本件倉庫を共用部分と認定した原審を全部破棄差戻しとする。 ③ 倉庫(1)の共用部分の認定を否定するものではない。

【基礎的事項の確認】
① 雑排水管は，床下と階下の天井との間に存在し，2条4項の専有部分に属しない附属物であり，共用部分に認定される。雑排水管には漏水の発生及び水流の悪化があり，取替工事を実施する必要性がある。工事費の負担を求める決議は有効に成立し，白紙委任状を提出した区分所有者は，この決議に従う義務がある。
② 管理人室には受付用小窓や防災設備があるが，専用の出入口・厨房設備を備えており，独立して管理人室以外の建物の用途に供することができる。構造上及び利用上の独立性を有するので管理人室は専有部分である。
③ 管理事務室のみでは，管理業務を適切かつ円滑に遂行できない。管理事務室と一体として設計・建築された管理人室は，区分所有者全員の利益のために必要な存在であり共用部分に当たる。
④ 車庫は，❶共用設備が小部分にとどまる❷共用設備の利用・管理と車庫の排他的使用との関係において相互に影響を及ぼさないことを理由として，専有部分として区分所有権の目的となる。
⑤ ピロティは，共用部分であるため，管理者の請求する，区分所有者が設置した物置の撤去及びピロティの明渡請求が認められる。
⑥ 分譲業者がスロープ及び通路について所有権を留保して，倉庫として排他的な利用に供したが，外部から地下2階に通じる通路であり，利用上の独立性を欠くために，専有部分であることが否定される。
⑦ 倉庫の共用設備が，倉庫の床面積及び空間に比して極めて僅少な部分にとどまり，その他の大部分において実質的に倉庫としての排他的使用に供することができる場合，構造上及び利用上の独立性が認められる。
⑧ 共用設備の利用や管理によって，区分所有者の排他的使用に格別の制限又は障害を生じることがなく，反面，区分所有者による排他的使用によって，共用設備の保存や他の区分所有者の利用に影響を及ぼすことがない場合には，専有部分として区分所有権の目的とすることができる。

第4章 バルコニーと法的性質

The Point

○バルコニーは，専有部分か共用部分か。
○バルコニーの性質と通常用方について確認する。
○バルコニーに設置したサンルームや個別アンテナの撤去は認められるか。

【Theme & Target】

① バルコニーは，法定共用部分ではなく，建物全体として維持管理を行う必要があるため，管理組合が管理する規約共用部分か。
② 売買契約書においてバルコニーが専有部分と表示されていた場合，バルコニーに設置された工作物の撤去請求は認められないのか。
③ 区分所有者が，ルーフテラスに設置したサンルームに対して，管理組合による撤去請求が問題となったが，通常用方の遵守義務と緊急避難の通路確保を理由として，撤去請求は認められるか。
④ バルコニーを温室に改造した区分所有者の行為は，建築協定の定めに違反するため，許されないのか。
⑤ 区分所有者が集会の決議前にバルコニーに設置した個別アンテナについて，集会の決議に基づく管理組合の撤去請求は認められるのか。

重要判例9　規約共用部分の認定

昭58（ワ）471号，昭58（ワ）551号，昭58（ワ）1457号（横浜地判昭和60年9月26日）

【争　点】

　バルコニーは，法定共用部分であるというのが通説であるが，本事案では，主たる使用目的は区分所有者の専用に供されるものであるとして，バルコニーを規約共用部分と判断した。棟別協議に反対した区分所有者にも，バルコニーに施した防水塗装工事費の支払義務があると判示した。

【事実の概要】　本件マンション（住戸数24）は，住宅都市整備公団（「J」という）によって，昭和43年3月に横浜市緑区において分譲されたものである。本件マンションは，棟数47，総戸数1,254の大規模団地に属する1棟である。管理組合Xは，47棟すべての区分所有者全員によって構成される権利能力なき社団である。Xは，昭和57年6月13日の棟別協議に基づき，外壁・屋根・階段・バルコニーの防水塗装工事を行った。棟別協議では，Aのみが反対し，Aを除く区分所有者22名（「B」という）が賛成した。Aは，棟別協議に反対したことから，次の❶及び❷にかかわる工事費を支払わなかった。

- ❶　57年補修工事：昭和57年6月13日の棟別協議に基づき，昭和57年に実施された防水塗装工事の費用は，区分所有者1名につき，341,203円である。
- ❷　54年補修工事：昭和54年に実施された階段及びバルコニー鉄部の塗装工事の費用は，56,271円である。

区分所有者1名が負担すべき本件工事費の合計額397,474円について，Bが，区分所有者数23名で除した金額17,281円をAのために立替払をした。バルコニーが共用部分に該当し，Aに本件工事費の負担義務があるか否かが争点である。更に，昭和55年3月23日に決議された修繕積立金月額5,000円の支払義務を果たしていないことがAとXとの間で問題となった。

第4章　バルコニーと法的性質

【当事者の主張】　Bは，Aに対して次のように主張し提訴した。
① 不当利得返還請求権に基づき，立替払をした各人に対して17,281円及び遅延損害金の支払を請求する。
② バルコニーは，共用部分であり，避難通路の役割を有する。建築協定では，改築が禁止され，改築した場合原状回復義務が生じる。
③ 共用部分の変更とは，構造上及び用途上の変更又は形質の変更をいう。バルコニーの防水塗装工事及び鉄部の塗装工事は，老朽化と破損防止のために行うもので，住宅としての居住性・機能を維持保全する目的である。変更行為には当たらない。

Xは，Aに対して次のように主張し提訴した。
① 昭和55年3月23日の決議に基づく実施細則に定める修繕積立金支払義務を果たしていないので，Aに対して昭和58年7月1日以降，偶数月ごとに月額5,000円の支払を求める。
② 57年補修工事の実施に際し，Aに妨害物の撤去及び妨害禁止を求める仮処分申請をしたことによる損害賠償請求として，弁護士費用合計60万円を請求する。

Aは，B及びXに対して次のように主張した。
① バルコニーは，専有部分に該当する。管理規約及び建築協定（「規約・協定」という）において，共用部分として列挙されていない。バルコニーは，物置・物干場・洗濯機置場として居住者が専用的に使用する。非常時の避難通路としての効用を理由として共用部分とみることはできない。
② バルコニーが専有部分であるため，区分所有者の同意なしに本件工事を行うことはできない。Aの意思に反して本件工事を行っても，費用の負担義務はない。
③ バルコニーに施されたエポキシ樹脂塗装防水工事は，漏水等の瑕疵のない箇所になされたもので，かつ外観を変えるものである。仮に共用部分であるとするならば，その変更として，区分所有者全員の同意が必要である。
④ 昭和55年3月23日の決議は，規約に定める全員の合意が得られていないた

め，無効である。従って，月額5,000円の修繕積立金の支払義務はない。

【判　旨】

バルコニーは規約共用部分である。

① バルコニーは，非常時の避難通路を予定しているが，主たる使用目的は区分所有者の専用に供されるもので，区分所有者の共用に供される法定共用部分ではない。しかし，バルコニーの維持管理は，機能及び外観維持のために建物全体として行う必要がある。バルコニーは建物躯体に含まれるものとして，管理組合が管理するものである。従って，バルコニーは，規約・協定において建物躯体に含まれるものであることを定めた規約共用部分である。

② 本件工事は，必要性・範囲・程度・工事方法等について区分所有者間の合理的な裁量による意思決定に委ねられている。57年補修工事は，4分の3以上の合意によって決議できると定めた棟別協議において，A以外の区分所有者全員が賛成し，適正かつ合理的な意思決定として成立しているので，反対者であるAも拘束される。又，54年補修工事は，共用部分の維持及び管理のためになされたものであることはいうまでない。

③ 本件工事は，バルコニーの外壁塗装・床面防水を施し，外観を変えるものではない。共用部分の維持管理のためになされたもので，変更行為には当たらない。

④ Aは，本件工事費の立替分として，B各人に対して17,281円及び遅延損害金の支払義務がある。更に，AにはXに対する損害賠償として20万円の支払義務がある。

⑤ 昭和55年3月23日の決議は，Aが反対し，規約に定める全員の合意が得られていない。決議は無効であり，Aには月額5,000円の修繕積立金の支払義務はない。

第4章 バルコニーと法的性質

重要判例10　専有部分の認定

平3（ワ）12163号（東京地判平成4年9月22日）

【争　点】

管理組合が、区分所有者に対して、バルコニーに設置した工作物の撤去を求めた事案である。特殊ともいえる事例だが、売買契約書における記載や改築を禁止する規約の効力の発生時期等を考慮して、バルコニーを専有部分と認めて管理組合による工作物の撤去請求を棄却した。

【事実の概要】　本件マンションは、東京都世田谷区に所在するもので、604号室は、6階に位置し専有面積39.15m^2及びバルコニー11.58m^2である。平成元年4月27日、Xの臨時総会において次の内容の規約が決議された。

❶　違反行為の是正のため、理事長は必要な勧告・指示・警告を行い、裁判所に提訴することができる。差止め又は排除のために必要な措置をとることができる。

❷　区分所有者は、敷地及び共用部分等を通常の用方に従って使用しなければならない。

区分所有者Bは、昭和50年6月14日、売主Zから604号室を1,380万円で購入したが、売買契約書の物件表示には、専有部分として「(A)住居部分，(B)バルコニー」とされ、バルコニーは専有部分である旨が記載されていた。昭和50年9月、Aは、Bとの間で使用貸借契約を締結してAが一人で居住した。Aは、バルコニーが北側に面して寒いため、防風・防寒のために、昭和50年12月、バルコニーに高さ40cmのブロックを長さ510cmにわたって積み上げた。その上に高さ132cm、幅85cmのアルミサッシのガラス戸6枚をはめ込み、居室との間には木製合板を設け、天井にはベニヤ板を張って、工作物を設置した。その後、Aは、昭和60年1月20日に、604号室をBから贈与により取得し、所有権移転登記を完了した。管理組合Xが、Aに対して、工作物の撤去を請求したが、Aは、BがZと締結した売買契約書の物件の表示には、バルコニーは専有部分として

記載され，BからA専有部分としてバルコニーを購入したと主張した。

【当事者の主張】 Xは，Aに対して次のように主張し提訴した。

① バルコニーには，外界との仕切壁や天井がなく，構造上の独立性がない。住居等の独立した用途として使えないので，利用上の独立性はない。バルコニーの改築は許されないので，工作物の撤去を求める。

② BがZと締結した売買契約書には，区分所有者が専用的に使用できる「専用部分」とするところを「専有部分」と記載された。バルコニーが，法定共用部分である以上，専有部分にする方法は存しない。

③ バルコニーは，Xが管理する法定共用部分である。Aには専用使用権が与えられているにすぎず，工作物の設置行為は，通常の用方に従って使用することを定めた規約に違反する。Aは，平成元年4月27日臨時総会に出席して規約を承認しているので，31条1項に定める承諾をしたといえる。

④ バルコニーの改築は，❶統一的な美観の維持❷一定限度を超える荷重負担の回避❸緊急時における避難通路の確保を理由として禁止される。

⑤ バルコニーの改築を禁止するとともに，損害賠償として弁護士費用50万円及び遅延損害金を請求する。

Aは，Xに対して次のように主張した。

① Bからバルコニーは専有部分として買い受けているので，撤去請求に応じる義務はない。

② バルコニーは，避難通路として打ち破ることのできる薄いボードで仕切られていない。隣戸境は，幅50cmの鉄筋コンクリートの擁壁で構築されており，避難通路として機能しないので，共用部分とする実益がない。

③ 工作物を設置した昭和50年9月には，これを禁止する規約はなかった。14年後の平成元年4月25日に工作物の設置を禁止する旨の規約が発効している。規約を遡及して適用することはできない。Xによる撤去請求は，権利の濫用に当たり，信義誠実の原則に反する。

【判　旨】

バルコニーは専有部分として売買されたものである。

① バルコニーには，利用上の独立性はあるが，構造上の独立性は認めがたい面がある。本件マンションの売買当時（昭和50年6月14日）には，専有部分と共用部分との区別が確立しておらず，その区分が曖昧であった。
② 売買契約書には，バルコニーを専有部分と表示し，販売パンフレットでは，バルコニーを専有面積から除外している。ＡＢ間の売買契約では，バルコニーを専有部分として売買したものといわざるを得ない。
③ 平成元年6月16日に理事会が撤去請求を行ったが，これは規約承認後である。Ｘは，平成元年4月27日の決議に際して，特別の影響を及ぼすＡの承諾を得ていない。
④ Ａの設置した工作物は，美観を損ねるものではなく，構造上直ちに問題があるものではない。バルコニーの境界壁は簡単には蹴破ることのできない構造であるため，避難通路としての機能は当初から存しない。工作物の設置後14年が経過し，今更Ｘによる工作物の撤去は認められない。

重要判例11　サンルームの撤去命令

昭58(ワ)2099号（京都地判昭和63年6月16日）

【争　点】

区分所有者が，ルーフテラスに設置したサンルームに対して，管理組合による撤去請求が問題となった。ルーフテラスについては，通常用方に従って利用すべき義務があり，緊急避難時に支障となる障害物を設けてはならないとする規約に違反するため，撤去が命じられた。ルーフテラスには専用使用権が認められているが，緊急避難等の利用制限に服すべきであることが明らかにされた。

【事実の概要】　区分所有者Ａが，ルーフテラスのフェンスを除去してサンルームを設置し，空調用室外機を専用使用権がない共用部分に移設した。本件管理規約には，バルコニーの使用に関して，次の定めがあった。

① 直接接続する区分所有者が，使用細則に従い，無償で専用使用することができる。
② 区分所有者又は占有者は，非常時の避難場所及び避難通路として支障のない使い方をしなければならない。構築物等を建設又は設置したり，改造又は改良したりしてはならない。
③ 管理者は，区分所有者又は占有者が本件規約に違反した場合，違反行為の差止め又は妨害排除請求をすることができる。

使用細則には，バルコニーの使用に関して，次の定めがあった。
① 使用に際しては，建物全体の美観と風格を損なってはならない。
② 非常時の避難場所として，支障のない使用方法をとる。
③ 空調用室外機以外の重量物や建具・構作物等の設置を禁止する。
④ 避難通路となる場所や間仕切板付近には，物を置かない。

【当事者の主張】　Xは，Aに対して次のとおり主張し，提訴した。
① 本件規約に基づき，サンルームの撤去を求める。
② 専用使用権を有しない避難梯子のそばに設置した空調用室外機の撤去を求める。

Aは，Xに対して次のとおり主張した。
① ルーフテラスの維持管理は，専用使用権を有する区分所有者に任されており，自由使用が認められている。
② サンルームは，本件規約で禁止された構築物等には該当しない。

【判　旨】
Xのサンルーム及び空調用室外機1台の撤去請求を認める。
① ルーフテラスは，専用使用権が認められた共用部分であり，機能上はバルコニーと同様で，本件規約によれば，バルコニーと同様の利用制限に服するものである。
② ルーフテラスは，バルコニーと同様に，非常時の避難場所及び避難通路としての役割を有する。構築物等を設置したり，ルーフテラスを改造又は改良したりすることは，本件規約により禁止されている。サンルームは，本件規

約によって禁止された構築物等に該当する。
③　空調用室外機は，専用使用権が設定されていない場所に移設しており，避難口・避難梯子に近いため，非常時に障害となるおそれがあり，本件規約違反である。空調用室外機1台の撤去を命じる。
④　本件規約では，規約違反行為につき，差止め又は妨害排除請求をすることができる。サンルームの撤去を命じる。

重要判例12　バルコニーの温室改造

第一審：昭44(ワ)10548号（東京地判昭和45年9月24日），控訴審：昭45(ネ)2518号（東京高判昭和47年5月30日），上告審：昭47(オ)957号（最判昭和50年4月10日）

【争　点】
区分所有者が，バルコニーを温室に改造できるかどうかが争点になった。第一審では，バルコニーを温室に改造した区分所有者の行為が認容されたが，控訴審及び上告審では，建築協定に違反するため，認められないと判断された。

【事実の概要】　本件マンションの建築協定11条には，バルコニーの改造禁止の定めがあったにもかかわらず，区分所有者Aが，その所有する専有部分（65.14㎡）に接続するバルコニー（床面積4.68㎡）を温室に改造した。本件協定は，昭和42年9月21日，管理組合Xの設立総会において，Aを含む区分所有者の全員一致（Aを含む出席者全員が承認し，欠席者全員が書面合意）により可決され，発効した。本件改造は，Aが，昭和43年12月にバルコニーの手摺壁の上に木枠及びアルミサッシ枠を取り付け，これにガラス戸をはめ込んで窓を設置し，隣戸との間仕切板の左右の隙間をベニヤ板で塞いだものである。壁と天井の全面には，発砲スチロールを充填して，上部には回転窓を取り付けて，バルコニーを温室とした。Xは，Aに対して本件協定違反を理由として，温室

の撤去による原状回復及び将来の改造禁止を求めて，訴訟を提起した。
【当事者の主張】　Xは，Aに対して次のとおり主張し提訴した。
① 本件協定違反があるため，温室の撤去による原状回復を求める。
② 併せて，将来の改造禁止を求める。

Aは，Xに対して，次のとおり主張した。
① 本件協定は，憲法13条及び29条に違反するため，公序良俗に違反し無効である。
② 本件改造が，本件協定に違反すると判断したことは，誤りである。

【判　旨】
　上告審　Xの請求を認容し，本件改造の撤去及び原状回復請求を認める。
① バルコニーは，管理組合が管理する共用部分である。
② 本件協定は，公序良俗に反するものではない。
③ 本件改造は，本件協定違反に当たるので，Aには本件改造に係る温室を撤去して原状復旧すべき義務がある。
④ 原状回復を命じた控訴審判決は，正当である。

重要判例13　パラボラアンテナの撤去命令

平2（ワ）第1570号（東京地判平成3年12月26日）

【争　点】
集会の決議前に，区分所有者がバルコニーに設置した個別アンテナについて，管理組合の撤去請求が認められるか否かが争点となった。バルコニーは，区分所有者全員の共用部分であり，通常用方に従った利用をしなければならず，共同アンテナの設置によって，受信可能となったことから，集会の決議に基づき，個別アンテナの撤去請求が認められた。

第4章　バルコニーと法的性質

【事実の概要】　本件マンション（鉄筋コンクリート造3階建て。総戸数25戸。昭和57年1月建築）において，区分所有者Aが衛星放送受信用パラボラアンテナ（「個別アンテナ」という）を設置した。個別アンテナの設置者は，Aを含む計2名である。昭和63年6月，Aは，約62,000円を支出し，バルコニー壁に個別アンテナを設置した。管理組合Xにおいて，平成元年11月，次の決議がなされた。

❶　平成2年2月に各住戸の均一負担額43,200円によって共同受信用パラボラアンテナ（「共同アンテナ」という）を設置する。

❷　個別アンテナの撤去を自己負担とする。

平成2年2月25日までに共同アンテナが設置された。Aだけは決議に従わず，個別アンテナの撤去を拒否し，均一負担額43,200円を支払わなかった。管理規約及び使用細則には，次の趣旨の定めがあった。

①　バルコニーは，接続する住戸の区分所有者に専用使用が許された共用部分である。バルコニーとしての通常の用方に従わなければならない。

②　バルコニーは，専用使用を認められた区分所有者が自己の責任と負担において管理し，構造物・建築物等を構築・設置したり，外観・形状を変更したりしてはならない。

③　バルコニーにサンルーム・物置等の構造物を設置してはならない。

【当事者の主張】　Xは，Aに対して次のとおり主張し提訴した。

①　個別アンテナの設置は，バルコニーの通常用方を定めた規約に違反する。

②　集会の決議にも違反するため，個別アンテナの撤去及び均一負担額の支出を求める。

Aは，Xに対して次のとおり主張した。

①　区分所有者の自由を制限する規約の解釈は厳格に行わなければならない。衛生放送は，個別受信が原則である。個別アンテナの設置は，室外機の設置と同様に，バルコニーの通常用方に従う使用であり，規約に違反しない。

②　個別アンテナの設置によって，外観・形状を変更していない。取付方法については，壁に穿孔する工法ではなく，バルコニーのコンクリート壁にボル

55

トで締め付けて固定させている。
③　個別アンテナは，1年8ヵ月前に設置されている。集会の決議による撤去請求は権利の濫用である。
④　個別アンテナは，共同アンテナに比べて画質の鮮明度が高い。

【判　旨】

撤去請求は権利の濫用ではないため，Xの請求を認容する。
①　バルコニーは，区分所有者全員の共用部分であり，通常用方に従った専用使用が許されているにすぎない。
②　共同アンテナが，既に設置され，受信可能である。個別アンテナの撤去は容易で，設置費62,000円は著しく高額ではない。
③　共同アンテナの設置から約2年が経過し，その設置時から撤去義務を負っている。A以外の設置者の一人は，既に撤去している。
④　室外機の設置は認められ，個別アンテナが認められないのは，集会で決議されたからにほかならない。
⑤　Aに対して，均一負担額43,200円及び遅延損害金の支払いを命ずる。

第4章 バルコニーと法的性質

【基礎的事項の確認】

① バルコニーは，法定共用部分であり，専用使用権が設定されることによって区分所有者が独占的・排他的に使用できるものである（通説）。法定共用部分は，所有権登記の対象にすることができない。規約共用部分は，専有部分にもなり得るが，規約共用部分である旨の登記によって，共用部分であることを第三者に対抗することができる。

② 売買契約書にはバルコニーを専有部分と表示しているので，専有部分として売買したものといわざるを得ない。改築を禁止する規約の成立は，工作物の設置から長期間が経過し，管理組合による工作物の撤去請求は認められない。

③ ルーフテラスには，通常用方の遵守義務があり，緊急避難時の通路として確保する必要性がある。区分所有者が設置したサンルームは，規約に違反するため，撤去しなければならない。

④ バルコニーは，管理組合が管理する共用部分であり，改築禁止を定めた建築協定は，公序良俗に反するものではない。建築協定違反に当たるので，区分所有者には，改築に係る温室撤去及び原状復旧義務がある。

⑤ 共同アンテナの設置によって，受信可能となったことから，集会の決議に基づき，区分所有者が決議前にバルコニーに設置した個別アンテナは撤去しなければならない。

第5章 駐車場と専用使用権分譲

The Point

○ 分譲業者による専用使用権の留保は有効か。
○ 専用使用権の譲渡又は賃貸は認められるのか。
○ 専用使用料の増額の規約改正と特別の影響との関係を検討する。

【Theme & Target】

① 分譲業者が，マンション敷地の一部を駐車場の専用使用権として分譲したが，その有効性と法的性質はどのようなものか。
② 分譲業者が，駐車場部分の所有権を留保して，駐車場専用使用権の分譲を行った場合，公序良俗に反して無効となるのか。
③ 専用使用権の分譲から，7年後において集会で決議された使用料を管理組合が請求したが，専用使用権の分譲対価は，使用料の一括前払いであり，管理組合がこれを受領できるのか。
④ 駐車場の専用使用権の分譲対価は，管理組合若しくは区分所有者全員又は分譲業者のいずれに帰属するのか。分譲業者が，受任者として専用使用権の分譲を行ったと考えられるのか。
⑤ 駐車場の専用使用料の増額変更に関する規約を定めるに際して，特別の影響を及ぼすために専用使用権者の承諾を必要とするのか。
⑥ 駐車場専用使用権の抽選制度の導入は，使用細則の変更であり，規約

の変更には当たらないので，普通決議で決めることは可能か。
⑦　マンション敷地において，分譲業者が地上権等の敷地利用権がないまま駐車場建物を所有していたところ，管理組合が建物収去・土地明渡及び不当利得返還を請求した。管理組合の請求は認められるか。
⑧　不当利得返還請求権又は金銭等引渡請求権に基づき，分譲業者が受領した専用使用権の分譲対価を管理組合が請求することができるのか。
⑨　無償であった専用使用権の一部を消滅させ，一部を有償とした集会の決議は，一部の区分所有者に対して特別の影響を及ぼすものとして，承諾を必要とするのか。
⑩　分譲業者が，管理組合に対して駐車場の専用使用権の支払いをしなかった場合，専用使用権を消滅させる規約の改正は有効か。
⑪　集会で決議された立体駐車場の管理費等の値上げに関して，規約の変更に正当事由があれば，これを利用する区分所有者は，その承諾を拒否することはできないのか。

重要判例14　専用使用権分譲の法的性質

第一審：昭50(ワ)4750号（大阪地判昭和53年2月28日），控訴審：昭53(ネ)385号（大阪高判昭和55年7月9日）「メガロコープ平野事件」
尚，メガロコープ平野事件には，駐車場専用使用権に関して同一原告による次の2判決がある。

❶　無効確認等請求は，大阪高判昭和55年7月9日【重要判例14】に記載する。

❷　不存在確認請求は，最判昭和56年1月30日【重要判例15】に記載する。

【争　点】
駐車場専用使用権の分譲に関する法的性質が争点となった。分譲業者が，本件マンションの分譲に際して，敷地の一部を20台の駐車区画の専用使用権として

分譲した。専用使用権の分譲は，分譲業者が，買戻特約付きで売却するという委任契約に基づく使用貸借であると判断した。

【事実の概要】　本件マンションは，昭和47年3月に建築された鉄骨鉄筋コンクリート造11階建ての「メガロコープ平野3号棟」（延べ面積約13,982㎡，敷地面積3,913.48㎡。大阪市平野区所在）である。区分所有者は，全員で164人である。区分所有者Bは，11階の住戸（専有面積78.77㎡）を購入し，1,048,134分の7,877の共有持分を取得し，所有権登記を完了した。分譲業者A（Aは，分譲後に管理業者となる）は，区分所有者に対して，特約を締結して駐車場専用使用権を買戻権付きで分譲した。Aは，本件マンション敷地の一部（約325㎡）を駐車場として20区画に分け，1区画40万円で分譲した。区分所有者20人に分譲し，合計800万円を受領した。区分所有者Bは，抽選に漏れたため，駐車場専用使用権を購入できなかった。

【当事者の主張】　Bは，Aに対して次のとおり主張した。
① 駐車場の専用使用権の分譲は，共有者全員の合意が得られていないため，区分所有法及び民法251条に違反し，無効である。
② Aは，購入者の無知に乗じて，分譲業者としての強い立場を利用してマンションの分譲対象となった同一土地について二重利得を得たもので，その結果，取得者と非取得者との間に著しい経済的不平等が生じた。駐車場専用使用権の分譲は，民法90条により公序良俗に反する。

一方，Aは，Bに対して次のとおり主張した。
① マンション敷地について，区分所有法は適用されない。共有関係の成立前に駐車場の専用使用権の分譲がされたので，民法251条に定める共有物の変更には該当しない。
② 重要事項説明書，売買契約書において，区分所有者全員の同意と承諾を得ているので，購入者の無知に乗じたものではない。自治会管理規約には，駐車場専用使用権の合意を得た旨の定めがある。
③ 駐車場専用使用権の分譲代金相当額について，本件マンション価額が安く

なっている。取得者は，40万円の分譲対価と500円を上乗せした管理費を支払っているので，非取得者との間に著しい経済的不平等はない。

【判　旨】

|控訴審| 駐車場の専用使用権の分譲は，区分所有法，民法251条及び252条に違反するため無効であるとして，Bを含む購入者が控訴したが，控訴棄却。

① 専用使用権の分譲の法的性質は，Aが買戻特約付きで売却するという委任契約に基づく使用貸借である。

② 区分所有者全員が共有するマンション敷地の一画に駐車場を設け，Aと管理組合の間で，駐車場の管理使用権限をAに委ねる使用貸借契約を締結し，駐車場専用使用権を買戻特約付きで売却したものである。

③ 受任者であるAが，委任事務の処理上受領した800万円は，正当な権限に基づく預り金であり，法律上の原因を欠くものではない。但し，Aは売却代金800万円をマンション購入者に対して最終的に返還すべきである。

④ Aが，売却代金の保管中に生じた利息の引渡請求は，共有物の管理に関する事項に該当するため，区分所有者の過半数の決議を必要とする。B単独では請求できない。

重要判例15　専用使用権分譲と公序良俗違反

第一審：昭52(ワ)86号（大阪地判昭和53年11月29日），控訴審：昭53(ネ)2043号（大阪高判昭和55年4月25日），上告審：昭55(オ)747号（最判昭和56年1月30日）「メガロコープ平野事件」

【争　点】

駐車場専用使用権の分譲が公序良俗に反して無効とはいえないとされた事案である。分譲業者が，本件マンションの分譲を行った際に，駐車場部分の所有権を留保して，駐車場専用使用権を別個に分譲した。専用使用権の分譲は，抽選によって行われたため，落選した区分所有者が別件訴訟【重要判例14】におい

て，分譲業者を被告として不当利得返還請求を行い，専用使用権を取得した区分所有者に対して，本件訴訟において専用使用権の不存在の確認を請求した。

【事実の概要】　駐車場専用使用権の分譲の法的性質と分譲代金の帰属先が争点となったが，別件訴訟の控訴審において，分譲対価は，委任契約に基づく預り金であるため，最終的には分譲業者Aは，マンション購入者（区分所有者）に返還すべきであるとした。本事案は，分譲後に管理業者となったAの法的地位を管理組合Xの受任者とみなした最高裁の判決である。Aは，本件マンションの分譲時に，敷地の一部に設けた駐車場の所有権を留保して，専用使用権として別途分譲した。駐車場の需要が逼迫する状況において，昭和47年7月18日，抽選によって購入者を決定したが，落選したBは，専用使用権を取得した区分所有者Zに対して，専用使用権の不存在を確認する訴訟を提起した。Z（昭和47年4月6日，Aとの間でマンション売買契約を締結。本件敷地の共有持分割合は，Bと同じ1,048,134分の7,877）は，昭和47年7月31日，Aから専用使用権を40万円で取得した。

【当事者の主張】　Bは，次のとおり主張し，Zが専用使用権を有しないことの確認を求めた。

① 　Aは，附合契約によって交渉や判断の余地はない状況で，二重利得を得たものである。
② 　マンション購入者は，敷地の全部にわたり固定資産税を負担しているにもかかわらず，駐車場を利用できない不利益がある。Zと非取得者との間に著しい経済的不平等が生じ，駐車場専用使用権の分譲は，民法90条により公序良俗に反する。
③ 　Xが，駐車場を賃貸し，賃料収入をマンションの管理費に充当し区分所有者全員に利益を還元すべきである。専用使用権の取得者は，他の区分所有者の承諾を得ることなく，取得価額の40万円を大幅に上回る価額で転売して利益を得ている。非取得者と比べると著しい不平等がある。
④ 　専用使用権の設定は，1962年法12条の準用によって，区分所有者全員の合

意を要するが，Aはこれを得ていない。1962年法12条1項には，共用部分の変更は共有者全員の合意がなければすることができないという定めがある。
⑤　区分所有者が共有する敷地に専用使用権を設定することは，共有物の変更に該当するため，民法251条に基づき，共有者全員の合意を必要とするが，Aはこれを得ていない。

本事案は，BがZに対して，提訴したものであるが，Zの主張のなかの訴外分譲業者AのBに対する主張を記載する。
①　駐車場専用使用権の分譲代金相当額について，本件マンション価額が安くなっている。
②　Zは，40万円の分譲対価及び500円を上乗せした管理費を支払っているので，非取得者との間に著しい経済的不平等はない。

【判　旨】
　控訴審　専用使用権の分譲は，公序良俗に反しない。
①　Aの販売政策上，本件マンション分譲と専用使用権の分譲を別個に行っても，分譲価額は，総合して収支計算を行うことがあるので，Aが，二重利得をしているとは速断できない。直ちに附合契約であると認めることはできない。
②　Aが専用使用権を分譲する権利を留保したうえで本件マンションを分譲することについて，区分所有者全員は容認し承諾している。マンション購入者は，Z及びその承継人に対して駐車場を専用使用させる義務を負うことについて承諾し合意したものである。
③　マンション購入者は，敷地の全部について固定資産税を負担しているにもかかわらず，駐車場を利用できない不利益があるというが，これを容認し承諾した上で，本件マンションを購入している。一部の土地について，借地権等土地使用権の負担のある所有権を譲り受けた場合と大差がない。公序良俗に違反するとはいえない。
④　Zは，分譲代金40万円と500円を上乗せした管理費を支払っているので，非取得者との間において著しい経済的不平等はない。

⑤ Zが，転売して利益を得ているというが，管理規約の改正によって，取得者の負担すべき管理費を適当な額に修正する等の方法により解消することができる。非取得者と比べて著しい不平等があるとはいえない。

⑥ 1962年法12条は，建物に関する区分所有者の権利義務，建物の共用部分の管理に関する事項を規定したものである。敷地の管理には準用できない。

⑦ 専用使用権の設定は，共有物の変更には該当しない。専用使用権の設定は，区分所有者全員が同意したものである。

⑧ 大阪府建築振興課及び日本高層住宅協会の指導により，昭和49年以降，駐車場の利用形態は賃貸方式が一般的となっているが，そのような実情が本事案を直ちに公序良俗に違反し無効と判断する根拠にはならない。

|上告審| 専用使用権の分譲は公序良俗に反しない。原審の判断を正当とする。

① 原審の事実認定は，証拠関係及び説示に照らして是認することができる。

② 駐車場専用使用権の分譲が，公序良俗には反しないとした原審の判断は正当として是認することができる。

絵解き☞：駐車場の専用使用権についての本判決の見解

	区分所有者購入時点		管理組合移行時点
（権利関係）	売買		区分所有
（適用法令）	民法		区分所有法
（当 事 者）	分譲業者と購入者	→	管理組合と区分所有者
（問 題 点）	敷地の二重売買		管理組合の管理方法
（有 効 性）	公序良俗に反しなければ有効		管理組合の管理下にあれば有効

【ワンポイント整理：駐車場専用使用権の法的性質】

	(a) 法的性質	(b) 設定当事者	(c) 対価の帰属
① メガロコープ平野事件（最判昭和56年1月30日）【重要判例15】	委任契約に基づく使用貸借（地上権類似の物権的権利）	委任者たる管理組合に対して，分譲業者が専用使用権分譲及びその管理について包括的に受任者として行う	分譲業者は，購入者に対して最終的には返還すべきである
② メガロコープ平野事件控訴審（大阪高判昭和55年4月25日）【重要判例15】	物権的権利	分譲業者	分譲業者
③ メガロコープ平野事件同一原告別件訴訟（大阪高判昭和55年7月9日）【重要判例14】	管理組合に対する債権的権利（買戻特約付き売却。委任契約に基づく使用貸借）	管理組合（受任者である分譲業者が代行）	管理組合（購入者）

尚，附合契約とは，ガス・水道・電気の供給契約や保険契約のように，あらかじめ決定された契約条項以外に契約内容を選択する自由のない契約をいう。経済的な強者である企業の一方的な意思に支配され，私的自治の原則に反する可能性があり，行政官庁の審査・監督等が不可欠とされる。

重要判例16　分譲駐車場の法的性質

（京都地判平成4年10月22日）

【争　点】

専用使用権の分譲にかかわる駐車場（「分譲駐車場」という）が，管理組合の管理に服することについて，法的性質に関する見解が明らかになった。分譲された専用使用権は，債権的権利であり，使用料の一括前払いであって，これを受領できるのは管理組合であると判断した。

【事実の概要】　分譲駐車場について，専用使用権の分譲から7年後に，集会で決議された使用料を管理組合が請求した。分譲業者が取得する専用使用権の分譲対価は，管理組合に対する使用料の一括前払いである。従って，これを受領できるのは管理組合であるので，最終的には，分譲業者が管理組合に返還すべきものであるとした。

【判　旨】────────────────────────────
集会の決議による使用料の請求を認容する。専用使用権の分譲は，管理組合を貸主とする債権的権利である。

① 　区分所有権の分譲は，土地の共有持分を含むものである。一旦分譲した敷地について，更に土地に関して物権的権利としての専用使用権の分譲をすることはできない。
② 　民法で定められていない物権を設定することは困難である。共有敷地付きの区分所有権以外に，更に物権的権利である駐車場専用使用権を分譲することは，法的に不可能である。
③ 　管理組合を貸主とする債権的権利と解するべきである。専用使用権の分譲対価は，管理組合に対する使用料の一括前払いであり，これを受領できるのは管理組合である。債権的権利である以上，貸主である管理組合の承諾のない譲渡は，許されない。
④ 　集会の決議による使用料の請求は認められる。分譲業者は一括前払いとして受領した分譲代金を管理組合に返還する義務がある。

重要判例17　駐車場の専用使用権分譲対価の帰属先

第一審：平2(ワ)987号（福岡地小倉支判平成6年2月1日），控訴審：平6(ネ)105号・172号・547号・548号・549号・550号・551号・552号（福岡高判平成8年4月25日），上告審：平8(オ)1881号（最判平成10年10月30日）「シャルム田町事件」

【争　点】

駐車場の専用使用料の分譲対価が，管理組合若しくは区分所有者全員又は分譲業者のいずれに帰属するのかが争点となった。下級審の判断を覆し，上告審において，分譲対価は，分譲業者に帰属すると判示された。最高裁は，分譲業者が区分所有者全員の委任に基づき，受任者として専用使用権の分譲を行ったとは解することはできないと判断した。

【事実の概要】　分譲業者Aが，昭和60年6月から62年6月にかけて，本件マンション（総戸数38戸）を分譲したが，これとは別に所有権を留保して，建物1階及び敷地の一部に駐車場14区画を設置した。本件マンションの購入者（「B」という）のうちの希望者12名（「W」という）に対して，駐車場の専用使用権を分譲し，Aは，営利目的による自己の利益として，分譲対価の合計1,410万円を受領した。Wのうちの10名には120万円／区画，残りの2名には値引きにより110万円又は100万円／区画で分譲した。本件マンションの分譲に際しては，Aが敷地をKから取得した上で，Bに対して共有持分を移転する合意があったが，専用使用権部分については，KからAへの所有権移転がなされていなかった。AとBとの間には，委任契約及び管理規約が存在しなかったが，土地付区分建物売買契約書には，「本件マンションの買主は，本件敷地の一部を専用駐車場又は庭園として特定の区分所有者に専用使用させることを認諾する。」という定めがあった。図面集の「建築概要」には，駐車場に関して，2ヵ所に「分譲14区画，1区画120万円」という記載があった。重要事項説明書には，斜線抹消により具体的な記載がなかった。昭和61年11月から入居が開始され，Bは，昭和61年12月に管理組合Xの第一回総会を開催し，管理規約を定めた。平成5年4月18日には，Xの理事長としてYが選任された。

【当事者の主張】　Xの訴訟当事者であるYは，Aに対して次のとおり主張し，提訴した。

① 　Aは，本件敷地がBの共有になった後，その一部を駐車場としてWに分譲したので，Bは，Wに対して駐車場として専用使用させるという義務を負っ

第5章　駐車場と専用使用権分譲

たといえる。
② 駐車場専用使用権は，法定外の物権を設定できず，本件敷地の平等な使用を害せないことを考慮すると，賃借権類似の使用権にすぎず，Aの受領した分譲対価は，使用利益の対価である。
③ 専用使用権の設定によって，Bは，本件敷地の利用権の制限を不可分的又は総有的に受ける。Aは，1,410万円の分譲対価を根拠なく得ている。民法703条による不当利得返還請求権に基づき，分譲対価の引渡及び駐車場の返還を請求する。これを主位的請求とする。
④ Aは，Xを代理して駐車場専用使用権を設定した受任者の地位にある。民法646条1項による委任事務処理上の金銭等引渡請求権に基づき，分譲対価の引渡及び駐車場の返還を請求する。これを予備的請求とする。
⑤ Kが保持しているマンション敷地のうちの専用使用権部分について，Aへの移転登記を請求する。

Aは，Xに対して次のとおり主張した。
① Bとは，売買契約書上，駐車場専用使用権について認諾を得ている。Wには本件マンションの売買価額に駐車場専用使用権の分譲対価を加算して販売したので，Aの受領した分譲対価は，土地付き分譲マンションの売買代金の一部である。
② 分譲業者が，敷地の一部につき専用使用権を留保して，これを特定の区分所有者に相当の価格で分譲することは，契約自由の原則によって分譲業者が行うことのできる所有権の処分である。分譲対価は，法律上の原因のない利得ではない。
③ 分譲対価は，Xのための預り金ではなく，契約当事者の意思に基づくと，AがXの管理業務として行ったと解すべき根拠はない。分譲対価は，Aに帰属する。

【判　旨】

上告審　分譲対価は，Aに帰属する。予備的請求に関する原審棄却。
① 土地付区分建物売買契約書及び図面集の記載に照らすと，Wは，本件駐車

69

場を利用でき，他の区分所有者はそれを認諾したことが明らかである。
② Aが，Bの無思慮に乗じて，分譲対価の名の下に暴利を得たというが，駐車場の分譲契約における私法上の効力を否定すべき事情はない。
③ Aは，営利目的に基づき，自己の利益のために専用使用権を分譲し，対価を受領した。Wも又，同様の認識を有していたと解する。分譲対価は，分譲契約の合意内容に従って，Aに帰属する。
④ Aが，Bの委任に基づき，受任者として専用使用権を分譲したと解することは当事者意思に反する。Aの行った行為が，外形的に受任行為と同一であったとしても，当事者意思に反して，そのことだけで委任契約が成立したということはできない。Aが，包括的にX又はBの受任者的地位に立つと解することはできない。
⑤ 原審における判断は，法令の解釈適用を誤った違法がある。Yの予備的請求の認容を取り消し，該当部分の予備的請求に関する原審を棄却する。

重要判例18　分譲駐車場の有効性と専用使用料の増額

第一審：平2（ワ）2366号（福岡地判平成6年7月26日），控訴審：平6（ネ）656号・668号，平7（ネ）121号・130号・131号・134号・135号・136号・139号・142号・143号・146号・151号・157号・158号（福岡高判平成7年10月27日），上告審：平8（オ）258号（最判平成10年10月30日）「シャルマンコーポ博多事件」

【争　点】

専用使用料の変更に関する規約及び細則を定めるに際し，特別の影響を及ぼすために専用使用権者の承諾を必要とするか否かが争点となった。第一審では，専用使用権者の主張に基づき，従前の額を超えて専用使用料の支払義務はないとしたが，控訴審ではこれを否定した。専用使用権者は，特別の影響を及ぼすために自らの承諾を必要とし，専用使用契約の解除は権利の濫用に当たり無効であると主張し，上告した。上告審では，専用使用料の増額は，専用使用権者

の承諾を得ることなく，規約の定め又は集会の決議によって可能であるが，増額の程度が社会通念上相当な額を超える場合，特別の影響を及ぼすことになるため，専用使用権者の承諾が必要になると判示した。訴訟係属中において，専用使用契約の解除をすることは認められないと指摘した。

【事実の概要】 福岡市にあるシャルマンコーポ博多（昭和49年分譲。住戸数357戸・店舗8戸）において，分譲業者Aが，駐車場47台（「分譲駐車場」という）の専用使用権を留保したうえで，昭和48年11月から昭和49年11月にかけて，30万円又は40万円／区画で分譲した。専用使用権の購入者B（総数47名）は，月額500円又は700円の管理使用料（分譲駐車場の専用使用料を「管理使用料」という）を管理組合Xに支払い，これを利用していた。分譲対価は，普通車用40万円（管理使用料700円），軽自動車用30万円（管理使用料500円）である。昭和52年，駐車場の不足により，管理組合Xは，敷地内に14区画の駐車場を新たに増設し，近隣駐車場に10区画を借り上げた（これら24区画を「使用駐車場」という）。区分所有者C（専用使用権の非購入者）は，先着順で使用者を決め，月額1万円の使用料（使用駐車場の専用使用料を「使用料」という）をXに支払って使用駐車場を利用することになった。X，A，B，Cにおいて，次の点につき，争いが生じた。

❶ Bの支払う管理使用料とCの支払う使用料に格差がある。
❷ 固定資産税及び都市計画税の負担がB及びCにおいて同額であるが，Cには分譲駐車場の敷地については使用権がない。
❸ Aには，同一土地の二重売買による違法性と不当利得がある。

そこで，Xは，平成2年5月26日，集会の決議によって，管理使用料について，平成2年度に普通車用又は軽自動車用を問わず一律に4,000円とし，平成3年度は5,000円，平成4年度以降は6,000円に増額することを規約の改正と駐車場使用細則（「細則」という）において定めるに至った。Bのうちの28名は本件決議に従い，12名がXに買取りを請求した。Bのうちの19名は，平成2年，Xに対して訴えを提起した。

【当事者の主張】　Bは，Xに対して次のとおり主張した。

① 駐車場専用使用権は，物権的土地利用権であり，第三者又は他の区分所有者に対して自由に譲渡又は賃貸できるものである。Xとの間の専用使用契約により発生した債権ではない。

② 専用使用権の譲渡にはXの管理者の承認を必要とする旨が規約に定められているが，憲法29条に反して無効である。

③ 管理使用料として500円又は700円を支払えばよいのであり，それを超える金額の支払義務は存しない。

④ 本件決議には手続上の瑕疵があるために無効である。Xが管理使用料の滞納を理由として専用使用契約の解除を主張することは，権利の濫用に当たり，無効である。

Xは，Bに対して次のとおり主張した。

① 本件決議に基づき，増額された管理使用料とBの既払分との差額の支払いを催告し，Bが差額の支払いをしなければ，専用使用契約を解除する旨を通知している。

② 専用使用権は，単なる債権的使用権にすぎない。Xの管理を離れて自由に譲渡又は転貸することはできない。永続的に保有できる権利でもない。

③ 本件決議は適法かつ有効に成立し，管理使用料は，平成2年4,000円，平成3年5,000円，平成4年以降6,000円となっている。しかし，Bは，500円又は700円の限度でしか支払っていない。

④ Bに既払分との差額を支払うように催告し，支払わない場合には契約を解除する旨を通知した。支払いがないため，Bとの専用使用契約は消滅した。

【判　旨】

上告審　管理使用料の増額は，増額の程度が社会通念上相当な額を超える場合，特別の影響を及ぼすことになるため，Bの承諾が必要になる。

① 専用使用権の分譲後，Bは，Xの団体的制約に服する。Xは，規約の定め又は集会の決議によって，Bの承諾を得ることなく，管理使用料の増額が可

能である。
② 特別の影響を及ぼすとは，規約の設定等の必要性と一部の区分所有者が受ける不利益とを比較衡量し，区分所有関係の実態に照らして，不利益が受忍限度を超えると認められる場合をいう。
③ 管理使用料の増額はBに不利益を及ぼすが，増額の必要性及び合理性が認められ，かつ，増額された管理使用料が社会通念上相当な額であれば，Bは，管理使用料の増額を受忍すべきであり，Bに対して特別の影響を及ぼすものではない。
④ 平成2年7月1日から平成3年4月22日までは，Bは，500円又は700円を超えて管理使用料の支払義務がないとしたことにつき，原審を破棄・差し戻す。増額された管理使用料は，社会通念上相当な額とは明白には言い難いため，Xの契約の解除は有効ではない。それが社会通念上相当な額であるか否かにつき，更に審理を尽くす必要があり原審に差し戻す。

【ワンポイント整理：特別の影響の判断】
○：認容，×：否認，△：条件付きの認容又は否認

	第一審	控訴審	上 告 審
❶ 特別の影響	○	×	△審理不尽の違法
❷ Bの承諾	○	×	△増額に社会的相当性があれば承諾不要
❸ 本件決議による規約変更の有効性	×	○	○Bの承諾がなくても可能
❹ 専用使用契約の解除	×	○	×

【ワンポイント整理：判決要旨の比較】

○：認容，×：否認，△：一部認容

	第一審	控訴審	上告審
❶ Bの専用使用権の存在確認	○	×	○
❷ 専用使用権の自由な譲渡・転貸	×	×	×
❸ 増額された管理使用料の支払債務の不存在	○	△平成3年4月23日以降は，契約の解除により支払債務がない。	×社会通念上相当性を有するならば，支払債務は存在する。
❹ 判決	Bの勝訴	Xの勝訴	審理不尽のため，原審破棄・差戻

重要判例19　専用使用権分譲の法的性質と有効性（最高裁の見解）

（最判平成10年10月22日～11月20日）

【争　点】

駐車場の専用使用権につき，平成10年10月22日【重要判例22】「ミリオンコーポラス高峰館事件」，10月30日【重要判例17】「シャルム田町事件」，10月30日【重要判例18】「シャマンコーポ博多事件」，11月20日【重要判例23】「第2次高島平マンション事件」において最高裁の判決が4件出された。これらの判旨を比較して整理する。

【最高裁の見解】　4件のうち，3件の原審である福岡高裁では，専用使用権の分譲は，法的に無効であるとされ，分譲業者と購入者全員の間で専用使用権の分譲の合意は，有効に成立しないとされた。シャルム田町事件では無効としつつ，外形的判断による委任の成立を認め，金銭等引渡請求権に基づいて，対価の帰属先を管理組合とした。福岡高裁では，区分所有者全員の委任により，

受任者たる分譲業者が設定行為を行い，その効果は管理組合に帰属するという委任関係を示した。これに対して，ミリオンコーポラス高峰館事件の上告審において，遠藤光男裁判官は，補足意見として，分譲業者の受任者的地位は，結果的な妥当性を追求するあまり，解釈論としての範囲を超えた無理な法律構成，法律解釈であるとして，管理組合に帰属するという委任関係を否定した。シャルム田町事件の上告審においても，委任関係の成立は否定された。

【判　旨】

4件の上告審の判旨は，要約すると次のとおりである。

① メガロコープ平野事件の最高裁判決と同じく，公序良俗に反しないため，契約の効力は有効である。専用使用権の分譲は好ましいとはいえないが，契約の効力を否定することはできない。

② 分譲業者は，営利目的のために専用使用権を分譲し，対価を受領したものであり，購入者も同じ認識を有していたと解される。対価の帰属主体は分譲業者であり，管理組合には帰属しない。ミリオンコーポラス高峰館事件とシャルム田町事件において受任者説を否定した。

③ 専用使用権は，区分所有者全員の共有に属する敷地の使用に関する権利である。管理組合と専用使用権者との関係は，規約の定め又は集会の決議に基づき，団体的制約に服すべきものである。シャルマンコーポ博多事件において団体合意説を採用した。専用使用権者は，管理組合の団体的制約に服するので，管理組合は，規約の定め又は集会の決議によって，専用使用権者の承諾を得なくても，専用使用料を増額できる。

④ 専用使用料の増額の決議は，特別の影響があれば，当該区分所有者の承諾を必要とするが，特別の影響は❶増額の必要性及び合理性の有無❷増額された専用使用料が社会通念上相当な額であるか否かを判断基準とする。

⑤ 専用使用権は，物権的権利ではなく，債権的権利であるため，管理組合とは関係なく，自由に譲渡又は転貸できるものとはいえない。但し，第2次高島平マンション事件では，物権的権利であることを認めた。

【ワンポイント整理：専用使用権分譲に関する最高裁の見解の比較】

	事業手法と有効性	対価の帰属主体と管理主体	法的性質と譲渡転貸
① ミリオンコーポラス高峰館（平成元年分譲） ❶ 福岡地判平成6年2月1日 ❷ 福岡高判平成8年4月25日 ❸ 最判平成10年10月22日【重要判例22】	分譲業者が専用使用権を使用者に分譲。対価(80～110万円／区画)を分譲業者が受領。公序良俗に反するものではない。取引形態として好ましくはないが、私法上の効力を否定することはできない。	分譲業者は、営利目的のため対価を受領したのであり、購入者の認識も同じである。分譲業者は、管理組合の受任者的立場にあるとは解せない。受任者説を否定。	物権的権利ではなく、管理組合とは関係なく、自由に譲渡又は転貸できない。
② シャルム田町（昭和62年分譲） ❶ 福岡地判平成6年2月1日 ❷ 福岡高判平成8年4月25日 ❸ 最判平成10年10月30日【重要判例17】	分譲業者が専用使用権を使用者に分譲（100～120万円／区画）。対価1,410万円を分譲業者が受領。専用使用権の分譲は無効ではない。	分譲業者は、営利目的で専用使用権の分譲を行い、使用者の認識も同様である。対価の帰属主体は、分譲業者である。第一審における管理委託契約に基づく委任の成立を否定。控訴審における外形的判断による委任の成立を否定。	
③ シャルマンコーポ博多（昭和48年分譲） ❶ 福岡地判平成6年7月26日 ❷ 福岡高判平成7年10月27日	分譲業者が専用使用権を使用者に分譲。対価(30～40万円／区画)を分譲業者が受領。専用使用権の分譲は無効ではない。	分譲業者が対価の帰属主体である。但し、管理使用料は、管理組合が受領。規約又は集会の決議によって、専用使用権者の承	債権的権利であり、管理組合の承諾なしに譲渡又は転貸できない。専用使用権の設定を団体における合意事項と解する。管理組

❸ 最判平成10年10月30日【重要判例18】		諾を得なくても，管理使用料を増額できる。専用使用権者は，管理組合の団体的制約に服する。	合と専用使用権者との合意によって，専用使用権が設定される。団体合意説を採用。
④ 第2次高島平マンション（昭和48年分譲） ❶ 東京地判平成6年3月24日 ❷ 東京高判平成8年2月20日 ❸ 最判平成10年11月20日【重要判例23】	分譲業者が専用使用権を留保して無償使用。公序良俗に反しないため，契約は有効。分譲業者が専用使用権の消滅によって受ける不利益は受忍限度を超え，特別の影響を及ぼすので，分譲業者の承諾のない規約の変更と決議は無効である。	分譲業者又は管理組合に対価の受領がされていない。	専用使用権は，分譲業者が留保した権利である。共有者間で共有物の使用方法として合意されたものとして，債権的なものではなく，物権的なものである。

【ワンポイント整理：専用使用権の法的性質と譲渡転貸】

❶ 専用使用権は，分譲後には管理組合の管理に服する。

❷ 債権的権利又はそれに類似した権利である。但し，第2次高島平マンション事件では物権的権利と判断した。

❸ 管理組合の承諾なしに自由に譲渡又は転貸できない権利である。

重要判例20　専用使用権者の使用期間の変更

平3（ワ）666号（浦和地判平成5年11月19日）

【争　点】

駐車場専用使用権の抽選制度の導入が争点となった。使用期間を限定して期間満了後に抽選を行う旨の決定は，使用細則の変更に相当し，規約の変更には当たらない。これを決定した集会の決議は，駐車契約の内容の変更にすぎないので，共用部分の効用に著しい変更をもたらす変更行為には該当しない。従って，普通決議により決定することが容認された。

【事実の概要】

本件マンション（総戸数378戸。昭和62年11月〜昭和63年1月分譲）の駐車場は126台あり，総戸数に対する充足率は33.3％であった。原始管理規約（「本件規約」という）には，次の①及び②のとおり，専有部分の貸与期間が3年未満であれば，専用使用権は消滅しない旨の定めがあるため，駐車場の使用者が，転勤等で居住の移転を余儀なくされても，3年以内に戻ってくれば，専用使用権は既得権として存続する。空いていれば，団地管理組合Xが，他の区分所有者を使用者に選定できる旨が定められていた。

① 駐車場の使用者は，駐車場使用契約（「駐車契約」という）を締結した区分所有者に限定される。

② 駐車場の専用使用権は，所有する住戸部分を他の区分所有者又は同居人を除く第三者に譲渡又は貸与したときに消滅する。但し，専有部分の貸与期間が3年未満であれば，駐車場の専用使用権は消滅しない。Xは，専有部分の貸与期間中は，駐車場を他の区分所有者に使用させることができる。

駐車契約に関して，次の❶及び❷のとおり，更新拒絶には正当の理由の存在を必要とせず，使用期間を1年間とする定めがあった。双方から更新しない旨の申出がない場合，同一条件で更新されるので，駐車場を使用する区分所有者にとっては，解約権が制限された期限の定めがない契約であるという解釈の根拠となった。

❶　駐車場の使用期間は，住戸鍵の引渡しから１年間とする。但し，期間満了の１ヵ月前までに管理者又は使用者の双方から異議の申出がなければ，１年間同一条件で更新される。

❷　駐車場の使用期間の満了によって駐車契約が終了した場合は，使用者は，無条件で駐車場を明け渡さなければならない。

平成元年２月５日，駐車場の使用者は抽選で決定されたが，約67％の区分所有者が落選するという事態となった。そのため，平成２年５月20日及び平成３年５月26日の普通決議（「本件決議」という）によって，駐車契約のうちの❶を❸に変更した。総入替制を導入したのである。

❸　駐車場の使用期間を２年とし，２年間の期間満了時に改めて抽選を行い，駐車場の使用者を決定する。

【当事者の主張】　専用使用権者Ａ（区分所有者のうちの20名）が，次のとおり主張して，Ｘに対して集会の決議の無効と専用使用権の確認を求めた。

①　分譲業者Ｙから，駐車場の専用使用権は，解約権が制限された期限の定めがない契約であると説明を受けた。一旦得られた専用使用権は，既得権として，管理者及び使用者の双方から申出がなければ，１年間同一条件で更新される。

②　抽選による総入替制の導入は，本件規約の変更に当たり，特別決議が必要である。Ａに特別の影響を及ぼすので，その承諾を得る必要がある。

③　本件決議は，解約権が制限された期限の定めがない専用使用権を奪うものであるので，共用部分の変更に該当し，17条１項の特別決議を必要とする。共用部分の変更は，物理的変更に限定されない。

Ｘは，Ａに対して次のとおり主張した。

①　駐車場の専用使用権は，駐車契約に基づくもので，分譲当初の使用者が永久に使用できる旨の定めはない。

②　駐車場の専用使用権は，専有部分の貸与期間が３年未満であれば，例外的に駐車場の専用使用権は消滅しない。原則として，駐車場の専用使用期間は，１年間と定められている。使用者は，使用期間の満了によって管理組合に無

条件で明け渡さなければならない。
③ 抽選による総入替制の導入は，本件規約の変更には該当しない上，共用部分の変更にも該当しない。従って，特別決議を必要としない。

【判　旨】

規約の変更には当たらないため，特別決議は必要ではない。
① Yが，「ある程度一生使える。」旨を説明したとしても，本件規約に基づく駐車契約に定める専用使用権の使用期間は1年間である。
② 使用期間を2年とし，2年間の期間満了時に改めて抽選を行う旨の決定は，駐車契約の変更であり，使用細則の変更に相当する。本件規約の変更には当たらないので，特別決議ではなく，普通決議で決めれば足りる。
③ 本件決議は，区分所有者及び議決権の過半数によって成立し，決議の成立によってXから更新の異議が出されたものと同視される。駐車契約に基づく専用使用権は，遅くとも決議年度末で終了したと判断する。
④ 本件決議は，使用期間を2年間とし更新制度をなくしたもので，駐車契約の内容の変更にすぎず，共用部分の効用に著しい変更をもたらす変更行為には該当しない。17条1項の特別決議は，適用されない。

重要判例21　マンション敷地の不法駐車場建物

第一審：平元(ワ)1173号（福岡地小倉支判平成5年3月17日），控訴審：平5(ネ)356号・885号（福岡高判平成7年12月26日）

【争　点】

マンション敷地において，地上権等の敷地利用権がないまま，分譲業者が駐車場建物を所有していた。管理組合が，建物収去・土地明渡及び不法行為による損害賠償請求又は不当利得による返還請求を行った。駐車場の収益を分離して，土地から生じる収益は区分所有者に，建物から生じる収益は分譲業者に，帰属させる旨の契約が成立したとみなされた。

【事実の概要】　北九州市の本件マンション3棟（甲乙丙棟）の敷地は，約5,000㎡の一筆であり，次の建物用途と規模を有する。

- ❶　居住棟：甲棟（80戸。昭和58年9月竣工）及び乙棟（84戸。昭和59年6月竣工）。敷地の容積率は，甲乙両棟で限度まで活用している。分譲時に全戸完売。
- ❷　駐車棟：丙棟。集会室・機械室（1階）と2層式（1階・屋上）の平家建て駐車場（106台）を有する建物（「駐車場建物」という）。昭和58年9月竣工。

駐車場建物の床面積は，961.69㎡（丙棟全体では，約1,089㎡）で，分譲業者Cが所有し，昭和58年10月18日，所有権保存登記をした上で賃貸していた。区分所有者は敷地権9,910／10,000を有し，Cは残りの90／10,000の敷地権を有しているが，丙棟以外に専有部分は所有していない。重要事項説明書において，「駐車場建物＝分譲業者所有」という記載で，Cが駐車場建物を所有する旨を示していた。しかし，管理規約及び売買契約書には記載がなく，駐車場建物のための敷地利用権は，設定されていなかった。区分所有者全員（「A」とする）が団地を構成し，団地管理組合Xが唯一存在する。A及びXは，Cを組合員として認識せず，Cは管理費等を支払っていなかった。Cは，駐車場を利用する組合員Bに賃貸し，年間11,112,000円の収入を得ていた。

【当事者の主張】　Xの理事長Yは，Cに対して地代の支払いを求めたが，Cは応じなかった。Yは，集会の決議によって訴訟追行者に選任され，次のとおり主張し訴えを提起した。

①　Cは，敷地利用権を持たないまま，駐車場建物を所有している。
②　建物収去・土地明渡及び地代相当額の支払いを請求する。不法行為による損害賠償請求又は不当利得による返還請求として，月額607,192円の支払いを請求する。
③　本件マンションは完売されたので，Cに留保された土地の共有持分は存在しない。Cは，駐車場建物によって，敷地を不法に占拠している。

Cは，次のとおり主張した。

① 駐車場建物の所有を目的とする無償の地上権設定契約が，Aとの間で，黙示的に締結されている。
② Bは，Cの地上権又は使用貸借権の制限を受けた共有持分を取得したにすぎない。Cは，駐車場建物の敷地の専用使用権を留保した。
③ 駐車場建物の敷地につき，10,000分の90の共有持分を留保し，駐車場建物につき，地上権等の敷地利用権を有する。

【判　旨】

|控訴審|　建物収去・土地明渡請求は，認められない。地代相当額の不当利得返還請求を認める。
① Cの駐車場収益は，土地及び建物の複合不動産から生じている。分譲契約時において，土地建物に区分した収益配分と建物所有権移転の合意が成立していた。
② 土地から生じる収益はAに帰属，建物から生じる収益はCに帰属する。Cは，建物から生じる収益によって建設資金を回収した時点で，駐車場建物の所有権をAに帰属させる。この契約関係は，土地使用貸借を伴う土地管理委託契約類似の無名契約である。
③ Cは，土地部分から生ずる収益を自らに帰属するものとして独占的に収益している悪意の受益者であるため，不当利得返還債務として地代相当額（駐車場建物の所有権を移転するまで，月額431,876円）の支払義務がある。建物収去・土地明渡請求は，認められない。

重要判例22　専用使用権の分譲対価及び使用料の帰属

第一審：平2（ワ）986号（福岡地小倉支判平成6年2月1日），控訴審：平2（ワ）987号（福岡高判平成8年4月25日），上告審：（最判平成10年10月22日）「ミリオンコーポラス高峰館事件」

第5章　駐車場と専用使用権分譲

【争　点】

駐車場の専用使用権分譲の法的性質，その有効性及び分譲対価と使用料の帰属先が争点となった。専用使用権の取得者及び非取得者ともに，分譲業者が駐車場の専用使用権を分譲したと認識していたと判断して，分譲対価の帰属先は分譲業者であるとした。最高裁において，第一審及び控訴審の判断を覆した。

【事実の概要】　北九州市にあるミリオンコーポラス高峰館（平成元年3月分譲。総戸数31戸）において，分譲業者Aが敷地の一部に駐車場25台分の専用使用権を設定し，これを区分所有者B（25人。専用使用権者という）に分譲して合計2,440万円（80〜110万円／区画）を受領した。Yは，平成5年3月28日，Zの後任として管理組合Xの理事長に選任され，管理者として本訴を受け継いだ。Xは，不当利得返還請求権又は金銭等引渡請求権に基づき，Aに対して専用使用権の分譲対価の合計2,440万円の返還を求めた。Aが，マンション購入者C（区分所有者全員を「C」という）との間に，売買契約時において締結した管理委託契約には，次の趣旨の記載があった。

❶　Cは，Aに対して，建物・敷地及び附属施設の管理業務を委託する。

❷　Cは，Aに対して，管理費等6ヵ月分を前納する。

❸　Aは，竣工後6ヵ月以内又は入居者が80％以上になったときに，Xに管理業務を引き継ぎ，管理委託契約を解除する。

Aは，入居者が80％以上になった平成元年6月，管理費等から必要経費を差し引いた金銭の引渡し等を行った上で，Xに対して管理業務の引継ぎを行った。Aが，Cとの間に締結した本件マンションの土地付区分建物売買契約書（「売買契約書」という）には，次の趣旨の記載があった。

❶　売買価額には，駐車場の分譲対価を含む。

❷　本件敷地は，区分所有者全員の共有とする。

❸　買主は，敷地の一部を駐車場として特定の区分所有者に使用させることを認諾する。専用使用権者は，別途定める費用を負担しなければならない。

重要事項説明書において，専用使用権者は専用使用共益費として月額500円／

83

区画を管理組合に支払うことを明らかにしたが，駐車場の分譲対価については，具体的な記載がなかった。図面集には，配置図として駐車場が記載されているのみであった。価格表には，駐車場の分譲対価の金額の明示はあったが，分譲対価の帰属先等の記載はなかった。管理規約案には，専用使用権とは特定の区分所有者が排他的に使用できる権利であると記載されているが，駐車場の分譲対価の説明はなかった。

【当事者の主張】　Xは，Aに対して次のとおり主張した。
①　駐車場の専用使用権は，賃借権類似の債権にすぎないので，使用利益の対価であるといえる。駐車場の専用使用権は，Xに帰属する。主位的には不当利得返還請求権に基づき，予備的には委任契約における金銭等引渡請求権に基づき，Aが受領した分譲対価の返還を請求する。
②　Cが本件敷地の一部について利用の制限を不可分的又は総有的に被る一方で，Aは法律上の原因なく分譲対価を受領しているので，不当利得として返還を請求する。
③　民法646条1項に定める金銭等引渡請求権に基づき，Xの委任事務を処理するに際してAが受領した分譲対価の返還を請求する。

Aは，Xに対して，次のとおり主張した。
①　分譲業者が，建物の専有部分及び敷地をいかなる方法で販売するかは，私的自治と契約自由の原則の範囲内の問題である。駐車場分譲契約は，駐車場の専用使用権を付与する契約と非取得者の同意を得る義務を負担する契約である。
②　専用使用権の取得者は専用使用する利益を取得するのに対して，非取得者は負担付きの本件マンション及び敷地の共有持分を取得する。マンション購入者は，Aが専用使用権の分譲を留保したこと及び専用使用権者が駐車場を使用することを承認して，本件マンションの売買契約を締結している。
③　マンション購入者に対して土地の引渡しを行い，専用使用権の非取得者から同意を取り付ければ，Aの契約上の義務は完了する。Aは，駐車場の専用使用権分譲契約の責務を果たし，その報酬として分譲対価を受領したので，

不当利得にはならない。
④　Xは，負担付きの駐車場を管理する権限を取得するにすぎない。Xは，駐車場を設置し，運営する権限を取得できないので，専用使用権の設定をAに委任することはできない。
⑤　XがAに委任したのは，専用使用権の割当て行為である。割当て行為とは，特定の区分所有者に専用使用権を付与し，その対価を受領する行為である。分譲対価についてはAに帰属させる合意がある。
⑥　専用使用権の取得者は，特別の代金を支払い，専用使用権を取得するので，専用使用権の非取得者は，専用使用権の付着しないマンションを専用使用権の分譲対価分だけ安く購入しているといえる（但し，売買契約書において，売買価額のなかに既に専用使用権の分譲対価が含まれていると記載されている点とは整合しない）。

【判　旨】

|上告審|　専用使用権の分譲対価はAに帰属する。予備的請求は認められない。
①　Aが，Cの無思慮に乗じて暴利を得たものではなく，専用使用権の取得者及び非取得者は，専用使用権の存在を認識・理解していたことが明らかであり，専用使用権の分譲契約は公序良俗に反するものではない。
②　専用使用権の分譲契約は，取引形態として好ましいものではないが，契約の私法上の効力を否定することはできない。
③　Aは営利目的のために専用使用権の分譲による対価を受領したのであり，Bの認識も同じである。分譲対価はAに帰属する。
④　AがCから委任を受けた受任者として専用使用権の分譲を行ったと解することは，当事者意思に反する。Aが，包括的にX又はCの受任者的立場に立つと解することはできない。

【ワンポイント整理：専用使用権分譲における当事者関係と法的構成】

		最高裁の見解	下級審の受任者説
(a)	分譲前の権利者	分譲業者	分譲業者
(b)	分譲後の権利者	取得者（区分所有者のうちの専用使用権購入者）	取得者（区分所有者のうちの専用使用権購入者）
(c)	分譲対価の帰属	分譲業者	管理組合
(d)	管理者	不明確	管理組合
(e)	法的性質	物権的権利の否定	物権的権利の否定

重要判例23　専用使用権の消滅及び有償化と特別の影響

第一審：平5(ワ)9539号（東京地判平成6年3月24日），控訴審：平6(ネ)1554号（東京高判平成8年2月20日），上告審：平8(オ)1362号（最判平成10年11月20日）「第2次高島平マンション事件」

【争　点】

無償であった専用使用権の一部を消滅させ，一部を有償とした集会の決議が，一部の区分所有者に対して特別の影響を及ぼすものであるか否かが争われた。第一審が控訴審で覆され，上告審では，控訴審の審理不尽の違法が指摘され，一部破棄差戻しとなった。

【事実の概要】　高島平マンション（昭和48年分譲。総戸数34戸。区分所有者総数35人）は，店舗（1階）・住宅（2～8階）併用型のものである。分譲業者Aが，店舗及び住宅2戸を分譲開始時点から所有している。店舗では，サウナ，理髪店，コインランドリー（スナック廃業後）を営業した。Aは，マンション敷地の南側及び南西側に合計8台の店舗用駐車場を設け，屋上及び側壁には看板（2.5m×5.5m，8.0m×0.8m）を設置し，本件敷地北側の空地には，水槽，ポンプ，ボイラー，冷却塔，石油タンクを設置し，それぞれ無償使用して

いた。本件敷地の大部分がAに無償使用され，区分所有者にとっては，自転車置場や駐車場がないという状態である。Aは，原始管理規約において次の趣旨の専用使用権を定め，A以外の区分所有者Bの承諾を得ていた。
① 広告物その他施設の設置のために外壁の一部，屋上及び塔屋外壁の使用権はAが保有する。
② 本件敷地の使用権は，Aが保有する。
規約の改廃は，区分所有者全員の書面による合意により行うと定められていたが，専用使用権が無償であるという記載はなかった。

【当事者の主張】 Aは，区分所有者かつ管理業者であるが，1階店舗の管理費等を支払っていないことから紛争となった。Bが自治会Yを結成し，YはAに対して管理費等の支払いと次の請求のために訴訟を提起した。
① 看板の撤去及び駐車場の専用使用禁止を求める。
② 専用使用権の付与は，社会的強者の立場を利用してBに押し付けたもので，公序良俗に反するために無効である。

Yの主張に対し，東京高判（昭和59年11月29日【重要判例117】第1次高島平マンション事件）は，次のとおり判示した。
① 自転車置場等により，本件敷地の一部を使用する必要性は強く，Aの専用使用権はこれを妨げている。
② 但し，将来的に規約を変更することができ，規約の変更があれば，Aはこれを拒否することはできない。
③ Aに専用使用権を認めた合意が著しく不当で公序良俗に反して無効であるとはいえない。

平成元年10月にAを含む区分所有者全員による管理組合Xが成立した。Xは同月29日に，東京高判で示された「規約の変更があれば，Aは拒否できない。」という判断に基づき，次のとおり，第1回総会において原始管理規約の変更を決議した。決議は，区分所有者及び議決権の各4分の3以上の多数により成立した。
① 店舗区分所有者は，広告物その他施設の設置のために外壁及び屋上の一部，

塔屋外壁，本件敷地について，専用使用権を有する。
② 専用使用権を有する者は，総会の決定があれば，Xに専用使用料を納入しなければならない。
③ 専用使用部分の変更には，Xの承諾が必要である。総会の決定によって，専用使用部分を変更することができる。

規約の変更に基づき，平成4年10月18日，Xは，次の内容の決議（「本件決議」という）を行った。Xは，Aに対して，本件決議の成立に基づき，使用料・損害金・管理費等の支払いを請求した。本件決議のうち，駐車場の一部消滅に関する決議を「消滅決議」と称し，駐車場等の有償化に関する決議を「有償化決議」と称する。

① 駐車場8台のうちの4台（南西側駐車場）を明渡し，残り4台（南側駐車場）の駐車場使用料を有償とする。南西側駐車場の専用使用権は，平成4年12月31日をもって消滅させる。南側駐車場については存続させ，専用使用料を月額10万円とする。
② 屋上及び外壁看板等の使用料を有償とする。
③ 本件敷地北側の設置物の撤去と撤去までの損害金の支払を請求する。
④ 管理費等を値上げする。平成5年1月以降，南側駐車場月額10万円，塔屋外壁月額4万円，屋上月額1万円，2階屋上月額2万円，非常階段踊り場月額1.5万円の専用使用料合計18.5万円（翌月分）を毎月25日にXに支払う。

Aは，上記①～④を拒否したため，平成5年，Xは，本件決議の履行を求めて訴訟を提起した。消滅決議及び有償化決議が，31条1項に定める特別の影響を及ぼすためにAの承諾を必要とするか否かが争われた。

【判　旨】

|上告審| 一部消滅及び一部有償については，Aに特別の影響を及ぼすものである。消滅決議を無効とした判決は認められるが，有償化決議を無効とした部分は容認できない。有償化決議には，社会通念上の相当性を検討する必要がある。原審のAの敗訴のうち，専用使用料の月額支払18.5万円の部分を破棄し，原審に差し戻す。

① Aは，来客用と自家用のために，駐車場の専用使用権を取得したものである。駐車場4台分の専用使用権の一部消滅によって，営業継続に支障が生じる可能性がある。
② Bは，駐車場がないことを前提にマンションを購入していることを考慮すると，Aが，専用使用権の消滅によって受ける不利益は受忍限度を超えるものである。消滅決議は，Aの専用使用権に特別の影響を及ぼす場合に該当し，Aの承諾のないままなされた消滅決議は無効である。
③ 有償化決議において，Aが管理費等によって相応の経済的負担をしてきた権利を更に有償化して使用料を徴収することはAに不利益を及ぼす。しかし，有償化の必要性及び合理性が認められ，かつ，設定された使用料の額が社会通念上相当な額であると認められる場合，Aは専用使用権の有償化を受忍すべきである。この場合，専用使用権者に特別の影響を及ぼすものではないので，Aの承諾を得る必要はなく，有効に成立する。
④ 有償化決議によって設定された使用料の額が，社会通念上相当であるか否かについて検討することなく，Aの承諾がないために無効と判断した原審の判断には，31条1項後段に定める特別の影響の有無につき，法令の解釈適用の誤りがあり，審理が尽くされていないという違法がある。従って，この部分は破棄差戻しとする。
⑤ 有償化決議によって設定された駐車場等の使用料の額が，社会通念上相当であるか否か，相当でない場合，いくらであれば相当といえるかについて審理を尽くす必要がある。

【ワンポイント整理：有償化決議と消滅決議における分譲業者の承諾】

	有償化決議	消滅決議	決議有効性
❶第一審	分譲業者の承諾は不要	分譲業者の承諾は不要	有効
❷控訴審	分譲業者の承諾が必要	分譲業者の承諾が必要	無効
❸上告審	使用料の額が社会通念上相当な額であれば，分譲業者は専用使用権の有償化を受忍すべきである。分譲業者の承諾を得る必要はなく，有効に成立する。使用料の額が，社会通念上相当であるか否か，いくらであれば相当といえるかについて更に審理を尽くす必要がある。	分譲業者の承諾が必要	無効有償化決議については更に審理を尽くす必要がある。

重要判例24　専用使用権に関する対価不払と消滅

第一審：平9（ワ）6177号（東京地判平成10年12月18日），控訴審：平11（ネ）612号（東京高判平成11年7月27日）

【争　点】

区分所有者が規約に基づき，駐車場の専用使用権を有していたが，その対価の支払いをしなかった場合，専用使用権を消滅させる規約の変更は有効である。

【事実の概要】　分譲業者Cは，3台分の駐車場に関する専用使用権を留保して，その対価として1,000万円を修繕積立金として管理組合Xに支払う旨を原始管理規約（「本件規約」という）に定めていた。重要事項説明書及び売買契約書において，駐車場はCが使用する旨の記載があった。しかし，Cは，1,000万円の支払債務を履行しなかった。平成6年4月13日，Cは，遅延利息として年利6％に相当する60万円を支払う旨をXに回答し，Cの代表者Dが1,000万円の支払いを債務保証した。Xは，平成8年7月13日，1,000万円の支払い又

は駐車場の明渡しのいずれかを選択することをCに求めたが，Cは明渡しを拒否し，1,000万円の支払いにはマンション完売までの猶予を求めた。平成8年12月28日，Xは，集会の決議により，本件規約を変更し，Cに対する専用使用権を消滅させた。Xは，本件決議に基づき，Cに対して駐車場の明渡し及び損害賠償を求める訴訟を提起した。Cは，規約の変更を承諾していないと主張したが，第一審ではXの主張が認められたため，Cが控訴した。

【当事者の主張】 Cは，Xに対して次のとおり主張した。

① 売買契約書，重要事項説明書，本件規約において，Cが駐車場を専用使用する旨を明記している。駐車場の専用使用権は，Cが原始的に取得した既得権である。Cの同意がないまま，本件規約を変更できない。

② 本件決議の議事録には，専用使用権の消滅を決議したという記載はない。本件規約の変更は，Cの専用使用権の消滅があれば，特定の区分所有者に当該専用使用権を与えることができる旨を定めたものである。

③ 本件マンションの総戸数は，53戸であるにもかかわらず，本件決議の議事録には議決権総数を50と記載している。本件決議には，成立手続に瑕疵があるため，無効である。

④ 本件規約の変更には，Cの承諾が必要である。Cの承諾がないため，本件規約の変更は無効である。駐車場はCの業務上必要不可欠であり，区分所有者は特に駐車場を必要とする理由がなく，特定の区分所有者に専用使用権を与えるとゴミ収集車及び配送車の業務に支障が生じるため，Cが承諾しないことには正当の理由がある。

⑤ 平成7年10月，Xの理事長Yとの間で，Cに1,000万円を預託し毎年60万円を運用収入（年利6％）として，CはXに支払う旨の合意が成立した。平成6年3月以降，本件合意に基づく義務をCは果たしている。

⑥ Xが主張する駐車場の賃料相当額が105,000円／月であるという客観的証拠は存在しない。

Xは，Cに対して，次のとおり主張した。

① 1,000万円の支払義務を果たさずに，駐車場を専用使用することはできな

い。支払義務を果たさないならば，駐車場の明渡しを求める。
② 本件規約の変更は，Cに特別の影響を及ぼすものではないので，本件規約の変更は有効である。
③ 近隣駐車場の相場は，3台分で合計105,000円である。使用料相当額の損害賠償を求める。

【判　旨】

|控訴審| 専用使用権の消滅は，Cに特別の影響を及ぼすものではないので，Cの承諾は必要としない。

① Cの専用使用権は，本件規約において，1,000万円を支払うことと対価的な関係を有する。従って，Cは，1,000万円の支払義務を果たさずに，駐車場を専用使用することはできない。

② 1,000万円の支払義務を果たさなければ，駐車場を専用使用することはできない旨は，既に本件規約に定められていることであって，専用使用権を消滅させる旨の規約変更は，Cに特別の影響を及ぼすものではない。Cの承諾を必要としないので，規約の変更は有効である。

③ Cの承諾が必要であるという前提に立つとしても，Cが，業務上駐車場を必要不可欠とする事情があっても，承諾しないことの正当な理由とは認められない。

④ Xの総会決議において，規約において，1戸1議決権が定められ，本件規約の変更には組合員の総数及び議決権の総数の各4分の3以上の多数を必要とする。本件決議では，出席者42名全員が賛成したので，42／53＝79.24％の賛成があり，有効に成立したといえる。議事録に議決権総数が50と記載されていることは，本件決議の無効の理由とはならない。

⑤ Cが，遅延利息として60万円を支払うことと専用使用権の対価である1,000万円を支払うこととは，Xにおける経済的効果において大きな違いがある。本件合意の証拠はなく，Cの主張は認められない。

⑥ 近隣駐車場の使用料は，1台当たり月額35,000円である。3台分の合計は，105,000円である。使用料相当額の損害賠償は，この金額を根拠とすること

ができる。

重要判例25　立体駐車場の管理費と特別の影響

第一審：昭60(ワ)13119号（東京地判昭和62年6月29日），控訴審：昭62(ネ)1918号・2862号（東京高判昭和63年3月30日）

【争　点】

管理組合が，集会の決議に基づき，理事会で決定した立体駐車場の管理費等の確認及び未払金の支払いを請求した。立体駐車場の管理費等の値上げに関して，規約の変更と値上げした具体的金額に正当事由がある場合，区分所有者は，その承諾を拒否することはできない。

【事実の概要】　立体駐車場は，ゴンドラ方式の10階層で2面の外壁と1階車路（21.34坪）を有する構造となっている。駐車収容部分12.28坪，ターンテーブル12.12坪から構成される。管理組合は，昭和59年10月31日，管理規約を変更して，立体駐車場の管理費等の金額を理事会で定める旨の集会の決議（「本件決議」という）を行った。理事会において，昭和60年2月21日，次の金額を設定した。区分所有者Aの支払うべき管理費等は，合計121,460円となった。

① 管理費は，24,440円から110,360円とする（85,920円の値上げ）。

② 修繕積立金は，2,450円から11,100円とする（8,650円の値上げ）。

ところが，区分所有者Aは，従前の管理費等を支払い続けたため，毎月その差額94,570円が滞納された。管理規約上，規約の変更につき，次の趣旨の定めがあり，Aにおける正当事由の存否が問題となった。

【当事者の主張】　管理組合の理事長Xは，Aに対して次のとおり主張した。

① 昭和60年4月1日以降，管理費等は，月額合計121,460円であることの確認を求める。

② 昭和60年4月1日～昭和62年10月末日までの31ヵ月分の未払金合計

2,931,670円及び遅延損害金の支払を求める。
③　Aは，規約の変更につき，正当事由なく承諾を拒むことはできない。
Aは，Xに対して次のとおり主張した。
①　規約の変更は，Aに特別の影響を及ぼすので，Aの承諾が必要である。
②　Aは，規約の変更を承諾していない。

【判　旨】

|控訴審|　原審変更。
①　立体駐車場の管理費等につき，その他の部分の管理費等に比べて高く設定するという規約の変更を行った。規約の変更は，保守維持費等を考慮すると正当事由があるといえるので，立体駐車場を使用する区分所有者は，規約の変更に従わなければならない。
②　集会の決議に基づき，規約の変更は有効である。但し，集会から授権された理事会が，管理費等の金額を自由かつ無制限に決定できると解することはできない。
③　Aが，具体的金額を承諾しない場合，具体的金額につき，正当事由の存在を必要とする。理事会ではAの専用使用部分を10階層の80％と査定するが，1階層部分を100％，それ以外を80％と査定することを相当とする。従って，管理費は，90,712円，修繕積立金は9,071円で，管理費等は，月額合計99,783円を相当とする。
④　Aに対して，Xの請求のうち，管理費等の未払金合計2,259,683円及び遅延損害金の支払いを命ずる。

【ワンポイント整理：管理費等の査定金額の比較】

	管理組合理事会の査定 （昭和60年2月21日）	控訴審の査定 （昭和63年3月30日）
❶ 控訴人の専用使用部分	10階層分×80%	1階層部分×100% 2～10階層分×60%
❷ 管理費の算定（ゴンドラ）	1,000円／坪×12.28坪× （0.8×10）＝98,240円	1,000円／坪×12.28坪×（1＋0.6×9）＝78,592円
❸ 管理費の算定（ターンテーブル）	1,000円／坪×12.12坪 ＝12,120円	1,000円／坪×12.12坪＝12,120円
❹ 修繕積立金の算定	（98,240＋12,120円）×0.1 ＝11,036円 → 11,100円	（78,592円＋12,120円）×0.1 ＝9,071円
❺ 管理費・修繕積立金の合計	98,240円＋12,120円＋ 11,036円＝121,396円	78,592円＋12,120円＋9,071円 ＝99,783円

【基礎的事項の確認】

① 分譲業者が，マンション敷地の一部を20台の駐車区画の専用使用権として分譲したが，これは，分譲業者が買戻特約付きで売却するという委任契約に基づく使用貸借である。

② 分譲業者は，管理組合の受任者としての関係にあり，分譲対価をマンション購入者に対して最終的には返還すべきである。専用使用権の分譲は，著しい経済的不平等はなく，借地権等土地使用権の負担のある所有権を譲り受けた場合と同じく公序良俗に違反するとはいえない。

③ 専用使用権の分譲は，管理組合を貸主とする債権的権利である。集会の決議による使用料の請求は認められるので，分譲業者は一括前払いとして受領した分譲代金を管理組合に返還する義務がある。

④ 駐車場の専用使用料の分譲対価は，分譲業者に帰属する。分譲業者が区分所有者全員の委任に基づき，受任者として専用使用権の分譲を行ったとは解することはできない。

⑤　専用使用料の増額が，社会通念上相当な額を超えると，特別の影響を及ぼすために専用使用権者の承諾が必要になる。増額の必要性及び合理性があり，社会通念上相当な額の範囲内であれば，専用使用権者は，増額を受忍すべきであり，特別の影響を及ぼすものではない。

⑥　駐車場の使用期間を限定して期間満了後に抽選を行う旨の決定は，使用細則の変更であり，規約の変更には当たらないし，変更行為には該当しない。普通決議により決する。

⑦　分譲業者が敷地利用権のないまま，別棟の駐車場を所有していたが，土地から生じる収益は区分所有者に，建物から生じる収益は分譲業者に帰属するとみなされた。

⑧　専用使用権の分譲は，公序良俗に反するものではなく，取引形態として好ましくないが，私法上の効力を否定することはできない。分譲業者は，営利目的のために分譲対価を受領したのであり，マンション購入者の認識も同じである。専用使用権の分譲対価は，分譲業者に帰属する。

⑨　無償であった専用使用権を一部消滅及び一部有償とすると受忍限度を超える不利益が生ずる。特別の影響を及ぼす場合に該当するので，専用使用権者の承諾のない決議は無効となる。有償化の規約変更に伴う使用料の額が社会通念上相当な額であるか否かの検討が必要である。

⑩　規約の設定等の必要性及び合理性と一部の区分所有者が受ける不利益を具体的に比較して，受忍限度を超える不利益が存在する場合，特別の影響があることになる。規約の変更が専用使用権者に特別の影響を及ぼさなければ，その者の承諾を必要とすることなく有効である。専用使用権者は，専用使用料を支払わずに，駐車場を専用使用することはできない。

⑪　立体駐車場の管理費等をその他の部分に比べて高くするという規約の変更と具体的金額には正当事由がある。立体駐車場を使用する区分所有者は，規約の変更に従い，滞納管理費等の支払義務がある。

第6章 建物の敷地と敷地利用権

The Point
○ 建築確認後の建蔽率違反に関する分譲業者の責任を検討する。
○ 敷地利用権と専有部分が不一致の場合，どのように扱われるのか。

【Theme & Target】

① 敷地の一部が切り離されて，建蔽率違反となった場合に，区分所有者による建築主及び分譲業者に対する不法行為に基づく損害賠償請求は認められるのか。

② 専有部分の取得時点では，敷地利用権を有しなかった者が，その後に他の専有部分とともに敷地利用権を取得した場合，当初の専有部分について敷地利用権を有する区分所有者であると認定されるか。

重要判例26　建蔽率違反と損害賠償責任

昭57(ワ)3123号，昭57(ワ)7333号（東京地判平成2年2月27日）

【争　点】

建築確認された敷地が切り離されて，建築基準法に適さなくなった場合，購入者は，売主等に損害賠償責任を追及できるのかが争点となった。

敷地の一部が切り離されて，建蔽率違反となった場合に，区分所有者による

建築主及び分譲業者に対する不法行為に基づく損害賠償請求が認められた。

【事実の概要】　借地権付きで分譲された本件マンション（昭和46年8月竣工）の敷地（「本件敷地」という）が，昭和45年10月28日付けで建築確認を受けた時点では，実測面積として1,300.21㎡あった。ところが，その一部（「甲土地」という）を抵当権実行により第三者Rが取得したため，本件マンションの建蔽率57.22％が違反建築物となるに至った。競落された甲土地（建蔽率60％）が切り離されて，許容される建蔽率（都市計画で定められた建蔽率）が30％になったためである。甲土地についてはKが所有し，甲土地以外の部分をGが所有していた。甲土地については，Gの夫が借地していた。甲土地以外の部分については，Xは，Gとの間で昭和45年8月10日，50年間の地上権設定契約を設定したが，甲土地については，建築主Xは，K又はGの夫との間で何らの契約も締結していなかった。Xから販売を委託された分譲業者Yは，行政庁から建蔽率違反を指摘され，検査済証が交付されなかったにもかかわらず，買主Aには建蔽率違反を秘匿して販売を継続し，昭和46年8月24日本件マンションの表示に関する登記を行った後に，Aを含む購入者に対して逐次，所有権保存登記手続を行った。Aは，分譲後10年経過して建蔽率違反及び敷地不足に気づいた。

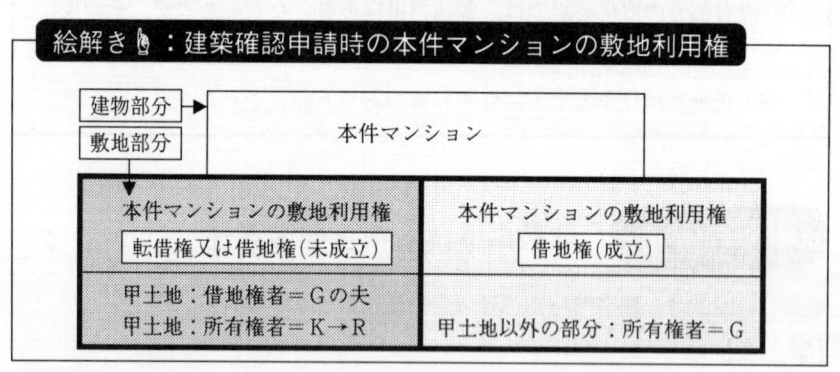

```
絵解き☜：建築確認申請時の本件マンションの敷地利用権

建物部分 ┐
敷地部分 ┘→   本件マンション

┌─────────────────────┬─────────────────────┐
│ 本件マンションの敷地利用権 │ 本件マンションの敷地利用権 │
│ 転借権又は借地権（未成立）│    借地権（成立）       │
├─────────────────────┼─────────────────────┤
│ 甲土地：借地権者＝Gの夫  │                     │
│ 甲土地：所有権者＝K→R  │ 甲土地以外の部分：所有権者＝G │
└─────────────────────┴─────────────────────┘
```

【当事者の主張】　Aは，X，Y，設計事務所Z，施工業者Wに対して，不法行為及び瑕疵担保責任による損害賠償を請求した。Aは，次のとおり主張した。
①　甲土地に借地権を設定するために費用負担を被った。

② X及びYが共謀して建築確認を得たことに不法行為がある。
③ Yには，物の隠れた瑕疵を秘匿したまま，分譲した瑕疵担保責任がある。

【判　旨】
X及びYにつき，不法行為による損害賠償責任を認める。
① Xは，Kの承諾を得る意思がなく，Gの夫との間でGの夫が建築した建物（「甲建物」という）について取壊しの合意を得なかった。行政庁から建蔽率違反を指摘されたにもかかわらず，これを放置したままであった。Xには，適法な建築物を販売する義務があり，不法行為責任がある。
② Yには，行政庁から建蔽率違反を指摘され，その事実を知りながら，漫然と販売を継続し，所有権保存登記手続を行ったことに対して，不法行為責任がある。
③ Zは，設計を依頼された敷地図面によって適法な設計を行い，Wは，それに基づく施工を行ったのであり，不法行為は成立しない。
④ 甲土地に存在する甲建物の存在は，違法性を認定する理由とはならない。本件敷地は，竣工時において本件マンションの敷地として確保されていればよいので，本件マンションの竣工時に甲建物が取り壊されていれば足りる。
⑤ Aの損害は，違反建築物に対する是正措置命令の危険性を負担しているという不利益だが，現実のものとはなっておらず，金銭評価はできない。
⑥ 建替えに際して，従前の建築面積が確保されない可能性があるが，将来の不確定事項であり，金銭評価は困難である。

重要判例27　専有部分の取得と敷地利用権との関係

第一審：昭62(ワ)16590号（東京地判平成元年3月15日），控訴審：平元(ネ)1065号（東京高判平成2年3月27日）

【争　点】
専有部分の取得時点では，敷地利用権を有しなかった者が，その後に他の専有

部分とともに敷地利用権を取得した場合，当初の専有部分について敷地利用権を有する区分所有者であると認定されるか否かが問題となった。控訴審において，第一審を覆し，敷地利用権を有しさえすれば，取得の経緯及びその多寡等にかかわらず，区分所有者は，専有部分に対応する敷地利用権を有するとみなされると判示した。

【事実の概要】　本件マンション及び敷地の分譲業者であるZは，順次売却を進め，残りは，102号室，103号室，104号室とそれらの敷地利用権の共有持分（217,138分の15,115。「本件持分」という）となった。これらをAに売却し，所有権移転登記を終えた。ところが，根抵当権設定に基づく競売と売買によって，Yが102号室及び103号室を取得し，Xが104号室と敷地利用権の共有持分のすべて（217,138分の15,115）を取得した。Yは，102号室及び103号室を取得した時点では，その専有部分に対応する敷地利用権を有していなかった。その後，Yは203号室とその敷地利用権の共有持分（217,138分の5,076。「Y持分」という）を取得した。

【当事者の主張】　Xは，次のとおり主張した。
① 　Xが取得した本件持分には，102号室及び103号室の敷地利用権が含まれている。
② 　Yは，102号室及び103号室の敷地利用権を有していないので，Yに対して10条に基づき，区分所有権の時価売渡を請求する。
③ 　22条2項によって，専有部分と敷地利用権の結びつきが明確に定められている。区分所有権の売渡請求の認容によって，専有部分と敷地利用権の一体性を実現すべきである。

Yは，次のとおり主張した。
① 　本件持分には，102号室及び103号室の敷地利用権を含まない。
② 　Y持分には，203号室のみならず，102号室及び103号室に対応する敷地利用権を含む。
③ 　Yは，敷地利用権を有しない区分所有者には該当しない。

【判　旨】

控訴審　原審取消（Ｘの請求棄却）。

① 10条によると，敷地利用権を有しない区分所有者は，専有部分の収去を免れないが，物理的に対応できないために区分所有権の時価での売渡請求が認められる。

② 区分所有法の趣旨から，敷地利用権を有していれば，その取得の経緯，分離処分の禁止，共有持分割合等の事情の如何に係らず，区分所有者は，専有部分に対応する敷地利用権を有するというべきである。

③ Ｙは，専有部分である203号室，102号室及び103号室の専有部分を有するとともに，それらに対応する敷地利用権として217,138分の15,115の共有持分を有していると解する。

④ Ｘによる区分所有権の売渡請求のあった時点では，Ｙは102号室及び103号室の専有部分に対応する敷地利用権を有していたとみなされ，敷地利用権を有しない区分所有者には該当しない。

【ワンポイント整理：区分所有権及び専用使用権の取得者に関する経緯】

		分譲業者	分譲時	競落時	第一審	控訴審
❶	102号室の区分所有権	Ｚ	Ａ	Ｙ	Ｙ	Ｙ
❷	102号室の敷地利用権	Ｚ	Ａ	<u>Ｘ</u>	<u>Ｘ</u>	<u>Ｙ</u>
❸	103号室の区分所有権	Ｚ	Ａ	Ｙ	Ｙ	Ｙ
❹	103号室の敷地利用権	Ｚ	Ａ	<u>Ｘ</u>	<u>Ｘ</u>	<u>Ｙ</u>
❺	203号室の区分所有権	Ｚ	Ａ	Ｙ	Ｙ	Ｙ
❻	203号室の敷地利用権	Ｚ	Ａ	Ｙ	Ｙ	Ｙ

本事案では，②及び④の敷地利用権者（下線部分）が争点となった。

【基礎的事項の確認】
① 建築確認された敷地が切り離されて，マンションが建蔽率違反となるに至った場合，区分所有者は，建築主及び分譲業者に対して不法行為に基づく損害賠償を請求することができる。
② 専有部分の取得時点では，敷地利用権を有しなかったが，その後に他の専有部分とともに敷地利用権を取得するに至った場合，取得の経緯等の事情にかかわらず，区分所有者は，専有部分に対応する敷地利用権を有するものと認める。

第 7 章 管理者又は理事長の責務と管理組合法人

The Point

○ 管理組合は，権利能力なき社団に該当するのか。その要件とは何か。
○ 理事長の損害賠償責任と請求主体を明らかにする。
○ 理事の包括的委任と限定的委任の違いを明らかにする。

【Theme & Target】

① 法人化されていない管理組合は，権利能力なき社団に該当するのか。権利能力なき社団の要件とは何か。

② 理事長が，集会の決議に基づく業務を執行せず，管理組合に損害を与えた場合，区分所有者が個別に損害賠償請求をすることはできないのか。

③ 区分所有者が外壁タイルの剥離・剥落及び補修工事によって損害を被ったとして，分譲業者に対して瑕疵担保責任に基づく損害賠償を求めた。補修工事によって機能上又は安全上の問題が解決された場合でも，瑕疵担保責任に基づく損害賠償の請求は認められるのか。

④ 区分所有関係の成立前の集会で選任された管理者は無効であるとして解任することができるか。本件集会で決議された管理規約と管理費等の支払義務は有効か。

⑤ 管理組合法人は，26条4項の類推適用により，集会の決議によって授権されれば，区分所有者全員のために訴訟を追行できるか。

⑥ 「理事に事故があり，理事会に出席できないときは，その配偶者又は一親等の親族に限り，これを代理出席させることができる」という規約の変更は，包括的委任に該当するために無効となるのか。
⑦ 理事全員が後任の理事を選任しないまま辞任し，管理組合が機能不全に陥った事案において，区分所有者が仮理事長の選任を申し立てた場合，認められるのか。
⑧ 理事長が，議案書の配布や掲示によって管理業者の業務懈怠を非難したが，非難が公益目的によるものであれば，名誉棄損には当たらないか。

重要判例28　権利能力なき社団の要件

上告審：昭35（オ）1029号（最判昭和39年10月15日）

【争　点】

権利能力なき社団である借地権者は，土地所有者に代位して，不法占拠者に対する建物収去土地明渡を請求することができる。権利能力なき社団の成立要件が明確にされた。

【事実の概要】「引揚者更生生活協同連盟杉並支部（「支部」という）」は，権利能力なき社団として，権利義務の主体となる借地権者であると判断した。支部は，引揚者の更生に必要な経済的行為をする目的で，杉並区内に居住する引揚者によって結成された。主たる事業は，マーケットの設置と運営であり，店舗所有者が構成員であり，構成員の異動があれば，支部の承認が行われ，構成員の変更にかかわらず，支部は同一性を維持しつつ存続した。意思決定は，総会の決議によって行い，代表者として総会における過半数の議決をもって支部長1名を選任した。その他の役員として，副支部長，理事等の定めがあった。土地賃貸借契約を締結した正当な借地権者である支部が賃借している土地について，第三者が不法占拠していた。土地所有者が所有権に基づく妨害排除請求

権を行使しない場合，借地権者である支部は，土地所有者に代位して，不法占拠者に対し建物収去土地明渡を請求できるか否かが争点となり，これが認められた。支部には，構成員である区分所有者とは別の，団体としての当事者能力が認められ，代表者により取得した資産は，総有的に帰属すると判断した。

【判　旨】

支部は，権利能力なき社団として，建物収去土地明渡請求を代位行使することができる。

① 権利能力なき社団の成立要件は，次のとおりである。
- ❶ 団体としての組織を備えている。
- ❷ 多数決の原理が行われている。
- ❸ 構成員の変更にかかわらず団体が存続する。
- ❹ 組織において代表の方法，総会の運営，財産の管理等団体としての主要な点が確定している。

② 権利能力なき社団が，その代表者名において取得した資産は，構成員に総有的に帰属する。

③ 権利能力なき社団は，代表者によって，その社団の名において構成員全体のために権利を取得し，義務を負担する。社団の名において行うのは，不動産登記等において，すべての構成員の氏名を列挙することの煩雑さを避けるためである。

④ 終戦後，マーケット式に3列のバラック建ての密集建築を行うと，各戸各別の土地所有者との借地契約が煩雑になるため，建築許可を得るための便宜的な要請から，個別の名前を用いずに支部としての一括名称を用いた。支部は，権利能力なき社団である。

重要判例29　理事長の債務不履行と損害賠償の請求主体

平7（ワ）619号（神戸地判平成7年10月4日）

【争　点】

理事長が，集会の決議に基づく業務を執行しなかったため，管理組合に損害を与えた事案である。理事長は，管理組合に対して損害賠償責任を負うことになるが，区分所有者各人が個別的に損害賠償請求をすることはできない。損害賠償請求権は，団体的な性格を有するので，管理組合又は区分所有者全員によって訴訟を提起しなければならない。

【事実の概要】　受水槽の改修工事を1,833,400円で行うことを集会の決議により全員一致で決定した。区分所有者全員で構成される管理組合Xの理事長Yが，本件決議に基づく業務を執行しなかったため，区分所有者が管理者としての善管注意義務を怠ったと指摘した。区分所有者の一部であるA（7名）は，Yの業務懈怠のために，本件工事が遅延し，受水槽の腐食が進んだと主張して，Xに対する損害賠償請求を行った。Aが，個々人の名前でXに対する損害賠償を請求できる原告適格を有するか否かが争点となった。

【当事者の主張】　Aは，Yに対して次のとおり主張した。

① 主位的請求として，Yに対する損害賠償として本件工事費の増加差額844,600円及び遅延損害金を請求する。仮執行宣言の付与も求める。

② 予備的請求として，Yに対する損害賠償として183,340円及び遅延損害金を請求する。当初の見積額で工事は完成したが，当初の見積額が10%高い金額となったので，割高となった10%を損害賠償として請求する。

③ Xの理事長であるYは，Aとは委任又は代理の関係にある。Yが故意又は過失によってXの業務を履行せず，Aに損害を及ぼしたときは，債務不履行による損害賠償責任を負うべきである。

④ 民法423条の債権者代位権又は会社法847条（旧商法267条）の株主代表訴訟を類推適用して，Yの責任を問う。

【判　旨】

Aの訴えを却下する。区分所有者全員が訴訟当事者になるか又は訴訟追行者として選任する手続を経ていないため，Aには訴訟追行権がない。

① 　Yは，Aから委任又は代理を受けて，集会の決議によって業務の執行を行っている。Yが，故意又は過失によってこれを履行せず又はXに対して損害を与えた場合には，債務不履行として，YはXに対して損害賠償責任を負う。

② 　X又は区分所有者全員が，Yに対して損害賠償請求を求めて訴訟を提起することができるが，区分所有者が個別的に請求することはできない。

③ 　6条又は57条に係る共同利益背反行為の是正を求める行為は，団体的性格を有する権利であり，区分所有者が共同の利益を守るため，共同で行使すべき権利である。

④ 　民法423条に定める債権者代位権に基づき，区分所有者各人が代位できるものではない。株主個人が会社に代わって取締役の責任を追及する株主代表訴訟の趣旨は，本事案では肯定できない。訴訟当事者として，区分所有者全員が行うか又は訴訟追行権を付与された者を選任する必要がある。従って，Aの訴えを却下する。

重要判例30　外壁タイルの落下と損害賠償請求

第一審：平13（ワ）1470号（福岡地判平成16年5月17日），控訴審：平16（ネ）581号（福岡高判平成18年3月9日）

【争　点】

買主が，外壁タイルの剥離・剥落及び補修工事によって，損害を被ったとして，民法570条に定める瑕疵担保責任に基づいて，分譲業者に対して交換価値の下落による財産的損害，慰謝料及び弁護士費用の損害賠償請求，遅延損害金の支払を求めた。原審においては，買主の精神的損害は，予見することができない

特別損害であり，交換価値の下落が補修工事後において存在している証拠が認められないとして，いずれの請求も棄却した。控訴審では，外壁タイルの剥離・剥落のために大規模な補修工事を必要とする瑕疵が存する場合，補修工事によって機能上又は安全上の問題が解決されたとしても，区分所有権等の価値の下落が存在するため，売主の瑕疵担保責任が認容された。

【事実の概要】 本件マンションは，中庭形式のコの字型の住棟配置で，中庭には共用通路が設けられている。外壁タイルが，外周外壁部分，バルコニー部分，中庭外壁部分，玄関及び廊下周り部分において，1階から最上階まで施工されていた。エレベーターホールの壁及び階段手摺部分の壁の外壁タイルの剥離，住戸面の壁及び半円柱の外壁タイルの剥落，バルコニーの外壁タイルの剥離・剥落，東面4階外壁部分の外壁タイルの剥落等の不具合が断続的に生じた。分譲業者Cは，建設業者Zに対して，外壁タイルの剥離等の現況調査と原因究明及び対応策を求めた。管理組合Xは，Zの打診検査及び赤外線調査による報告に基づき，外壁タイル全面の補修工事を行うことにした。本件補修工事は，平成12年9月17日に足場を組んで着工し，平成14年1月17日に全面的に終了した。区分所有者A（6名）は，次のような被害を受けたと主張した。
① 本件補修工事は，約1年4ヵ月に及ぶ長期的なものとなり，外部足場による閉塞感，騒音，粉塵に悩まされた。
② 外壁タイルの撤去時に発生する騒音は，絶え間なく大きなもので，高齢者（A3及びA4）は，常時在室し，騒音被害は耐えがたいものであった。
Cは，本件補修工事の期間中，入居者の不快感の軽減のために，ホテル宿泊の提供，実家への一時帰宅等の交通費の負担，空気清浄機の無償貸与，洗濯乾燥機の12台の設置を実施した。Aは，これらを利用しなかった。Xは，Cとの間において本件瑕疵による補償について和解のための協議を行い，平成15年6月30日，Cとの間において次の内容の和解が成立した。
① Cは1住戸当たり40万円及び弁護士費用に相当する総額1億円を支払う。
② Cは，基礎その他の主要構造部分の損傷に対する補修を行う旨の20年間の

長期住宅保証を行う。

【当事者の主張】 Aは，Cに対して次のとおり主張し提訴した。
① 本件瑕疵及び本件補修工事による本件マンションの交換価値の下落による財産的損害として建物価格の30％相当額の損害賠償を求める。
② 本件瑕疵及び本件補修工事による精神的損害としてA各人に500万円の慰謝料を求める。
③ 損害賠償として，弁護士費用を請求する。

Cは，Aに対して次のとおり主張した。
① 本件瑕疵は，外壁タイルの施工不良を原因とするが，本件補修工事によって，売主としての瑕疵担保責任を既に果たしている。
② Aの主張する財産的損害の賠償請求は，履行利益の賠償を求めるものであり，瑕疵担保責任に基づく損害賠償請求は，信頼利益の賠償を求めるものであるため，相容れないものである。
③ 交換価値の下落は，仮定の価値にすぎないもので顕在化していない。使用価値が問題となるが，既に本件補修工事によって，本来の機能を回復しているので，Aにとって使用価値に関する損害が発生していない。
④ 本件瑕疵については，Xとの間で総額1億円の和解が成立している。損害賠償請求は，区分所有者が個別的に請求できるものではない。和解金とは別に瑕疵担保責任に基づく損害賠償請求は個別的に認められない。
⑤ 本件瑕疵が広範囲に発生し，本件補修工事が長期間に及ぶことに関しては，予見可能性がなかったため，慰謝料請求は認められない。

【判　旨】

|控訴審| 原審を破棄し，Aの損害賠償請求を認める。
① 本件瑕疵は，竣工前から生じ，その後も継続・拡大している。Cは，本件瑕疵を認識していた可能性が窺われること，Aの入居後2年以内に本件補修工事が発生していること，本件補修工事が完全な原状回復工事ではないこと，などを総合的に考慮すると，本件瑕疵による経済的価値の下落が認められる。
② Cは，瑕疵の存在を知らずに契約した売買価格と，瑕疵を前提とした目的

物の客観的評価額との差額に相当する経済的価値の低下分に対して瑕疵担保責任を負わなければならない。
③　本件瑕疵以外にも施工不良が存在するのではないかという不安感，入居後から本件補修工事がなされる心理的不快感が認められ，経済的価値の低下は，本件補修工事を行っても，払拭することはできない。
④　購入者は，使用価値だけでなく交換価値（資産価値）について重大な関心を有する。本件マンションの903号室の競売事例において，本件瑕疵が減額要素とされ，新築時の販売価格3,010万円から21,907,314円に27.21％の減額がなされ，Aは交換価値の低下分は建物価格の30％相当額であると主張する。Aの購入した住戸においては，本件瑕疵に起因する経済的価値の低下が存続していることは否定できない。
⑤　外壁タイルの剥離・剥落の時期及び状況，本件補修工事の内容，売却事例等を検討すると，交換価値の下落分は建物価格に５％を乗じた金額を相当とする。これについての損害賠償請求を認める。
⑥　外壁タイルの剥離・剥落が，共用部分に生じたとしても，それを共有する区分所有者が損害賠償を請求できないという理由はない。
⑦　本件補修工事の施工自体は，Aが受忍すべきであるが，本件補修工事による粉塵・騒音等による生活被害は，Aが負担を強いられるものではない。生活被害は，本件瑕疵に基づく損害に通常含まれるものとしてCが負担しなければならない。
⑧　Cの負担するべき慰謝料については，本件補修工事の長期化，生活被害，Aの在室時間等を考慮する一方で，和解の成立，生活支援策の提案等を総合的に考慮すると，高齢のA３及びA４には各30万円，その他の者には各20万円を認めることが相当である。
⑨　弁護士費用については，売主の瑕疵担保責任と相当因果関係のある範囲において損害賠償の対象とすることが相当であり，支払完了までの遅延損害金が加算される。

【ワンポイント整理：交換価値の低下と認容額】

買　主 購入住戸	売買価格 建物価格	損害賠償認容額算出計算式	損害賠償認容額 （価値低下分）
❶　Ａ１及びＡ２ 　　1405号室	4,400万円 30,144,598円	30,144,598円×５％ ×１／２＝753,614円	753,614円 合計 1,507,228円
❷　Ａ３及びＡ４ 　　508号室	2,580万円 16,082,683円	16,082,683円×５％ ×１／２＝402,067円	402,067円 合計　804,134円
❸　Ａ５ 　　518号室	2,970万円 18,780,395円	18,780,395円×５％ ＝939,019円	939,019円 合計　939,019円
❹　Ａ６ 　　322号室 　　603号室	3,450万円 22,302,046円 2,950万円 18,539,759円	22,302,046円×５％ ＝1,115,102円 18,539,759円×５％ ＝926,987円	1,115,102円 926,987円 合計 2,042,089円

控訴審において，Ａの損害賠償請求に対する認容額は，次のとおりである。

買　主	Ａ１及びＡ２	Ａ３及びＡ４	Ａ５	Ａ６
❶　売買価格	4,400万円	2,580万円	2,970万円	2,950万円 3,450万円
❷　損害賠償認容額 （価値低下分）	各753,614円 計1,507,228円	各402,067円 計　804,134円	計　939,019円	1,115,102円 926,987円 計2,042,089円
❸　慰謝料	各200,000円 計　400,000円	各300,000円 計　600,000円	計　200,000円	計　200,000円
❹　弁護士費用	各100,000円 計　200,000円	各80,000円 計　160,000円	計　120,000円	計　230,000円
合　計　額	各1,053,614円 計2,107,228円	各782,067円 計1,564,134円	計1,259,019円	計2,472,089円

重要判例31　区分所有予定者の決議と規約の有効性

昭57(ワ)8124号（大阪地判昭和61年7月18日）

【争　　点】

区分所有関係の成立前に，選任された管理者を解任することができるか否かが争点となったが，適法に選任されたとして，解任請求は認められなかった。区分所有関係の成立前に決議された管理規約及び管理費等の支払義務について，その有効性が認められた。

【事実の概要】　大阪駅前第四ビルは，大阪市が市街地開発事業として建築・分譲した建物で，昭和56年7月21日において，権利床譲受予定者61名，保留床譲受予定者21名，大阪市を含む区分所有予定者（区分所有者となることが確実な者をいう）83名であった。同日付けで，区分所有予定者83名に対して，大阪市は，管理規約の設定，管理者の選任を行うために集会の招集通知を発し，集会の議案を送った。同月27日における集会では，次の事項が決議された。

① 　工事完了公告の翌日の8月1日に本件決議の効力が生じる。
② 　管理規約，管理費等の額について原案通りとする。
③ 　大阪市の推薦したAを管理者として選任する。

本件集会終了後，大阪市から，規約設定同意書の提出を求められた区分所有予定者のうち，複数人が拒否した（拒否した区分所有予定者を「B」という）。議長は，本件決議において，賛成者数及び床面積持分を確認しなかった。

【当事者の主張】　Bは，Aに対して，次のとおり主張した。

① 　管理費等の額を決定し，Aを管理者として選任する本件決議は，無効であるか又は支払義務が存在しないものである。主位的請求として，Aの管理者としての地位及び管理費等支払義務の不存在の確認を求める。
② 　予備的請求として，25条2項に基づき，Aの解任を請求する。

【判　　旨】

Bの主位的請求及び予備的請求を棄却する。

① 本件集会は，区分所有予定者が参集したもので，区分所有者の集会とはいえない。しかし，施工業者の定めた入居管理規定は暫定的で，昭和56年8月1日以降の有効な管理規約は存在しなかったので，管理規約を定める必要性があった。
② 区分所有予定者は，その全員が工事完了公告の翌日の昭和56年8月1日に専有部分の区分所有権を取得した。本件集会は，実質的には区分所有者の集会と同視できるものである。実質的な管理者である大阪市によって招集通知がなされ，招集通知に示された議案のみ審議されているので，招集手続は適法である。
③ 本件決議には，1962年法24条1項に定める全員の書面合意が成立していない。賛成多数で決議されても，Bが書面合意を拒否したため，管理規約としては成立していない。但し，過半数で決せられる同法13条に定める共有部分の管理行為としては効果を生ずる。
④ 区分所有法に従うと，集会の決議及び管理者の選任は，区分所有者及び専有部分の床面積割合による議決権の過半数で決められる。正確な賛成者と床面積は確認されていないが，床面積の過半数を占める大阪市が賛成していたので，本件決議は，有効に成立したと認められる。管理費等の額を決定し，Aを管理者として選任する本件決議は，有効に成立した。
⑤ Bの解任請求は，理由がない。Aには，不正な行為その他職務を行うに適しない事情は認められないので，解任事由は存しない。

重要判例32　管理組合法人による訴訟提起

第一審：（札幌地判平成8年3月13日），控訴審：（札幌高判平成10年6月25日）

【争　点】

管理組合法人に26条4項の類推適用が認められるかについて争われた。管理組合法人には，同条項を類推適用して集会の決議による授権があれば，区分所有

者全員のために訴訟を追行できると判示した。

【事実の概要】　分譲業者Aが36戸を区分所有するとともに，管理業者として管理事務を行っていた。Aは，駐車場，トランクルーム，控室，乾燥室，地下階段室（「地下部分」という）に関して所有権を留保して，昭和50年にAを所有者とする所有権保存登記を行った。

【当事者の主張】　管理組合法人Xは，自らには，規約又は集会の決議により，区分所有者全員のために訴訟追行権があると主張したうえで，Aに対して次の請求を行った。

① 　地下部分と1階のロビー，管理人室（「1階部分」という）は共用部分であることを確認する。
② 　地下部分の所有権保存登記の抹消を求める。
③ 　地下部分及び1階部分においてAが得た賃料約1.2億円の返還を求める。
④ 　滞納管理費等約1,700万円の支払を求める。

Aは，Xに対して次のとおり主張した。

① 　共用部分は，区分所有者に帰属するのであり，Xには帰属しない。
② 　Xには当事者適格がないので，Xの訴えの却下を求める。

【判　旨】

|控訴審|　原審支持。Xの原告適格を認める。

① 　法人化していない管理組合は，26条4項に基づき，管理者が集会の決議により訴訟を担当できる。従って，管理組合法人は，同条項の類推適用によって，集会の決議による授権があれば，区分所有者全員のために訴訟を追行できる。
② 　所有権保存登記の抹消請求は，妨害の排除を目的とする共用部分の保存行為に当たる。滞納管理費等約1,700万円の請求は，Xに納入すべきものとされた徴収行為に該当する。Xは，原告として訴訟適格を有する。
③ 　共用部分であるか否かが争われている場合，区分所有者全員が当事者として訴訟を提起しなければならないとすると，区分所有建物の適切な管理を行

うことが困難である。管理者には，規約又は集会の決議により訴訟を信託するという任意的訴訟担当が認められている。
④ 規約又は集会の決議の授権があれば，管理者は共用部分であることの確認の訴えを提起することができると解する。管理組合法人には同条項の規定は存しないが，これを類推適用して，原告として訴訟適格を認めるべきである。

【ワンポイント整理：管理組合法人の訴訟追行権】
2002年法によって，管理組合法人は，規約又は集会の決議によってその事務に関して区分所有者のために原告又は被告となることができるようになった（47条8項）。法人化される前の管理組合では，管理者が訴訟を担当できることに比べて，法人化によって管理組合法人が訴訟を担当できなくなり，区分所有者全員で行わなければならないとすると著しく均衡を失することになる。本判例では，類推適用が認められ，管理組合法人は区分所有者全員のために訴訟追行をすることができることが明らかにされた。

【ワンポイント整理：任意的訴訟担当】
任意的訴訟担当とは，権利者又は義務者からの授権行為によって，第三者に当事者適格が認められることをいう。訴訟追行のために包括的な代理権が授与される訴訟代理人は，弁護士であることが原則であり，例外的に選定当事者（民事訴訟法30条1項）又は管理者（26条4項）において認められている。選定当事者とは，選定者に選ばれた訴訟当事者のことである。具体例で考えると，100人もの多数の死傷者が出るような鉄道事故があった場合，被害者全員が，一人の代表者を選定当事者に選任すれば，選定当事者は，選定者全員の損害賠償請求権につき原告として訴訟追行を行い，訴訟の全部について判決を受けることができる。確定判決の効力は，選定者各人に及ぶ（民事執行法23条1項2号，27条2項）。

重要判例33　代理人の理事会出席を定めた規約

第一審：平元(ワ)691号（大阪地判平成元年7月5日），控訴審：平元(ネ)1452号（大阪高判平成元年12月27日），上告審：平2(オ)701号（最判平成2年11月26日）

【争　点】

理事会の代理出席を定めた規約の有効性が争われた事例である。

「理事に事故があり，理事会に出席できないときは，その配偶者又は一親等の親族に限り，これを代理出席させることができる」という本件リゾートマンションの規約51条の変更が，民法55条に抵触するか否かが争われた。第一審は，民法55条に定める包括的委任に該当するため，無効であるという判断をした。しかし，控訴審及び上告審では，代理の条件を限定しているので委任の本旨に反するものではなく，管理組合の私的自治に属するものであるため，違法ではないと判断した。

【事実の概要】　和歌山県にある本件リゾートマンション（総戸数96戸）の管理組合法人Xが，代表理事とその他の複数理事を定めた上で，「理事に事故があり，理事会に出席できないときは，その配偶者又は一親等の親族（両親及び子）に限り，これを代理出席させることができる。」という規約を決議した。本件リゾートマンションが西牟婁郡白浜町にあり，大阪府等に居住する理事が理事会に出席するには不便があることに配慮したのである。

【当事者の主張】　区分所有者Aは，Xに対して，次のとおり主張し，本件規約と本件決議について，無効確認訴訟を提起した。

① 　49条7項が準用する民法55条では，包括的委任を禁じ，理事は特定の行為についてのみ委任できるとする限定的委任のみが認められている。従って，本件規約及び本件決議は，無効である。

② 　（上告理由）管理組合法人の理事には，包括的委任は許されない。原審には，民法55条の解釈及び運用に関する誤った適用がある。

③ （上告理由）管理組合法人の理事会では，臨機応変の対応・判断を必要とする。理事が理事会に出席して，審議・討論に参加して，決議することを第三者に委任することは，必然的に包括的委任に該当し，理事を選任した者との信頼関係を破る行為である。
④ （上告理由）原審では，理事の権限を対外的代表行為と内部的事務行為に区分し，建物管理等の内部的事務行為については代理行為を認めても妥当であるとするが，民法55条における選任権は，委任事項が特定かつ具体的であることを求めている。
⑤ （上告理由）遠隔地であるため，理事会の運営に支障をきたすという判断に対して，極めて重要な案件が理事会で議題となる可能性があり，単に便宜的な配慮によって判断すべきではない。代理出席を認めることの可否を問う制度的な問題である。

Xは，Aに対して，次のとおり主張した。
① 本件規約は，包括的委任を定めたものではなく，有効である。
② （控訴理由）民法55条は，理事が法人を代表して行う行為を他人に委任する場合には，特定的であることを要請し，包括的授権を禁止する趣旨である。理事会における理事の意思決定は，Xの内部的な意思形成であり，管理に関して規約に定められた事項に限定される。この段階において民法55条の適用を受けるものではない。
③ （控訴理由）理事会に関しては，区分所有法に明文規定はない。Xは，私的自治の原則によって，自らの規約に必要な事項を定めることができる。本件規約は，私的自治に配慮して優先的に適用されるべきである。
④ （控訴理由）区分所有者が，近畿6府県に散在し各人が職業を有するため，理事は常に理事会に出席することが困難である。代理が認められないと理事会の定足数を満たさなくなる。配偶者又は一親等の親族は，理事同様に共通の知識を有し，代理人として理事会に出席しても不都合又は弊害はない。

【判　旨】

上告審　本件規約は，有効である。

① 民法55条は，法人の意思決定における理事個人の行為を第三者に委任することの可否に関する規定ではなく，法人の特定の行為，即ち理事の代表行為に関する規定である。理事が，法人の特定の行為に限って他人に委任して代理させることを認めた規定である。理事と法人との委任関係に照らして代理の可否を検討すべきであり，Xの権限及び本件規約の内容等を検討すると，本件規約は民法55条及び委任の本旨には違反しない。

② Xの理事には，49条7項に基づき，民法55条が準用され，理事の限定的委任のみが認められており，包括的委任は認められていない。本件規約は，代理人による理事会出席と議決権行使を許可するものと解する。民法55条は，法人の理事はすべての事務を自ら執行することは容易ではないこと及び包括的委任が信任関係を害することから定められたもので，理事会における出席と議決権の代理行使を直接規定したものではない。従って，本件規約において代理人による理事会出席と議決権行使を定めることが直ちに違法とはならない。

③ 理事会が設置された趣旨，委任事務の内容に照らして，Xの理事に対する委任の本旨に反しないか否かによって復代理が肯定される。52条1項では，規約の定めによって理事又はその他の役員に委任できる事項が限定されている。49条4項を考慮すると，代理人による理事会出席と議決権行使等について，自治的規範である規約の定めに委ねられていると解する。

④ 理事に事故のある場合において被選任者の範囲を限定し，その中から理事が選任した者が代理出席できることを認めるものであるので，Xの理事への信任関係を害するものとはいえない。

⑤ 本件規約は，49条7項において準用する民法55条に違反するものではなく，違法とする理由はない。

重要判例34　仮理事長の選任

昭63（チ）1号（大阪地決昭和63年2月24日）

【争　点】

管理組合の総会で，理事長を含む理事全員が辞任したため，区分所有者の申立てによって，管理組合の管理者として仮理事長を選任した事案である。定時総会において，理事全員が後任の理事を選任しないまま辞任したため，管理組合が機能不全に陥った。民法56条に基づき，区分所有者が仮理事長の選任を申し立て，本決定により認容された。

【事実の概要】

バブル経済による地価上昇が著しい本件マンション（総戸数202戸。昭和49年3月建築）において，不動産業者Zが164戸を購入し，転売利益を見込んでいたため，その大部分が空室となった。地階に駐車場があり，1階が店舗，2階以上はワンルームタイプの住宅がある。相当数が事務所用途又は投資対象として賃貸用途に供されていた。ＪＲ新大阪駅に近く，地下鉄御堂筋線の西中島南方駅に直近という立地のため，当時は地価上昇が著しい地域に立地していた。Zは，昭和63年2月2日時点で，登記簿上164戸を買い占め，その他の区分所有者33名が，38戸を区分所有するという状況である。昭和62年5月31日，管理組合Xの定時総会において，理事長Yを含む全理事が，後任理事を選任せずに辞任した。そのため，管理費等の徴収がなされず，Xが事実上機能しない状態となった。区分所有者ＡＢと賃借人Ｃは，民法56条に基づき，仮理事長選任の申立てを行った。

【当事者の主張】

ＡＢ及びＣは，民法56条の類推適用によって，適正にマンション管理を実施するため，仮理事長選任の申請をした。

【判　旨】

ＡＢ及びＣによる仮理事長の選任申請を認容し，確定する。

① 民法56条の類推適用によって，仮理事長の選任を認める。
② Xは，権利能力なき社団としての要件を満たしており，後任理事長が就任

するまでの間，理事長の権限を有する者を必要とする。

重要判例35　管理業者を非難する理事長の不法行為

控訴審：（広島高判平成15年2月19日）

【争　点】

管理業者の管理業務の懈怠について，理事長の行った議案書の配布や掲示は，公益目的によるものであり，名誉棄損には当たらないと判断された。理事長が示した事実が，重要部分において真実と信じることにつき，相当の理由があれば，故意又は過失は否定される。

【事実の概要】　管理業者Aには，議案書に示す次のような管理業務の懈怠があると流布された。管理組合の理事長Xは，臨時総会の開催通知をするに際して，事前に議案書の配布及び掲示によって，管理業者の業務懈怠の内容を入居者に対して，次のとおり具体的に言及した。

① 1号議案として，Aが，電波障害問題について，理事会の作成した契約書を認めない場合には，管理委託契約を解除する。仮に認めた場合でも，その後に交渉が決裂したときは，理事会に一任する。

② 議案書には，そのほか次のような管理業務に関する懈怠が示されていた。
- 今まで何度も要求した管理事務がなされない。
- 電波障害対策は，管理組合に相談することなく，独断で署名押印した。
- 管理組合の修繕立替金を勝手に移動したり修繕積立金を勝手に使用したりするなどの不明経理がある。
- 納品書よりも40％高い領収書が存在する。
- エレベーターメンテナンス契約で，二重契約や再委託がある。
- 電柱使用料契約を独断で締結している。
- 管理委託業務に関して，管理業者として誠意がなく，能力に欠ける。

【当事者の主張】　Aは，Xに対して，次のとおり主張した。
① 議案書の内容は，誹謗中傷による名誉毀損に当たる。
② 不法行為に基づく損害賠償請求（1,000万円）と謝罪文の掲示を求める。

【判　旨】

Xの議案書の配布や掲示は，専ら公益目的によるものである。
① 管理業者の選定は，管理組合にとって重要なことであり，近隣住民の為に共用部分に設ける電波障害対策施設の使用料は，組合員にとって重大な関心事項である。Aの行った議案書の配布や掲示は，公共の利害に係る事実に関するもので，専ら公益目的によるものである。
② Xが示した事実が，重要部分において真実であることの証明があれば違法性はない。その証明がないときも，真実と信じることにつき，相当の理由があれば，故意又は過失は否定される。
③ Xの指摘が，過去の解決済みの事項を掲げていても，現在の議題に関連すれば，直ちに虚偽であるとはいえない。虚偽の事実を摘示した場合，記載された否定的評価が公的な利害にかかわる事項と無関係な人身攻撃に類する不公平なものでなければ，名誉毀損の責任を追及されるものではない。
④ Aは，Xから管理委託を受けた管理業者であることを考慮すれば，Xからの意見や批判については相当程度これを甘受すべき立場にある。
⑤ 議案書は，総会の議事に資料として用いるために組合員に配布されたものであり，Aの名誉や信用をある程度毀損する記載であっても，第三者に対する場合と同様に不法行為が成立すると解するべきではない。

【基礎的事項の確認】

① 権利能力なき社団とは，団体としての組織を備え，多数決の原理が行われ，構成員の変更にかかわらず団体が存続し，組織上の代表の方法・総会の運営・財産の管理等団体の主要な点が確定された団体をいう。管理組合は，権利能力なき社団に該当する。

② 理事長が管理組合に損害を与えた場合，区分所有者各人が個別的に損害賠償請求をすることはできない。区分所有者全員又は選任された訴訟追行権者が訴訟を提起し，損害賠償請求をしなければならない。

③ 外壁タイルの剥離・剥落に対して，補修工事によって機能上又は安全上の問題が解決されたとしても，区分所有権等の価値が下落したことにより，分譲業者に対する瑕疵担保責任が認められる。

④ 区分所有予定者が参集した集会は，実質的には区分所有者の集会と同視できる。本件集会では，管理規約を定める必要性があり，管理費等の額及び管理者の選任に関する決議は有効である。

⑤ 管理組合の管理者は，26条4項に基づき，集会の決議により訴訟を担当できる。管理組合法人は，26条4項の類推適用によって，集会の決議による授権があれば，訴訟を追行できる。管理組合法人は，規約の定め又は集会の決議によって原告又は被告となれる旨の明文規定がある。

⑥ 理事の代理出席を定めた規約の変更は，代理の条件を限定しているので委任の本旨に反するものではない。管理組合の私的自治に属するものであるため，違法ではないと判断した。

⑦ 理事全員が辞任したため，管理組合が機能不全に陥った場合，後任理事長が就任するまでの間，理事長の権限を有する者を必要とするので，民法56条の類推適用によって，仮理事長の選任は認められる。

⑧ 理事長が，議案書において行った管理業者の非難は，公益目的によるものであり，重要部分において真実と信じることにつき，相当の理由があれば，故意又は過失は否定され，名誉毀損には当たらない。

第8章 区分所有者の権利義務

The Point

- 共同利益背反行為とは何か。
- フローリング騒音・保育室の騒音と受忍限度との関係を明らかにする。
- 店舗の営業時間・業種制限等と特別の影響について考察する。

【Theme & Target】

① 分譲業者が，マンションに掲げた広告塔に関する使用貸借契約の期間及び使用料が問題となった。区分所有者にとって，広告塔の無償使用を10年以上受忍することは，社会通念上許されないのか。

② 区分所有者が，耐震壁に貫通孔を開けてガスバランス釜を取り付けたことは，共同利益背反行為に当たるのか。区分所有者に対して，ガスバランス釜及び配管・配線の撤去と原状回復，弁護士費用に関する請求は認められるのか。

③ 決議された積立金等の一部を支払わない区分所有者に対して，管理組合の管理者は，積立金等及び弁護士費用を請求することができるのか。

④ 直上階のフローリングを原因とする騒音が問題となったが，受忍限度を超えているか否かは，どのように判断されるのか。

⑤ 直上階のフローリング改築工事によって生じた騒音について防音工事と損害賠償を請求したが，抗議行為自体が不法行為に当たるのか。

⑥　フローロング改築工事が，受忍限度を超える不利益をもたらし，不法行為に当たるとした事案において，人格権侵害に基づく差止請求として，復旧工事は認められるのか。

⑦　マンションのカラオケ騒音が，賃貸人及び転貸人と，転借人の信頼関係を破壊するという理由から，店舗転貸借契約の解除は認められるのか。

⑧　居住用マンションの１階店舗において，曜日を問わず午前０時から４時までのカラオケスタジオの営業禁止の仮処分が決定されたが，これを経営する賃借人の保全異議申立てによって，仮処分決定は緩和されるのか。

⑨　複合用途マンションにおいて，店舗の営業時間を普通決議に基づき，使用細則の変更によって定めることは認められるのか。

⑩　規約の変更に基づき，店舗の業種制限の対象となるラーメン屋を営業する者に賃貸する区分所有者にとって，受忍限度を超える不利益はどのように判断されるのか。

⑪　住居以外の使用が禁止されているマンションにおいて，病院の看護師のための保育室の使用に伴う騒音は，共同利益背反行為に該当するのか。

⑫　マンション１階の居酒屋営業について，厨房ダクトや看板等の撤去，午後10時以降の営業の禁止請求は認められるのか。

⑬　パチンコ店に改装して賃貸することが，共同利益背反行為に当たり，他の区分所有者には著しい不利益を及ぼすので，管理組合の差止請求は認められるのか。

⑭　景観利益のために，地上14階建てマンションの高層階の一部撤去を求めることができるか。景観利益は，景観権という権利性を有するものと認められるのか。

⑮　マンションの建設がもたらした，日照被害・風害・騒音を原因とする損害賠償請求及び居住環境の侵害による精神的苦痛を原因とする慰謝料請求は認められるのか。

第8章 区分所有者の権利義務

重要判例36　分譲業者への屋上広告塔の撤去請求

（大阪地判平成4年9月16日）

【争　点】

分譲業者が，本件マンションに掲げた広告塔に関する使用貸借契約の期間及び使用料が問題となった事案である。広告塔の無償使用について，区分所有者にとって10年以上にわたり受忍することは，社会通念上できるものではない。

【事実の概要】　本件マンション（大阪府吹田市所在。総戸数176戸。昭和55年10月分譲）において，分譲業者Aは，屋上給水塔の直上に三面広告塔（「広告塔」という）を設置し，Aの社名を冠に配したマンションの表示をネオンサインとともに掲げていた。Aは，売買契約書及び重要事項説明書，原始管理規約，パンフレットにおける次の記載を屋上給水塔の無償使用の根拠とし，広告塔の無償使用を定めた使用貸借契約について176人の購入者全員と締結していた。

① 売買契約書27条2項及び重要事項説明書には，買主は，Aによる共用部分の屋上給水塔及び側面に設置したネオンサインについて，将来にわたり無償使用を承諾するという趣旨の規定がある。

② 原始管理規約12条には，区分所有者は，Aが塔屋に設置したネオンサインについて，将来にわたり無償使用を承認するという趣旨の規定がある。

③ パンフレットには，広告塔が描かれた立面図及び完成予想図が存在する。

広告塔のために賃貸マンションに間違えられ，資産価値が下がるという不満から，平成2年5月，管理組合Xは，集会の決議により，原始管理規約12条の削除を行った。

【当事者の主張】　Xは，Aに対して，次のとおり主張した。

① 平成2年12月，広告塔の使用貸借契約を解除する。

② 広告塔の使用貸借契約の解除と屋上給水塔上部の明渡を求める。

③ 平成3年1月から月額10万円の使用料の支払を求める。

Aは，Xに対して，次のとおり主張した。

① 広告塔の使用貸借契約は，営業を表示する必要がなくなるまで，又は本件マンションが存続する限り継続する。
② 民法593条による使用貸借契約は，借用物の返還期限を定めなかった場合，民法597条の２項に基づき，契約に定めた目的に従い，使用収益を終了したときに終わる。

【判　旨】

Xの請求を認容する。
① 使用貸借契約に基づく期限の定めがない広告塔の無償使用は，黙示の合意があり，購入者は了解していたと認められる。
② 広告塔の無償使用は，Aにとっては，営業上の必要がなくなるまで，又は本件マンションが存在する限り，継続する趣旨である。
③ 社会通念上，合理的な範囲での返還時期として10年を区切りと考えるべきである。Aは，区分所有者から問題のない了解を取っていると認定されるが，区分所有者にとって経済的利益や格別の生活上の利便がないまま，10年以上にわたり受忍することは，社会通念上できるものではない。
④ 昭和54年の分譲開始時に使用貸借契約は締結され，平成２年12月５日にXから解除通知が出されて，Aに到達した同月10日に使用貸借契約は終了したといえる。平成３年１月１日以降広告塔の収去までの間，AはXに対して月額10万円の使用料の支払義務がある。

重要判例37　耐震壁に設置した貫通孔

平元（ワ）13769号（東京地判平成３年３月８日）

【争　点】

区分所有者が，耐震壁に貫通孔を開けてガスバランス釜を取り付けたところ，共同利益背反行為に当たるとして，管理者及び他の区分所有者から原状回復を求められた。当該区分所有者に対して，ガスバランス釜及び配管・配線の撤去

と原状回復，弁護士費用に関する請求が認められた。

【事実の概要】 本件マンション（壁式構造）において，区分所有者Ａ（一級建築士）が給水・給湯管，ガス管を敷設するため，昭和63年5月，耐震壁に2つの貫通孔（ⒶⒷ）を設けた。従前の区分所有者Ｂが開けた貫通孔Ⓒを含めると3個の貫通孔ⒶⒷⒸが開けられ，耐震壁にはガスバランス釜（重量14.5kg，幅350㎜×長さ500㎜×厚さ100㎜）が取り付けられた。管理組合の管理者Ｘは，平成元年4月9日の集会の決議によって，Ａに対する原状回復等を請求する訴訟提起を決議し，弁護士費用40万円を着手金として支払った。

【当事者の主張】 Ｘは，Ａの穿孔等の行為が6条1項に定める共同利益背反行為であるとして，Ａに対して次の請求をした。

① 57条1項により，ガスバランス釜及び配管・配線の撤去及び3個の貫通孔をセメントで塞ぐ等の原状回復を請求する。

② 不法行為による損害賠償請求として，訴訟追行のために必要とした弁護士費用を求める。

Ａは，Ｘの主張が権利の濫用であると主張した。

【判　旨】──────────────────────

Ｘの請求を認容する。

① 共用部分の変更には特別決議を要する。建物の保存に有害か否かを問わず，すなわち，現実の被害の有無に関係なく，無断で共用部分に加えた変更行為は，共同利益背反行為に該当する。現実の被害の有無は，重要ではない。

② Ｂが開けた貫通孔Ⓒについて，特定承継人であるＡは，原状回復を拒否することはできない。併せて，Ａは，弁護士費用の全額40万円を支払わなければならない。

③ Ａは，Ｂがガスバランス釜を取り外したために風呂の使用に支障があることを承知しつつ，マンションを購入した。Ｘは，廊下側に新製品のガス器具を設置し，廊下の壁に排気孔を設けるという解決策を各区分所有者に提示していたにもかかわらず，Ａは，これを無視して穿孔等の行為を行った。

④ Xの主張するガスバランス釜及び配管・配線の撤去及び原状回復，弁護士費用の請求を認める。原状回復として，ガスバランス釜及び3個の貫通孔をセメントで塞ぐ工事を命ずる。Aが主張する権利の濫用は，認められない。

重要判例38　積立金等の請求と弁護士費用

第一審：昭62(ハ)4012号東京簡判（平成元年1月27日），控訴審：平元(レ)18号（東京地判平成4年3月16日）

【争　点】

総会で決議された営繕維持積立金及び給水管工事負担金（「積立金等」という）の一部を支払わない区分所有者に対して，管理組合の管理者が積立金等及び弁護士費用を請求することができるか否かが争点となった。積立金等の一部を支払わない区分所有者に対して，不法行為が認容された。

【事実の概要】　管理組合の管理者Xは，集会で決議された積立金等の一部を支払わない区分所有者Aに対して，不払金及び弁護士費用を請求した。Aの支払うべき営繕維持積立金は，昭和62年3月以降，月額7,500円，給水管工事負担金は，140,000円である。Aは，積立金等を専有部分の床面積割合によって負担することは，不合理であると考え，自らの見解によって，給水管工事負担金の一部として92,700円を支払い，営繕維持積立金の一部として3,800円を毎月支払っていた。Xは，話し合いを求めたが，Aは，これを無視し訴訟を挑発する言動をとり，Xは，訴訟を提起せざるを得なくなった。

【当事者の主張】　Aは，次のとおり主張した。

① 積立金等の負担が専有部分の床面積割合によってなされることは，不合理である。
② 自らの見解に基づき，集会で決議された金額よりも少ない金額のみを支払う。

Xは，次のとおり主張して，訴訟提起した。
① Aに対して，積立金等の不払金を請求する。
② Aが話し合いに応じず，1年半にわたり無視又はXの訴訟提起を挑発する言動を繰り返した行為のために弁護士に依頼して訴訟を提起せざるを得なくなった。Aには不法行為があるため，弁護士費用を併せて請求する。

【判　旨】

控訴審　集会決議に基づき，営繕維持積立金は月額7,500円，給水管工事負担金は140,000円である。弁護士費用はAの負担とする。
① Aには，専有面積割合に基づいた積立金等の負担を不合理と考え，集会の決議に従わず，積立金等の一部について支払わないという事実が存する。
② 専有面積割合に基づいた積立金等の負担を内容とする集会の決議は，合理的であり，信義則に反するものではない。区分所有者は，集会の決議の適用を受けるため，積立金等の支払義務を有する。
③ Xとの話し合いを1年半にわたって拒否したAには，不法行為責任があり，因果関係がある弁護士費用30,000円について損害賠償責任がある。
④ Xに納入すべき営繕維持積立金は，昭和62年3月以降，月額7,500円である。従って，Aに対して給水工事負担金の残金47,300円及び営繕維持積立金の未払い74,000円，不法行為に基づく損害賠償金30,000円の合計151,300円と，遅延損害金の支払いを命ずる。

重要判例39　フローリング騒音と受忍限度

平2（ワ）13944号（東京地判平成3年11月12日）

【争　点】

直上階の区分所有者及びその家族の生活音が，フローリングを原因とする騒音として，受忍限度を超える状態となっているか否かが問題となった。直下階の区分所有者が，変更工事とフローリングの使用差止めを求めたが，騒音は受忍

限度の範囲内にとどまると判断された。

【事実の概要】　本件マンション（昭和45年3月竣工）において，区分所有者Aは，分譲当初から9階（912号室）に，夫婦及び子供2人（区分所有者である夫を「A」とする）の計4人で入居した。直上階の10階（1012号室）の区分所有者Bは，夫婦及び子供4人（区分所有者である夫を「B」とする）の計6人で平成2年7月に入居した。入居前に，床を絨毯からフローリングに張り替える造作工事を約100m²にわたって行い（これを「本件工事」という），本件工事の完成後に入居した。Bは，Aの承諾を得ることなく，子供の喘息の持病を考慮して平成2年4月1日から本件工事を行った。そのために，受忍限度を超える騒音が生じ，精神的苦痛を被ったとAは主張した。

【当事者の主張】　Aは，Bに対して次のとおり主張した。
① Bの騒音は，早朝6時から深夜2時まで継続する。安眠を妨害され，A自身は偏頭痛を患い，手術を受けた妻は安静にできない，子供は受験勉強ができない。この騒音は，精神的損害をもたらす不法行為に当たる。
② フローリングを絨毯又は畳敷に変更することを求める。変更工事が完了するまでは，フローリングの使用差止めを求める。
③ フローリング工事に着手した平成2年4月1日から同年11月4日までの218日間において，工事中の騒音を含む1日1万円，合計218万円の慰謝料を求める。

Bは，Aに対して次のとおり主張した。
① フローリング工事は，遮音性能を高めるために行ったものである。
② 騒音は受忍限度内であり，不法行為を構成する違法性はない。

【判　旨】
Aの請求を棄却する。Aには受忍限度を超える不利益はない。
① 本件騒音は，原告の状態に置かれた平均人を基準として受忍限度を超えているか否かが問題となる。
② Bの発する騒音のうち，歩行する足音，椅子を引きずる音，掃除機の音，

戸の開閉音は，受忍限度の範囲内にある。
③ 子供が椅子等から飛び降りる音，跳びはねかけずり回る音は，反復的になされ，単一回では，受忍限度を超える場合があるが，通常は短時間で終わる。建築後20年を経た都心のマンションであり，Aが2人の子供を育てたこと等を考慮すると，尚，受忍限度の範囲内にとどまる。

重要判例40　フローリング騒音と損害賠償

（東京地判平成10年1月23日）

【争　点】
2階に居住する区分所有者が，直上階に居住する区分所有者が行ったフローリング改築によって生じた騒音に対して，防音工事と損害賠償を請求した。フローリング改築による騒音は受忍限度内にあり，抗議行為自体が，適切な抗議の限度を超えた不法行為に当たると判断された。

【事実の概要】　本件マンション（10階建て）において2階に居住する区分所有者Aは，直上階の3階に居住する区分所有者Bに対して，Bが行ったフローリング改築によって生じた騒音に対して，防音工事と損害賠償を請求した。

【当事者の主張】　Aは，次のとおり主張し，訴訟を提起した。
① Bは，絨毯からフローリングにするための改築工事を行い，浴室床をはつる躯体工事を併せて施工した（「はつる」とは，床表面を切削・除去する工事をいう）。
② Bは，床を踵で蹴る等の行為を行い，Aに対して騒音を生じさせた。

Bは，次のとおり主張し，反訴を提起した。
① Aに対する騒音は，受忍限度内である。
② Aの抗議書の郵送及び電話等による過剰な反応によって，私生活の平穏を害された。

【判　旨】
Bの主張を認める。Aの抗議行為は，不法行為に当たる。
① 　Bは，和室及びLDを1室に改築し，床をフローリングとした。床下の根太には遮音材が敷かれている。浴室床は，はつられていない。
② 　軽量床衝撃音は，Bがフローリングの上に絨毯を敷いたため，デシベル値（遮音等級の数値）は35〜45で，「非常に優れている」（日本建築学会基準）レベルにある。
③ 　重量床衝撃音は，コンクリートスラブの剛性と厚さに影響される。改築工事による変更は加えられていないので，変化はない。
④ 　Aは，フローリング騒音に対して，Bの住戸に響くように天井・壁・柱を叩き，Bの玄関ドアを叩く抗議行為を行い，「静かにせよ。」とBに対して電話を繰り返した。Aの抗議行為は，不法行為に当たる。

重要判例41　フローリングの張替えと不法行為

平3（ワ）10131号（東京地判平成6年5月9日）

【争　点】
マンションの居室をフローリング床に張り替えたことは，受忍限度の範囲内であって，不法行為には当たらないとした。受忍限度の具体的な判断基準を示し，その基準に従い，原告の請求を棄却した。

【事実の概要】　区分所有者Aは，本件マンション（鉄骨鉄筋コンクリート造9階建て。昭和53年2月竣工）510号室（54.21㎡）に妻とともに居住し，Bは，その直上階である606号室（54.21㎡）に妻子と居住していた。昭和62年7月，Bが，4.5畳の和室等をフローリングに張り替えたが，遮音性能の劣るものであったため，特に軽量床衝撃音の遮音性能が低下した。床衝撃音性能は，L-60という数値で，日本建築学会の基準では最低等級のフローリングである。A

は，高齢無職のため，終日居宅にいることが多いが，午前1時頃までBの騒音に悩まされた。Bの足音及び移動音等の生活音が直ちにAの住戸に伝播することになり，不眠症・ストレスが原因で，平成6年1月，A自らは，顔面神経麻痺症，妻は，関節障害を患ったと主張した。Aは，Bに再三改善を申し入れたが，Bは，Aを納得させる対応策をとらなかった。Aは，所有住戸を第三者に売却して転居せざるを得なくなり，Bに対して慰謝料及び住戸の減価による損害賠償を請求した。

【当事者の主張】　遮音性能の劣るフローリングを敷設したことによって，Bが生じさせる騒音が不法行為に当たるとして，Aが，次のとおり主張して，訴訟を提起した。

① 　不法行為による損害賠償として，200万円及び遅延損害金を請求する。

② 　Aの所有住戸の減価による損害賠償として，345万円及び遅延損害金を請求する。本来6,345万円以上の価額で売却できるはずだが，Bの騒音のために6,000万円で売却せざるを得なかったことによる減価である。

【判　旨】

Aの請求を棄却する。受忍限度を超えた不利益はなく，不法行為には当たらない。

① 　B及びその家族の騒音の発生源は，家族の起居，清掃，炊事等の通常の生活音に限られ，騒音の発生時間帯は，比較的短時間である。遮音性能の劣るフローリングを敷設したことが，直ちに不当又は違法ではない。

② 　騒音による生活妨害が社会生活上の受忍限度を超えたものであるかどうかは，加害行為の有用性，妨害予防の簡便性，被害の程度及び存続期間，その他の双方の主観的及び客観的な諸般の事情に鑑み，平均人の通常の感覚又は感受性を基準として判断する。軽量床衝撃音の遮音性能は低下したが，受忍限度を超える不利益は認められない。

③ 　Bは，Aの苦情を受けた後，絨毯を敷き，テーブルや椅子の脚にはフェルトを貼り，子供の遊具を制限するなど，必要な配慮をなし，注意義務に欠けるところはない。

④　Bが遮音性能の劣るフローリングを敷設したことによって，Aの所有住戸が減価し，財産上の損害を被ったというAの主張に対しては，これを認めるに足りる的確な証拠は存しない。

【ワンポイント整理：受忍限度の判断基準】
本判決では，受忍限度の判断基準が示され，次の❶～❹を鑑みて，平均人の通常の感覚又は感受性を基準として判断する。
❶　加害行為の有用性（必要性）
❷　妨害予防の簡便性
❸　被害の程度及び存続期間
❹　その他の双方の主観的及び客観的な諸般の事情

重要判例42　フローリングの張替えと不法行為及び差止請求

平6（ワ）2699号（東京地八王子支判平成8年7月30日）

【争　点】
フローリングによる改築工事が，受忍限度を超える不利益をもたらし，不法行為を構成するとした。但し，人格権侵害に基づく差止請求として，復旧工事を求めたが，棄却された。

【事実の概要】　本件マンション（3階建て）において，区分所有者A（203号室）が，平成5年11月，管理規約及び使用細則に違反して，フローリングを敷設した。従前の絨毯張りに比べて，約4倍も遮音性能が劣る非防音仕様の1階用の床材を敷設したため，直下階の区分所有者B（103号室）の住戸に，生活音が断続的に響くようになった。管理組合Xは，平成6年6月4日の定期集会において，Bの苦情に基づき，次の勧告を行った。

① ＬＬ－45の遮音性能を有するフローリングへの改装工事を行う。
② Ａ及びＢが改装工事費を折半し，Ａが施工業者を選定し，理事会の承認を得る。

【当事者の主張】 Ｂは，本件フローリングの敷設によってもたらされた騒音被害が不法行為に当たるとして，次のとおり訴訟による解決を求めた。
① Ａを原因とする騒音に対する慰謝料300万円を請求する。
② 差止請求として，従前の絨毯張りへの復旧工事を求める。
Ａは，次のとおり主張した。
① フローリングの軽量床衝撃音遮音性能は，ＬＬ－60である。受忍限度を超える騒音被害及び生活妨害をもたらしていない。
② 畳マット・絨毯マットを用い，できる限り椅子を使用しない生活を心がけているので，騒音は緩和されている。
③ Ｘによる本件勧告を承諾しており，本事案は，既に解決済みである。

【判　旨】
Ａのフローリングの敷設は，不法行為に当たるので，慰謝料請求を一部認める。差止請求については，是認できる違法性はなく，請求を棄却する。
① Ａが，遮音材の施された床材を使用すれば，相当程度の防音・遮音効果がある。Ａを原因とするＢの騒音被害は，多数回かつ現在までの２年半にわたり断続する。約４倍も遮音性能が悪化した騒音であり，早朝又は深夜に及ぶことがあった。Ａは，Ｂの承認及び理事会への届出という管理規約及び使用細則に定めた手続きを遵守していない。
② 騒音による生活妨害が社会生活上の受忍限度を超えたものであるかどうかは，平均人の通常の感覚又は感受性を基準として判断するが，本事案では受忍限度を超える違法なものとして不法行為を構成する。Ａ（原告２名）に対して，慰謝料として各75万円（計150万円）の支払いを命ずる。
③ フローリングの差止め又は差止めによる原状回復については，Ａに対して相当の費用と損害をもたらす。Ａ及びＢは，本件勧告を一旦受け入れており，Ａによる騒音被害は，人格権侵害に基づき，直ちに差止請求を是認するほど

の違法性があるとはいえない。

【ワンポイント整理：フローリング騒音と原告請求の認否】

	裁判所の見解	結論
東京地判 （平成6年5月9日） 【重要判例41】 原告請求を否認	平均人の通常の感受性を基準として判断する。一定限度までの生活妨害は社会生活上やむを得ないものとして受忍すべきであるが，受忍限度を超えた騒音・振動による他人への生活妨害は，権利の濫用として不法行為を構成する。加害行為の有用性（必要性），妨害予防の簡便性，被害の程度及び存続期間，その他の主観的・客観的な諸般の事情を鑑みて判断する。	原告の請求棄却。被告の張替えたフローリングの遮音性能はL60で劣悪だが，通常の生活騒音であり，短時間である。絨毯を敷く等，被告が注意義務を果たしている。
東京地八王子支判 （平成8年7月30日） 【重要判例42】 原告請求を認容	平均人の通常の感覚を基準にしても社会生活上の受忍限度を超え，違法となる。 原告の人格権の侵害を理由とする騒音の差止めのための復旧工事は，被告の不利益を考慮して棄却する。	原告の請求認容。管理規約に反して，非防音のフローリングを直張りしたため，防音効果が4倍悪化した。

重要判例43　カラオケ騒音と転貸借契約の解除

平元(ワ)402号（横浜地判平成元年10月27日）

【争点】

カラオケ騒音が，賃貸人及び転貸人と，転借人の信頼関係を破壊するという理由から，店舗転貸借契約の解除が認められた。

【事実の概要】　本件マンション（横浜市金沢区所在。鉄骨鉄筋コンクリート造13階建て）の1階部分に6店舗が存する。2階以上には共同住宅66戸がある。Aは，昭和55年12月22日，6店舗のうちの1店舗（専有面積46.58㎡。「本件店

舗」という）を購入し，店舗区分所有者となった。昭和56年1月16日，Aは，賃借人Bとの間で次の内容の店舗賃貸借契約（「原契約」という）を締結した。

❶ 賃貸借期間を5年間，使用目的を飲食店，賃料を月額91,500円とする。

❷ 騒音・煤煙・悪臭等の防止措置をとり，第三者に重大な損害・迷惑を与えた場合には，原契約を解除できる。

Bは，昭和56年1月から3年間にわたって，本件店舗において，カラオケ音響機器を設置してスナックを経営した。昭和59年，Bは，本件店舗をCに転貸した。店舗転貸借契約に基づき，Cは，Bと同様にスナックを経営した。その後，Cが退去したため，D及びEは，スナックを共同経営するためにBから本件店舗を転借した。Bと，D及びEとの間で昭和61年9月20日に締結した店舗転貸借契約（「本件契約」という）には，次の内容の定めがあった。

❶ 転貸借期間を昭和61年9月20日から2年間，使用目的を飲食店，賃料を月額20万円，敷金を100万円とする。

❷ ゲーム機の設置を禁止し，公序良俗に反する行為を禁止する。

❸ D又はEの一方が経営をやめた場合には，本件店舗を明け渡さなければならない。

D及びEは，Bに対して本件契約を遵守する旨の念書を提出し，2,587,078円の内装工事及び什器備品に関する費用を支出して，昭和61年10月1日に営業を開始した。本件店舗には，カラオケ音響機器と客席32席が設置された。D及びEは，本件店舗を午後7時から午前3時まで営業し，明け方まで営業することもあった。神奈川県公害防止条例によると，飲食店の営業に際しては，午後6時から午後11時までは，45ホン以下に騒音を抑制し，午後11時から午前0時までは音響機器の使用が禁止され，午前0時から午前6時までは営業が禁止されている。本件店舗の営業によって，区分所有者が，昭和61年12月以降から，本件店舗の騒音，酔客の嬌声，タクシーの騒音等に悩まされた。管理組合Xは，騒音が激しい時には警察官の派遣を要請し，横浜市公害対策局騒音課，B及び管理業者Zに対して，苦情を申し立てた。D及びEは，Bに対して，次の状況が発生すれば，無条件で営業を停止して本件店舗を明け渡すという誓約書を提

出した。

❶ 本件店舗による公害が認定され，横浜市当局及び警察当局からその改善勧告，改善命令を受ける。
❷ 本件店舗の営業によって第三者に損害を与える。
❸ D又はEの一方が，店舗の営業を止める意思表示をする。
❹ 昭和63年9月20日が到来すれば解約する。

D及びEは，18万円の費用をかけて，音響機器の小型化，壁の補強等の騒音防止措置をとったが，昭和62年10月以降，D及びEは，従来と変わらない午前3時過ぎまで営業を続け，特に金曜日及び土曜日には，午前5時までカラオケ音響機器を用いて営業を行うに至った。Bは，D及びEに対して，昭和63年3月16日，本件店舗を9月20日までに明け渡すように通知し（明渡通知を「本件通知」といい，本件通知による解約を「期限付き解約」という），本件契約の解除を求めて提訴した。D及びEのうちの一方当事者であるDは，Eに対してBとともに原告となった。

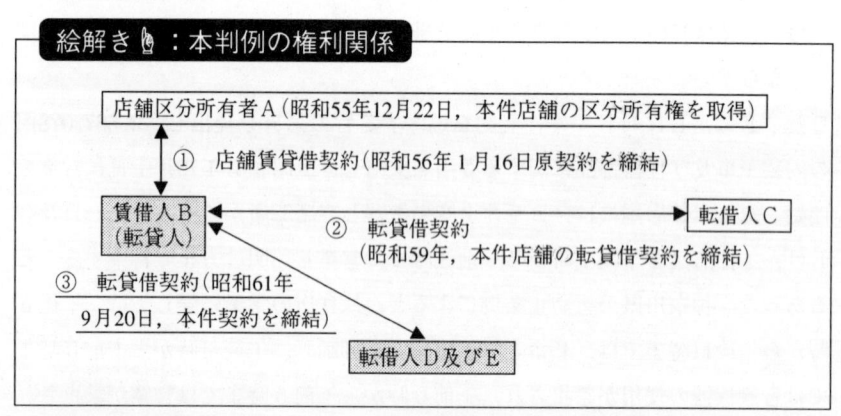

```
絵解き✍：本判例の権利関係

店舗区分所有者A（昭和55年12月22日，本件店舗の区分所有権を取得）
      ↕ ① 店舗賃貸借契約（昭和56年1月16日原契約を締結）
賃借人B ─── ② 転貸借契約 ───→ 転借人C
（転貸人）    （昭和59年，本件店舗の転貸借契約を締結）
  ③ 転貸借契約（昭和61年
  9月20日，本件契約を締結）
      ↓
    転借人D及びE
```

【当事者の主張】 Bは，Eに対して，次のとおり主張した。

① 昭和63年9月20日において，本件契約が満了し，Bには本件契約を更新する意思がないため，本件契約は終了した。これは，合意解約である。
② Eは，騒音問題等を惹起させたため，Bとの信頼関係を破壊した。本件契約を解除し，本件店舗の明渡しを求める。

Eは，Bに対して，次のとおり主張した。

① 本件通知に対して，合意解約する意思を示していない。かつ，解約する合理的かつ客観的理由がない。解約通知は，借地借家法30条（借家法6条）に定める建物賃借人に特に不利な特約は無効であるとする規定に違反するため，無効である。

② 本件契約は，スナックの経営目的で締結されたものである。カラオケ音響機器の使用は認められていた。カラオケ音響機器の使用は，本件契約の使用目的には違反しない。

【判　旨】

本件店舗の営業は，Bとの信頼関係を破壊する行為である。Eに対して，本件店舗の明渡しと，昭和64年1月以降，本件店舗の明渡しまで月額20万円の支払いを命ずる。

① Aは，Bに対して本件店舗における騒音問題を解決しなければ，原契約を解除すると通告したが，Eは，騒音防止に努めることをせず，午前3時過ぎまでカラオケ音響機器を用いた営業を継続した。Eの本件店舗の使用方法は，AB間の原契約を破壊するに足りる義務違反行為である。

② Eには，建物の存する環境，立地状況，使用目的等から予想される制約の範囲内で本件店舗を使用すべき義務がある。Eは，区分所有者に迷惑をかける使用をしてはならない義務があり，かつ，神奈川県公害防止条例を遵守する義務がある。午前3時過ぎまでカラオケ音響機器を使用した営業を続けるなど，義務違反があることは明確である。

③ Bが求めた，神奈川県公害防止条例の基準よりも緩やかな，午前0時以降の音響機器の使用禁止と音量の低減に対して，Eは，これを遵守しなかった。Bが，Aから原契約の解除警告さえ受けたという状況を考慮すると，Eの転借人としての使用方法に義務違反があり，Eの行為は，Bとの信頼関係を破壊するものである。

④ Bは，Eに対して，昭和63年12月8日までに，本件店舗の使用方法の義務違反を理由として，本件契約の解除の意思表示を行ったので，本件契約は終

了したとみなされる。本件店舗の使用損害金は，月額賃料と同額の1ヵ月20万円である。
⑤　期限付き解約は，本件店舗の騒音防止を目的とするもので，転貸借期間を確認した以上の意味はないので，これによる解約は認められない。

重要判例44　カラオケスタジオの営業

平3(モ)13838号（東京地判平成4年1月30日）

【争　点】

管理組合理事長による1階店舗のカラオケスタジオの使用禁止を求める仮処分命令申立てに対して，平成3年7月10日，曜日を問わず一律に，午前0時から4時までの使用禁止が決定された（これを「原決定」という）。カラオケスタジオを経営する賃借人が，本件訴訟において保全異議申立てを行い，原決定を一部変更する緩和措置が認められた。共同利益背反行為に該当するため，夜間のカラオケスタジオの使用禁止が認められたのが原決定であるが，それを一部緩和したのが本件訴訟による保全異議決定である。

【事実の概要】　本件マンション（昭和53年9月竣工。9階建て）の1階の法人区分所有者Aが，平成2年11月15日，店舗（専有面積323.85㎡。「本件店舗」という）をBに賃貸したところ，2～9階に居住する区分所有者（28戸）の反対にもかかわらず，賃借人Bは，改修工事を行い，平成3年1月16日からカラオケスタジオ（個室12）の営業を開始した。本件マンションの用途地域は住居地域であるが，甲州街道に面しているため，深夜でも騒音のレベルは高い。管理組合Xは，集会の決議によって理事長Yを選任し，平成3年1月6日，次の決議（「本件決議」という）を行った。
①　本件店舗をカラオケスタジオとして使用することは，規約に違反する。
②　管理者であるYに，債権者として仮処分命令申立ての訴訟追行権を授権す

③　弁護士の選定を理事会に一任し，訴訟提起をする。

カラオケスタジオの営業は，規約で禁止する「風俗営業に類する営業」に該当するとして，平成3年2月15日，区分所有者（Yを含む36名）は，仮処分命令申立てを行った。その後，平成3年7月3日，Y以外の者は，申立てを取り下げ，Yが本件決議による訴訟追行権に基づき，使用禁止を求める仮処分命令を申し立てた。裁判所は，曜日を問わず，一律に午前0時～午前4時の営業禁止の仮処分を決定した。これに対して，Bが，保全異議の申立てを行い，本件訴訟となった。仮処分命令後の本件訴訟では，次の点が争点となった。

①　カラオケスタジオの営業が，共同利益背反行為としてその被害が受忍限度を超えるか。

②　Yは，訴訟追行権を有するか。

【当事者の主張】　Yは，本件店舗をカラオケスタジオとして使用することを差し止めるため，次の3点を選択的に主張した。

①　カラオケスタジオの営業が，規約で禁止されている風俗営業に類する行為に該当するため，差止めを請求する。

②　本件決議に違反するため，差止めを請求する。

③　57条に基づき，差止めを請求する。

Bは，次の点を主張した。

①　原決定の取消しを求める。区分所有者に受忍限度を超える不利益は生じておらず，原決定については必要性がない。

②　原決定による使用禁止時間帯は，Bにとって最も重要な営業時間帯であり，これを禁止されると倒産の危機に瀕する。

③　Yは，適法な訴訟追行権を有しない。

【判　旨】

原決定変更。Bのカラオケスタジオの営業は，受忍限度を超えた共同利益背反行為に該当する。但し，原決定を変更し，日曜祝日においては午前1時まで営業時間を1時間延長する。

① 共同利益背反行為の判断に際しては，本件マンションの存する地域の状況，利用状況，カラオケスタジオの営業の状況，当事者間の交渉経過等を総合的に考慮すべきである。
② カラオケスタジオは，住居とは異質の娯楽施設で公共性が乏しく，不特定多数の者が出入りできる。深夜営業によって，従前の居住環境，風紀及び治安状態の悪化をもたらし，睡眠・休息を妨げて平穏な生活を阻害するものである。
③ カラオケスタジオの営業が無限定に行われると，共同利益背反行為となり，受忍限度を超える行為となる。東京地裁が仮処分命令により使用禁止時間帯を定めた原決定は，許容される。
④ 原決定では，一律に午前0時～4時の営業禁止であったが，日曜祝日については営業時間を1時間延長しても，入居者に受忍限度を超える被害を与えるものではない。当該時間帯は，Bの売上にとって来店客の多い重要な部分である。Bは，睡眠・休息の妨害となる自動車騒音の防止のために，来店客の駐車位置を変更する等の改善措置を実施し，原決定を遵守している。日曜祝日は午前1時～4時，その他の日は午前0時～4時を営業禁止とするよう，原決定を変更する。
⑤ Yは，本件決議において，仮処分命令申立ての追行権を授権され，適法な訴訟追行権を有する。債権者としてYは，保全異議の申立てを行うことができる。

重要判例45　店舗の営業時間の制限と集会の決議

第一審：平12(ワ)23994号（東京地判平成14年10月11日），控訴審：平14(ネ)5790号（東京高判平成15年12月4日）

【争　点】

複合用途マンションにおいて，店舗の営業時間を集会の普通決議に基づき，使

用細則の変更によって定めることが認められた。

【事実の概要】　本件マンションは，地下1階地上12階建ての規模を有し，地下1階及び地上2階が店舗で，4階から12階までが居住専用の住戸として使用されている複合用途を有するものである。本件マンションの2階にある店舗（「本件店舗」という）の共有者Aは，昭和62年12月12日の普通決議によって，店舗の営業時間が制限されたことにつき，無効である旨を主張した。

【当事者の主張】　Aは，Xに対して次のように主張した。
① 　Xの設立総会における本件店舗の営業時間を午前10時から午後10時までとする決議は，普通決議によって行うことはできないため，無効である。
② 　普通決議ではなく，規約の制限によってのみ，本件店舗の営業時間の制限を定めることができる。但し，Aの権利に対して特別の影響を及ぼすものであるため，A自らの承諾を必要とする。
③ 　集会の決議が予定されていない事項であっても，あらかじめ規約で定めることによって決議事項とすることができるが，管理規約には，当該条項が存在しないため，集会の決議で決することはできない。
④ 　本件決議では営業時間の制限を定めることはできないので，本件店舗は，営業時間の制限を受けない地位にあることの確認を求める。

Xは，Aに対して次のように主張した。
① 　本件店舗の営業時間は，あらかじめ規約又は使用細則で定めることなく，区分所有者の意思に基づき，適宜，集会の決議で定めることができる。
② 　本件決議は，Aの本件店舗の使用収益に特別の影響を及ぼさず，Aの受忍限度を超えるものではないため，Aの承諾を必要としない。
③ 　使用細則は，区分所有者の全員一致で可決されたもので，実質的には特別決議の要件を満たしている。Aの代表者は，当該議案に賛成した経緯がある。規約に定めがないことを理由に営業時間の制限を争うことは信義則に反する。

【判　旨】

|控訴審|　Aの控訴を棄却する。第一審を支持しXの主張を認める。

①　3条において，強行法規又は一般的・抽象規定による制限に反しない限り，専有部分の管理について集会の決議によって定めることが許容される。
②　30条1項において，専有部分の管理又は使用について区分所有法で定めるもののほか，規約で定めることができると規定されているが，規約で定める義務があるという規定はない。
③　18条1項又は21条においては，共用部分，建物の敷地又は附属施設の管理を普通決議で定めるという規定があるが，専有部分の管理を規約で定めなければならないという規定はない。
④　専有部分の管理には，❶規約の定めによる制限❷集会の決議による制限❸規約によって基本的事項を定め，使用細則を集会の決議に委ねるという方法がある。規約による規制は特別決議を要件とするので，恒久性がある反面，事態の推移に応じて適宜改訂することが困難である。❶〜❸のいずれを選択するかは，区分所有者による私的自治に委ねられ，区分所有者の意思を尊重すべきである。
⑤　本件店舗の営業時間の制限は，強行法規に反するものではなく，集会の決議によって定めることができる。一部の区分所有者にとって不利益となる特別の影響を及ぼす場合には，当該区分所有者の承諾を必要とする。
⑥　使用細則に定められた本件店舗の営業時間の制限は，集会の普通決議で決めることができる。Aに対して，特別の影響を及ぼすものでないため有効であると解される。
⑦　店舗の営業時間が制限される区分所有者においては，業種によっては，テナントの誘致が困難であることを容易に推測できるが，本件マンションが，4階から12階までを居住のために使用されていることを考慮すると，居住者の生活環境を維持するため，本件店舗の使用にはある程度の制約が課されることは避けられない。
⑧　本件決議によって定められた午前10時から午後10時までという営業時間の制限は，通常の商店や飲食店の営業時間を考えると，合理性を欠くものではない。規約と一体となった使用細則に基づき，Xの設立総会における決議に

よって定められたもので，営業時間の制限は，Aに特別の影響を及ぼすものではないため，その承諾を必要としない。

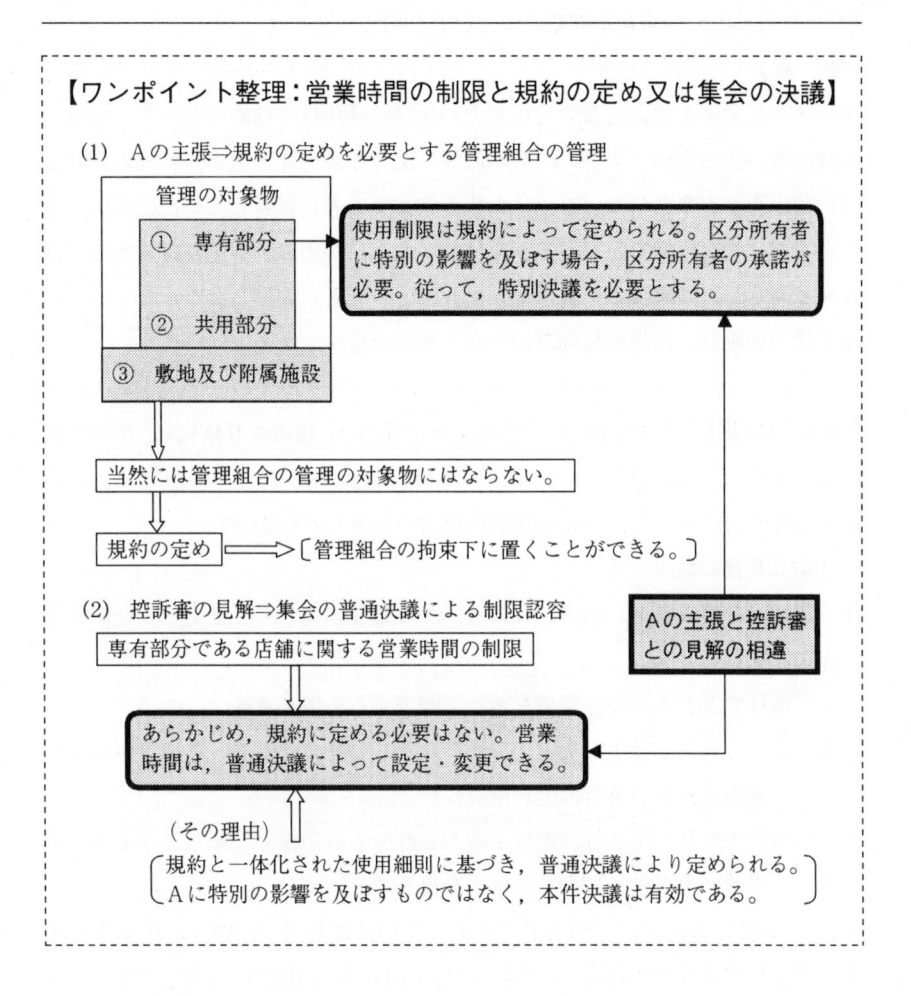

【ワンポイント整理：営業時間の制限と規約の定め又は集会の決議】

(1) Aの主張⇒規約の定めを必要とする管理組合の管理

管理の対象物
① 専有部分
② 共用部分
③ 敷地及び附属施設

使用制限は規約によって定められる。区分所有者に特別の影響を及ぼす場合，区分所有者の承諾が必要。従って，特別決議を必要とする。

当然には管理組合の管理の対象物にはならない。

規約の定め ⇒ 〔管理組合の拘束下に置くことができる。〕

(2) 控訴審の見解⇒集会の普通決議による制限認容

専有部分である店舗に関する営業時間の制限

あらかじめ，規約に定める必要はない。営業時間は，普通決議によって設定・変更できる。

Aの主張と控訴審との見解の相違

(その理由)
〔規約と一体化された使用細則に基づき，普通決議により定められる。
Aに特別の影響を及ぼすものではなく，本件決議は有効である。〕

重要判例46　ラーメン屋営業不承認と不法行為

昭61(ワ)12322号（東京地判昭和63年11月28日）

【争　点】

ラーメン屋営業を承認しない旨の集会の決議の適法性が問題となった。店舗の業種制限，営業方法・店舗の内装制限等に関する規約の変更が，特別の影響を及ぼすか否かが争われた。ラーメン屋を営業する者に賃貸していた区分所有者にとって，受忍限度を超える不利益はないため，特別の影響を及ぼすものではないと判示した。集会の招集通知が当該区分所有者に到達しなかったという招集手続の瑕疵は，決議の無効原因となる重大な瑕疵があるとはいえない。

【事実の概要】　管理組合Xは，昭和60年10月19日，規約を具体化し，次のとおり変更することを決議した（これを「本件決議」という）。本件決議の集会の招集通知がAに届かず，Aには出席の機会が与えられなかった。

第16条（業種の制限）

1　店舗区分所有者は，次の各号に該当する業種について営業することができない。
　　一　本件マンションの住環境を著しく阻害する風俗営業等
　　二　著しく臭気を発する業種又はおびただしい煙を発生する業種（中華料理店，焼肉店，炉端焼店，焼鳥屋等）
2　前項第1号及び第2号に抵触するおそれのある業種を営業しようとする場合は，事前に理事長と打合せ，承認を得ること。

Aは，103号室の店舗区分所有者であり，昼間は喫茶店，夜間は深夜営業のスナックとして店舗を経営していた。Aは，昭和61年4月22日，103号室をラーメン屋営業のためにBに賃貸した。Bは，改装工事に着手したが，Xの理事長及び副理事長は，ラーメン屋を営業することはできない旨を申し入れ，改装工事の中止を要求した。Xは，昭和61年6月14日の集会の決議において，Aの承諾を得ることなく，ラーメン屋の営業を不承認とする決議を行った。それに伴い，

AB間において訴訟が発生し，Bの支出した改装工事費及び賃料等を含む損害賠償について，控訴審において和解が成立し，AはBに損害賠償金350万円を支払った。

【当事者の主張】　Aは，Xの承認があれば，Bに対する賃料収入として250万円が得られていた上，改装工事の中止に伴い，Bが放置した電気配線の修復及び残材の撤去のために58万円の支出が生じたとして，損害賠償請求として合計658万円及び遅延損害金の支払いを求めた。Aは，次のとおり主張した。

① 　集会の招集手続に瑕疵がある。
② 　規約の変更は，Aに特別の影響を及ぼすものであり，承諾が必要である。

【判　旨】────────────────────────────

規約の変更は，Aに特別の影響を及ぼすものではない。

① 　集会の招集手続に瑕疵があるとしても，重大な瑕疵である場合に限って本件決議が無効になる。本件決議は，議決権において，60人のうち57人（95％）の賛成によって決議され，無効とはならない。
② 　一般的制限を規約によって具体化しても，一般的制約の範囲内である以上，Aに特別の影響を与えたとはいえない。
③ 　1階が店舗，2階以上11階までが住居に使用されている。住環境を著しく阻害し，又は著しい臭気等を発する業種の店舗営業は，共同の利益に反することが明らかであり，店舗に関するこのような制約は区分所有者が一般的に負っている制約の範囲内である。
④ 　規約16条1項2号括弧内の業種は，当該業種を一義的に禁止したものではなく，著しい臭気等を発生するに至らないもの又は防除設備を備えたものについては禁止されていない。Aは，本件決議時には，当該業種を営業し又は当該業種に賃貸していないので，規約の変更によって具体的影響を受けていない。
⑤ 　ラーメン屋の営業について，Xの理事会は，当該業種が著しい臭気等を発生させ，本件マンションの住民の生活を害すると判断したが，理事会としてこの判断は当然であり，Xが臨時総会で不承認の決議をしたことは不法行為

には当たらない。

重要判例47　保育室の使用禁止

平5(ワ)339号（横浜地判平成6年9月9日）

【争　点】

住居以外の使用が禁止されているマンションにおいて，病院の看護師のための保育室として使用し，騒音等の被害が受忍限度を超えるため，共同利益背反行為に該当すると判断された事案である。

【事実の概要】　横浜市港北区にある本件マンション（総戸数26戸，5階建て，エレベーター未設置）において，Zが経営する病院の看護師及び患者の幼児用保育室としてZの妻Aが区分所有する1戸を使用し，平成4年7月1日以降，病院職員3人が，平均7人（入所総数14人）の幼児の保育業務を行っていた。幼児用保育室としての使用は，日曜日及び祝祭日を除く午前8時から午後6時頃であった。管理規約では，次の定めによって，飲食店や喫茶店等の住居以外の使用を禁止していた。

① 組合員は，その専有部分を本来の住宅としての用途に供するものとし，共用部分はそれぞれの用方に従って使用するものとする。
② 良好な環境を保持するために，住戸を本来の住居以外の目的に使用してはならない。レストラン，スナック，バー，喫茶店，クラブその他一切の営業並びにこれに類する行為に使用してはならない。

平成4年10月8日，A以外の区分所有者26人中25人（委任状を含む）が出席し，出席者全員が幼児用保育室の使用差止請求に賛成する決議がなされた。

【当事者の主張】　管理組合Xは，次のとおり主張し提訴した。

① Aの専有部分における保育室としての使用は，規約に反する。多数の幼児が長時間にわたり騒音・振動を発する，給食の運搬によって階段等の共用部

分を汚損する，送迎のために乗用者を駐車しベビーカーを放置するなど，他の居住者の受ける被害は小さくない。
② Aは，病院の公共性，看護師の人員を確保するための必要性を主張するが，代替手段があり，保育室の使用禁止により病院の経営に問題はない。
③ 57条1項に基づき，保育室としての使用の差止めを求める。

Z及びAは，次のとおり主張した。
① 幼児が起臥寝食することは，日常生活そのものであって，共用部分の汚損は幼児が生活する場合の想定範囲内のもので，良好な環境を破壊するものではない。
② 病院には，公共性があり，看護師の人員を確保するために保育室の設置は必要である。

【判　旨】――――――――――――――――――――――――――
Xの使用禁止請求を認める。
① 騒音，振動，臭気等が一定の受忍限度を超えるならば，共同利益背反行為として，その使用方法が許されなくなる。受忍限度を超えるか否かの判断については，行為の性質，必要性の程度，他の住民が受ける不利益の態様，程度等の事情を比較した上で検討する。
② 一定の行為を禁止する規約があっても，形式的にすべてを一律に禁止するのではなく，規約の趣旨，目的を集合住宅の居住者同士という観点から検討して，その当否を判断すべきである。本件規約は，住居専用以外の使用によって，区分所有者共通の利益が侵害され，良好な居住環境が維持できなくなることを禁じているものといえる。
③ 保育室の使用は，大家族の生活騒音と大差がないという主張については，生活の場としている住民と職場としている病院関係者とを同一の建物内で同視することはできない。
④ 保育室の設置は，病院の公共性（病院は，産科救急システム横浜ブロック当番協力病院として登録されている）及び看護師の人員の確保のために必要であるとしても，閑静な環境や住民が受ける不利益に対して，病院経営によ

る経済的利益や病院敷地内に保育施設を設ける等の代替手段があることを考慮すると，他の住民が受忍すべきものとはいえない。他の区分所有者の一方的不利益によって，Aは，受益を得ていることになる。
⑤　Aの保育室の使用は，本件規約に反しており，かつ，他の区分所有者に不利益と被害を与えるものであり，共同利益背反行為となる使用方法である。57条1項に基づく行為の停止等の請求を認容する。

重要判例48　居酒屋の使用禁止

平11(ワ)863号（神戸地尼崎支判平成13年6月19日）

【争　点】
管理組合が求めた居酒屋の深夜営業の使用禁止について，厨房ダクトや看板等の撤去，午後10時以降の営業の禁止，弁護士費用の請求が認められた。

【事実の概要】　本件マンションは，尼崎駅の南側に所在し，住戸数143，店舗1戸，管理室1戸を有する地上14階建てである。Cが分譲し，Cの子会社Zが管理業者として，建物管理を行っていた。1階東側に位置する店舗（「本件店舗」という）について，区分所有者AがYに賃貸した。居酒屋を営業する賃借人Yに対して，管理組合Xは，管理規約及び57条に違反するとして，居酒屋の営業のための厨房ダクト及び集塵機や造作・看板等の撤去，午後11時以降の営業の禁止，清掃費用を請求した。分譲業者Cが作成した規約には，次の趣旨の定めがあり，ＡＹ間の賃貸借契約書には，Yは，本件規約及び使用細則を誠実に遵守する旨の規定があった。
①　店舗部分の区分所有者は，専有部分において，風俗営業又はこれに類する行為，騒音・振動・臭気及び煙を発生させる等他の居住者に対して迷惑を及ぼす行為をしてはならない。
②　区分所有者又は占有者が，建物保存に有害な行為その他建物の管理又は使

用に関し，区分所有者の共同の利益に反する行為をした場合又はそのおそれがある場合には，57条から60条までの規定に基づき，必要な措置をとることができる。

Yの居酒屋の営業は，年中無休で深夜1時に及んだ。厨房ダクトは，厨房外壁の南側に設置され，先端部の大型空気清浄機は，店舗アプローチ面上に存する。厨房外壁の南側には，厨房ダクトと開口部を設けた換気用ダクト2機が設置され，集塵機及び造作・看板等は，シャッター外側に店舗アプローチにはみ出して設置されている。Xは，訴訟提起の決議を行った。

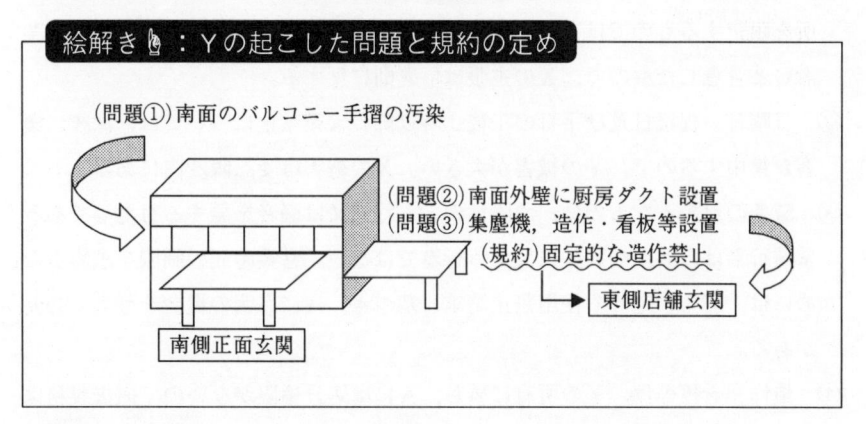

絵解き：Yの起こした問題と規約の定め

(問題①)南面のバルコニー手摺の汚染
(問題②)南面外壁に厨房ダクト設置
(問題③)集塵機，造作・看板等設置
(規約)固定的な造作禁止
東側店舗玄関
南側正面玄関

【当事者の主張】 Xは，A及びYに対して，次のとおり主張した。
① 本件規約では，店舗専用のためのダクトの設置場所をエントランスホール・メールコーナー等の1階屋根（東端から北側に突出した屋根）と定め，店舗アプローチには固定的な造作を設置してはならないと定める。本件規約に違反して，Yは，店舗の南側外壁に厨房ダクト及び換気用ダクト2機を設置し，先端部の大型空気清浄機を店舗アプローチ面上に固定した。
② 厨房ダクトから排出される油煙と臭気によって，南側バルコニーの手摺が汚れる，洗濯物が干せない，窓を開放できない等の状況が生じ，区分所有者の被害は大きい。
③ 店舗アプローチには，Aが看板設置のための専用使用権を有するが，容易に移動できるもの以外は置くことができない。造作・看板等の設置について

Xの理事長の承諾を得ていない。
④　主位的請求として，本件規約違反及び共同利益背反行為に反するので，厨房ダクト及び集塵機の撤去を求める。予備的請求として，厨房ダクト及び集塵機の移設，造作・看板等の撤去と，日曜日・祝祭日及び平日の午後10時以降の営業禁止を求める。A及びYに対して，本件規約の債務不履行として連帯して損害賠償300万円及び遅延損害金の支払を求める。

Yは，Xに対して，次のとおり主張した。
①　本件規約は，厨房ダクトの専用使用権の存在を示したものであり，設置場所を限定するものではない。厨房ダクトの設置場所は，Xを代理した分譲業者Cと合意したもので，Xの主張は信義則に反する。
②　日曜日・祝祭日及び平日の午後10時以降の営業禁止については，深夜に顧客が集中するので，Yの被害が大きい。Xの被害は受忍限度内にある。
③　57条の対象となるのは，危険性のある行為又は騒音を発する行為等である。営業行為は，共同の利益に反する行為ではない。営業時間の制限を求めるためには，58条に定める使用禁止請求に基づき，Aに弁明の機会を与える必要がある。
④　造作・看板等は，Yの所有に属し，Aには処分権限がないので撤去義務はない。Yは，Aに対して店舗アプローチ及びシャッター等の使用料を含む共益費として月額197,540円を支払い，AはXにこれを納めている。AがXの理事長の承諾を得ていないことを理由に，Yに造作・看板等の撤去を求めることは，権利の濫用に当たる。

【判　旨】
Yに対して，厨房ダクト及び集塵機，造作・看板等の撤去，午後11時以降の居酒屋の営業禁止を命ずる。A及びYには，連帯して弁護士費用100万円及び遅延損害金の支払いを命ずる。
①　厨房ダクトの設置場所をエントランスホール・メールコーナー等の東端から北側に突出した1階屋根と定めているのは，排気が南側住戸に向かって排出されて被害が生じることを回避するためである。Yの厨房ダクトの設置場

所は，本件規約に違反する。
② Yは，Cの了解を得て厨房ダクトを設置したが，Cは，管理者としての代理権限を付与されていない。Yに対する厨房ダクトの撤去を認容する。Aは，Yに対して本件規約を遵守させる義務を負うが，Yの所有に属する造作・看板等を撤去する義務を負うものではない。
③ 厨房ダクトから排出される油煙・臭気は，迷惑・不快感を及ぼし，居酒屋の深夜営業による騒音は，安眠と平穏な生活を害し，造作・看板等の設置は，本件規約に違反し，区分所有者の共同の利益に違反する。
④ Xの請求は，日曜日・祝祭日及び平日の午後10時以降の営業禁止を求めるものであり，57条に基づく請求である。Aに弁明の機会を設ける必要はなく，Yの主張する集会の決議手続の違反はない。
⑤ Yの午前1時までの居酒屋営業は，区分所有者の共同の利益に反する。入居者の51名が午後10時までの営業を認めているが，立地条件及びYの営業利益を考慮すると，午後11時以降の営業を制限することが相当である。
⑥ 損害賠償として，A及びYに対して，連帯して100万円及び遅延損害金の支払いを命ずる。Xの主張する清掃費用については主張及び立証がないため，認められない。弁護士費用として，100万円を認める。

重要判例49　パチンコ店と共同利益背反行為

平6(ワ)5869号・9549号（東京地判平成7年3月2日）

【争点】

複合用途マンションにおいて，1階の専有部分をパチンコ店に改装して賃貸することが，共同利益背反行為に当たるか否かが争われた。1階店舗の区分所有者が，管理者の許可を得ずに第三者に賃貸してパチンコ店を開業させたが，騒音及び品位の低下等により他の区分所有者に著しい不利益を及ぼすので，管理組合が集会の決議を経て行為の差止請求を行った。

【事実の概要】　東京都葛飾区にある本件マンションの重要事項説明書及びパンフレットには，「1階店舗及び2階事務所には風俗営業が入ることがある。店舗営業看板を設置すること及び1階店舗前空地を店舗来客用の自転車置場・室外機置場として使用することがある。」旨の記載があった。3階以上の住戸は，平成5年12月31日までに分譲された。区分所有者A（建築主）は，非分譲とした店舗及び事務所を竣工時から所有していたが，第三者に賃貸するため，管理組合Xの許可を得ないで，店舗をパチンコ店に，事務所をカラオケ店に改装した。管理規約（❶）及び使用細則（❷）には次の定めがあった。

❶　区分所有者は，専有部分を第三者に賃貸する場合には，管理規約及び使用細則を遵守させ，誓約書に賃借人等の署名押印を得て，管理者に提出しなければならない。

❷　区分所有者は，店舗・事務所を賃貸する場合，管理者に事前に業務内容を届け出て許可を受けなければならない。区分所有者及び居住者は，専有部分の改修・営繕行為をする場合，電気・ガス・給排水・通信設備等を新設・変更する場合，事前に管理者の承諾を得なければならない。

Xは，次の2点について集会の決議を行った。
①　パチンコ店営業のために，AがPに賃貸することを許可しない。
②　Aに対して，規約及び使用細則違反行為の差止めと原状回復を求める。

【当事者の主張】
Xは，Aに対して次のとおり主張した。
①　Aが，管理者の許可なく，本件店舗をPに賃貸してパチンコ店を開業させること，本件事務所をカラオケ店にするための内外装工事をしたことは，規約違反である。
②　パチンコ店が開業された場合，騒音，不法駐車・不法駐輪，ネオンサイン等によってマンションの美観や品位，居住環境が低下し，他の区分所有者に著しい不利益が生じる。
③　パチンコ店の開業の差止めとともに，無断で，変電設備機器及び看板を設置し，外壁に穿孔行為をして配管・配線工事をしたため，その撤去を請求す

る。

Aは，Xに対して，本件店舗におけるパチンコ店の営業を許可しないことは権利の濫用に当たると主張した。

① 自己の区分所有権に基づき，本件店舗において自ら又は第三者に賃貸してパチンコ店を営業することができる。区分所有者は，自己の専有部分を自由に譲渡又は賃貸することができ，規約による制約はない。

② 重要事項説明書及びパンフレットには，1階店舗及び2階事務所の風俗営業を示唆し，店舗営業の看板設置及び店舗来客用の自転車置場・室外機置場としての使用を明記している。住戸区分所有者は，本件店舗及び事務所に風俗営業を行う業者が入居することを承諾している。

③ 本件店舗及び事務所の収益性を見込んで，住戸の分譲価額を引き下げている。共同の利益とは，風俗営業を行うAの利益を含むもので，規約には違反しない。規約上，区分所有者及び特定承継人によるパチンコ店を含む風俗営業は許容されている。

④ 変電設備機器の設置は，敷地の利用に障害を及ぼさないのでその撤去請求は権利の濫用に当たる。配管・配線工事は軽微なもので，看板は専用使用権を有する場所に設置している。

【判　旨】

Aの行為は，共同利益背反行為を構成しない。

① 共同利益背反行為となるか否かについては，本件店舗をパチンコ店に供することの必要性とA以外の区分所有者の被る不利益の態様・性質・程度，他の手段の可能性等諸般の事情を比較衡量して社会通念によって決する。

② 重要事項説明書及び管理規約において，1・2階の店舗及び事務所には風俗営業の入居が認められ，パチンコ店を除外していない。看板の設置，店舗前空地における駐輪場・室外機置場の専用使用が容認されている。

③ 本件店舗をパチンコ店に供することを一切禁止することは，Aには受忍限度を超える不利益をもたらす。内外装工事によってパチンコ店に供することは，共同の利益に反するものではない。Xの承諾を得ていないが，実質的に

は届出制であり，違反によって直ちに撤去請求は認められない。
④　Ａが行った変電設備機器の容量の拡大は，建築設計図において記載されている範囲内である。変電設備機器の設置は，敷地の利用に障害を及ぼすものではない。穿孔行為による配管・配線工事は，専有部分の使用に付随する軽微なものであり，看板は，専用使用権を有する場所に設置している。
⑤　Ｘの主張する不利益は，抽象的かつ一般的で，Ａ以外の区分所有者が現実的に又は将来的に被る不利益の内容を確定することは困難である。Ｘの差止請求を認めることはできない。

重要判例50　近隣住民の受忍限度と損害賠償請求

第一審：平13（ワ）6273号（東京地判平成14年12月18日），控訴審：平15（ネ）478号（東京高判平成16年10月27日），上告審：平17（受）364号（最判平成18年3月30日）

【争　点】

良好な景観を享受する権利は，法律上保護されるのか，良好な景観に対する違法な侵害といえるためには，どのような条件を前提とするのかが問題となり，景観利益のために地上14階建てマンションの高層階の一部撤去を求めることができるか否かが争点となった。上告審において，景観利益は，私法上の権利といえる明確な実体を有するものではなく，権利性を有するものとは認められないため，本件マンション建築は，景観利益を違法に侵害する行為であるとはいえないと判断した。

【事実の概要】　分譲業者Ａが，国立市の大学通りに14階建ての高層マンションを建築し，分譲しようとした。大学通りとは，国立駅南口のロータリーから江戸街道までの約1,200m，幅員44mの都道146号線をいう。大学通りには，中央付近の両側に一橋大学の敷地が存し，約1.7mの自転車道，約9mの緑地帯，

約3.6mの歩道が存する。緑地帯には、桜171本、銀杏117本が植樹されていた。一橋大学から南側の沿道地域は、第一種低層住居専用地域として建築物の高さを10mとする絶対高さの制限がある。本件敷地は、国立駅から約1,160mの距離にあり、大学通りの南端に位置し、第二種中高層住居専用地域に指定されているため、建築物の高さを10mとする絶対高さの制限はない。平成11年8月、Aは、国立市に対して、本件建物の規模を高さ55m、地上18階建てとする大規模行為届出書を提出した。平成11年10月8日、国立市長が、景観条例に基づき、20mの銀杏並木と調和するよう本件建物の高さを低くすること、大学通りに面する壁面の後退を指導した。Aは、本件建物の規模を高さ43.65m、地上14階建てに変更し、壁面後退をする旨の届出を行った。本件建物は、分譲及び賃貸を併せると総戸数は353戸、4棟から構成され、南側に向かって階段状に高くなる外観を有する。本件敷地の東側が大学通りに面し、イーストコート（東棟）、ウェストコート（西棟）、センターコート（北棟）、サウスコート（南棟）の4棟から構成される。平成12年1月5日、建築確認を得て、同日着工した。国立市は、平成12年1月1日、建築基準法68条の2の定めに基づき、国立市地区計画の区域内における建築物の制限に関する条例（「国立条例」という）を制定・施行した。国立条例は、平成12年2月1日、改正・施行され、建物の高さを20m以下に制限したが、施行時には、本件建物は根切工事の段階にあった。建築基準法3条2項によると、条例の施行又は適用の際、既に工事中の建物には、適合しない規定は適用しない旨の規定がある。その後、Aは、工事を進捗させ、平成13年12月20日、東京都から検査済証の交付を受けて、平成14年2月9日から分譲を開始した。

【当事者の主張】　土地所有者及び学校法人等の近隣住民50人（「B」という）が、本件建物の建築により、受忍限度を超える被害を受け、景観利益を違法に侵害されたとして、次の請求を行い、訴訟を提起した。

①　A及び本件建物の区分所有者Xに対して、20mを超える部分である7階以上の上層部の撤去を求める。

②　不法行為に基づく慰謝料及び弁護士費用相当額の支払を求める。

③ 慰謝料の額は，訴状到達翌日から撤去が完了するまで，学校法人Hについて月額101万円，Bのうちの22人について月額11万円，Bのうちの29人について月額1万円の支払い及び1,000万円の支払いを求める。

Aは，次のとおり主張した。
① 本件建物が，建築基準法に定める高さ制限及び日影規制等及び国立条例に違反しない限り，建物の高さを低くする義務はない。
② 国立市は，工事着手後に20mの高さ制限を施行したものであり，本件建物に対して適用されない。高さ制限20m以下では事業の採算が見込めない。
③ 本件建物の規模を18階建てから14階建てに変更し，壁面後退を実施し，本件建物を景観に調和させた。

【判　旨】

上告審　Bの主張する景観利益は認められない。
① 景観利益とは，良好な景観の恵沢を享受する利益をいう。景観利益は，景観の性質・態様等によって異なる場合があり，社会の変化に伴って変化する可能性がある。現時点では，私法上の権利といえるような明確な実体を有するものではなく，景観利益を超えた景観権という権利性を有するものとは認められない。
② 景観利益に対する違法な侵害となるか否かは，被侵害利益である景観利益の性質と内容，地域環境，侵害行為の態様・程度・侵害の経過等を総合的に考察して判断すべきである。
③ 景観利益に対する違法な侵害といえるためには，具体的には公序良俗違反，権利の濫用，法令違反に該当するなど社会的に容認された行為としての相当性を欠くことが要件となる。Aのマンション建築は，このような状況になく，景観利益を違法に侵害する行為であるとはいえない。

第8章　区分所有者の権利義務

【ワンポイント整理：景観利益に関する最高裁の判断】

① 景観利益は，法的に保護されるか否か。
→法律上保護される利益である。

⬇

② 景観利益に対する違法な侵害といえるためにどのような条件があるのか。
→次の条件を総合的に考察して判断すべきである。
  ❶ 景観利益の性質と内容
  ❷ 景観所在地の地域環境
  ❸ 侵害行為の態様・程度・侵害の経過

⬇

③ Aの行為の態様は，社会的相当性を欠く違法な侵害に該当するものと認められられるか。
→次の条件を検討して判断すべきである。
  ❶ 刑罰法規や行政法規に違反する。
  ❷ 公序良俗違反又は権利の濫用に該当する。

⬇

④ Aの行為は，景観利益を違法に侵害する行為に当たるか。
→上記②及び③の判断基準を基礎とすると，Aの行為は景観利益に対する違法な侵害には該当しない。

⬇

⑤ 具体的に，②及び③の要件を適用してみる。
→次の点からAの侵害行為を否定する。
  ❶ 国立条例の施行時，根切工事に着手していたので，高さ制限20mの規制は及ばない。建築基準法3条2項により，本件建物が現に工事中の建築物に該当するためである。
  ❷ 本件建物は，建築基準法及び東京都条例等に違反せず，違法な建築物ではない。
  ❸ 本件建物は，外観上，周囲の景観を乱すものではない。
  ❹ 本件建物には，刑罰法規や行政法規に違反し，公序良俗違反又は権利の濫用に該当する事情はない。

重要判例51　日照被害と受忍限度

平13(ワ)426号（広島地判平成15年8月28日）

【争　点】

地上14階建ての2棟のマンションの建設・分譲によって，受忍限度を超える日照被害，風害，騒音被害が生じたとして，近隣住民が，損害賠償及び慰謝料を請求した。日照・風環境等が受忍限度を超えて悪化したため，精神的苦痛による慰謝料が認められた。

【事実の概要】　分譲業者Aは，1筆の土地の購入後，2筆に分筆した敷地上に各1棟を建設した。分筆せずに，1筆の土地に計2棟を建築した場合には，確認申請上，日影規制に違反するので，建築基準法と条例に定める日影規制に適合させるために分筆を行った。確認申請を得て，平成13年3月2日に竣工した。Aは，近隣住民B（16人）と計画変更の協議をせず，日照・風害等の質問事項に回答せずに，購入者の所得税のローン控除のために，建築工事を急ぎ，当初の計画通り竣工させた。本件マンションは，地上14階建て・高さ40.9m，各棟28戸及び26戸の総戸数54戸である。敷地面積は，それぞれ709.50㎡・709.81㎡，容積率は，各棟とも300％以下に抑えられた。

【当事者の主張】　Aは，次のとおり主張した。

① 本件敷地は，第一種住居地域に属するが，将来的には高層化が見込まれる地域である。新たな日照被害や風害等は生じていない。
② Bの受ける不利益は，受忍限度内である。
③ 日影規制に関して，建築基準法及び広島県建築基準法施行条例に適合している。
④ 不動産価値の下落及び賃貸収入の減少との相当因果関係は不明であり，日照被害や風害・騒音被害等は，受忍限度の範囲内で違法性はなく，損害賠償責任はない。

Bは，受忍限度を超える日照被害や風害・騒音被害等があると主張した。

① 不動産の価値が低下したため，売買における交換価値又は賃貸収入が減少したことによる損害賠償を請求する。
② 受忍限度を超える日照被害が生じたことに対して，精神的苦痛による慰謝料を請求する。

【判　旨】

Bの慰謝料請求のうちの一部を認める。
① 本件マンションの建設が受忍限度を超える不利益を強いる違法なものであれば，慰謝料請求が認められる。受忍限度を超えるか否かの判断基準は，❶法令違反❷被害の程度❸地域性❹交渉経過等を総合的に判断する。形式的に法令に適合しても，実質的に建築基準法及び条例を脱法する場合には違法性が推定される。
② Aは，Bと十分に協議をすることなく着工し，実際に被害が生じていることから，社会観念上妥当な権利行使としての範囲を逸脱しており，権利の濫用として違法性がある。
③ 精神的苦痛による慰謝料として，Aに対して，各戸30～100万円のBへの支払いを命じる。日照・風環境等が受忍限度を超えて悪化したことを根拠とする。B各人の慰謝料の金額の算定は，❶日影時間❷圧迫感❸交渉経緯❹第一種住居地域に存するという地域性❺他の建物による日照への影響❻風害の程度等の諸般の事情を考慮して算定する。
④ 不動産価額の下落については，日照や風環境の悪化に伴って生じたという証拠について具体的な立証がなされていない。家賃収入の減少についても，日照被害等により生じたと認めるに足りる証拠がない。
⑤ 建築工事の際に生じた振動・騒音被害については，原因，程度，継続性，地域性，軽減の可能性及び努力の程度を総合的に考慮して，社会生活上受忍されるべき範囲を超えるものである場合，初めて違法になる。Bの精神的苦痛は認められるが，Aが防音シートによる対策を行ったこと等を考慮すると，受忍限度を超えるものとはいえない。
⑥ Aは，電波障害対策として，ケーブルテレビを敷設しアンテナを移設して，

47軒に対して合計11,525,115円を負担したが，Bの居住地域は，電波障害の生ずる範囲に含まれていない。電波障害が受忍限度を超えるものか否かについては明らかな証拠はない。

【ワンポイント整理：慰謝料の金額の認定】

B各人（16人）の配慮すべき事情に応じて，次のように請求金額に対する認容額が決められた。本事案は控訴されたが，その後和解に至った。

B	請求金額 （万円）	認容額 （万円）	配慮すべき事情
①	600	100	本件マンション直近に位置するため，日影障害・風害・圧迫感が強い。
②	400	60	日影障害・風害が強い。本件マンションの北側正面通りに位置する。
③	400	80	日影障害・風害が強い。
④	300	30	日影障害，本件マンションからは遠距離にある。
⑤	300	40	日影障害，本件マンションからは遠距離にある。
⑥	300	40	日影障害，本件マンションとの距離を考慮。
⑦	300	30	日影障害，本件マンションからは遠距離にある。
⑧	400	60	日影障害，本件マンションとの距離を考慮。
⑨	400	60	本件マンションに隣接するため，日影障害が強い。
⑩	400	60	日影障害・風害が強い。本件マンションの北側正面通りに位置する。午前中の日照がない。
⑪	400	60	日影障害，本件マンションとの距離を考慮。
⑫	300	40	日影障害，本件マンションとの距離を考慮。
⑬	300	40	日影障害，本件マンションと近距離であることを考慮。
⑭	400	60	日影障害，本件マンションとの距離を考慮。
⑮	300	40	日影障害，本件マンションとの距離を考慮。
⑯	400	60	日影障害・風害が強い。本件マンションの北側正面通りに位置する。
計	5,900	860 (14.57%)	精神的苦痛に対する慰謝料を認容。

第8章　区分所有者の権利義務

重要判例52　風害と損害賠償請求

第一審：平11(ワ)13440（大阪地判平成13年11月30日），控訴審：平14(ネ)132・1056（大阪高判平成15年10月28日）

【争　点】

本件マンションの建設によって，風害が生じた。これが受忍限度を超えるものであるとして，分譲業者等に対する不法行為に基づく損害賠償請求が認められた。

【事実の概要】　本件マンション（大阪府堺市所在）の建設によって，受忍限度を超える風害があるとして，近隣住民A（A1～A6の6名）が，不法行為に基づく損害賠償請求をした。分譲業者Bが平成9年3月に竣工した本件マンションは，囲み型の住棟配置による20階建て3棟から構成される。Aは，本件マンションから20m離れた2階建て住宅に居住するが，洗濯物が干せない，屋根瓦が飛ぶ等の風害のために，転居を余儀なくされた。Aは，所有不動産の価値が下落し，精神的苦痛を受けたとして，Bのみならず，設計業者C及び施工業者Dに対して不法行為による損害賠償請求を行った。

【当事者の主張】　Aの主張は，次のとおりである。

① 　Bは，風洞実験を行わず，防風のための植栽を十分に行わない過失がある。不法行為による損害賠償として，慰謝料と弁護士費用を請求する。

② 　風害によって，不動産の価値が下落したため，風害がない場合の不動産価額相当額全額を請求する。

控訴審において，Aは，次のとおり主張した。

③ 　原審の70万円の慰謝料の認容は低過ぎる。風害による財産的損害に関する損害賠償請求を認めていない点は不当で，被害の日常性，生命・身体への現実的危険性，被害の半永久性，売却による転居等を考慮して，慰謝料の額を引き上げるべきである。

④ 　生命・身体・財産に対して受忍限度を超える風害が発生する。最大瞬間風

速15m/秒を超える日が年間24日，20m/秒を超える日が年間6日増加した。
⑤　BCDには，連帯して，A1には22,564,713円，A2には17,171,567円，A3には32,298,387円，A4・A5・A6には6,483,375円の損害賠償を請求する。

BCDは，控訴審において次のとおり主張した。
①　風対策として，バルコニー設置による剥離流の低減化，防風林の設置を行い，平成9年2月には防風林の追加植栽を行った。
②　平均風速が30％増加したことによって，直ちに権利侵害又は過失が認定されるものではない。
③　風洞実験は万能ではなく，限界がある。原審では，風洞実験を絶対視している。
④　Aに支払った各70万円は，工事の迷惑料を上回る。Bにとっては，Aに対して着工前から金銭的な補償を行う趣旨である。

【判　旨】

|控訴審|　Aに対する損害賠償請求を認める。
①　良好な風環境の享受は，安全かつ平穏な日常生活を送るために不可欠なものである。人格的利益として，法的に保護されなければならない。受忍限度を超える風害には不法行為責任が生じる。
②　建設後の風向別風速は約1.3倍，風圧は1.69倍になり，洗濯物干場の波板破損，屋根瓦の飛散，トタン屋根・雨樋の破損，雨戸の脱落，地響き・爆風音が生じた。Aは，風環境の悪化を原因として，転居を余儀なくされた。Aが良好な風環境を享受する人格的利益は，社会生活上受忍できない限度にまで侵害されている。
③　権利侵害は，強風による個別の損害の有無にとどまらず，日常生活上の恒常的かつ継続的な風環境の変化を検討した上で判断する。本件マンションの建設は，Aに対する違法な権利侵害といえる。Bは，風環境予測システムよりは精度が高い風洞実験を実施せず，風害の防止対策が不十分であるため，Aの精神的苦痛に対する慰謝料として各100万円を認める。

④ 風害による不動産価値の下落に関して，平成14年6月時点において売却した際の下落額は，それぞれ約560万円（A1及びA2）又は約550万円（A3）である。下落額，建物補修費や引越費は，損害賠償の対象である。
⑤ BがAに支払った各戸70万円は，通常5万円から10万円程度とされる工事迷惑料を上回るが，領収書には，振動・騒音・塵埃の飛散等に対する補償金と明記され，損害賠償としての趣旨に基づくものではない。
⑥ BCDには，連帯して，A1に対して4,205,000円，A2に対して2,940,000円，A3に対して6,570,000円，A4・A5・A6に対して各40万円の支払いを命ずる。

【ワンポイント整理：損害賠償額の認定】

控訴人	慰謝料	不動産価値下落	補修費・引越費	弁護士費用	損害賠償額合計
A1	100万円	336万円（持分3/5）	4.5万円	50万円	490.5万円
A2	100万円	224万円（持分2/5）		40万円	364万円
A3	100万円	550万円	7万円	70万円	727万円
A4	100万円			10万円	110万円
A5	100万円			10万円	110万円
A6	100万円			10万円	110万円

原審において，損害賠償として慰謝料各人70万円が認容され，Bが弁済しているので，A1〜A6において各70万円を除いた金額が控訴審における損害賠償額となる。

【基礎的事項の確認】

① 分譲業者による屋上広告塔の期限の定めがない無償使用は，区分所有者にとって経済的利益等がないまま，10年以上にわたり受忍することは，社会通念上できるものではない。10年を限度とすべきである。

② 区分所有者が，耐震壁に貫通孔を開けてガスバランス釜を取り付けた行為は，現実の被害の有無に関係なく，共同利益背反行為に当たる。従前の区分所有者が開けた貫通孔を含めて当該区分所有者に対して，原状回復及び弁護士費用に関する請求が認められる。

③ 決議された積立金等の一部を支払わない区分所有者に対して，不法行為を理由として，管理組合の管理者は，積立金等及び弁護士費用を請求することができる。

④ フローリング騒音が受忍限度を超えるか否かは，その状態に置かれた平均人を基準として判断する。単一回では，受忍限度を超える騒音があるが，通常は短時間で終わるものであり，建築後20年を経た都心のマンションであること等を考慮すると，なお，受忍限度の範囲内にとどまる。

⑤ 上階に居住する区分所有者のフローリング騒音に対して，下階の区分所有者が天井・壁・柱，玄関ドアを叩いたり，電話を繰り返したりする抗議行為は，不法行為に当たる。

⑥ フローリングによる改築工事は，平均人の通常の感覚を基準として判断すると，受忍限度を超える不利益をもたらし，不法行為を構成する。しかし，人格権侵害に基づき，直ちに差止請求を是認するほどの違法性があるとはいえない。

⑦ 転借人が，カラオケ店舗の騒音防止に努めず，午前3時過ぎまで営業を継続したことは，原賃貸借契約を破壊する義務違反行為である。転借人としての使用方法に義務違反があり，賃貸人及び転貸人との信頼関係を破壊するものであるから，店舗転貸借契約の解除は認められる。

⑧　仮処分決定のうち，日曜祝日の営業時間を1時間延長しても，受忍限度を超える被害を与えるものではなく，重要な営業時間帯であるため，原決定を変更し，日曜祝日は午前1時～4時を営業禁止とする。
⑨　店舗の営業時間の制限は，普通決議に基づく使用細則で定めることができる。普通決議によって有効に定められたもので，特別の影響を及ぼすものではないため，承諾を必要としない。
⑩　臭気を発する業種の店舗営業を制限することは区分所有者が負う一般的制約の範囲内である。業種制限されるラーメン屋を営業する者に賃貸していた区分所有者にとって，受忍限度を超える不利益はない。
⑪　保育室は，病院の公共性及び看護師の確保のために必要であるが，他の住民が受忍すべきものとはいえない。規約に反し，共同利益背反行為となる使用方法であるため，行為の停止等の請求を認容する。
⑫　厨房ダクトから排出される油煙・臭気，居酒屋の午前1時までの営業による騒音は，区分所有者の共同の利益に反する。厨房ダクト及び集塵機，造作・看板等の撤去を認容し，午後10時以降の居酒屋の営業を禁止する。
⑬　パチンコ店の必要性と他の区分所有者の被る不利益の態様等を比較衡量して社会通念によって共同利益背反行為の判断を決する。パチンコ店を一切禁止することは，受忍限度を超える不利益をもたらす。管理組合の差止請求を認めることはできない。
⑭　景観権は，私法上の権利を有するには至っていない。「良好な景観の恵沢を享受する利益」として法的保護に値する利益であるにすぎず，マンション建築は，景観利益を違法に侵害する行為であるとはいえない。
⑮　マンションの建設によって，受忍限度を超える不利益を強いる損害が発生すれば，慰謝料請求が認められる。形式的に法令に適合しても，実質的に建築基準法及び条例を脱法する場合には違法性が推定される。

第9章 管理費等の支払義務と不払対策

The Point

○ 未分譲住戸につき，管理費等の支払義務はあるのか。
○ 滞納管理費の消滅時効は何年か。
○ 滞納管理費と共同利益背反行為とは直接的な関連性が認められるのか。

【Theme & Target】

① 管理費等の負担割合を定める場合，エレベーター等の使用頻度を勘案する必要があるか。
② 区分所有者が滞納した管理費等が，民法169条に定める定期給付債権として5年間の短期消滅時効にかかるのか。
③ 分譲業者がそのまま管理者となり管理業務を行っていたが，区分所有者であるにもかかわらず，管理費等を支払っていない場合，その不払いを理由とする管理者の解任請求は認められるのか。
④ 初年度会計年度に限り，専用使用料を管理費等に充当して不足が生じる場合には，分譲業者が未分譲住戸について管理費等を負担すると定めた規約は有効か。
⑤ 分譲業者が，管理業者との管理委託契約に基づき赤字分の補塡をしたが，未分譲住戸の管理費等を支払わなかった場合，購入者との経済的負担に比して著しい差異は認められるのか。

⑥　管理費等の滞納者に対して，他の区分所有者は，各人において単独請求ができるのか。共同利益背反行為に関する原状回復を求める場合に，区分所有者全員による必要的共同訴訟に該当するのか。

⑦　仲介業者が，買主に対して滞納管理費等の清算を約束したが，滞納額の承認がなされず清算ができなかった。仲介業者の債務不履行責任により，売買契約及び仲介契約の解除は認められるのか。

⑧　区分所有権が，X（譲渡人）⇒Y（譲受人＝譲渡人）⇒Z（譲受人）と転々と譲渡された場合，X及びZには滞納管理費等の支払義務があるが，中間取得者のYには支払義務があるのか。

重要判例53　エレベーターの管理費等 ①

平14（レ）55（札幌地判平成14年6月25日）

【争　点】

管理費等の負担割合を定める場合，エレベーターの使用頻度を勘案する必要があるか否かが問題となった。オール電化住宅を特注した区分所有者は，専有部分において灯油供給施設を使用しないため，灯油供給施設の管理費等が軽減されるか否かが問題となった。

【事実の概要】　平成13年3月17日，管理組合Xは，設立総会を開催し，次の内容の管理規約を定めた。

①　区分所有者は，その所有する専有部分の床面積割合に応じて，管理費等を負担する。

②　区分所有者は，オール電化住宅を特注した者を含めて，その所有する専有部分の床面積割合に応じて，共用部分である灯油供給施設の管理費等を負担する。

本件規約によると，1階の区分所有者Aが，支払うべき管理費等は次のとおり

である。費目①から⑤の合計を「管理費等」という。

費　　目	月　　額
① 管理費	8,900円
② 修繕積立金	4,750円
③ 駐車場使用料	15,000円
④ 専用庭使用料	1,400円
⑤ 町内会費	300円
合　　計	30,350円

Aは，平成12年12月から平成13年12月までに支払うべき管理費等合計389,842円のうち，321,250円を支払い，差額の68,592円が未払いとなった。Xは，Aに対して未払分を請求したが，Aは，本件規約において，住戸の特質を考慮せずに，単なる専有部分の床面積割合を基準として管理費を定め，これにはエレベーター及び灯油供給施設の管理費等を含むため，区分所有者間の衡平性を欠き，無効となると主張した。

【当事者の主張】　Aは，Xに対して次のとおり主張した。
①　1階に居住しているため，エレベーターを使用する必要がない。エレベーターの管理費等の負担の軽減を求める。
②　オール電化住宅を特注したので，Aの専有部分では，灯油を使う必要がない。灯油供給施設の管理費等を負担する必要がない。
③　本件規約の設定は，Aに対して特別の影響を及ぼすので，Aの承諾を必要とする。設立総会の招集通知には，会議の目的である事項及び議案要領が通知されていないので，手続的な瑕疵があるため，無効である。

Xは，Aに対して次のとおり主張した。
①　共用部分の使用の実情に応じて判断したうえで，区分所有者の管理費等を定めるということは，区分所有法上適法とはいえない。
②　1階の区分所有者にエレベーターの管理費等の負担を認め，オール電化住宅の区分所有者にも共有持分割合による管理費等の負担を求める。

【判　旨】
控訴審　Aは，住戸の特質にかかわらず，専有部分の床面積割合に応じた管理費等の負担をしなければならない。
① 　Aが主張する住戸の特質とは，1階の区分所有者はエレベーターを利用する必要がないこと，オール電化住宅の区分所有者は，専有部分においては灯油供給施設を利用する必要がないことである。オール電化住宅仕様に変えても，灯油供給施設の共用部分としての性質を否定できない。
② 　Aは，エレベーター及び灯油供給施設が共用部分であることを認めたうえで，本件マンションを購入し，オール電化住宅を注文したので，住戸の特質に応じて，管理費等を免除されるものではない。本件規約の内容が，Aに対して特別の影響を及ぼすという具体的な立証は存しない。
③ 　通知書には「管理組合運営及び委託管理業務に関する件」と記載され，本件規約の設定が含まれると解する。販売業者は，本件規約と同一内容の文書を販売時に交付し，Xの成立時には区分所有法上の規約となる旨の説明をした。本件規約に関する議案要領も通知されていたと認められる。

重要判例54　エレベーターの管理費等 ②

平3（ワ）17250号（東京地判平成5年3月30日）

【争　点】
1階の専有部分において歯科医院を経営する区分所有者に関して，エレベーターは2階以上の区分所有者の一部共用部分であり，管理費等の負担割合の変更が特別の影響を及ぼすか否かが争われた。エレベーターは，2階以上の区分所有者の一部共用部分ではないので，1階の区分所有者が，管理費等を一律に専有面積等の割合によって負担することは，合理的である。

【事実の概要】　区分所有者Aが，管理組合Xの集会で決議された管理費等の

第 9 章　管理費等の支払義務と不払対策

一部を支払わないため，Xが差額の支払を求めた。本件マンションの1階には101号室から103号室の店舗3戸があり，2階から6階には各階4戸の住戸がある。Aは，店舗3戸の区分所有権を取得して，歯科医院を経営した。歯科医院は，直接公道から出入りでき，エレベーターを利用する必要性はほとんどない。Aは，管理費等の50％以上がエレベーター及び2階以上の給排水管の関連費用であると主張した。分譲時，Aの管理費等は，専有面積割合に基づくよりも25％低く設定されていた。集会の決議により管理費等の額は，次の❶～❹の経緯により変更された。

❶　Aを除く区分所有者は月額271円/㎡，Aには月額26,000円/戸の管理費等の負担としていた。昭和62年7月12日，一律月額204円/㎡とし，Aの負担は，専有面積122.98㎡を乗じて，月額25,080円/戸とする。

❷　昭和63年6月26日，Aを含む区分所有者全員は管理費等を月額245円/㎡とする。Aの負担は，専有面積122.98㎡及び専用使用部分16.29㎡の合計面積139.27㎡を乗じて，月額34,120円/戸とする。

❸　平成3年6月23日，Aを含む区分所有者全員は管理費等を月額294円/㎡とする。Aの負担は，139.27㎡を乗じて，月額40,940円/戸とする。

❹　平成3年6月26日，Aが歯科診療用機器を設置する専用使用部分の使用料を月額20,620円とし，1年分を前納する。

Aは，集会の決議に従わず，昭和62年7月以降，管理費等として月額19,572円しか支払わなかったので，Xは，平成3年6月23日，次の決議を行った。

❶　Aに対して滞納管理費等の支払いを求める。
❷　弁護士費用として，25万円の支払いを求める。

Aは，管理費等及び使用料の負担の増加については，特別の影響を及ぼすものであるため，自らの承諾を必要とすると主張した。

【当事者の主張】　Aは，Xに対して次のとおり主張した。
①　エレベーターは，2階以上の住戸区分所有者が使用するもので，一部共用

部分に該当する。当該部分の管理費等をＡが負担するものではない。
② 管理費等の額を専有面積割合によって算定することは，Ａに特別の影響をもたらす。Ａの承諾のない集会の決議が行われても有効とはならない。
③ 歯科診療用機器の専用使用部分は，分譲業者の了解により無償である。月額20,620円とすることは，Ａに特別の影響を及ぼすので，その承諾を必要とする。

【判　旨】

専有面積等に応じて一律に設定した管理費等の負担の増加は，Ａに特別の影響を及ぼすものではない。

① 　Ａのエレベーターの使用頻度は少ないが，屋上利用等のために使用されないとはいえない。エレベーターは，給排水設備及び配管とともに，建物の構造や設備の性質等から一部共用部分ではない。
② 　共用部分につき，区分所有者の利害は一致せず，区分所有者ごとに利害関係は異なるのが通常である。区分所有者が受ける利害の程度を管理費等の金額にすべて反映させることは不可能である。
③ 　共用部分に関する利害をある程度捨象し，一律に専有面積及び専用使用部分の面積に応じた管理費等を負担することは合理的である。Ａには不利益であるが，特別の影響を及ぼすものではない。
④ 　歯科診療用機器の専用使用部分は，事実上無償であったが，集会の決議又は規約の定めに基づくものではない。有償化を定めた決議は，Ａに特別の影響を及ぼすものではない。
⑤ 　Ａに対して，滞納管理費等及び専用使用料として1,229,598円及び遅延利息の支払いを命ずる。民法419条により，金銭を目的とする債務不履行による損害につき，弁護士費用の請求は認められない。

第9章　管理費等の支払義務と不払対策

重要判例55　管理費等の負担割合と原告適格

平11(ワ)28914号（東京地判平成14年6月24日）

【争　点】

管理費等の負担割合は，規約により共有持分割合とは異なる定めをすることが許容されるが，合理的限度を超えた差別的取扱いがあれば，公序良俗に反して無効となる。共有持分割合と異なる管理費等の負担を定める規約は，公序良俗には反しないとされた。区分所有者が駐車場を無償使用していたため，管理組合が駐車場使用相当額の不当利得返還請求をしたが，管理組合は訴訟当事者として適格性を欠くとされた。

【事実の概要】　Aは，本件マンション敷地の所有者であり，昭和51年6月25日，分譲業者Zとの間で土地と建物の一部とを等価で交換する契約を締結した。等価交換契約によると，次の定めがあった。

❶ Aの取得部分は，地下1階〜地上4階までの専有部分及び共用部分等の共有持分と敷地利用権である。

❷ Zの取得部分は，地上5階〜11階までの専有部分及び共用部分等の共有持分と敷地利用権である。

Aは，店舗001号室・101号室，住居201号室，302〜305号室，401・402号室の区分所有権を取得し，Zから引渡しを受けた。更に，駐車場①として33.29㎡，駐車場②として18.29㎡の引渡しを受けた。この2台分に係る土地をAが無償使用していた。管理組合Xは，管理費等の額を変更する決議を行い，共有持分割合によって管理費等を徴収する旨の管理規約の変更を行った（変更前の管理規約を「従前規約」といい，変更後の規約を「変更規約」という）。Aは，従前規約の管理費等を支払い続けていたので，Xは，Aに101号室及び201号室の変更規約による管理費等との差額不足分として，29,233,972円の支払いを求め，併せて駐車場の賃料相当額として2,320万円の支払いを求めた。Aは，平成12

年7月25日，死亡し，Aの妻であるA1（共有持分100分の50）とその子A2（共有持分100分の21）・A3（共有持分100分の21）・A4（共有持分100分の8）が法定相続人となった（法定相続人4名を「A1ら」という）。

【当事者の主張】　Xは，A1らに対して，次のとおり主張した。
① 　従前規約の管理費等は，公序良俗に反して無効である。変更規約に従った管理費等を遡及して支払う義務がある。差額の支払いを請求する。
② 　分譲時において，東京都の道路拡幅計画が20年以上実施されない事態は想定されなかったので，これに基づくA1らの本件土地の無償使用と専有部分の管理費等の優遇措置は，短期間しか妥当しない。
③ 　Xは，駐車場使用料相当額の不当利得返還請求権を管理行為として行うことができ，任意的訴訟担当による訴訟当事者として原告適格を有する。駐車場の使用料相当額は，5万円/月台であり，昭和55年5月〜平成11年8月の合計額は，約2,320万円にのぼる。

A1らは，次のとおり主張した。
① 　従前規約による管理費等を支払ってきたので，未払管理費等は存しない。
② 　東京都の道路拡幅計画予定地（「本件土地」という）上の建物は，取り壊すことになるので，取壊予定部分をAが取得し，本件土地の固定資産税等と取壊費及び建物修復費を負担する代償として，本件土地の無償使用と専有部分の管理費等の優遇措置があることを等価交換契約で確認した。優遇措置とは，本件土地に対応する専有部分を除外して管理費等を定めることである。駐車場2台分に係る土地は，本件土地上に存する。
③ 　不当利得返還請求権は，共有持分に応じて区分所有者に分割的に帰属する。Xの業務の範囲には含まれない。任意的訴訟担当が許容される合理的必要性は存せず，Xは，訴訟当事者としての原告適格を有しない。

【判　旨】
従前規約は，公序良俗に反しない。Xには原告適格がないため，訴えを却下し，管理費等の未払いについて請求を棄却する。
① 　敷地の一部を所有するAが，他の区分所有者に対して敷地使用料を請求し

ない代わりに管理費等の負担を優遇されることは，代償関係又は対価関係上，特に不公平なものではない。
② Aが免れている管理費等の差額は，月額平均125,000円，Aが負担している本件土地の固定資産税等は，月額平均19,586円である。これらを比較し，他の区分所有者に対して請求していない敷地の使用料相当額との関係を考慮すると，特に不公平なものであるとは認められない。
③ 従前規約は，合理的な限度を超えた差別的な取扱いであると認めることはできず，公序良俗に反し無効ではない。
④ Xは，区分所有法における管理者ではないため，訴訟当事者となることができない。任意的訴訟担当を認めることもできない。26条4項の規定によって任意的訴訟担当が許されるのは，管理者に限定される。
⑤ 駐車場使用料相当額の返還請求に関して，Xには原告適格がないため，訴えを却下する。区分所有者が，共有持分割合に応じて，個別的に請求するものである。

【ワンポイント整理：任意的訴訟担当の要件】
判例では，任意的訴訟担当の要件として，次の2つを挙げ，合理的必要性がある場合に認められる（最大判昭和45年11月11日）。
❶ 弁護士代理の原則
　訴訟代理人は，原則として弁護士とする。但し，法令により代理権を付与された者又は簡易裁判所において許可を得た場合には弁護士以外の者が認められる（民事訴訟法54条）。
❷ 訴訟信託の禁止
　訴訟行為をすることを主たる目的とする場合，信託を行うことはできない（信託法11条）。

【ワンポイント整理：等価交換契約の内容】
Aは，本件マンションの敷地の全部を所有していたが，昭和51年6月25日，Zとの間において，次のような等価交換契約を締結した。

【等価交換契約締結時】
① Aが土地全部（294.13㎡）を出資。

※等価交換契約締結 ⇅ Aは，Zに対して本件土地に対応する建物については，竣工時に施工費として500万円を支払う。

② Zが建物全部（地下1階地上11階建て）を建築。

Zが，昭和54年4月30日，建物を完成，A及びZは，区分所有権を取得した。

【建物竣工時】
③ Aは，地下1階から地上4階までの専有部分，共用部分等の共有持分及び敷地利用権を取得する。001号室，101号室，201号室，202号室，302号室〜305号室，401号室，402号室駐車場①及び②の引渡しを受けた。

※等価交換契約実行 ⇅ AがZから建物及び駐車場の引渡しを受ける。

④ Zは，地上5階から11階までの専有部分，共用部分等の共有持分及び敷地利用権を取得する。

第9章　管理費等の支払義務と不払対策

【竣工時の権利関係】

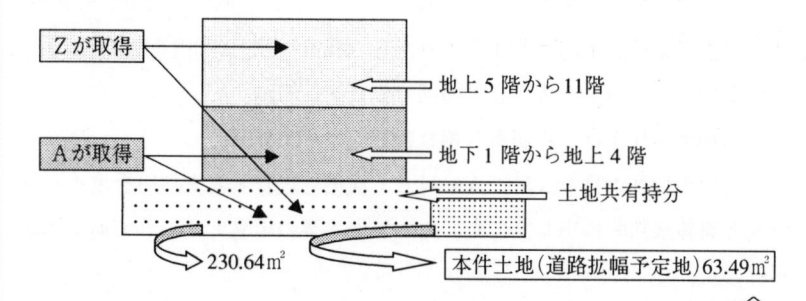

Zが取得 → 地上5階から11階
Aが取得 → 地下1階から地上4階
→ 土地共有持分
230.64㎡
本件土地（道路拡幅予定地）63.49㎡

※　Aが分筆し，竣工時に土地所有権共有持分登記からは除外する。
※　他の区分所有者は，本件マンションの敷地として使用権を有するが，Aは，本件土地の使用料を徴収しない。
※　対応する建物部分については，Aが施工費として500万円をZに支払う。当該建物部分はAの責任と費用負担によって取り壊し修復する。
※　対応する専有部分は，Aの管理費等の対象外とする。

重要判例56　管理費等債権に関する定期給付債権の認定

第一審：平12(ワ)849号（さいたま地越谷支判平成13年6月14日），控訴審：平13(ネ)3618号（東京高判平成13年10月31日），上告審：平14(受)248号（最判平成16年4月23日）

【争　点】

区分所有者が滞納した管理費等が，民法169条に定める定期給付債権として5年間の短期消滅時効にかかるか否かが争われた。第一審及び控訴審では，管理費等の支払請求権は，民法169条に定める定期給付債権には該当せず，5年間ではなく10年間の消滅時効（民法167条1項）にかかるものとされたが，上告審において定期給付債権として5年間の短期消滅時効にかかることが明らかにされた。

179

【事実の概要】　管理組合Xが，区分所有者Aに対して滞納管理費等の支払を求めた。その経緯は，次のとおりである。
① 　平成4年1月～平成10年4月　Bが管理費等1,739,920円を滞納。
② 　平成10年3月31日　AがBとの間で売買契約締結。
③ 　平成10年5月1日　Aが所有権移転登記完了。
④ 　平成12年12月4日　Xは，Aに対して滞納管理費等の支払いを求める支払督促を簡易裁判所に申し立てた。Aの督促異議の申立てによって通常訴訟に移行した。

[管理費等滞納額の内訳]

❶ 滞納期間	❷ 滞納管理費	❸ 滞納修繕積立金	❹ 滞納額小計
平成4年1月	15,340円(不足分)	2,210円	17,550円
平成4年2月～平成5年8月	15,700円×19ヵ月＝298,300円	2,210円×19ヵ月＝41,990円	340,290円
平成5年9月～平成7年12月	15,700円×28ヵ月＝439,600円	8,670円×28ヵ月＝242,760円	682,360円
平成8年1月～平成9年12月	15,700円×24ヵ月＝376,800円	8,670円×24ヵ月＝208,080円	584,880円
平成10年1月～平成10年4月	15,700円×4ヵ月＝62,800円	13,010円×4ヵ月＝52,040円	114,840円
合　計	1,192,840円	547,080円	1,739,920円

【当事者の主張】　Aは，上告審において次のとおり主張した。
① 　滞納管理費等の債権は，5年間の短期消滅時効の援用によって消滅する。
② 　支払期限から支払督促の申立てまでに5年を経過した平成7年12月分までの合計1,040,200円については，時効消滅によって支払義務がない。平成8年1月分以降の合計699,720円につき，支払義務が残る。

Xは，Aに対して次のとおり主張した。
① 　管理費等は，区分所有権等に基づき，その都度発生する。管理費等の額を決定するには，集会の決議を必要とし定期金債権を前提としない。消滅時効は，民法167条1項に従い，10年間である。

② Aは，Xと区分所有者との基本的債権関係が，民法168条に定める定期金債権であり，これに基づき，支分権である管理費等請求債権が発生すると主張するが，それを肯定すると，基本的債権関係は時効消滅することになり，不合理である。

【判　旨】

|控訴審| Aの控訴棄却。第一審を支持。
① 民法169条に定める定期給付債権とは，基本となる定期金債権から生ずる支分権であり，かつ，支分権の発生に要する期間が1年以下である債権をいう。
② 管理費等の支払いは毎月一定額となっているものの，共用部分の管理の必要性に応じて，集会の決議によって年単位の増減額が決まる。毎年，必要となる経費の変化に応じて年額が定まるので，どの年においてもその金額は一定となるものではない。定期給付債権には該当しない。
③ 滞納管理費等の債権については，民法169条の短期の消滅時効の目的とする必要性に乏しく，かつ，当該条項の適用は不当な結果を招来する。管理費等の支払いは，自動振替の方法によって行われるため，領収書等の短期的保存という要請は，必要性がない。
④ Xによる管理費等の徴収は，定期金債権の性質を具備するものとはいえず，管理費等の支払請求権は定期金債権から発生する支分権とはいえない。定期給付債権の性質を具備するものではない。

|上告審| Aの主張に基づき，民法169条の定期給付債権として，5年間の消滅時効を認める（原審破棄自判）。
① 管理費等の債権は，規約に基づき，区分所有者に発生するもので，具体的な金額は集会の決議によって確定する。
② 管理費等の債権は，基本権たる定期金債権から発生する支分権として，民法169条に定める定期給付債権に該当する。
③ 管理費等の月額が共用部分等の管理に要する費用の増減に伴い，集会の決議により増減するとしても，定期給付債権を否定するものではない。

③ 平成4年1月分から平成7年12月分までの合計1,040,200円については，消滅時効が完成しているので，Aには支払義務がない。
④ Aに対して，平成8年1月分以降の滞納管理費等699,720円及び平成12年12月13日以降支払完了までの年5分の割合による遅延利息の支払いを命じる。

重要判例57　管理者の解任請求と管理費等の支払義務

昭59(ワ)12371号（東京地判平成2年10月26日）

【争　点】

分譲業者がそのまま管理者となり，管理業務を行っていたところ，区分所有者であるにもかかわらず，管理費等を支払っていなかった。この不払いを理由とする他の区分所有者による解任請求は認められたが，管理者による管理継続の義務を理由として管理室の明渡請求を否定した。マンションの引渡後，未分譲住戸が存在する場合，分譲業者に管理費等の支払義務があることが明確にされた。

【事実の概要】　管理規約において，分譲業者Aが管理者として管理業務を行うことが定められ，「区分所有者は，引渡しを受けた月から管理費等の支払義務が生ずる。」とし，Aの管理費等の免除特約はなかった。Aは，区分所有者から委託された管理業務をAの元代表取締役Zが代表取締役に就任したC株式会社に委託し，更にCはD株式会社に再委託した。

【当事者の主張】　区分所有者のうちの36人（「B」とする。区分所有者割合では約76％，専有面積割合では約68％）は，Aには管理者として不適当な事情があると指摘し，Aの解任請求を行った。

① 区分所有者として，未分譲住戸の管理費等の支払義務がある。昭和57年4月から59年8月までの25,017,500円の管理費等を支払っていない。未払管理費等及び遅延損害金を求める。

② 貯水槽や高置水槽の清掃を行っていない。開放廊下の定期清掃，排水管の定期点検・清掃，除雪作業を行っていない。管理業務を懈怠している。
③ 昭和57年3月15日から昭和58年3月31日までの決算報告書を4ヵ月後の7月12日に配布した。内容の杜撰さを指摘され，11月8日に詳細報告を行ったが，納得できない部分がある。
④ 分譲時には，24時間の管理体制を整えるという約束をしたが，夜間は無人であることが多い。Aは，CDに再委託を行い，Cには高額の管理委託料を支払い，Dには低額の委託料を支払って，Zが経営するCに対する収益の確保を図っている。
⑤ 決議を経ることなく，昭和57年12月には，管理委託料を月額62万円から90万円に引き上げ，同年10月から徴収している。
⑥ 区分所有者は，昭和58年10月24日，区分所有者有志の団体Xを結成したが，Aは，Xに対し，団体加入をすれば，駐車場の使用契約を解約することを示唆して脱退を促している。Xの加入者は，平成2年2月28日時点で，49名（区分所有者割合では77.8％，専有面積割合では68.3％）に達する。

Xは，Aに対して次のとおり主張し提訴した。
① 管理室の退去及び明渡しを請求する。
② 管理用預金8,630,426円及び管理用具等の引渡しを請求する。

Aは，次のとおり主張した。
① 管理規約によると，専有部分の引渡時点から管理費等の支払義務が発生するので，当初から専有部分を占有するAは，第三者に分譲するまで支払義務はない。完全に売却が完了するまでは，分譲業者から管理費等を徴収しないという商慣習が存在する。
② 管理費等の支払義務があるとしても，昭和60年4月から支払っている。昭和61年12月には未払管理費等24,607,800円を完済した（但し，遅延損害金は支払っていない）。
③ Bのうち，16名は，管理費等を支払っていない。解任事由として管理費等の不払いを理由とすることは信義則に反する。

【判　旨】

Bの解任請求を認める。但し，新たな管理者が決まるまでは，Aには，従前の管理業務を継続する義務がある。Xの請求は棄却する。

① Aには，管理者として不適切な行為があること，管理者自ら管理費等を支払わないことなど，管理者として職務を行なうに適しない事情がある。AB間においては信頼関係が失われ，Bの解任請求は認められる。

② 管理者の解任請求は，委任の終了を求めるものであるが，新たな管理者が決まるまでは，Aには，従前の管理業務を継続する義務がある。28条及び民法654条に従い，Aには，後任者の委任事務処理が可能となるまで，委任継続義務がある。Xは，Aに管理室の明渡しを求めることはできない。

③ Xは，3条1項に定める管理を行うための団体ではなく，単なる有志の集合にすぎないので，Xによる管理室の退去及び明渡請求，管理用預金及び動産の引渡請求は，失当である。

④ 区分所有者は，複数の区分所有関係の発生時期から，法令，規約，集会の決議で定めるところに従い，管理費等の支払義務を負う。複数の区分所有関係の発生時期とは，区分所有権の登記により，区分所有建物が客観的に認識される状態をいう。Aには，未分譲住戸の管理費等の支払義務が存し，免除されるという商慣習の存在は認められない。

【ワンポイント整理：未分譲住戸の管理費等の支払義務】
分譲業者が作成した管理規約において，未分譲住戸について管理費等の支払免除の特約が定められている場合，管理組合又は他の区分所有者は，次のフローで対応することができる。原則として，免除の特約の有無に関係なく，複数の区分所有関係が成立した時点から，分譲業者に支払義務が生じる。

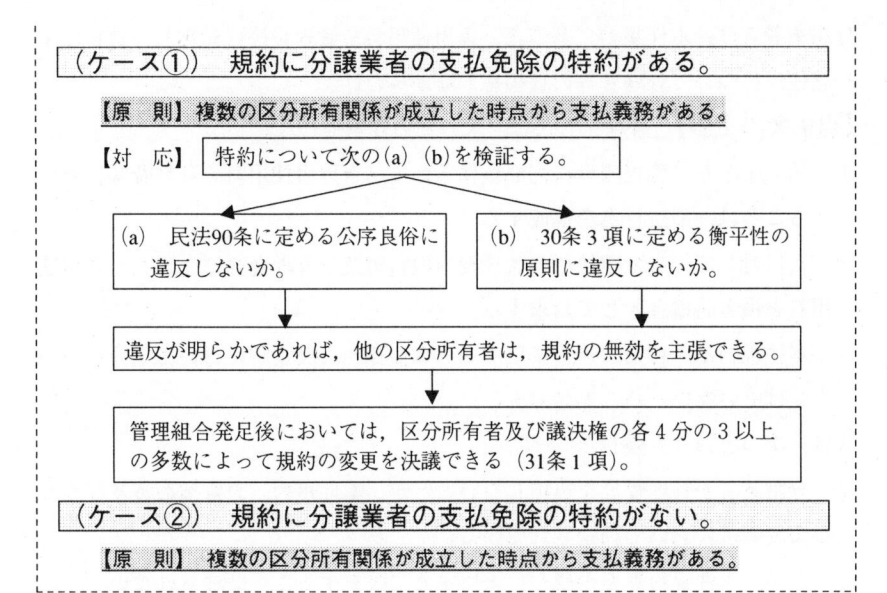

第9章　管理費等の支払義務と不払対策

```
┌─────────────────────────────────────────────────────────┐
│ （ケース①）　規約に分譲業者の支払免除の特約がある。      │
│  【原　則】複数の区分所有関係が成立した時点から支払義務がある。│
│  【対　応】特約について次の(a)(b)を検証する。            │
│                                                         │
│   (a) 民法90条に定める公序良俗に    (b) 30条3項に定める衡平性の│
│       違反しないか。                    原則に違反しないか。│
│                                                         │
│   違反が明らかであれば，他の区分所有者は，規約の無効を主張できる。│
│                                                         │
│   管理組合発足後においては，区分所有者及び議決権の各4分の3以上│
│   の多数によって規約の変更を決議できる（31条1項）。      │
│ （ケース②）　規約に分譲業者の支払免除の特約がない。      │
│  【原　則】複数の区分所有関係が成立した時点から支払義務がある。│
└─────────────────────────────────────────────────────────┘
```

重要判例58　規約の定めと分譲業者の管理費等の免除

（大阪地判昭和62年12月25日）

【争　点】

専用使用料を管理費等に充当しても，更に不足が生じる場合にのみ，分譲業者が未分譲住戸について管理費等を負担すると定めた管理規約が，有効と判断された。すなわち，初年度会計年度に限っては，不足が生じなければ，分譲業者には管理費等の支払義務がないとする規約の定めを有効と判断したことを意味する。

【事実の概要】　管理規約には，次の趣旨の定めがあり，売買契約書及び重要事項説明書においても，同趣旨の記載があった。

○初年度会計年度に限り，専用使用料を管理費等に充当しても，なお不足が生じる場合には，分譲業者は，未分譲住戸について管理費等を負担する。

分譲業者Aは，本件規約に基づき，専用使用料を管理費等に充当し，自らは未分譲住戸について管理費等の負担をしなかった。

【当事者の主張】 管理組合Xは，次のとおり主張した。
① 積立金として管理組合に内部留保されるべき専用使用料を管理費等に充当することは，不法行為を構成する。
② Aに対して，未分譲住戸の管理費等の負担及び管理費等に充当した専用使用料を損害賠償金として請求する。
③ 本件規約は，19条の趣旨に反する。本件規約の設定時において十分な説明を受けていないため，無効である。

Aは，次のとおり主張した。
① 分譲業者が管理費等を負担しないことが，本件規約，売買契約書及び重要事項説明書において約定されている。
② Xが，本件規約等を否認し，矛盾する主張をすることは許されない。

【判　旨】
Xの請求を棄却する。
① 本件規約は有効である。規約による別段の定めは，19条において認められている。
② 本件規約の設定手続において，Aの説明が不足したことによる無効を認める証拠はない。
③ 本件規約によって，Aには未分譲住戸の管理費等の支払義務はない。
④ 専用使用料は，管理費等に充当されたため，Xにはその充当金相当の損害は生じていない。

第9章　管理費等の支払義務と不払対策

【ワンポイント整理：引渡しまでの実務と未分譲住戸の管理費等の支払義務】

分譲業者の業務	購入者(区分所有者)の事務
マンション分譲(総戸数100戸)	購入前検討事項 ①　パンフレット・モデルルーム確認 ②　周辺環境、利便施設、病院、公共施設、学区、通勤利便の検討 ③　階数・位置・間取りの検討 ④　金銭消費貸借の事前打診 ⑤　贈与・税法特例等資金計画の検討
登録・抽選又は先着順申込による購入住戸確定	
重要事項説明　→　売買契約締結	
建築工事完了 表示に関する登記申請・完了	
補修工事　←	補修工事箇所の確認・了解 金銭消費貸借契約 ←→ 銀行等 権利に関する登記及び抵当権設定登記の申請・完了
マンションの引渡し	
売れ残り20戸	住戸鍵の受領
複数の区分所有関係の発生	
☆管理費等の支払義務(20戸分)	☆管理費等の支払義務 (80戸の区分所有者)

重要判例59　分譲業者の赤字補填と管理費等の免除

（熊本地判平成3年2月18日）

【争　点】

分譲業者が，規約の成立時までは，管理業者との管理委託契約に基づき，赤字分の補填をしてきた場合，未分譲住戸の管理費等を支払わなかったとしても，購入者との間でその負担に関して著しい差異が生じているとは認められないと判示した。

【事実の概要】　分譲業者Aは，昭和61年12月に施工業者Bから，完成したマンションの引渡しを受け，これを分譲した。昭和62年6月には，Aが作成した管理規約が成立した。本件規約には，次の定めがあった。
○本件規約の成立前において，本件マンションの入居者による管理費等の負担だけでは，管理業者Cに支払う管理事務に要する費用が不足した場合に，Aがその赤字分を負担する。

A以外の区分所有者Yは，本件規約の成立以前から，本件規約の定めに従い，Cに対して管理費等を支払っていた。

【当事者の主張】　管理組合の理事長Xは，Aに対して次のとおり主張した。
① 　A及びYは，本件規約の成立時において，本件規約の効力が本件マンションの区分所有関係の発生時に遡及する旨の合意をした。
② 　Aは，区分所有関係発生時から，本件規約の成立時までの間の管理費等の負担をすべきである。

Aは，Xに対して次のとおり主張した。
① 　Aは，本件規約の成立時までは，Cとの間の管理委託契約に基づき，赤字分の補填をしてきた。
② 　管理委託契約に基づく赤字分の補填については，入居時に説明してYの了解を得た。入居時には了解を得られなかったとしても，入居後にYは事後承認していた。

【判　旨】

Xの請求棄却。

① 本件規約は，昭和62年6月に成立し，遡及することはない。成立日から効力を発する。
② 19条は，共有持分割合に応じた管理費等の負担を定めた規定であって，本件規約成立前の管理費等の負担について，Aに対してYと同等の負担をすべきであるという趣旨ではない。
③ Aは，赤字分の負担をしてきたのであり，Yとの間でその負担に関して著しい差異が生じているとは認められない。

【ワンポイント整理：管理費等の支払義務の発生要件】

次の2つの要件が成立することによって，管理費等の支払義務が発生する。

① 規約が，書面による全員合意又は集会の決議によって適法に成立すれば，管理費等の支払義務が発生する。規約は，区分所有者間の衡平さを保ち，公序良俗に反するものであってはならない。つまり，手続上及び内容上の適法性が保たれなければならない。
② 複数の区分所有関係の発生時期，すなわち，区分所有権の登記により区分所有建物が客観的に認識される状態において，管理費等の支払義務が発生する。

重要判例60　特定承継人の滞納使用料の負担義務

平8（ワ）22305号（東京地判平成9年6月26日）

【争　点】

特定承継人は，従前の区分所有者が滞納した管理費等及び専用使用料について，支払義務を負うか否かが問題となった。特定承継人には，根抵当権の実行としての競売による買受人（競落人）が含まれると判断された。

【事実の概要】　区分所有者Ｚが管理費等を滞納していた状況において，平成８年６月11日，根抵当権の実行によって，Ａが本件マンションの101号室を競落し，買受人となった。101号室はメゾネットタイプの店舗として薬品会社Ｚが所有していた。Ａは，１階部分と２階部分を区分して独立の区画とする変更工事を行い，101号室及び200号室とした後，Ａは，200号室をＢに売却した。昭和60年１月26日に設定された管理規約には，次の内容が記載されていた。

❶　建物の敷地及び共用部分等の管理に要する経費に充当するため，管理費及び修繕積立金（「管理費等」という）をＸに支払う。

❷　101号室に関する管理費は月額43,200円，修繕積立金は4,320円とする。

❸　101号室，102号室，103号室の区分所有者は，店舗用電飾看板を設置して各室の出入口上部の外壁面を利用できる専用使用権を有する。この専用使用権に基づく看板使用料は，月額1,000円である。

❹　101号室の区分所有者は，101号室の北側敷地を利用する専用使用権を有し，この専用使用権に基づく敷地使用料は，月額2,000円とする。

❺　管理費等，看板使用料，敷地使用料について，当月分を前月27日までにＸに支払う。支払いを怠った場合，年利14％の遅延損害金を支払う。

Ｚには，次の内訳のとおり，管理費等，看板使用料，敷地使用料の滞納額合計5,353,875円が存在した。

滞納額の内訳

❶	管理費等	管理費4,253,825円及び修繕積立金830,550円
❷	看板使用料	77,000円
❸	敷地使用料	192,500円
	滞納額合計	5,353,875円

【当事者の主張】　Ａは，Ｘに対して次のように主張した。

①　特定承継人には，担保権の実行としての競売による買受人を含まない。

②　101号室の競売手続において，Ｘが先取特権を有するにもかかわらず，債権の届出を怠り，債権を放棄している。

③　看板使用料，敷地使用料の趣旨を知らなかった。101号室の北側敷地及び

店舗用電飾看板を使用していない。
④　弁護士費用の請求は，区分所有者及び議決権の各4分の3以上によって決議し，本件規約に定める必要がある。

Xは，Aに対して次のように主張した。
①　Zには，管理費等，看板使用料，敷地使用料の滞納額合計5,353,875円がある。弁護士費用450,000円及び遅延損害金1,992,762円を併せて，合計7,796,637円の支払いを求める。
②　特定承継人には，担保権の実行としての競売による買受人を含む。Aは特定承継人に該当する。

【判　旨】

Xの請求のうち，看板使用料を除く管理費等及び敷地使用料，弁護士費用及び遅延損害金に関する請求を認容する。
①　8条の趣旨から，強制執行又は担保権の実行としての競売による買受人は，特定承継人に含まれる。競売による買受人に団体的債務が承継されなければ，団体的債務の履行の確保は著しく実効性のないものとなる。
②　Z以外の区分所有者が立て替えた滞納管理費等は，建物等の全体の価値に化体するか管理組合に帰属する財産を構成する。贈与・売買等による譲受人と競落人であるAとを別異に扱う理由はない。
③　民事執行法では，競売不動産の担保権には，原則として消除主義を採用し，例外的に引受主義を併用する。用益権に関しては，差押債権者等に対抗できるか否かによって，買受人に引受けさせるか又は消滅させる。民事執行法59条は，消除主義のみを採用するものではない。
④　敷地使用料は，101号室のバルコニーに面した北側外壁から北側隣地境界線までの幅約2mの範囲内の土地を対象とする。101号室に付従する権利として区分所有権と一体的に譲渡されることが予定され，Aには，Zが滞納した敷地使用料の支払責任が存する。
⑤　101号室・102号室・103号室の区分所有者は，店舗用電飾看板を設置しないときには，看板使用料を支払う必要がない。Aには支払義務はなく，区分

所有権との一体的な譲渡は予定されていない。
⑥ 平成5年4月25日，特別決議によって弁護士費用の請求を求める規約を設定し，有効に成立した。Xは，着手金として弁護士に45万円の支払いをしているので，Xの請求は認容できる。
⑦ Xの請求のうち，看板使用料を除く管理費等及び敷地使用料の全額である4,680,196円が認められる。併せて，弁護士費用450,000円及び遅延損害金（年利14％）が認められる。

【ワンポイント整理：消除主義と剰余主義】
消除主義とは，差押債権者の債権に優先する不動産上の負担をすべて消滅させ，競落人には負担のない所有権を取得させるという考え方である（民事執行法59条）。買受けを促進させる一方で，多額の現金払いを必要として，強制競売による売却を困難にするという欠点があり，権利の消滅を被る担保権者・用益権者及び優先債権者が，不利益となる可能性がある。消除主義の欠点を補い，優先債権者を保護するために，競売代金によって余剰があれば，売却が認められる考え方を剰余主義という。又，担保権者・用益権者を保護するために，買受人が不動産上の負担を引き受ける場合にのみ，強制競売が認められる引受主義や当然に買受人に対して負担を引き受けさせる移転主義の考え方がある。

重要判例61 駐車場の特別修繕費の負担

昭62(ワ)8963号（東京地判平成5年2月26日）

【争　点】

地下駐車場を含む専有部分を所有する区分所有者Yの管理費の負担が，共有持分割合に応じて行われていなかった。一律に共有持分割合による管理費の負担を定める集会の決議が，決議要件の適法性を欠き，無効と判断された。建物の

防水工事の範囲が，Yの専有部分である地下駐車場のうちの直下部分に留まる場合でも，建物全体の維持・存続のために必要であり，共有持分割合に応じたYへの特別修繕費の請求は，権利の濫用又は信義則に反しないとされた。

【事実の概要】 Yが敷地を提供し，Aが本件マンションを建築した。Yは，敷地の提供との等価交換によって，地下駐車場，1階の店舗及び事務所部分（これらを併せて「Y専有部分」という）の区分所有権を取得した。2階以上に存する住戸は，Aが地上権付きマンションとして分譲した（これを「住戸部分」という）。管理組合Xの発足前は，区分所有者がAと管理委託契約を締結して，管理業者Aの定める管理費を支払っていた。Y専有部分に関する地下駐車場の出入口が別途存し，エレベーターは地下には通じず，排水設備はなく，Y所有の給水管から給水された。地下駐車場の管理人は，Yの雇用者である。Y専有部分に対する管理費は，これらの事情を考慮して，住戸部分とは異なる負担が定められていた。その後，集会の決議により共有持分割合による管理費の負担が実施され，管理費が増額されたが，Yは，管理費として店舗及び事務所部分につき28,800円，地下駐車場につき13,440円を納入し続けた。Xは，内外装防水等修理工事（「本件工事」という）の実施及びこれに関する特別修繕費の総額3,540万円を共有持分割合によって区分所有者が負担することを決議した。

【当事者の主張】 Yは，次のとおり主張した。
① 本件工事は，地下駐車場の直下部分のみを対象とする。地下駐車場に通ずる非常階段の出入口に当たる中庭の地下部分については行われないため，共有持分割合による負担は不合理である。
② Aとの管理委託契約によって，共有持分割合とは異なるY専有部分の特殊性を反映して定められた管理費が定められ，これを支払ってきた。地下駐車場の議決権を他の住戸と同じく1個と定め，管理費の負担を共有持分割合により求めるのは　Xによる権利の濫用である。地下駐車場の面積は，各階床面積の約2倍あり，議決権は縮減し，費用負担は増大された。

③　共有持分割合により，管理費を負担する規約の改正は，Yの権利に特別の影響を及ぼすので，Yの承諾を必要とする。昭和50年10月から60年12月までの共有持分割合による管理費の請求は失当である。

④　議決権を1区分所有者につき1個とした集会の決議は，専有面積割合によらないもので無効である。専有面積割合で算定すると，10,000分の3,677の反対があり，25％を超える反対がある。

Xは，次のとおり主張した。

①　集会の決議に基づき，Yに対して共有持分割合による管理費及び特別修繕費の負担を求める。

②　Yは，10,000分の2,412の共有持分割合により，管理費と特別修繕費を負担すべきである。未払管理費の合計25,800,126円，未払特別修繕費の合計8,538,480円と，遅延損害金の支払いを求める。

③　地下駐車場には，分譲時には共用部分である耐震壁が設置されていたが，Yがこれを取り壊した。Yの行為は，耐震性を弱め，建物保存に有害となるものである。主位的請求としてYにその設置を求め，予備的請求としてXが行う設置工事の承諾を求める。

【判　旨】

一律に共有持分割合による管理費の負担を求める規約の改正は，特別決議の要件の適法性を欠くため，無効である。共有持分割合による特別修繕費の負担は，権利の濫用又は信義則に反しない。

①　Xの発足前においては，Yの管理費の負担は，Aとの間で決められていた。Yの負担額が過少であっても，未納として請求することはできない。

②　昭和58年12月から昭和60年11月においては，集会の決議においてYの管理費が共有持分割合によらないことが承認されていた。Y専有部分の用途を考慮すると，住戸部分と同一に論じることは妥当ではない。Yが集会の決議の額を超えた負担をする必要はない。

③　昭和60年11月の集会の決議は，区分所有者及び議決権の各4分の3以上の決議要件を欠くため，無効である。区分所有者の総数は48名で，出席者9名

及び委任状提出者19名である。規約の改正に必要な4分の3以上の36名の賛成が得られていない。管理費の負担を共有持分割合によることを可決したとするXの請求は認められない。

④　昭和61年11月の集会の決議において，区分所有者のみならず，共有持分割合によって決することが必要だが，反対したYの議決権は，10,000分の2,412である。欠席した区分所有者の議決権の総数は，10,000分の1,265である。反対者の議決権の総数は，4分の1を超えるため，決議は無効である。管理費及び特別修繕費の額について区分所有者の共有持分に応じて算出する旨の規約の改正は認められない。

⑤　Yに対する管理費の増額は，Yの従前の管理費の額を前提とする限りにおいては有効である。Yは，管理費として，事務所及び店舗部分につき月額28,800円，地下駐車場につき月額13,440円を支払っていたので，Yには，管理費差額合計1,102,374円及び遅延損害金の支払義務がある。

⑥　本件工事の実施と工事費3,540万円の共有持分割合による負担の決議の際には，区分所有者1名が1議決権を行使したが，専有面積割合による決議が行われていない。しかし，反対はYの3議決権のみで，区分所有者及び専有面積割合による議決権の過半数の賛成があったため，有効である。

⑦　Yは，共有持分の24.12％を有するため，相当の工事費の負担となるが，建物全体の維持保全工事は，区分所有者の受益の程度によって費用の負担を決めることが困難である。専有面積に応じた費用負担が権利の濫用にあたるものではなく，信義則に反するものとはいえない。

⑧　Yには，特別修繕費として集会の決議に基づき，8,538,480円及び遅延損害金の支払義務がある。地下駐車場には，分譲時に耐震壁の設置はなされていない。主位的請求及び予備的請求ともに失当である。

【ワンポイント整理：管理費等の増額とYの支払事実の経緯】

集会決議	管理費等の増額	Yの支払とXの主張	東京地裁の判断
昭和58年12月及び昭和60年4月	昭和58年12月，管理費の値上げが決定されたが，Y専有部分は据え置かれた。昭和59年12月12日，管理費の40％の増額決議により地下駐車場の月額管理費は，13,440円となった。Y専有部分は従前管理費を前提とした値上げとなった。昭和60年4月から実施。	Yは，管理業者Aの定める管理費を支払っていた。昭和51年4月～昭和60年3月の管理費支払額は，事務所及び店舗10,150円，地下駐車場9,600円である。	昭和58年12月から昭和60年11月においては，集会の決議においてYの管理費が共有持分割合によらないことが承認されていた。Yが集会の決議の額を超えた負担をする必要はない。尚，Xの発足前における昭和50年10月から昭和58年11月においては，Yの管理費の負担を未納として請求することはできない。
昭和60年11月	共有持分割合による管理費の負担が実施された。昭和61年1月から実施。	XはYに共有持分割合に基づく管理費の負担を求める。Yは集会の決議（昭和59年12月12日）により，昭和60年4月～平成3年6月の管理費として，事務所及び店舗28,800円，地下駐車場13,440円を支払っていた。	区分所有者及び議決権の各4分の3以上の決議要件を欠くため，集会の決議は無効である。規約の改正に必要な4分の3以上の賛成が得られていない。反対者の議決権の総数は，4分の1を超える。Xの請求は認められない。
昭和61年11月	区分所有者の議決権は住戸部分，店舗部分，事務所部分，地下駐車場部分につき各1個とする。共有持分割合による管理費の負担とする。昭和61年12月，管理組合法人設立。		

昭和63年1月及び平成2年1月	管理費の増額決議に基づき、昭和63年1月及び平成2年1月から実施。	Yは従前の管理費を納入し続けた。 Xは、共有持分割合による管理費及び特別修繕費の負担を求める。昭和50年10月以降、未払管理費の25,800,126円及び遅延損害金（年利18％）の支払いを求める。	昭和63年1月から平成元年12月は34％の増額率を相当と判断し、事務所及び店舗部分は38,592円、地下駐車場部分は18,009円とする。 平成2年1月以降は49％の増額率を相当と判断し、事務所及び店舗部分は57,502円、地下駐車場部分は26,833円とする。 Yには、月額差額分として、昭和63年1月から平成元年12月において、事務所及び店舗部分は9,792円、地下駐車場部分は4,569円の支払義務がある。Yに対する管理費差額合計として、1,102,374円及び遅延損害金（5％）を認容する。

重要判例62　滞納管理費等と給水停止

（福岡地小倉支判平成9年5月7日）

【争　点】

区分所有者の管理費等の滞納を理由として、賃借人に対する給水停止は、認められるか否かが争点となった。

【事実の概要】　区分所有者Yは、競売された本件マンションの区分所有権をXから取得し、Xの賃借人であったAに引き続き、賃貸していた。Aは、賃料をXに支払っていたが、Xは管理費等を滞納していた。管理組合法人Kの理事

長Zは，Aに対してXの滞納管理費等の支払いを求めたが，Aはこれに応じなかった。Zは，Xの滞納管理費等の支払いをAが拒否したため，Aのエレベーター乗降を妨害し，玄関ドアを叩き，「出て行け。水道を使うな」と怒鳴ったりする嫌がらせを行った。Zは，3回にわたってメーターボックス内の水道元栓のバルブを閉めて，容易に開栓できないように粘着テープを巻き付け，Aの給水を止める措置を行った。

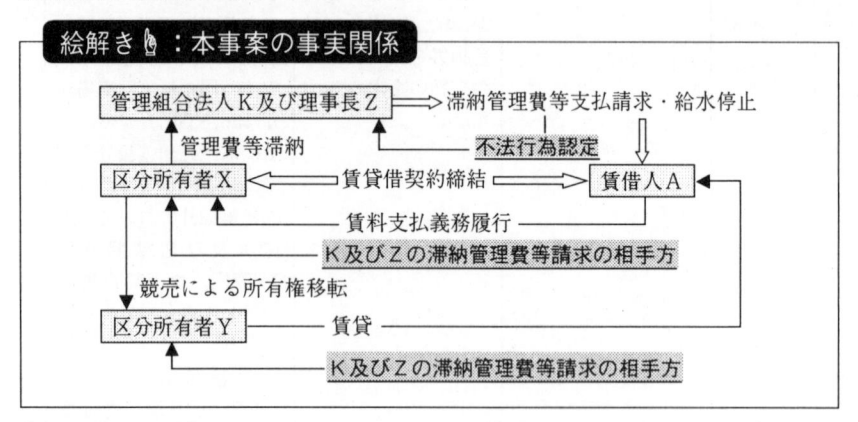

絵解き：本事案の事実関係

```
             管理組合法人K及び理事長Z  ──→ 滞納管理費等支払請求・給水停止
                    ↑                        不法行為認定
             管理費等滞納                         ↑
         ┌─ 区分所有者X ←── 賃貸借契約締結 ──→ 賃借人A ←┐
         │                賃料支払義務履行                │
         │              K及びZの滞納管理費等請求の相手方    │
         │                                            │
         │    競売による所有権移転                         │
         └─ 区分所有者Y ── 賃貸 ──────────────────────┘
              K及びZの滞納管理費等請求の相手方
```

【当事者の主張】 Aは，K及びZに対して次のとおり主張した。
① 精神的苦痛を受けたため，慰謝料100万円の支払いを求める。

Kは，Aに対して，次のとおり主張した。
① 水道元栓は，何人も開栓できるため，Zに閉栓されても，Aは復旧させることができ，損害を回避することができる。
② Zの行為は，集会の決議に基づかないもので，外形上，理事長の職務に属する管理行為とはいえない。Zの与えた行為が損害を生じた場合でも，Kには，損害賠償義務がない。

【判　旨】
Aの請求を認める。
① K及びZに対し精神的損害による慰謝料として10万円の支払いを命じる。
② Zの行った嫌がらせは，Kの代表者の地位を利用し，外形上も理事長の職務に属する管理行為に関連してその過程で行われたものである。

③ Zの不法行為は，Kの職務を行うにつき，なされたものであり，Kにも損害賠償責任がある。

重要判例63　滞納者と単独請求

昭52(ワ)11938号（東京地判昭和56年9月30日）

【争　点】

管理費等の滞納者に対して，他の区分所有者は，各人において単独請求ができるのか，共同利益背反行為の原状回復を求める場合，区分所有者全員による必要的共同訴訟に該当するのか否かが問われた。

【事実の概要】　区分所有者Aとその賃借人Bは，管理人室の北東側壁面を取り壊して，工作物を設置した。Xは，原状回復のための工事費相当額44万円の損害を被ったとして，A及びBに対して，各人において工作物撤去と損害賠償の請求を行った。Xは，Aが7階階段に設置した鉄柵（巾2,500㎜，高さ2,200㎜）の撤去と屋上の明渡を請求した。Xは，区分所有者のうちの一部の者であり，専有面積合計859.66㎡を有する21名である。本件訴訟の原告には，Xが選定当事者となって，Xのうちの設計事務所Rが選任された。Aは管理人室の区分所有権を取得し，Bは管理人室を賃借して，工作物を設置した上でうなぎ店を開業した。Aは，決議された管理費等を支払わず，昭和42年12月から昭和52年10月までの管理費等合計1,813,000円，昭和52年11月から昭和55年12月までの管理費等合計1,598,000円を滞納した。Xは，渋谷簡易裁判所に昭和52年10月までの滞納管理費等の支払請求のための調停申立をしたが不調に終わった。エレベーター保守費，電気・水道代等として，昭和45年6月1日から昭和56年3月末日までの間の支出された経費は，合計8,278,738円である。Aは，これを全く支払っていないので，A以外の区分所有者の支払う管理費等を充当していた。

【絵解き】：本事案の事実関係

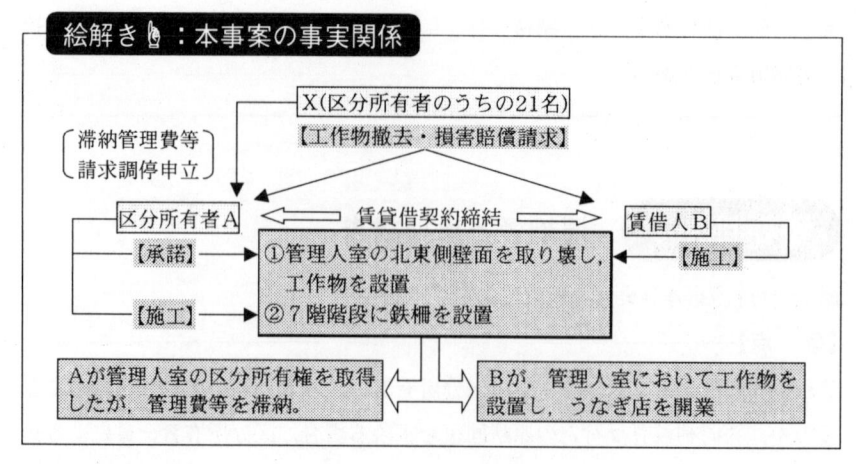

```
                    X(区分所有者のうちの21名)
                    【工作物撤去・損害賠償請求】
 ┌滞納管理費等┐
 │請求調停申立│
 └──────┘
         区分所有者A ←──賃貸借契約締結──→ 賃借人B
         【承諾】    ①管理人室の北東側壁面を取り壊し、  【施工】
                    工作物を設置
         【施工】   ②7階階段に鉄柵を設置

  Aが管理人室の区分所有権を取得    Bが、管理人室において工作物を
  したが、管理費等を滞納。        設置し、うなぎ店を開業
```

【当事者の主張】　Xの請求は、次のとおりである。

① A及びBに対して、区分所有権又は共有持分に基づき、工作物撤去と管理人室の北東側壁面の明渡しを請求する。共同不法行為による損害賠償として、それぞれに対して44万円の支払いを請求する。

② Aに対して、妨害排除請求として鉄柵の撤去と屋上の明渡しを求め、主位的請求として滞納管理費等の全額の支払いを請求する。

③ 予備的請求としてXが専有面積割合を超えて現実に支出した管理費等のうち、Aに属する部分を不当利得として返還を求める。悪意の受益者であるAに対して、5,524,000円及び遅延利息の支払いを求める。

Aは、次のとおり主張した。

① 工作物の撤去及び管理人室の北東側壁面の明渡しについては、区分所有者全員による請求でなければならない。区分所有者全員のうち、2名が原告となっていないため、不適法として却下される。

② 管理人室の北東側壁面の工作物の設置は、小規模でXに影響を与えていない。Aは、屋上出入口に近い7階を所有するため、防犯・防災のために屋上の管理のために鉄柵を設置した。

③ 滞納管理費等については、昭和45年5月21日に区分所有者になったので、それ以前のものは、支払義務はない。

第9章　管理費等の支払義務と不払対策

【判　旨】

主位的請求を棄却し，予備的請求を認容する。Xが各人においてAの滞納管理費等全額の支払いを請求することは，認められない。

① 区分所有者は，単独で，共有持分に基づき，共同利益背反行為の停止又は原状回復を請求することができる。工作物撤去及び管理人室の北東側壁面の明渡請求は，区分所有者全員による必要的共同訴訟に該当しない。

② 管理人室の北東側外壁は，建物の基本的構成部分であり，区分所有権の目的とならない共用部分である。工作物の設置は，共同利益背反行為に該当し，Xの工作物撤去請求を認容する。原状回復のための工事費相当額44万円の損害賠償請求を認める。

③ Xは，物干場・エレベーター機械室等の共用設備として屋上を利用していた。屋上及び7階階段は，建物の基本的構成部分であり，区分所有権の目的とならない共用部分である。鉄柵の撤去及び屋上の明渡しを命ずる。

④ X各人には，Aが滞納した管理費等の全額についての請求権はない。Xの超過払分に相当するAの利得分について，Xの損失の限度において不当利得の返還を請求することは認められる。超過払分とは，Aの未払いを原因として，Xが，負担すべき割合を超えて支払った管理費等をいう。

⑤ Aは，悪意の受益者として，Xに対し他の区分所有者の損失相当額の不当利得の返還義務を負う。予備的請求を認め，Aに対して5,524,000円及び遅延利息の支払いを命ずる。

重要判例64　滞納管理費等の請求

昭62(ワ)2076号（福岡地判平成元年1月17日）

【争　点】

マンションの買上げを進める地上げ業者に対して，区分所有者のうちの一人から管理費等の支払請求が認められるのか否かが争点となった。

地上げ業者は，区分所有権等の取得と同時に，当然に管理組合の組合員となり，管理費等の支払義務がある。地上げ業者が，管理費等を滞納している場合，区分所有者のうちの一人は，共用部分の保存行為として支払請求をすることができると判示した。

【事実の概要】　博多駅前に所在する本件マンションにおいて，区分所有権等の買上げが不動産業者Aによって行われていた。Kの理事長Xは，買上げ業者をAとすることを理事会で決定し，出席理事全員がAに売却する旨の文書を組合員に送付した。Xは，総会の運営を行わないため，管理人は実質的に不在となった。Xは，管理業務をAに委託するとともに，Xは，清掃会社との委託業務契約を取り消したため，吸殻等の塵が散乱し，悪臭が漂った。管理費等の徴収がなされないため，電気・水道の供給が停止された。共用部分の電気はつかず，エレベーターは停止したままとなった。区分所有者の一人であるYは，Aによる買収に応じず，Xに対して管理者としての職務執行停止を求める仮処分を申し立て，昭和62年8月31日，福岡地裁がそれを認める決定を行った。Aは，昭和62年6月には総戸数の約76％を買い占めた上で，昭和63年5月17日，区分所有権等をBに譲渡し移転登記を完了したが，管理費等を支払っていなかった。

【当事者の主張】　Yは，Aに対して次の請求のために提訴した。
① 区分所有者個人の資格で，共用部分の保存行為としてAに対して滞納管理費等8,199,989円の支払いを求める。

Aは，Yに対して次のとおり主張した。
① A自らは，区分所有権を取得した区分所有者だが，組合員ではないので管理費等の支払義務はない。
② Yは，管理組合の管理者ではなく，管理費等を請求することができない。

【判　旨】

Yの請求を認める。
① Aは，区分所有権等の取得と同時に，当然に管理組合の組合員となったと認められる。

② Aには，区分所有者であった全期間の管理費等の支払義務がある。
③ Yは，共用部分の保存行為として，Aに対して滞納管理費等を請求することができる。

重要判例65　駐車場壁面の塗装工事と費用償還請求

平15(ワ)24695号（東京地判平成16年11月25日）

【争　点】
管理組合法人が，共用部分である駐車場躯体部分のコンクリート劣化抑制工事を行い，併せて駐車場壁面の塗装工事を行った。駐車場壁面が専有部分に属する場合であっても，管理組合法人の事務管理に基づく有益費償還請求権が認められた。

【事実の概要】　管理組合法人Xは，地下1階に設けられた駐車場の劣化状況を考慮して，共用部分である駐車場躯体部分のコンクリート劣化抑制工事につき，集会決議を経て施工した。併せて，コンクリート劣化抑制工事の一部として，構造上一体をなす駐車場壁面の塗装工事（「本件塗装工事」という）を行った。駐車場壁面の所有権は，駐車場の区分所有者であるAに帰属する。Xは，本件塗装工事によって，コンクリートの劣化を遅らせるだけでなく，Aの駐車場の照度が上がることによって，防犯機能の向上と美化に寄与すると主張し，Aに対して有益費として，本件塗装工事による工事代金を請求し，主位的には事務管理による費用償還請求権，予備的には不当利得返還請求権に基づく訴訟を提起した。

【当事者の主張】　Xは，Aに対して次のとおり主張した。
① Xには，本件塗装工事を行うべき義務はないが，コンクリート劣化抑制工事と併せて行うことによって，共用部分である躯体部分の劣化を0.4～0.5倍遅らせることができる。そのために適切な工法を選択した。

② 本件塗装工事は，Aの専有部分である駐車場壁面を改修・美化する。駐車場の防犯管理が図られ，美観が向上した。本件塗装工事に関する費用は，Aが負担すべきである。

③ 事務管理による費用償還請求権又は不当利得返還請求権に基づき，有益費として本件塗装工事による費用の20％相当額の934,500円を請求する。施工方法の比較をすると，A工法4,509,048円とB工法3,208,848円の差額が1,300,200円であり，これはAの専有部分である本件塗装工事が加わることによるものである。A工法の工事費全額に対する差額の割合は，29％であり，これを補正した20％分相当額を請求する。

④ Aは，法律上の原因なく，Xの損失によって934,500円の利得を得ている。不当利得としてその返還を請求する。

Aは，Xに対して次のとおり主張した。

① 本件塗装工事については，必ずしも必要ではなく，他の工法がある。

② 総会の議案書によって，コンクリート劣化抑制工事を実施すること及びAの費用負担が本件塗装工事費の20％相当額になることを事前に告知されたにすぎない。A工法及びB工法の２つの工法の存在，効果の違い，Aの利害の存否とその程度等は知らされていない。

③ Aの利益に最も適すべき方法によって行われていない。Aの意思を知り又は推知することができる場合には，その意思に従うべきことを定めた民法697条２項に定めた要件を満たさないため，事務管理は成立しない。

④ 不当利得返還請求権において，Aが返還義務を負うのは現存利益に限られる。A工法による本件塗装工事がAの利得とはいえない。本件塗装工事の主たる効果は，躯体部分のコンクリート劣化抑制にあり，駐車場の照度上昇による美観・防犯の効果は，副次的なものにすぎない。

【判　旨】

Xによる有益費用償還請求を一部認容する。事務管理は成立する。

① Xは，Aに対して本件塗装工事に関する費用を負担させることを決議した上で，コンクリート劣化抑制工事及び本件塗装工事を発注した。XはAに議

案書を送付し，コンクリート劣化抑制工事及び本件塗装工事におけるＡの負担の協議を行う旨を事前に通知した。

② 本件塗装工事は，コンクリートの劣化を抑制するだけでなく，Ａの所有する駐車場壁面を改修・美化し，照度を上げることによって防犯管理に資する。Ｘは，Ａのために事務管理を行ったといえる。管理規約によると，共用部分と一体となった専有部分の管理は，Ｘが行うことができる。

③ Ｘは，集会の決議に欠席したＡに対して協議を求めたが，Ａ自らその機会を放棄し明確な反対の意思を示さなかったこと，施工に際して駐車車両の移動に協力していることを考慮すると，Ａの意思に反すると認める証拠はなく，事務管理が成立する。

④ 有益費の償還請求に関しては，本件塗装工事の費用（2,800,000円）の20%相当額の560,000円及び塗装工事完了翌日から有益費の支払日までにおける年5分の割合による利息について，Ｘの支払請求を認める。

【ワンポイント整理：事務管理】
事務管理とは，法律上の義務なく他人のために事務を処理することをいう。本人の意思に反し，本人を不利にしてはならない。これにより，有益費の償還請求権が生ずるが，管理者は，本人の管理まで管理継続義務を負担する。

重要判例66　正当の理由と給水拒否

第一審：平3（ワ）872号（福岡地判平成4年2月13日），控訴審：平4（ネ）126号・738号（福岡高判平成7年7月19日），上告審：平7（オ）2122号（最判平成11年1月21日）

【争　点】

水道事業者が，給水の需要増加を抑制するために，マンション分譲業者との給水契約の締結を拒否したが，これには，水道法15条１項に基づく正当の理由が認められる。水道事業を経営する志免町は，人口過密都市で人口の集積が見込まれるため，新規の給水申込に漫然と応じると，将来的に需要に応じきれなくなり深刻な水不足を生じる。急激な需要増加を抑制するためのやむを得ない措置であり，水道法に定める正当の理由が認められた。

【事実の概要】　福岡県糟屋郡志免町は，福岡市博多区に隣接し，近年人口増加の著しい地区である。マンション分譲業者Aが，420戸のマンションを建設し，志免町に給水申込みをした。志免町水道事業給水規則（「本件規則」という）３条の２第１項には，「共同住宅等で20戸を超えるものには，全戸に給水しないか又は給水開始時期を制限する。」旨の定めがあり，志免町は，給水を拒否した。給水契約の拒否に関しては，次の事情を斟酌して水道法15条１項に定める正当の理由があるか否かが問題となった。

❶　給水を認めることが，直ちに需要が供給を上回る事態を招かなくても，近い将来の水不足を招くおそれが高い場合，正当の理由は認められるか。
❷　給水供給の状況がどの程度，逼迫しているか。

【当事者の主張】　Aは，「水道法15条１項の定めに基づき，水道事業者は，正当の理由がなければ，給水を拒否できない。水道事業給水規則には正当の理由がない。」旨を主張し，訴訟を提起した。
①　主位的請求として，給水契約における地位の確認をする。
②　予備的請求として，給水契約の申込みの承諾，着工又は竣工を停止条件とする給水命令を求める。

【判　旨】

上告審　Aの上告棄却。志免町の正当の理由を認容する。
①　志免町は，人口過密状態（人口密度4,002人／㎢）にあり，今後も人口の

集積が見込まれる。認可水源以外からも，取水しているが，取水状況は不安定である。
② 志免町は，多額の財政負担によって，取水安定のための施策を行っているが，漫然と給水申込みに応じていくと，需要に応じきれずに深刻な水不足に陥るおそれがある。専ら水の需給の均衡を保つという観点から，水道水の供給量が既に逼迫している場合には，需要の著しい増加を抑制するための施策はやむを得ない措置として許される。
③ Aの給水契約の申込は，420戸にも及ぶものであり，建築計画を複数回に分けて，井戸水を併用し水道水の使用料を抑制するという計画を考慮しても，志免町が給水契約を拒否することには，正当の理由がある。
④ 水道法15条1項に定める正当の理由については，抽象的であるがゆえに，同項及び水道法全体の趣旨・目的に照らして，合理的に解釈することが相当である。

【ワンポイント整理：給水を拒否できる正当の理由】

水道法15条1項には，「水道事業者は，事業計画に定める給水区域内の需要者から給水契約の申込みを受けたときは，正当の理由がなければ，これを拒んではならない。」と定められている。正当の理由とは，水道事業者に帰責事由がなく，給水契約の申込を拒否せざるを得ない次のような場合をいう。

❶ 供給を受ける者の給水装置の構造及び材質が政令基準に適合していない。
❷ 都道府県知事が災害等の非常の場合において，期間・水量・方法を定めて水の供給を命令又は制限する。
❸ 配水管が布設されていない地区である。
❹ 正常な企業努力にもかかわらず，給水量が著しく不足し，給水契約の受諾により他の需要者への給水に著しい支障をきたすおそれが

ある。
> ❺ 水道事業の事業計画では対応できない多量の給水量を必要とする。

分譲業者が武蔵野市開発指導要綱に従わず，入居者が給水を必要とするにもかかわらず，武蔵野市長が行政指導の圧力の手段として給水契約の締結を拒否した事案では，正当の理由の存在は認められなかった。正当の理由に関して，次のような見解を明らかにした（最判平成元年11月7日）。

> Ⓐ 水道法のみの行政目的から，給水能力を超える場合，設置費用が過大である場合，経営上・技術上給水が困難である場合，正当の理由が認められる。
> Ⓑ 給水することが，申込者の公序良俗に反する行為又は違法行為に該当し，これを助長する場合には正当の理由が認められる。
> Ⓒ 建築基準法又は水道法双方の競合分野に違法がある場合，給水の拒否が認められる。しかし，建築基準法を満たさない違法建築について，入居が開始されれば，生命・身体・健康の維持のため，給水拒否は許されない。
> Ⓓ 合理性を有する指導要綱に従わないことは違法である。違法性がある状況で給水を拒否することは，正当の理由となる。

正当の理由に関する行政上の通知又は回答には，次のものがある。

> ❶ ［昭和32年12月27日発衛第520号厚生事務次官依命通知］
> 正常な企業努力にもかかわらず，地勢等の関係で給水が技術的に著しく困難な場合等，水道事業者に帰責事由がなく起きるものに限る。
> ❷ ［昭和41年3月9日環水第5018号厚生省環境衛生局水道課長回答］
> 給水契約の申込みに応ずる義務が解除されるのは，水の供給が困難又は不可能な場合に限られるべきである。

第9章 管理費等の支払義務と不払対策

重要判例67　管理費等の滞納と重要事項説明

平6（ワ）19598号（東京地判平成8年8月30日）

【争　点】

仲介業者が，買主に対して滞納管理費等の清算を約束したが，滞納額が承認されなかったため，清算をすることができなかった。仲介業者及び売主の債務不履行責任により売買契約及び仲介契約の解除が認められた。

【事実の概要】　買主Aと売主Cは，Bの媒介によって，売買価額8,000万円，手付金800万円，解除違約金800万円とする次の内容の売買契約（「本件契約」という）を締結した。

①　残代金の支払い及び引渡時期を平成6年7月29日とする。

②　修復工事として❶3階洋室の南側壁の一部及び床の腐食部分の修復❷台所床のコルクタイル1枚の破損箇所の修復❸3階浴槽の排水管の漏水修復❹テレビインターホンの取り外しを引渡日までに行う。

本件契約の目的である住戸（「本件住戸」という）は，売主C3名の共有名義（C1は共有持分38/74，C2は共有持分31/74，C3は共有持分5/74）となっていた。C2は，銀行S等に対して多額の負債を抱えており，C2の本件住戸の共有持分には根抵当権が設定されていた。Aは，Bとの間に一般媒介契約（「仲介契約」という）を締結し，2,533,800円のうちの半額の1,266,900円を支払った。重要事項説明書には，「管理費等の清算金は未定」と記載され，Bは，「管理費等の滞納は，2〜3ヶ月程度あるが，引渡日までには清算する」と説明した。管理組合Xの総会においてCの管理費等の滞納額は，1,265,900円であることが明確にされたが，出席組合員は，内訳が不明であるため，承認することができなかった。Aは，Bから引渡しの前日に管理費等の清算ができず，修復工事未了のため，本件住戸の引渡しができないという告知を受けた。本件住戸については，平成6年10月，抵当権の実行による競売手続が開始された。

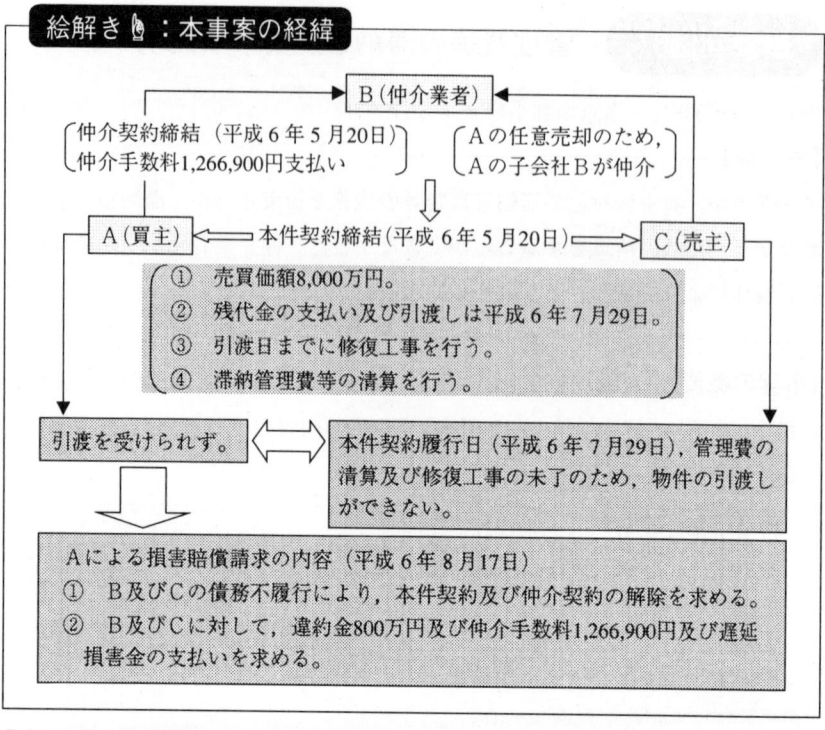

> **絵解き：本事案の経緯**
>
> ```
>            ┌──────── B（仲介業者） ────────┐
>            │                              │
> ┌仲介契約締結（平成6年5月20日）┐   ┌Aの任意売却のため，┐
> │仲介手数料1,266,900円支払い    │   │Aの子会社Bが仲介   │
>            ↓                              
>     A（買主） ⇐── 本件契約締結（平成6年5月20日） ──⇒ C（売主）
> ```
>
> ① 売買価額8,000万円。
> ② 残代金の支払い及び引渡しは平成6年7月29日。
> ③ 引渡日までに修復工事を行う。
> ④ 滞納管理費等の清算を行う。
>
> 引渡を受けられず。 ⇔ 本件契約履行日（平成6年7月29日），管理費の清算及び修復工事の未了のため，物件の引渡しができない。
>
> Aによる損害賠償請求の内容（平成6年8月17日）
> ① B及びCの債務不履行により，本件契約及び仲介契約の解除を求める。
> ② B及びCに対して，違約金800万円及び仲介手数料1,266,900円及び遅延損害金の支払いを求める。

【当事者の主張】 Aは，B及びCに対して，債務不履行責任による損害賠償及び本件契約の解除を求めて，次のとおり主張した。

① Cは，管理費等の滞納額を清算するという責任を果たしていない。
② Bは，管理費等の滞納額の清算が不可能となった後，弁護士Tとの折衝を告げ，本件契約の成立後は無関係であると回答するのみで，誠実に仲介業務を履行していない。
③ Cに対して，違約金800万円及び遅延損害金を請求する。Bに対して，支払済みの仲介手数料1,266,900円の返還及び遅延損害金を請求する。

Cは，Aに対して次のとおり主張した。
① Aの残代金の支払完了までは，修復工事に着手することができなかった。
② 平成6年7月28日，Aから，Bを介して残代金の決済の通知があり，同年8月12日までに3階洋室の南側壁の一部及び床の腐食部分の修復を除く修復

工事を完了した。修復工事に関して、売主の債務不履行は存しない。

Bは、Aに対して次のとおり主張した。

① Aは、本件マンションにおいて、本件住戸以外の住戸を所有し、Cには滞納管理費等があることを知っていた。

② 本件契約後、平成6年7月27日にXの総会が開催され、滞納額1,265,900円が明らかになった。金額が相当範囲にとどまっていたので、売買価額との差引清算を行うよう勧めたが、その後、Aは本件契約を解除した。

【判　旨】

Aの請求を認容する。

① Cは、Aに対して、管理費等の滞納の有無及びその額について明確にし、清算することを約していた。Cはその義務を果たさなかったために、債務不履行責任が存することは明らかである。

② 滞納額の清算は、売買契約の内容として重要であり、これを履行しないことは、本件契約の解除原因となる。Bは、本件契約の履行期日までに、滞納額を明確にし、Cにおいて清算することを求め、Cはこれを約束した。

③ Xの総会においてCの管理費等の滞納額が承認されなかった後、Bは、Aに弁護士間で話し合う旨を告げただけである。Bには、媒介業務の履行に関して債務不履行責任があり、本件契約の解除が認められる。

④ Cには、Aに対する800万円及び遅延損害金の支払いを命じる。Bには、Aに対する仲介手数料1,266,900円の返還及び遅延損害金の支払いを命じる。

> 重要判例68　中間取得者の滞納管理費等の支払義務の否定

昭61(ワ)9876号（大阪地判昭和62年6月23日）

【争　点】

管理費及び光熱水費を滞納したまま，区分所有権がX⇒Y⇒Zと転々と譲渡された。管理組合からマンションの管理事務を委託された管理業者Aが，原因者X及び現在の区分所有者Z，中間取得者Yに対してもこれらの滞納分について請求が可能であるか否かが争点となった。X及びZには特定承継人としての支払義務があるが，Yに対してはY自身の滞納管理費に限定され，X及びZの滞納管理費（光熱水費を除く）については支払義務がないと判示した。尚，光熱水費については，管理費と同一に扱うことのできる性質を有するものではなく，ＸＹＺの各人が負担すべきものであると指摘した。

【事実の概要】　大阪駅前第一ビル（「本件ビル」という）の1階の一部（「本物件」という）は，店舗（地上3階〜地下2階，地上12階）及び事務所（地上4階〜地上11階）を含む総戸数301から構成される。Aは，大阪市が市街地開発事業により建築した建築物の管理運営等を行うことを事業目的として，昭和44年4月1日に設立された株式会社であり，区分所有者から本件ビルの管理を委託された。Xは，本物件を購入したが，勤務先の倒産によって住宅ローンが支払えなくなり，住宅ローン及び管理費を2年分滞納した。住宅ローン債権者は，Xの所有するマンションを競売に付し，Qが競落人となった。Qから所有権を取得したYは，自らの管理費及び光熱水費についてはその大部分を支払ったが，Xの滞納分については支払いを拒否した。その後，Yは，Zに譲渡した。ＸＹＺが滞納した管理費等は，次のとおりである。

第9章　管理費等の支払義務と不払対策

被告	滞納管理費	滞納光熱水費	合　　計
X	1,270,284円 （昭和52年11月～54年11月） 1,978,296円 （昭和49年4月～52年10月 訴訟確定）	858,308円 （昭和52年10月～54年11月） 1,003,246円 （昭和47年11月～52年9月 訴訟確定）	5,110,134円
Y	975,843円 （昭和57年8月～58年10月）	326,625円 （昭和58年4月～58年10月）	1,302,468円
Z	1,725,964円 （昭和59年8月～61年8月）	746,717円 （昭和58年4月～58年10月）	2,472,681円
合計	5,950,387円	2,934,896円	8,885,283円

光熱水費の請求については，電気，ガス，水道の一括受給方式を採用していた。管理者が，主メーターによって本件ビルの検針を一括して行い，個別メーターによって専有部分の使用料を計算する方式である。Aが，本件ビルの専有部分及び共用部分の請求総額を一括して立て替えて支払い，その後に区分所有者に負担分を請求した。Aは，本件ビルの専有部分における光熱水費は，管理費とともに区分所有者に対して一体的に徴収する費用であると主張し，XYZの三者に対し，滞納分について管理費と併せてその支払いを求めた。

【当事者の主張】 Aは，次の主張を行い，XYZの三者に対して提訴した。
① 管理費及び光熱水費については，7条1項に定める規約又は集会の決議に基づき，区分所有者に対してAが有する債権である。
② XYZの三者に対し，Xの滞納管理費等及び遅延損害金の支払いを求める。
③ XYZの専有部分に関する部分を含む光熱水費が滞納されており，滞納管理費と同一に取扱うべきであり，XYZの三者に対して請求する。
④ 滞納管理費は，民法167条に定める債権であって，5年間の短期消滅時効にかかるものではない。民法167条に定める債権であるため，10年間の消滅時効の対象となる。

Yは，次のとおり主張した。
① 8条によると，特定承継人に対して滞納管理費を請求することはできるが，

中間取得者に対しては支払義務の承継を規定していない。
② 管理費は，区分所有権等の価値に化体しているか又は団体的に帰属する財産を構成する。管理費の債権は，価値や財産を享受する現在の区分所有者であるZに対してのみ行使することができる。
③ 滞納管理費は，民法169条に定める5年間の消滅時効にかかるものである。昭和56年10月29日以前の滞納管理費は，消滅時効が完成しているので時効を援用する。

【判　旨】

滞納管理費については，X及びZに支払義務があるが，中間取得者Yには，特定承継人としてXの滞納管理費を請求できない。但し，Yには，Y自身の所有期間中に滞納した管理費等の支払義務がある。Zにおいては，XYの滞納管理費については支払義務が生じるが，XYの光熱水費は専有部分に係わるものであり，支払義務はない。

① 8条は，民法254条（共有者の1人が共有物について他の共有者に対して有する債権は，その特定承継人に対しても行使することができる）と同様，共用部分の出費を余儀なくされた場合，他の区分所有者が自己の区分所有権を第三者に売却することによって責任回避を防止することにある。
② 光熱水費については，公示を欠くために生じる特定承継人の不利益を考慮する必要がある。専有部分の光熱水費を含む場合，管理費と同一の扱いとすることはできないので，特定承継人の負担とすることはできない。
③ Xについては自己の滞納管理費等につき，現在の区分所有者ZにはXYの滞納管理費及び自己の滞納管理費等につき，支払義務がある。区分所有権自体が滞納管理費の引当てになっているといえるので，区分所有権をすぐに手放してしまったYにはXの滞納管理費の支払義務はない。
④ 負担となるべき共用部分の債権は，区分所有権がその引当てになっているので，滞納管理費の負担者は，共用部分の出費等を負担する区分所有権を現に有する特定承継人に限られる。
⑤ 滞納管理費の債権は，区分所有者が区分所有権を有すること及び他の区分

所有者による立替払いを受けたために，その都度生じる。基本債権に基づき，毎期生じる支分権たる債権ではない。民法169条に基づく定期給付債権を前提とする10年間の消滅時効は認められない。

【ワンポイント整理：請求金額と認容金額】

区分所有者と所有権取得日	Aの請求額	大阪地裁の認容額
① X（管理費等滞納者）昭和44年5月16日所有権取得。	2,128,592円 Xが滞納した管理費と光熱水費を請求する。 【内訳】 ①Xの滞納管理費 1,270,284円 ②Xの滞納光熱水費 858,308円	2,128,592円（100％） Xが滞納した管理費と光熱水費を認容する。 【内訳】 ①Xの滞納管理費 1,270,284円 ②Xの滞納光熱水費 858,308円
② Y（中間取得者）競落人Qが昭和54年5月1日所有権取得。Yは，昭和54年8月8日所有権取得。	6,412,602円 XYが滞納した管理費と光熱水費を請求する。 【内訳】 ①Xの滞納管理費 1,270,284円 ②Xの滞納光熱水費 858,308円 ③Yの滞納管理費等 4,284,010円	1,302,468円（約20％） Yが滞納した管理費と光熱水費を認容する。 Xの滞納管理費について支払義務はない→中間取得者は，特定承継人には含まれない。 【内訳】 ①Yの滞納管理費 975,843円 ②Yの滞納光熱水費 326,625円
③ Z株式会社（現在の区分所有者）昭和58年10月31日所有権取得。	8,885,283円 XYZが滞納した管理費と光熱水費を請求する。 【内訳】 ①Xの滞納管理費 1,270,284円 ②Xの滞納光熱水費 858,308円 ③Yの滞納管理費等 4,284,010円 ④Zの滞納管理費等 2,472,681円	6,697,104円（約75％） XYZが滞納した管理費とZが滞納した光熱水費を認容する。 【内訳】 ①Xの滞納管理費 1,270,284円 ②Yの滞納管理費 975,843円 ③Zの滞納管理費 3,704,260円 ④Zの滞納光熱水費 746,717円

注意すべきは，Xの滞納管理費についてYには，支払義務がないとされた点である。すなわち，中間取得者は，特定承継人には含まれないのである。

尚，訴訟費用については，次のとおり認容された。

❶　AX間においては，すべてXの負担とする。
❷　AY間においては，8/10をAの負担とし，2/10をYの負担とする。
❸　AZ間においては，1/4をAの負担とし，3/4をZの負担とする。

絵解き☝：本事案における事実経緯と大阪地裁の認容

X（従前区分所有者）
昭和44年5月16日所有権取得
⇒ Xの滞納した管理費及び光熱水費全部の請求を認容。

↓

Y（競落人Qから区分所有権を取得した中間取得者）
昭和54年8月8日所有権取得
⇒ Y自身が滞納した管理費と光熱水費をのみを認容。

↓

Z株式会社（現在の区分所有者）
昭和58年10月31日所有権取得
⇒ XYZが滞納した管理費とZが滞納した光熱水費を認容。

↓

本判決の結論
① 滞納管理費　→　XZには，XYZの管理費の支払義務がある。
　　　　　　　　　　Yには，Y自身の管理費の支払義務がある。
② 滞納光熱水費　→　原因者である各人に支払義務がある。

通説的見解
③ 滞納修繕積立金　→　管理費と同一に取り扱うべきである。

重要判例69　中間取得者を特定承継人の範囲に包含

（福岡地判平成13年10月3日）

【争　点】
区分所有権等が，転々と譲渡された場合において，中間取得者に滞納管理費等の支払義務があることを認めた判例である。

【事実の概要】
中間取得者に対して支払請求ができないとすると，区分所有権が転々と譲渡された場合，登記簿上の所有者の見極めが容易にできないので，滞納管理費等を簡単に回収することはできない。この不都合を回避するために，中間取得者にも支払義務を課した判決である。

【判　旨】
中間取得者にも滞納管理費等の支払義務がある。

① 8条は，滞納管理費等の債権を行使できる相手方として，区分所有者の特定承継人と定めているのみで，これを現在の区分所有者に限定する明文規定は存在しない。

② 管理費等は，建物及び敷地の現状を維持又は修繕する等の便益のために使用される。区分所有権の価値の中に繰り込まれているため，特定承継人に対する債権の行使が認められる。中間取得者は，区分所有権を売買等により換価処分する際には，過去の便益に対応する利益を享受するため，滞納管理費等の債権を行使することは認められる。

③ 現在の区分所有者が，中間取得者及びそれ以前の所有者に対する滞納管理費等を支払った場合，中間取得者に対する滞納管理費の全額分の不当利得返還請求権が認められる。一方，管理組合の管理者が，中間取得者に対して中間取得者以前の所有者による滞納管理費等を請求できないと解すると，求償関係は複雑になる。

④ 中間取得者が8条に定める特定承継人に該当しないならば，滞納管理費等を訴求された現在の区分所有者が，訴訟中又は敗訴確定後に，区分所有権等

を第三者に譲渡することによって支払義務を免れることになる。
⑤　金銭債権においては，民法254条に基づくと，相手方として，中間取得者を除外しなければならない根拠はない。

重要判例70　中間取得者を特定承継人に包含

（大阪地判平成11年11月24日）

【争　点】
中間取得者は，区分所有権の所有期間中において，修繕費の支出による共用部分修繕工事に基づく利益を享受し，換価処分の際には利益の還元を受ける。特定承継人には中間取得者が含まれることを認容して，その支払義務を肯定した。

【事実の概要】　管理組合法人Xは，集会の決議によって，共用部分修繕工事を行うことを決議した。工事請負契約は請負価額6,180万円で締結され，組合員の負担額（「修繕負担金」という）はそれぞれ502,819円，支払期日は平成7年4月28日に定められた。本件マンションの争点となった住戸（「本件住戸」という）は，A⇒B⇒Cと譲渡された。本件住戸は，競売によってAからBに移転した後，BはCに譲渡した。本件住戸につき，未払いとなった修繕負担金につき，XがBに対して請求できるか否かが問題となった。

【当事者の主張】　Xは，次のとおり主張して提訴した。
①　中間取得者であるBに対して，修繕負担金の支払いを求める。
②　Bは，修繕負担金の支出による共用部分修繕工事の利益を享受し，第三者への売却の際には利益の還元を受ける。

Bは，Xに対して次のとおり主張した。
①　修繕負担金の支払義務者は，A又はCに限られる。
②　特定承継人には，中間取得者であるBは含まれない。

【判　旨】

Bには修繕負担金の支払義務がある。

① X又は他の区分所有者が立て替えて支出した修繕負担金は，一棟の建物全体の資産価値を維持し又は下落を防止するための支出である。修繕負担金に充当するための管理費等の支払義務を果たさない区分所有者に対しても，区分所有権の価値を維持するために寄与する支出である。

② Bは，区分所有権の所有期間中においてXの修繕負担金の支出による利益を享受し，換価処分の際には利益の還元を受ける。

③ Bが，修繕負担金の支出をしない間に換価処分すると，修繕負担金によって補正された価値をもって処分したことになり，不当な利益を得ることになる。8条に定める適正な維持管理のために支出された債権を保護する目的は，喪失される。

④ 特定承継人は，区分所有権を現在において所有している者に限られるというBの主張について，特定承継人の範囲を縮小解釈すべき根拠は見出せない。

重要判例71　従前区分所有者の滞納管理費等の支払義務

第一審：平16(ワ)11739号（東京地判平成16年10月18日），控訴審：平16(ネ)5667号（東京高判平成17年3月30日）

【争　点】

競落人が，管理組合に対し，従前区分所有者の滞納管理費等を代位弁済した競落人は，滞納の原因である従前の区分所有者に対して，求償権を行使することができる。

【事実の概要】　Aは，平成16年1月21日，本件マンションの区分所有権を，1,054万円で競売によって落札し所有権を取得した。Aの従前の区分所有者であるBは，管理規約に定められた月額における管理費12,500円，修繕積立金

10,000円，組合費500円（これらを併せて「管理費等」という）を平成6年3月以降滞納していた。Aは，平成16年5月21日，管理組合Xの請求に応じて，Bの滞納管理費等2,195,500円を代位弁済した。Aは，Bに対して，求償権の行使として代位弁済額及び遅延損害金を請求した。

【当事者の主張】　Aは，Bに対して次のとおり主張し，提訴した。
① 滞納管理費等は，本来Bが負担すべき債務である。Aの負担部分はない。
② 民法442条に基づき，Bに滞納管理費等を求償することができる。

Bは，Aに対して次のとおり主張した。
① 競売物件明細書において管理費等の滞納があることが明示され，競売の最低売却価格には，管理費等の滞納額が控除されている。
② Aは，滞納を承知の上，安価で落札したので，Aには支払義務がある。

【判　旨】

控訴審　AのBに対する求償権の行使を認める。
① 7条1項に定める債権である滞納管理費等は，8条に基づき，特定承継人に対して行うことができるので，Aは滞納管理費等の支払義務を負う。
② 区分所有建物を円滑に維持管理するための法的措置として，区分所有法は，本来の債務者であるBに加えて，Aに対して重畳的な債務引受人としての義務を定めている。AとBは，不真正連帯債務の関係にある。
③ 不真正連帯債務には，民法442条は適用されないが，8条の趣旨を考慮すると，特定承継人の責任は，二次的又は補充的なものにすぎない。滞納した区分所有者が全額負担すべきである。
④ Aの責任は，二次的又は補充的なものにすぎず，滞納管理費等の負担部分はない。Bが滞納管理費等の負担義務をすべて果たすべきである。
⑤ AのBに対する求償権の行使を認める。Bには，Aの支払った代位弁済額2,195,500円及び遅延損害金の支払義務がある。

第9章　管理費等の支払義務と不払対策

【ワンポイント整理：不真正連帯債務】

❶　多数債務者が同一債務につき，全部を履行すべき義務を負う。
❷　債務者の一人が弁済すれば，他の者は債務を免れる。
❸　債務者間には，主観的共同関係は存しない。弁済以外の事由は，他の債務者に影響を及ぼさない。

同一内容の給付を目的とする債務が偶然に競合した場合をいい，❸に関して連帯債務とはその効果を異にする。例えば，他人の家屋を過失によって放火した者の不法行為に基づく損害賠償義務と保険会社の火災保険契約に基づく填補義務のように，同一の損害を数人が各自の立場で填補する義務を有する場合，不真正連帯債務が成立する。民法442条は，連帯債務者のうちの一人が弁済した場合，他の連帯債務者に対して負担部分に応じた求償権を取得する旨を定めている。連帯債務者の一人が，債務の一部のみを弁済したときでも，民法442条に基づき，他の連帯債務者によって各自の負担部分の割合に応じて求償することができる（大判大正6年5月3日）。不真正連帯債務については，連帯債務者間における求償権を定めた民法442条は適用されないというのが，かつての考え方であり，控訴審でもその旨を指摘し，8条を考慮して求償権を認定した。しかし，不真正連帯債務においても，債権者に対する債権弁済を促進することから，連帯債務者の一人の弁済によって共同の免責を得た場合，弁済した連帯債務者は，他の連帯債務者に対して各自の負担部分につき，求償権を有することが認められている。

> **絵解き**：本事案の事実関係と内部求償の認容

```
A（従前区分所有者） ⟹ 平成16年1月21日，1,054万円 ⟹ B（競落人）
                      にて競落し，所有権移転
⇓                            ⇑                              │
平成6年6月以降                                                │
管理費等滞納          不真正連帯債務による                    │
                     内部求償を認容          ⟸ 滞納管理費等  │
                                              2,195,500円支払い
                     X（管理組合）
```

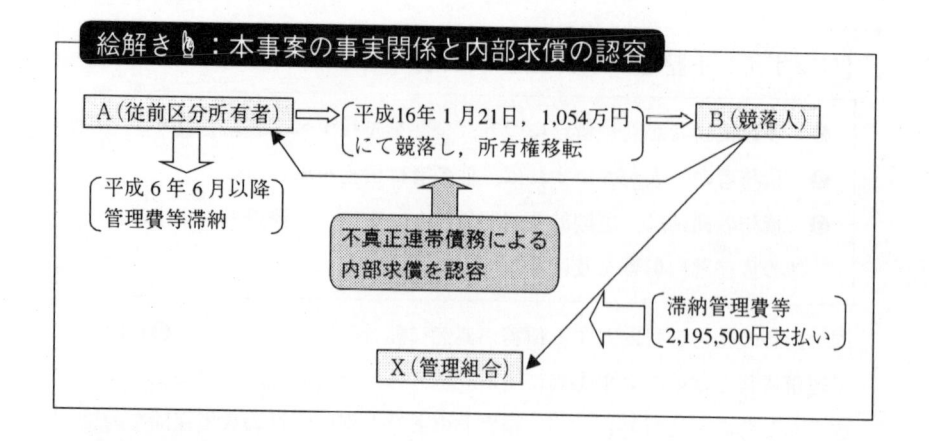

重要判例72　管理費の滞納と使用禁止請求の否認

第一審：平12(ワ)8241号・平13(ワ)1228号（大阪地判平成13年9月5日），控訴審：平13(ネ)3322号（大阪高判平成14年5月16日）

【争　点】

管理費等の滞納を原因として，58条に定める使用禁止請求の有効性が争点となった。管理費等の滞納は，共同利益背反行為に該当するとしつつも，使用禁止請求には直接的な関連性と実効性がないと判断した。

【事実の概要】　区分所有者Aは，平成3年9月〜平成13年2月末まで，本件事務所ビルの301号室（専有面積119.37㎡）及び304号室（専有面積109.70㎡）において，多額の管理費等を滞納していた。管理業者Yは，共同利益背反行為であるとして，専有部分の使用禁止請求とともに滞納管理費等の支払請求を行った。Aは，Yの再三の請求にもかかわらず，電気料金を含む管理費等を支払わず，エレベーターの補修費用として分担金を新たに徴収する見込みもない状況であった。区分所有者及び議決権の各4分の3以上の多数によって，58条1項による使用禁止請求を行うことが決議され，訴訟を追行する管理者としてYが選任された。Aは，本件決議に出席せず，弁明の機会を与えられたが，行

第9章　管理費等の支払義務と不払対策

使しなかった。

【当事者の主張】　Yは，Aに対して次のとおり主張した。
① Aには，管理費等を支払うための能力と意思がなく，放置すると他の区分所有者との費用負担の不公平さが増すことになる。
② 管理費等の滞納は，長期間かつ多額で，共同利益背反行為に該当する。
③ 管理費等の滞納額が平成13年2月末日において，合計14,663,761円に達している。Aに対してその支払いを請求する。

Aの滞納費目	金　　額
❶ 管理費	9,416,942円
❷ 修繕積立金	940,653円
❸ 電気料金分担金	1,057,705円
❹ 電気料金	2,183,572円
❺ エレベーター分担金	1,178,200円
❻ Aの既払額	▲113,311円
管理費等の滞納額合計	14,663,761円（平成13年2月末日）

④ 管理費等の滞納を理由として，58条1項に基づく使用禁止を請求する。使用禁止請求には，支払いを促進する教育的効果がある。

Aは，Yに対して次のとおり主張した。
① 管理者としては，Yの代表取締役Sが個人的に選任されている。Yに訴訟追行権は付与されていない。
② 使用禁止請求は，建物に対する物理的な保全義務に違反する行為を対象とし，管理費等の滞納による不公平の解消を予定していない。管理費等の滞納は，共同の利益には反しない。
③ エレベーター分担金については，本件決議において審議されず，決議されていない。

【判　旨】

控訴審　管理費等の滞納は，共同利益背反行為に該当するが，使用禁止請求は認められない。

①　Aの管理費等の滞納は，長期間かつ多額であるため，他の区分所有者にとっては，共同の利益に反する行為となるが，専有部分の使用禁止と滞納管理費等の支払いとは，直接的な関連性はない。
②　管理費等の滞納は，積極的な加害行為とはいえず，共同利益背反行為に該当するにすぎない。先取特権の実行又は債務名義の取得による強制執行により滞納管理費等を回収できない場合には，59条による競売請求を認める実益はある。
③　専有部分の使用禁止によって，他の区分所有者に何らかの利益がもたらされるものではなく，教育的効果が期待できるものではない。管理費等を滞納しているAに対して，専有部分の使用禁止を認めることはできない。競売請求を認める実益があるから，直ちに使用禁止請求が認められるという関係にはない。

【ワンポイント整理：使用禁止請求の要件】

❶　共同利益背反行為による共同生活上の障害が著しい。
❷　行為停止等の請求では，障害を除去し，共用部分の利用の確保等の区分所有者の共同生活の維持を図ることが困難である。

区分所有者の生命や身体に重大な被害を生じるおそれがある場合に，直接的に使用禁止請求が認められる（福岡地判昭和62年5月19日）。区分所有者の共同生活の維持を図ることが困難であるとは，区分所有者の身体や財産に重大な影響を及ぼし，その回復が困難である場合をいう。請求の内容は，共同利益背反行為者に対する相当の期間における専有部分の使用禁止である。相当の期間について，本事案の原審では，2年間が命じられている。必要かつ相当な期間をいい，3年間とするものがある（福岡地判昭和62年5月19日）。専有部分の使用禁止によって，区分所有者及びその同居者が，敷地，共用部分，附属施設の使用をすることができなくなる。集会

において，義務違反者が弁明を行った後，決議することができる。義務違反者がやむを得ず集会に出席できない場合，招集権者によるヒアリング及び集会報告によることもできる。

重要判例73　管理費等の滞納と給湯停止

昭56(ワ)9432号，昭57(ワ)4046号・6032号（東京地判平成2年1月30日）

【争　点】

管理費等の滞納につき，管理業者の行った給湯停止が，権利の濫用として，不法行為に該当することが認められた。冷暖房・給湯設備は，共用部分に設置された移動が容易な動産であれば，建物の附属物にはならないという理由から，建物の附属物である共用部分には該当せず，分譲業者の所有であると認定された。地下機械室に設置された冷暖房・給湯設備について，管理業者を兼任する分譲業者に所有権が留保されていたが，搬出・撤去の容易さから建物の附属物とはいえないとした。又，駐車場が，分譲業者の専有部分に該当すると判断された。

【事実の概要】　区分所有者Aは，Zから406号室を3,100万円で購入した。分譲業者Yは，管理業者として管理業務を行っていた。Yが，管理費等を滞納しているAに対して，給湯管の一部とメーターを撤去して約6ヵ月間にわたり，給湯を停止した。Aの滞納が複数回に及んだときに，Yは，管理規約に基づき，Aに事前警告をした上で給湯停止に踏み切った。本件規約には，管理費等の支払いを1回でも遅延した場合は，管理者は，冷暖房・給湯等の供給を停止できるとする定めがあった。Aは，東京簡裁（昭和55年第273号）に調停の申立てを行ったところ，これを契機として，Yは，給湯を再開したが，給湯の停止期間中，入浴・シャワー・炊事・洗面に支障を来した。

【当事者の主張】　Aは，Yに対して，不法行為に基づく慰謝料及び逸失利益

として190万円（Aには慰謝料60万円，同居する夫には慰謝料60万円及び逸失利益70万円の計130万円）の損害賠償請求と，冷暖房・給湯設備と駐車場が共用部分であることの確認を求めて提訴した。
① 本件規約による給湯停止は，公序良俗に違反し無効である。生活の基盤を失い，自力救済に等しい本件規約は無効である。
② 本件規約による給湯停止は，公序良俗には反しないとしても，権利の濫用として不法行為に当たる。
③ Yの管理が不十分である場合，管理費等の支払いを拒否できる。Yが，Aの入居後，1年間にわたって冷暖房費の請求を怠ったことは，管理体制に不信感を抱かせた。
④ 冷暖房・給湯設備と駐車場は，区分所有者の共有に属する共用部分であることの確認を求める。

Yは，Aに対して，次のとおり主張し，滞納管理費等の約370万円の支払いを求めて反訴した。
① 本件規約によって給湯停止が定められている。Aは，管理費等を複数回滞納しており，事前警告を行った上で実施し，違法性はない。
② Aの冷暖房費は月額53,000円，給湯費は月額基本料2,500円及び使用料950円/m³であるが，Aは1,673,002円の冷暖房費と給湯費412,465円を支払っていない。駐車場の賃貸契約は，使用料月額22,000円であるが，748,000円が未払いである。
⑤ 管理費等，固定資産税，冷暖房費，給湯費，駐車場使用料，水道代，排水管修理費について，未払いとなっている3,692,954円及び遅延損害金を請求する。
⑥ 冷暖房・給湯設備は，売買契約の対象である法定共用部分からは除外され，本件規約上，本件マンションとは一体化されず，Yの所有物である。
⑦ 駐車場は，三方が壁で囲まれ，他の部分とは隔絶されて構造上独立し，利用上の独立性もあるので，専有部分に当たる。

【判　旨】

Aとその夫に対する慰謝料各30万円及び遅延損害金を認容する。Yの給湯停止は，権利の濫用に当たり不法行為が成立する。YのAに対する滞納管理費等3,692,954円及び遅延損害金の請求を認容する。

① 管理費等の支払いは当然の義務であり，本件規約は，直ちに公序良俗に反するものではない。

② 給湯は，日常生活にとって不可欠のものであるので，給湯停止は，滞納問題の解決のために他の方法をとることが著しく困難であるか，他の方法では実際上の効果がない場合に限って是認される。諸事情を勘案すると，給湯停止は，権利の濫用に当たり，不法行為となる。

③ Aが管理費等を滞納する最大の理由は，冷暖房費の請求が入居時から1年経過後に行われたことによる不信感にあるので，Yは，給湯停止をする前に冷暖房の供給停止を条件として，管理費等及び冷暖房費の滞納分の支払交渉をAと行うべきであった。

④ Aの調停申立てによって，給湯が再開された事情を考慮すると，Yの対応は適切さを欠いている。Yに対して，慰謝料としてA及びAの夫に各30万円及び遅延損害金の支払いを命じる。Aの夫の逸失利益は，相当因果関係がないため，認められない。

⑤ Aが主張するように，Yの管理不十分を理由として，管理費等の支払いを拒否できる権利はない。Aには，滞納管理費等3,692,954円及び遅延損害金の支払義務がある。

⑥ 冷暖房・給湯設備は，搬出・撤去の容易な動産であるため，建物の附属物とはいえない。本件規約において，冷暖房・給湯設備については，Yの所有権が留保されている。

⑦ 駐車場については，住居部分と同じ程度に範囲が明確である必要はなく，建物の部分として独立した物的支配に適する程度に他の部分と遮断されていれば，構造上の独立性を有する。利用上，奥行3,600㎜の前庭を経て直接公道に接続している。駐車場には，ごく一部に共用設備である配管が設置され

ているが，点検等のために日常的に立ち入る必要がなく，駐車場の前面開口部は専用の出入口として外部に通じている。駐車場は，構造上及び利用上の独立性を有するため，専有部分と認める。この点につき，Aの請求を棄却する。

重要判例74　管理費の長期滞納と氏名の公表

平10(ワ)5448号（東京地判平成11年12月24日）

【争　点】

管理費の長期滞納者の氏名及び滞納期間等を立て看板に記載し，公表したことが，名誉毀損による不法行為に該当するのかが問題となった。立て看板の設置によって，不法行為は成立せず，管理費の滞納者による慰謝料の請求が棄却された。別荘地における町会は，65条に定める団地管理組合に該当し，これは権利能力なき社団であると認められた。

【事実の概要】　伊東市浮山町の別荘地（総区画834のうち，一戸建て別荘771戸）の分譲業者Sは，別荘地内道路の所有権を留保して販売した。町会Xは，Sとの協約書により，町会会長Yの名義で管理事務所を取得して，道路及び街路灯の管理を開始した。別荘所有者Aは，全員で，別荘地内道路の通行地役権を準共有し，管理事務所・街路灯340本を共有した。Xは，別荘地内における道路の管理・補修，街路灯の設置等の管理業務を行い，必要とする管理費として月額4,000円をAから徴収していた。Xは，総会決議に基づき，管理費の滞納者の取扱いを役員会Zに一任し，Zは，町会会則に基づき，町会会長Yの名義により滞納金額等の公表を行うこと及び納入の意思があれば，公表を控える旨を滞納者に通知した。納入の意思が連絡されなかった滞納者のうち，滞納期間23年以上の者3名，9年～22年間の者6名について，すべてのサービスの停止を知らせるために，ゴミステーション周辺に立て看板を34ヵ所設置した。立

て看板には,「管理費長期滞納者一覧表」と題して,別荘の区番・氏名・管理費・未納開始月・滞納期間を表示した。町会会則には,管理費を3年以上滞納し,納入に応じない会員及びその関係者は,Xが行うサービスを受けることができないという定めがあった。

【当事者の主張】 立て看板に掲示された滞納者のうちの7名（これらの者を「B」という）は，Y個人に対して，次の請求のために訴訟を提起した。
① 月額4,000円の管理費の支払義務がないことを確認する。
② 34ヵ所の「管理費長期滞納者一覧表」と題する立て看板の撤去を求める。
③ 不法行為に基づく損害賠償請求として,100万円の慰謝料及び遅延損害金を求める。
④ Xは,権利能力なき社団に該当しないため,団地管理組合とはいえない。

Yは，Bに対して次のとおり主張した。
① 町会会則に基づき,町会会長として管理費の請求を行っている。個人として行っているものではない。
② 立て看板は,個人としてではなく,町会会長として設置した。関係者に知らせるためで,不特定多数者に伝播することはなく,公然性はない。
③ Bには,集会で決議された管理費の支払義務がある。滞納者に対してサービスを停止する旨を通知し,立て看板に掲示した。
④ Xは,25年間にわたり管理事務所を所有し,権利能力なき社団の要件を満たすものであり,団地管理組合である。

【判　旨】

立て看板の設置により,不法行為は成立しない。Bの慰謝料請求を棄却する。
① Xは,Aが通行地役権を準共有し管理事務所等を共有することから,Aを構成員とする65条に定める団地管理組合に該当する。Xは,❶Aを当然に会員とする❷団体としての組織を備える❸多数決の原則を行う❹組織における代表の方法・総会の運営・会計等団体としての主要な点が確立しているので,権利能力なき社団である。
② 通行地役権について，Sが分譲区画相互間の往来のために道路を設置しそ

の所有権を留保した場合，Aの通行地役権を黙示的に設定したと解する。分譲区画の別荘建築によって，Aが通行地役権を準共有する。

③ 立て看板の文言及び記載内容は，管理費の滞納の事実及び滞納期間を示したもので，虚偽ではない。ゴミステーションの利用ができないことをA及び関係者に周知させるために，大半をゴミステーションの周辺に設置した。制裁的効果はあるが，不当な目的によるものではない。

④ 立て看板の設置に至る経緯，文言・内容，設置状況，設置の動機・目的，設置手続等を考慮すると，穏当さを欠くが，管理費の支払いを促す正当な管理行為の範囲を著しく逸脱したものとはいえず，名誉を害する不法行為にはならない。立て看板は，平成10年12月3日，既に撤去されているため，Bの請求は，理由がない。

⑤ 管理費支払債務の存否の確認請求の訴えについては，Xを訴訟当事者としなければならない。Y個人には，訴訟当事者として適格性がないため，不適法として訴えを却下する。名誉毀損による不法行為に基づく損害賠償請求を棄却する。

【ワンポイント整理：訴訟要件の認定】
管理費の債務の不存在確認については，Xを当事者として提訴しなければならないと判示した。Y個人に対する請求は，訴訟当事者適格を有しないため，不適法であるとして，実質的な審理に入らずに訴えは却下された。実質的な審理に入るには，訴訟要件として❶～❸を備える必要性がある。

❶ 裁判所が管轄権を有する。
❷ 訴訟当事者が実在し，訴訟当事者能力を有する。
❸ 同一事件につき，別件訴訟が提起されていない。

管理費の支払債務の不存在確認は，Y個人を被告とすると❷が満たされないため，「門前払い」となった。不法行為による損害賠償請求は，Xの管

理者のみならずY個人を被告とすることができる。法人又は権利能力なき社団が不法行為責任を負う場合，その代表者自身も個人として不法行為責任を負うためである。区分所有法では，管理組合・団地管理組合の管理者又は管理組合法人・団地管理組合法人に訴訟追行権が付与されている。

【ワンポイント整理：訴え却下と請求棄却】

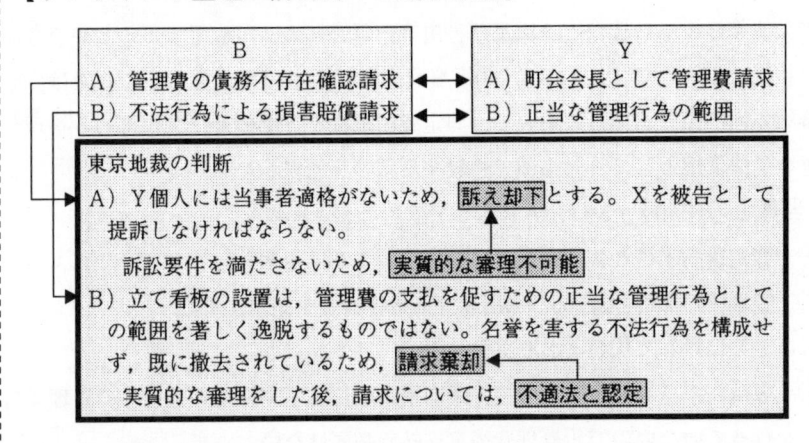

```
                    B                              Y
   A) 管理費の債務不存在確認請求  ↔   A) 町会会長として管理費請求
   B) 不法行為による損害賠償請求  ↔   B) 正当な管理行為の範囲

   東京地裁の判断
   A) Y個人には当事者適格がないため，訴え却下とする。Xを被告として
      提訴しなければならない。
         訴訟要件を満たさないため，実質的な審理不可能
   B) 立て看板の設置は，管理費の支払を促すための正当な管理行為として
      の範囲を著しく逸脱するものではない。名誉を害する不法行為を構成せ
      ず，既に撤去されているため，請求棄却
         実質的な審理をした後，請求については，不適法と認定
```

重要判例75　管理費等の滞納と相殺禁止

第一審：平6（ワ）21878号（東京地判平成8年2月1日），控訴審：平8（ネ）716号・2647号（東京高判平成9年10月15日）

【争　点】

区分所有者が管理組合に対して，樹木の枝の剪定に関する費用償還請求権を有する場合，滞納管理費等と相殺ができるかにつき，管理組合と争われたが，滞納管理費等の支払義務との相殺はできないと判示した。

【事実の概要】　区分所有者Aが，隣接する旧カンボジア大使館から本件敷地にはみ出している樹木の枝を剪定した。管理組合Xは，Aに対して滞納してい

る一般管理費，修繕積立金，駐車場維持費，給湯費等を請求していたが，Aは，X及びXの委託を受けた管理業者Zが，管理業務を行っていないため，支払義務はないと主張した。Aは，樹木の剪定に関する費用償還請求権（「剪定費請求権」という）を自働債権として，滞納管理費等を受働債権として相殺を求めた。管理規約では，区分所有者は専用庭を無償で使用でき，樹木等の維持管理は区分所有者が行う旨が定められていた。Aは，専用庭の南側に存する旧カンボジア大使館の樹木の枝が，通風及び害虫等の障害によって放置することができない状況となったので，1,146,940円を負担して樹木の剪定を行った。Aは，原審第4回口頭弁論期日において，剪定費請求権を自働債権，Xが求める管理費等を受働債権として，対当額で相殺する旨の意思表示をした。

【当事者の主張】　Xは，Aに対して次のとおり主張した。
① 剪定費請求権と管理費等とは相殺することはできない。
② 管理費等滞納額3,650,104円及び遅延損害金を請求する。

Aは，Xに対して次のとおり主張した。
① Zは，Aに対する来客の接待案内及び郵便物・宅配便の保管等の管理業務を行っていないので，管理費等を支払う必要はない。
② 駐輪場に面する庭について，Zが維持管理を行わないため，Aは，やむなく，剪定等の維持管理作業を行った。
③ 剪定費請求権について，管理費等債権と対当額で相殺することを求める。

【判　旨】

控訴審　剪定費請求権を自働債権，管理費等の支払義務を受働債権として相殺することはできない。Aの控訴を棄却する。
① 管理費等は，管理業務とは直接の対価関係を持たない。管理費等は，建物及びその敷地の維持管理という区分所有者全員の共通の必要に供するためにXに拠出する資金である。管理費等の支払義務は，AがXの構成員であることに由来し，規約の定めを根拠とする。
② マンションの維持管理は，区分所有者全員が管理費等を拠出することにより，規約に基づき，集団的，計画的，継続的に行われる。区分所有者の一人

第9章　管理費等の支払義務と不払対策

でも拠出しない場合には、建物の維持管理に支障を生じ、区分所有者全員が不利益を被り、Xの運営が困難になる。

③　AのXに対する剪定費請求権が348,000円の限度で認められるが、管理費等の支払義務の集団的、団体的な性質と現実の履行の必要性に照らすと、相殺によって管理費等の現実の拠出を拒絶することは、Xを構成するAの地位とは相容れない。このような相殺は、その性質上許されない。

④　Aには、原審の認容額のほかに平成7年10月から平成8年10月までの管理費等の滞納額3,650,104円及び遅延利息の支払義務がある。

【ワンポイント整理：自働債権と受働債権】

相殺する側の債権を自働債権、相殺される側の債権(反対債権)を受働債権という。例えば、AがBに対して100万円の貸金債権を有し、BがAに対して50万円の売掛代金債権を有している場合、Aの意思表示によって相殺がなされた場合、貸金債権が自働債権であり、売掛代金債権が受働債権となる。

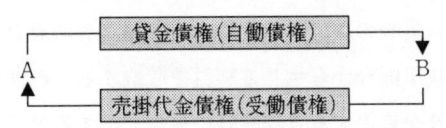

```
        ┌──貸金債権(自働債権)──┐
      A                          B
        └──売掛代金債権(受働債権)─┘
```

{ 本事案では、Aの主張に基づくと、剪定費請求権を自働債権、管理費等債権を受働債権とする。

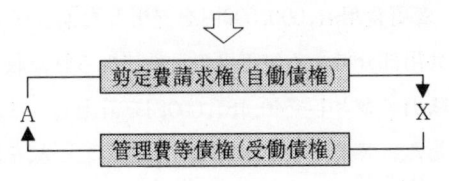

⇩

```
        ┌──剪定費請求権(自働債権)──┐
      A                            X
        └──管理費等債権(受働債権)───┘
```

相殺が許されない場合には、次の3つが想定される。本事案は、③に該当し、両債権を各別に履行しないと、債権債務の目的が達成できないと判示した。

233

① 民法505条1項によって、当事者間に相殺に反対する意思表示がある。
② 民法509条、510条、511条によって、相殺の禁止条項がある。
③ 民法505条1項但書によって、債務の性質が相殺を許さない。

重要判例76　共用部分による利益と管理費等との相殺

昭61(ワ)6461号（東京地判平成3年5月29日）

【争　点】

区分所有建物の共用部分から生じた利益は、区分所有者に分配せず、管理規約の定めに基づき管理費等への振替に充当し、集会の決議に基づき次年度への繰越及び内部留保の処理をすることができる。

【事実の概要】　本件事務所ビルの管理規約には、❶区分所有者が負担すべき管理費等の金額は、集会の決議により決める、❷区分所有者は、専有部分の床面積割合に応じて共用部分から生じる利益を収取する、❸共用部分から生じる利益は、区分所有者が負担する管理費等に振替充当するという定めがあった。管理業者Xは、新規資産取得費及び機械設備修繕費、営繕関係費の合計313,053,490円と、変更費用91,000,000円を支出したが、区分所有者に負担を求めることなく、共用部分である駐車場の賃料で得られた収益金を振り替えて充当した。損害保険引当金として40,187,000円を計上し、これに相当する額の収益金を内部留保した。Xが、事業年度毎に収益金の一部を区分所有者に分配することなく、繰越処理をした結果、昭和58年度末では196,075,491円の繰越額が存在した。Xが、約8年間、駐車場を賃貸して得られた収益について、決議に基づき、次の❶～❸の会計処理をしたところ、640,315,981円が収益金の合計額となった。

❶ 機械設備修繕費等に振替充当をする。
❷ 区分所有者には分配せずに，繰越処理をする。
❸ 損害保険引当金の計上により，内部留保をする。

【当事者の主張】 区分所有者A（9名）は，次のとおり主張し本訴を提起した。
① 収益金分配請求権は，個別かつ可分の金銭債権であり，団体的制約に拘束される余地がなく，決議によって奪うことができない権利である。収益金は，毎事業年度末に区分所有者全員に分配されなければならない。
② 管理費等への振替充当は，本件規約によって認められるが，繰越処理と内部留保の会計処理のために区分所有者に収益金を分配しないことは，認められない。収益金640,315,981円は，共有持分割合により，区分所有者に分配するべきである。
③ Aの管理費等支払債務とXの収益金分配債務を対当額で相殺し，Aには，管理費等支払債務がないことを確認する。

Xは，Aに対して滞納管理費等の支払いを求めて反訴を提起した。Xは，分譲時から管理者に選任されている。Xは，次のとおり主張した。
① 共用部分から生ずる利益は，集会の決議によって分配可能な具体的な権利に転化するが，それまでは単なる抽象的な利益にすぎない。Aにとっては，具体的な権利を有するものではないので，収益金分配請求権を自働債権，滞納管理費等を受働債権とする相殺は許されない。
② 本件規約に基づき振替充当することができ，集会の決議を経て繰越処理と内部留保の会計処理を行っているので，違法ではない。

【判　旨】
Aには，滞納管理費等の支払義務がある。
① 区分所有者は，専有部分に対して排他的な所有権を有する一方で，共用部分の共有持分に対しては専有部分とは分離処分ができないという拘束を受ける。区分所有者間には人的結合関係が当然に成立し，この結合関係は，必然的に種々の団体的拘束を受けざるを得ない。

②　規約の定め又は集会の決議によって，収益事業を行う意思決定がされ，共用部分を第三者の利用に供して対価を徴収する。管理者が支出した経費を控除するため，共用部分による利益は，区分所有者の団体に合有的に帰属し，団体の財産を構成する。分配方法及び時期が，集会の決議によって決められた場合，収益金分配請求権を支分権として具体的に行使できる。区分所有者は，このように団体的拘束を受けざるを得ない。

③　本件規約によると，集会の決議を待たずに，直接，収益金は，管理費等に振替充当することができる。収益金に関する繰越処理や内部留保，変更費用への振替充当の会計処理は規約上禁止されていない。集会の決議によって繰越処理等が行われている。

④　収益金分配請求権は，集会の決議がなければ，具体的に行使可能な債権として認められない。これを自働債権として管理費等支払請求権と相殺することはできないため，Aの管理費等支払義務は消滅しない。

【ワンポイント整理：共有物又は共用部分への対応】

○：認容，×：否認

	民　　法	区 分 所 有 法
❶　分配請求	○	×（専有部分の処分に従う）
❷　放　　棄	○	×（専有部分の処分に従う）
❸　使　　用	○	×（共用部分を用方に従い使用できる）
❹　負担義務の不履行と持分の取得	○（補償金支払が条件）	×（専有部分と分離して取得できない）
❺　負担と利益収取	○	○
❻　持分割合	各共有者において，同一と推定	専有部分の床面積割合による

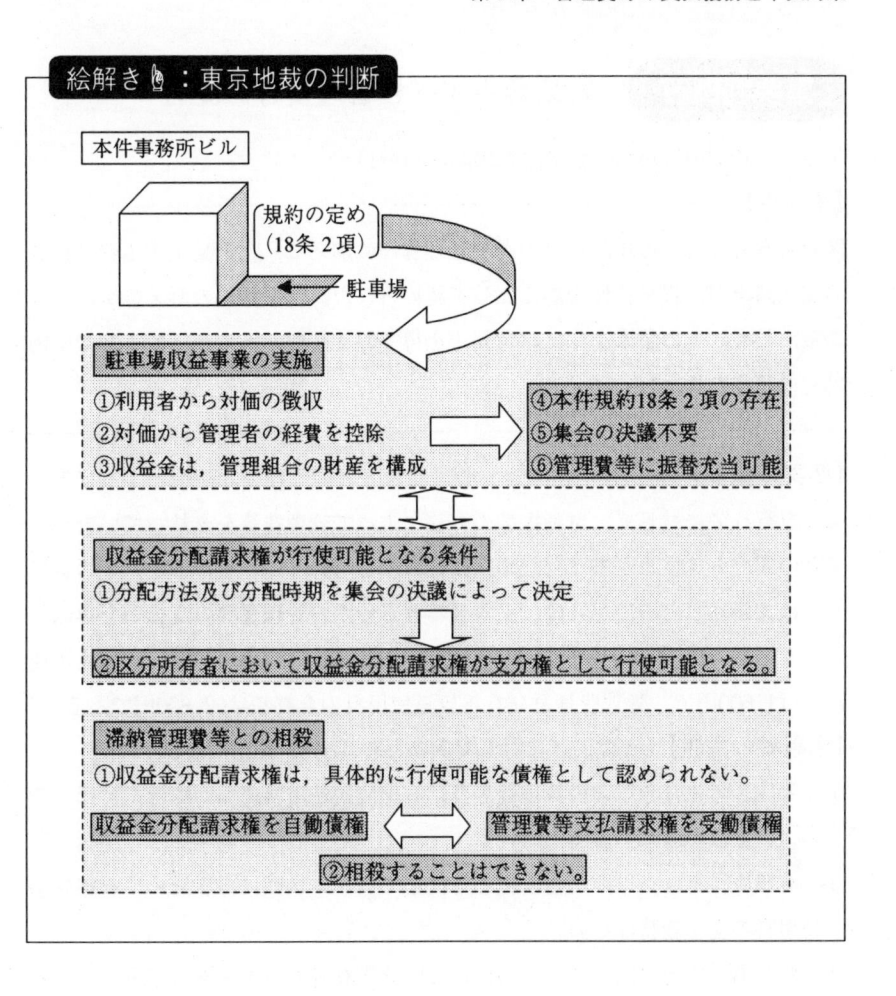

第 9 章　管理費等の支払義務と不払対策

絵解き☞：東京地裁の判断

本件事務所ビル

（規約の定め（18条2項））← 駐車場

駐車場収益事業の実施
①利用者から対価の徴収
②対価から管理者の経費を控除
③収益金は，管理組合の財産を構成

④本件規約18条2項の存在
⑤集会の決議不要
⑥管理費等に振替充当可能

収益金分配請求権が行使可能となる条件
①分配方法及び分配時期を集会の決議によって決定

②区分所有者において収益金分配請求権が支分権として行使可能となる。

滞納管理費等との相殺
①収益金分配請求権は，具体的に行使可能な債権として認められない。

収益金分配請求権を自働債権 ⇔ 管理費等支払請求権を受働債権

②相殺することはできない。

重要判例77　将来発生すべき管理費等の認容

平9（ワ）19529号（東京地判平成10年4月14日）

【争　点】

区分所有者に対する現時点での滞納管理費等に加えて，将来発生する管理費等の支払請求が，将来給付の訴えとして認められた。将来給付の訴えについては，あらかじめ，その請求をして給付判決を得ておく必要があるが，本事案では例外的に認容された。

【事実の概要】　区分所有者Aは，管理組合Xとの管理委託契約によって集金業務を行うZに対して，自動振替の方法によって管理費等を支払っていたが，Zとの間でトラブルがあったため，預金口座を解約した。Zがトラブルの責任を認めて謝罪したので，Aは，平成8年5月分から管理費等の支払いを再開した。Aにおける月額の管理費は53,200円，修繕積立金は8,000円，有線放送使用料は1,600円で，管理費等及び有線放送使用料の合計額は62,800円である。

【当事者の主張】　Aは，Xに対して次のとおり主張した。

① 平成8年4月分以前の管理費等及び有線放送使用料については，Xは，その未払金額の請求を放棄した。

② 有線放送料は，以前から断線して使用できない状態にあるために有線放送使用料の支払義務はない。

③ 駐車場の使用に関して一時的に他の区分所有者の駐車区画に停車したこと及び冬季暖房のため灯油を持ち込んだことによって，Xから嫌がらせ及び差別的取扱いを受けた。

Xは，Aに対して次のとおり主張した。

① Aが滞納した平成8年4月分以前の管理費等及び有線放送使用料について，その請求を放棄したという事実はない。

② 有線放送が，以前から断線して使用できない状態にある場合，専有部分に原因があれば，Aが修繕しなければならない。修繕の有無にかかわらず，有

線放送使用料の支払義務がある。
③　駐車場の使用に関して，嫌がらせ及び差別的取扱いをした事実はない。灯油の持込みは，使用細則において禁止されている。

【判　旨】

滞納管理費等に加えて，将来発生する履行期未到来の翌月分の管理費等及び有線放送使用料の支払請求を認める。

①　Aには，平成7年11月分から平成8年4月分まで，平成8年10月分の半額，平成8年11月分から平成10年3月分までの管理費等及び有線放送使用料を支払ったという事実は認められない。Xが請求を放棄したという証拠は存在しない。

②　有線放送は，共用部分において断線しているものではないため，使用料の支払拒絶は認められない。駐車場使用に関するトラブルは，管理費等の支払拒絶の事由とはならない。

③　将来の給付の訴えは，あらかじめその請求をして給付判決を得ておく必要性のある場合に限って認められるが，管理費等の支払義務は，継続的に毎月確実に発生するものである。本件マンションは，住戸数10の小規模マンションであるため，A一人の管理費等の滞納は，Xの運営や財務に重大な支障を生ずるおそれが強い。Aは，将来分を含めて，管理費等の支払拒絶の意思が相当に強く，即時の履行が期待できない状況である。従って，Xの主張する将来の履行期未到来の管理費等及び有線放送使用料の支払請求が認められる。

④　Aに対して，滞納管理費等として1,771,409円及び遅延損害金による金銭の支払いを命ずる。平成10年3月27日から，毎月27日において翌月管理費等及び有線放送使用料62,800円の金銭の支払いを命ずる。

【ワンポイント整理：将来の給付の訴えの認否と要件】

A）継続的かつ確実に発生する債務が存在する。
B）債務不履行が，団体の運営等に重大な支障の原因である。
C）将来分を含めて債務不履行の可能性が高い。

⇩

○ 将来の給付の訴えを認容

A）不確実又は流動的な事実要素が存在する。
B）将来における事情変動を事前に予測することが困難である。
C）債務者が，立証責任を負担することが不当である。

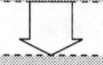

⇩

× 将来の給付の訴えを否認

重要判例78　自力救済条項と損害賠償責任

平10（ワ）3204号（札幌地判平成11年12月24日）

【争　点】

賃貸借契約において自力救済条項が定められていても，管理業者が建物内に立ち入り，錠を交換することは，不法行為になると認定した。

【事実の概要】　本件マンションの賃借人Aの賃料不払に対抗して，管理業者Bが，賃貸借契約における自力救済条項（「本件特約」という）を根拠に，錠を取り替えたことが不法行為に該当するか否かについて，管理業者の損害賠償責任が問われた。Aは，108号室の区分所有者Xと賃貸借契約を締結し，妻とともに居住していた。Bは，本件マンションの所有者と管理委託契約を締結し，建物管理業務を行っていた。Bは，Xとの賃貸借契約において仲介業者としての職務を行った。賃貸借契約には，本件特約として，「賃借人が賃借料の支払

いを7日以上怠ったときは，賃貸人は直ちに賃貸物件の施錠をすることができる。その後，7日以上経過したときは，賃貸物件内の動産を賃借人の費用負担によって賃貸人が自由に処分しても，賃借人は異議申立てをしないものとする。」という定めがあった。平成10年10月，Aが，雨漏りとカビの被害を訴えたところ，Bは当該被害の弁償には応じられない旨を回答したため，Aは，賃料の支払いを停止することにした。Bは，「督促及びドアロック予告通知書」を交付して，文書によって未払賃料の支払いを請求した。未払賃料の支払いがない場合，108号室の扉をロックして，立入りを禁止することが記載されていた。更にAの滞納が続いたため，Bは，「最終督促書」を交付したが，Aの賃借料の未納が続いたため，Bの従業員Yは，本件特約に基づき，108号室に立ち入った。水道を停止し，ガスストーブのスイッチを切り，浴室照明器具のカバーを外したうえで，錠を取り換える行為（「本件行為」という）を行った。このため，Aは，居室内に入るため，錠の取換えを余儀なくされた。

【当事者の主張】　Aは，Bに対して次のとおり主張した。
① 雨漏り及びカビの被害を受けたにもかかわらず，Bが損害賠償に応じないことが原因で，賃料の支払いを停止した。
② 本件特約につき，Bと合意した事実はない。本件行為は，法的手続によらずにAの占有を排除し，妨害するものである。自力救済に相当し，社会的妥当性を欠く。
③ Bの従業員が住居に入り，水道・ガスを停止，錠の取替えを行うなど平穏に生活する権利を違法に侵害されたため，不法行為に基づく損害賠償を請求する。慰謝料として100万円，錠の取換費用として17,850円，弁護士費用として10万円を請求する。

Bは，Aに対して次のとおり主張した。
① 賃借人の賃借料の未払いが増加し，未払者の所在不明・無断退去等の事態が発生している。不測の事態に対応するため，管理業者として，施錠や居室内に立ち入ることが必要である。
② 本件特約は，機械的に適用しているものではない。再三の督促にもかかわ

らず，Aが根拠のない主張に基づき，賃借料の支払いを拒絶しているためである。

③　本件特約については，Aと合意済みであり，公序良俗に反しないもので，適法である。

④　本件行為は，凍結防止のために水道を停止し，火災防止のためにストーブのスイッチを切ったものである。本件行為には違法性がなく，不法行為に基づく損害賠償責任を負うものではない。

【判　旨】────────────────────────────

本件特約は無効で，AのBに対する損害賠償責任を認める。

①　本件特約は，Xが，賃料債権を実現するため，法的手続によらずに通常の権利行使の範囲を超えて，Aの平穏に生活する権利を侵害することを内容とする。

②　本件特約に基づく権利の実現は，法的手続では権利の実現が不可能又は著しく困難であると認められる緊急やむを得ない特別の事情が存する場合を除いて，原則として許されない。Bは，Aと連絡を取ることができないという状態ではないため，特別の事情が存するものではない。本件特約は，公序良俗に反し無効である。

③　Aの賃料不払という事情がある場合でさえ，法的手続によらなければならない。通常の権利行使の範囲を超えて，債務者の権利を侵害する方法による権利の実現は，許されることではない。

④　本件行為は，水道管の破裂等が生じるおそれがあれば，現実の危険の回避のため，必要かつ相当な範囲において許容される。本件行為の行われたとき，Aは一時的な外出中であり，現実の危険な事象が生じるおそれはなかった。本件行為は，Aの平穏に生活する権利を侵害するものであり，違法性が存する。Bには損害賠償責任が生ずる。

⑤　慰謝料の額は，精神的損害の填補であり，Aの主張する懲罰的又は制裁的要素を含めることはできず，10万円を相当とする。併せて，Bに対して，錠の取換費用17,850円及び本件行為と相当因果関係のある弁護士費用2万円，

合計137,850円及び遅延損害金の支払いを命ずる。

【ワンポイント整理：自力救済と判例】

自力救済は，法的手続では，権利の実現が不可能又は著しく困難であると認められる緊急やむを得ない特別の事情が存する場合においてのみ，その必要の限度を超えない範囲で，例外的に許されるものである（最判昭和40年12月7日）。自力救済に関する判例としては，賃貸人が，賃借人の家財道具を廃棄処分した事案が違法とされた判例がある（浦和地判平成6年4月22日）。

競落された建物内に従前所有者の残した動産がある場合，競落人は，執行裁判所から引渡命令を得なければ，当該動産を廃棄処分することはできない（東京地判平成14年4月22日）。

【基礎的事項の確認】

① 管理費等の負担割合を定める場合，その使用頻度を勘案する必要はない。エレベーターを使用する頻度の少ない1階の区分所有者が，エレベーターの管理費等の負担を軽減されるわけではない。

② 滞納管理費等は定期給付債権の扱いとなり，5年間が消滅時効となる。滞納者は，5年間の時効の完成分については，時効を援用することにより支払いを免れることができる。

③ 分譲業者が，管理者となり管理業務を行っていたが，区分所有者であるにもかかわらず，管理費等を支払っていない場合，その不払いを理由として管理者の解任請求は認められる。分譲業者には，複数の区分所有関係の発生時期において，区分所有者として，未分譲住戸の管理費等の支払義務が生じる。

④ 初年度会計年度に限り，専用使用料を管理費等に充当して不足が生じる場合には分譲業者が未分譲住戸について管理費等を負担すると定めた規約は，売買契約書及び重要事項説明書においても明示されているので，有効である。

⑤ 分譲業者が，管理業者との管理委託契約に基づき赤字分の補填をしたが，未分譲住戸の管理費等を支払わなかった場合，管理費等を支払っていた区分所有者とは著しい経済的負担の差異は認められない。

⑥ 区分所有者各人には，滞納管理費等の全額についての請求権はなく，単独請求することはできない。規約による管理費等の額の変更がある場合，区分所有者間の衡平性に配慮して，具体的かつ現実的な利益衡量によって判断する。区分所有者全員による必要的共同訴訟には該当しない。

⑦ 仲介業者が，買主に対して滞納管理費等の清算を約束したが，滞納額の承認がなされず清算ができなかった場合，仲介業者の債務不履行責任を理由とする売買契約及び仲介契約の解除は認められる。

⑧ 区分所有権が，X（譲渡人）⇒Y（譲受人＝譲渡人）⇒Z（譲受人）と転々と譲渡された場合，X及びZには支払義務があるが，中間取得者のYには支払義務がない。

第10章 重要事項説明と瑕疵担保責任

The Point

○営業担当者の説明と竣工後の相違点は重要な事項の説明義務に違反するか。
○パンフレットと実際の方位が異なる場合，債務不履行責任は成立するか。
○ホルムアルデヒド濃度・地中埋設物により，瑕疵担保責任は肯定されるか。

【Theme & Target】

① 未竣工のマンションの販売において，居室の西窓から二条城の景観と眺望が広がるという販売代理業者の説明が，竣工後の状況と異なる場合，買主は契約を解除できるのか。宅建業法の重要事項説明の内容について，確認する。

② 売主及び媒介業者の営業担当者が，建築計画があることを認識していたにもかかわらず，日照は将来的に確保されるという虚偽の説明を行っていた。説明義務違反に該当するとともに，売主及び媒介業者は，使用者責任を負うことになるのか。

③ 売主が軟弱地盤であることを説明・告知しなかった場合，契約の目的を達することができないために，瑕疵担保責任による契約の解除が認められるか。軟弱地盤であることを告知しなかった媒介業者に対しては，

告知義務違反による不法行為による損害賠償責任が生ずるのか。
④　分譲業者が全戸南向きと宣伝して本件マンションを販売したが，現実は西に傾いていることが判明した場合，買主の債務不履行又は不法行為を理由とする損害賠償請求は認められるのか。
⑤　購入したマンションの直下から生じる給水ポンプ室の騒音を原因として，要素の錯誤のために売買契約は無効とされるのか。
⑥　買主が，購入したマンションのホルムアルデヒドの濃度が厚生労働省の指針値より相当高いため，居住できないとして，売買代金等の返還を求めた。厚生労働省の指針値を超えるホルムアルデヒドの濃度が生じる場合，売主の瑕疵担保責任は肯定されるか。
⑦　サッシの遮音性能が不十分であるため，鉄道騒音等による睡眠上の支障が生じた。通常人の受忍限度に応える性能を有するサッシの設置義務があるにもかかわらず，これが不十分であることによる債務不履行責任は認められるのか。
⑧　買替物件にはローン特約が付され，購入物件にはローン特約がなかった。購入物件のローンが不調となった場合，ローン特約の不記載にかかわらず，媒介業者に対する買主の損害賠償請求が認められるのか。
⑨　建物内で売主の親族が自殺していたことは，目的物の隠れた瑕疵に該当し，瑕疵担保責任に基づく買主の損害賠償請求が認められるのか。
⑩　地中に産業廃棄物，土間コンクリート及び建物基礎が残存することは，隠れた瑕疵に該当するのか。

重要判例79　営業担当者の説明と契約解除及び手付金等返還請求

第一審：平8（ワ）417号（京都地判平成10年3月24日），控訴審：平10（ネ）1144号（大阪高判平成11年9月17日），上告審（最判平成12年9月26日）

【争　点】

未竣工のマンションの販売において，居室の西窓から二条城の景観と眺望が広がるという販売代理業者の説明が，竣工後の状況と異なる場合，買主は契約を解除できる。買主は目的物を実地に確認できないので，売主には実物を見聞したのと同程度の正確な情報の提供が要求される。

【事実の概要】　買主Aは，分譲業者Cから販売代理を委託されたDに対して，二条城が見えることを確認した上で，603号室について4,560万円で売買契約を締結し手付金460万円を支払った。本物件は，6階の南西角に位置する住戸であり，バルコニーが南面にあり，居室窓が西面（「西窓」という）にある。本件契約には，次の条項が記載されていた。

❶　売主又は買主が契約に違反し催促に応じない場合，契約の解除をすることができ，売買代金の20%の違約金の支払義務が生じる。

❷　売主の違約の場合，受領済みの手付金を返還し，買主の違約の場合，支払済みの手付金を違約金に充当することができる。

パンフレットには，上階から二条城の眺望が広がると記載され，Dは，本物件は，西側の隣接ビルよりも階数が高いため，西窓の視界が通っていると説明した。本件契約から9ヵ月後の建物内覧会において，西窓の直近に存在する隣接ビル屋上の冷却塔により，眺望が阻害されその機械騒音が大きいことが判明した。Aは，重要事項説明義務に関する違反を主張し，Dは，冷却塔の存在を詫び，値引き提案，二重窓の設置，登記費用の援助等の提案を行ったが，合意には達しなかった。Aは，Dに本件契約の解除と手付金の返還を求めて，配達証

明付内容証明郵便を発送した。Aは本件契約を解除したが，Dは手付金を返還しなかった。

【当事者の主張】　Aは，CDに対して次のとおり主張した。

① 　眺望の重視を伝えた際，Dは二条城への視界を遮るものがないと言明したが，実際には冷却塔によって視界が遮られた。本件契約の重要な要素に瑕疵があり，CDは重要事項の説明義務を果たしていない。

② 　高い静粛性を訴えていたが，冷却塔の機械騒音が大きい。CDには，機械騒音の告知義務がある。

③ 　本件契約を解除したので，CDには，手付金460万円及び売買代金4,560万円の20％に該当する912万円の違約金の支払義務がある。

④ 　CDに対して，重要事項の説明義務違反を理由として，不法行為による損害賠償を請求する。手付金460万円については，CDの不真正連帯責任として請求する。賃貸住宅の賃料差額月額143,250円，合計1,002,750円を損害賠償として請求する。

⑤ 　新たに入居した賃貸住宅の礼金等1,295,736円及び社内融資1,000万円に関する住宅ローン利息48,767円を損害賠償として請求する。

CDは，Aに対して次のとおり主張した。

① 　眺望の善悪は，極めて主観的で，本件契約の注意義務の内容を確定することはできない。眺望は，主として南側バルコニーによるものであり，西窓からは，二条城の緑地はかなり見える。

② 　都市部の住宅では，日照等に比べて眺望の重要性は低い。眺望を本件契約の要素とする意思の合致があったとは認められない。

③ 　冷却塔の稼働時における測定値は，隣接ビル屋上において，48dbであり，受忍限度内であるため，告知義務はない。Aの住宅付近では，55dbである。

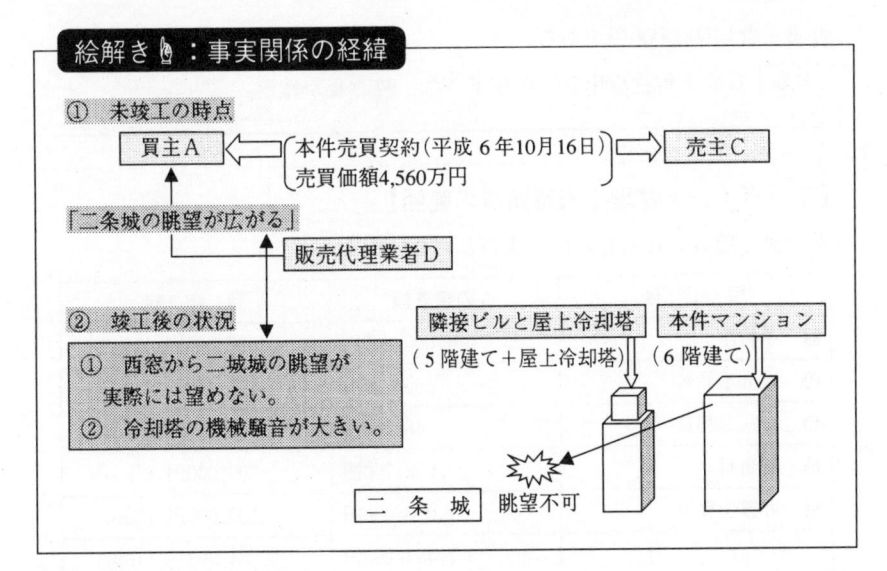

第10章　重要事項説明と瑕疵担保責任

```
┌─ 絵解き☞：事実関係の経緯 ────────────────────────┐
│                                                              │
│  ① 未竣工の時点                                             │
│      ┌─────┐  ⇐ 本件売買契約（平成6年10月16日）  ┌─────┐   │
│      │ 買主A │     売買価額4,560万円             ⇒ │売主C │   │
│      └─────┘                                      └─────┘   │
│        ↑                                                     │
│  「二条城の眺望が広がる」                                    │
│        │        ┌──────────┐                                │
│        ↕        │販売代理業者D│                              │
│                 └──────────┘                                │
│                                                              │
│  ② 竣工後の状況       隣接ビルと屋上冷却塔   本件マンション │
│  ┌──────────────────┐   （5階建て＋屋上冷却塔）（6階建て） │
│  │① 西窓から二城城の眺望が│      ┌─┐                ┌─┐   │
│  │  実際には望めない。    │      │ │▣               │ │   │
│  │② 冷却塔の機械騒音が大きい。│  │ │                │ │   │
│  └──────────────────┘      │ │←──眺望不可───│ │   │
│                               └─┘ 💥              └─┘   │
│                         ┌──────┐                          │
│                         │二 条 城│ 眺望不可                │
│                         └──────┘                          │
└──────────────────────────────────────────┘
```

【判　旨】

控訴審　Aの契約解除及び手付金等の返還請求を認める。

① Dは，未竣工マンションの購入希望者に対して，実物（竣工物）を見聞できたのと同程度にまで説明する義務がある。

② 竣工したマンションの状況とDの説明が一致せず，かつ，その状況では契約を締結しなかったと認める場合，Aは，本件契約を解除することができ，その状況を信頼したことによる損害賠償請求をすることができる。

③ Dは，隣接ビルは5階建てのため，6階にある本件居室からは視界が通っていると説明したが，現実には，冷却塔のために二条城がほとんど見えない状態であった。

④ Aが二条城への眺望を重視し，それが購入動機であることをDは認識していた。Dには二条城の視界について正確な情報の提供義務がある。Aは本件契約を解除することができ，Cには手付金の返還義務がある。

⑤ CDに対して，各5,584,503円及び遅延損害金の支払いを命ずる。その内訳は，手付金4,600,000円，賃貸住宅に関する媒介手数料155,736円，勤務先から1,000万円の融資を受けた住宅ローン利息28,767円，慰謝料300,000円，

弁護士費用500,000円である。

> 上告審 Cの上告受理申立てが却下され，控訴審が確定。

【ワンポイント整理：損害賠償の範囲】

本判決で認容されたものは，次のとおりである。

項　　目	Aの請求額	認　容　額
❶ 手付金	4,600,000円	4,600,000円（100％）
❷ 媒介手数料	155,736円	155,736円（100％）
❸ ローン利息	48,767円	28,767円（59％）
❹ 慰謝料	1,652,750円	300,000円（18％）
❺ 弁護士費用	1,000,000円	500,000円（50％）
合　　計	7,457,253円	5,584,503円（75％）

本判決で棄却されたものは，次のとおりである。

項　　目	Aの請求額	請求棄却
❶ 新旧マンション賃料差額 （平成7年8月～平成8年2月）	1,002,750円	棄却
❷ 新規賃貸住宅敷金	650,000円	棄却
❸ 新規賃貸住宅礼金	490,000円	棄却
合　　計	2,142,750円	棄却

【ワンポイント整理：宅建業法の重要事項説明と重要な事項】

本事案は，宅建業法の35条に定める「重要事項」及び47条1号に定める「重要な事項」に関する説明に違反する行為である。未竣工の建物については，形状及び構造，主要構造部，内装及び外装の構造又は仕上げ，設備の設置及び構造について，重要事項として説明義務がある（宅建業法35条1項5号）。特に，マンションについては，縮尺400分の1以上の平面図を用いて敷地及び敷地内の建物位置及び各階平面図を説明し，購入対象となる物件については，縮尺100分の1以上の平面図を交付して説明しなけれ

ばならない（昭和46年12月14日付け建設省計宅政発183号建設省計画局長通達）。宅建業法は、47条1号「イ」において、35条1項又は2項に該当する重要事項を含むと規定し、47条1号「ニ」において、環境及び交通等の利便等について買主の判断に重要な影響を及ぼすものについては重要な事項として、事実の隠蔽や不実告知が禁じられている。宅建業法35条は、説明すべき最低限の事項を限定列挙したもので、特別の事情がない限り、47条1号に定める重要な事項に該当する。35条に基づく重要事項の説明義務違反は、47条1号に基づく重要な事項について故意に事実を告げず又は不実のことを告げる行為に該当する。具体的な個々の事案について、買主の意思決定に及ぼす影響が軽微であれば、重要な事項に該当しない場合があるとするが（昭和46年10月26日付け岡計宅政発19号岡山県土木部長あて回答）、これは、買主の意思決定に及ぼす影響が重大であれば、重要な事項に該当し、説明義務があるということである。本事案の眺望阻害や機械騒音は、環境に関するAの購入意思の決定にかかわる重要な事項であり、CDには説明義務があるといえる。

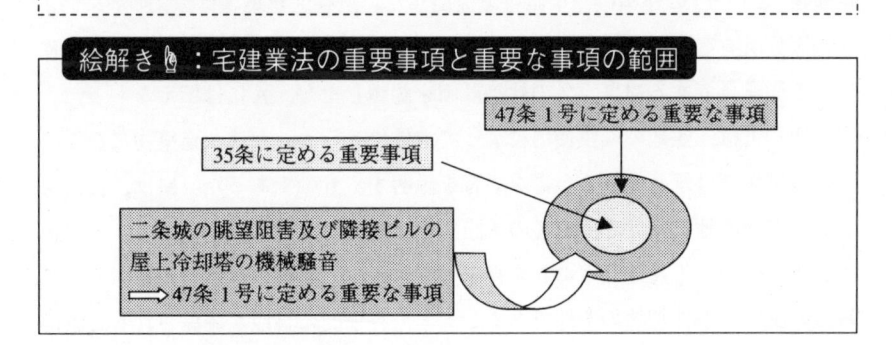

絵解き🖐：宅建業法の重要事項と重要な事項の範囲

47条1号に定める重要な事項

35条に定める重要事項

二条城の眺望阻害及び隣接ビルの屋上冷却塔の機械騒音
⟹47条1号に定める重要な事項

重要判例80　マンションの日照被害と不実告知

平8(ワ)19369号（東京地判平成10年9月16日）

【争　点】

売主及び媒介業者が，南西側隣接地において建築計画があることを認識していたが，従業員（営業担当者）が，南西側からの日照は将来的に確保されるという虚偽の説明を行っていた。これは，説明義務違反に該当し，売主及び媒介業者は，使用者責任を負うことが認定された。

【事実の概要】　買主Aは，宅建業者Bの媒介によって，売主Cの所有する202号室を売買価格4,500万円で購入した。銀行融資額が3,400万円に留まったため，売買価格は4,300万円に減額された。本件マンションは，建築確認時に南西側隣接地（地番40−6）を包む敷地を有したが，南西側隣接地は，地番40−30〜33の4つに分筆され，Zへの所有権移転がなされた。Zは所有する南西側隣接地（「本件隣地」という）の一部を敷地とする木造3階建て専用住宅（「本件隣接建物」という）の建築確認申請書を提出した。渋谷区建築課は，本件マンションの区分所有者及びCに対して，通知書を送付し，Bの従業員であるT，H及びCの従業員であるMは，Zの建築計画を認識したが，Aには伝えなかった。本件通知書は，敷地の二重使用によって本件マンションが違法建築物になるが，Zの建築確認は承認せざるを得ない旨を説明するものであった。Mは，Aに対して，本件隣地には区分所有者の承諾なしに建築物を建てることはできない旨の説明を行い，T及びHもこれを肯定した。Aは，高齢の母親と同居するので，日照の確保が本件契約の条件であると伝え，将来的に日照が確保されると誤信した。ところが，本件隣接建物が建築されたため，Aの住戸の日照時間が著しく低下した。

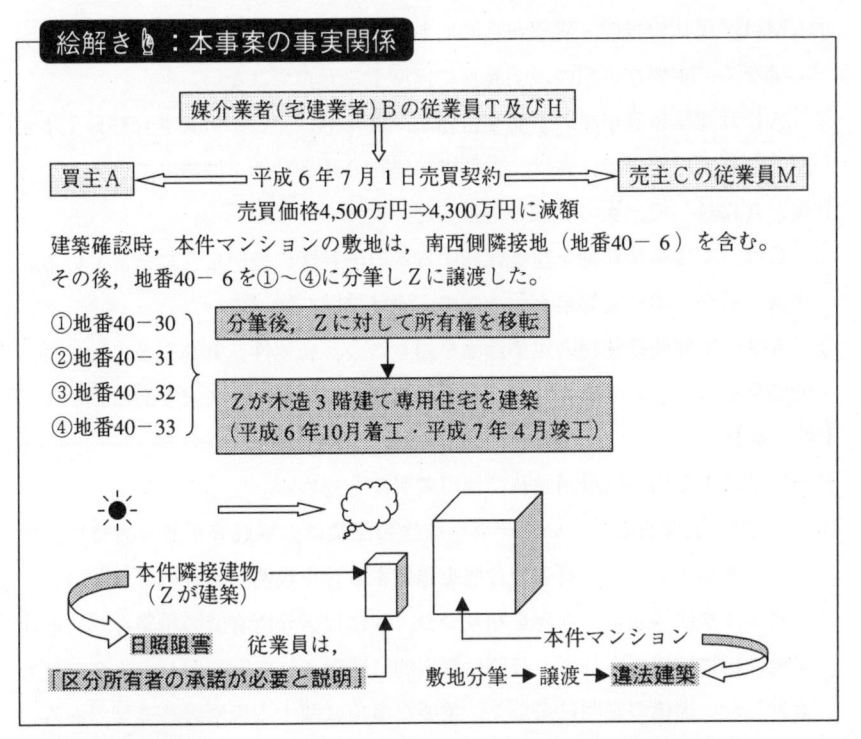

第10章 重要事項説明と瑕疵担保責任

```
┌─ 絵解き🔍：本事案の事実関係 ────────────────────────┐
│                                                    │
│              媒介業者(宅建業者)Bの従業員T及びH       │
│                         ↓                          │
│   買主A ←───── 平成6年7月1日売買契約 ─────→ 売主Cの従業員M │
│              売買価格4,500万円⇒4,300万円に減額       │
│   建築確認時，本件マンションの敷地は，南西側隣接地（地番40－6）を含む。│
│   その後，地番40－6を①～④に分筆しZに譲渡した。      │
│                                                    │
│   ①地番40－30  ┐  ┌────────────────────┐           │
│   ②地番40－31  │  │分筆後，Zに対して所有権を移転│           │
│   ③地番40－32  ├→ └────────────────────┘           │
│   ④地番40－33  ┘  ┌────────────────────┐           │
│                    │Zが木造3階建て専用住宅を建築│           │
│                    │（平成6年10月着工・平成7年4月竣工）│      │
│                    └────────────────────┘           │
│                                                    │
│   ☼→    本件隣接建物                本件マンション    │
│         （Zが建築）                                  │
│    日照阻害    従業員は，                             │
│   区分所有者の承諾が必要と説明   敷地分筆→譲渡→違法建築 │
│                                                    │
└────────────────────────────────────────────────────┘
```

【当事者の主張】 Aは，B及びCに対して，次のとおり主張した。

① 「日照・眺望良好」と記載されたチラシ広告によって，現在及び将来にわたって日照が確保されると誤信した。

② B及びC又はT，H及びMは，本件隣接建物の計画を認識していたが，区分所有者の承諾なしには建築できない旨を説明した。重要な事項について説明義務違反がある。本件契約は，要素の錯誤により無効である。

③ B及びC又はT，H及びMは，買主の利害にかかわる重要事項については宅建業法35条による説明義務がある。重要な事項について事実の隠蔽又は不実告知は，宅建業法47条1号によって禁止されている。

④ 説明義務違反を理由とする不法行為又は説明義務違反を理由とする使用者責任に対する損害賠償を求める。

Cは，Aに対して，次のとおり主張した。

① Mは，現状の日照・眺望が良好であることを説明した。これは虚偽の説明ではなく，重要な事項の説明義務に違反するものではない。
② Aには建築確認申請の事実を告知し，ブルドーザーが搬入され整地工事が開始されていたので，Aは，本件隣接建物の建築計画を認識していた。

Bは，Aに対して，次のとおり主張した。
① Cは，本件隣接建物を建築確認する旨の渋谷区の説明をAに伝えている。Aは，Cから本件通知書を示されて，建築計画を知っていた。
② Aは，本件隣接建物の建築計画を知りつつ，利便性，勤務先との近接性，低価格を理由として購入した。Aの錯誤無効の主張は，失当である。

【判　旨】

錯誤無効による損害賠償請求及び使用者責任を認める。
① 「日照・眺望良好」というチラシ広告の記載は，平成6年6月当時における現状を示すもので，将来の日照を確保する旨を説明したものではない。
② Mは，本件通知書の内容を知りつつ，Aには区分所有者の承諾なしに本件隣地に建物は建てられず，日照は将来的に確保されると説明し，T及びHも首肯した。虚偽の説明に当たり，重要な事項に関する説明義務違反である。
③ 説明義務違反は，B及びCの業務の執行につき，従業員T，H及びMが行ったもので，民法715条に定める使用者責任に基づく損害賠償責任が成立し，B及びCの連帯責任が生じる。
④ 本件契約は，Aの錯誤によって，無効となる。売買代金，諸費用，住宅ローン利息，弁護士費用等の全額がAに返還されなければならない。

第10章 重要事項説明と瑕疵担保責任

【ワンポイント整理：損害賠償の範囲】

Aの請求額のすべてが損害として認容され，棄却されたものは存しない。

項　目	Aの請求額	認　容　額
❶ 売買代金	43,000,000円	43,000,000円
❷ 銀行諸費用	637,736円	637,736円
❸ 登記費用	669,800円	669,800円
❹ 仲介手数料	1,377,583円	1,377,583円
❺ 管理費等精算金	4,473円	4,473円
❻ 住宅ローン利息	2,273,412円	2,273,412円
❼ 弁護士費用	4,800,000円	4,800,000円
合　計	52,763,004円	52,763,004円（100％）

【ワンポイント整理：不実の説明と宅建業法違反】

H，T及びMの虚偽説明は，重要な事項の説明義務に違反する。重要な事項とは，次の❶～❼に該当する事項で，宅建業者の相方方の判断に重要な影響を及ぼすものを含む。日照阻害の不実告知は，❹に該当し，違反となる可能性がある。

> ❶35条に掲げる重要事項❷宅地若しくは建物の所在・規模・形質❸現在若しくは将来の利用の制限❹環境❺交通等の利便❻代金・借賃等の対価の額若しくは支払方法等の取引条件❼宅建業者若しくは取引関係者の資力・信用に関する事項

【ワンポイント整理：不法行為と使用者責任】

被用者が手形偽造にかかわった事案において，次の3点を判断基準として使用者責任を肯定した（最判昭和40年11月30日）。

> ❶　被用者の取引行為が不法行為を構成する。
> ❷　当該行為が被用者の分掌職務と相当の関連性を有する。
> ❸　使用者名義で権限外の当該行為を行うことが客観的に容易である。

> **重要判例81**　隣地の日照被害と損害賠償責任

平11(ワ)10239号（東京地判平成13年11月8日）

【争　点】

本件マンションの南側敷地において，2階建ての住宅が建築・分譲され，分譲業者及び媒介業者の告知・説明義務違反を理由として，1階及び2階を購入した区分所有者に対する損害賠償責任が認められた。併せて，2階建ての分譲住宅の敷地を本件マンションの分譲業者から購入して建築した施工業者の共同不法行為責任が肯定された。

【事実の概要】　A5人（A1～A5）は，宅建業者Bの媒介によって，分譲業者Cから本件マンションを購入した。B及びCの従業員は，Aに対して，「本件隣地は，Cの所有地である。XがCから借地し平屋建てを所有している。日照に影響を及ぼす現状の平屋建てを超える高さの建物は，建築されない。」旨を説明した。Aは，この説明を信じ，売買契約を締結した。本件隣地については，Xが，Cから約60坪を借地して，木造スレート亜鉛メッキ鋼板葺・板葺の平屋建て居宅1棟及び物置2棟（これらを併せて「甲建物」といい，甲建物の存在する土地を「甲土地」という）を建築し，居住していた。XはCとの間において，借地権を所有権と交換して，借地の一部に該当する約36坪（地番658-7）の所有権を取得した。Xは，甲建物を解体し，新たな居宅をDに建築させて移り住んだ。Dは，本件隣地のうちの一部（地番658-6に属する土地を「乙土地」という）をCから売買によって取得した。Dは，乙土地上において，延床面積111.78㎡を有する木造2階建ての分譲住宅（「乙建物」という）を竣工しZに分譲した。Aは，平成11年1月6日，横浜地裁にC及びDを相手方として，乙建物の建築禁止の仮処分申立てを行ったが，日照等の被害は，金銭補償によって解決できない程度に達しているとはいえず，妨害排除請求権として建築禁止を求めることはできないとして却下された。冬至日の日影時間は，甲建物と乙建物では，次表のように日影時間に大きな相違が生じた。

第10章　重要事項説明と瑕疵担保責任

甲建物による最大日影時間

買主	購入住戸	建物部位	日影時間
A1	106号室	アウトリビング（床面から1.5mの高さ）	30分
A2	107号室	アウトリビング（床面から1.5mの高さ）	1時間
A3	207号室	—	0分
A4	208号室	—	0分
A5	209号室	アウトリビング（床面から1.5mの高さ）	1時間

乙建物による最大日影時間

買主	購入住戸	建物部位	日影時間
A1	106号室	アウトリビング（床面から1.5mの高さ）	8時間
A2	107号室	アウトリビング（床面から1.5mの高さ）	8時間
A3	207号室	バルコニー（床面の高さ）	8時間
A4	208号室	バルコニー（床面の高さ）	8時間
A5	209号室	アウトリビング（床面から1.5mの高さ）	6時間

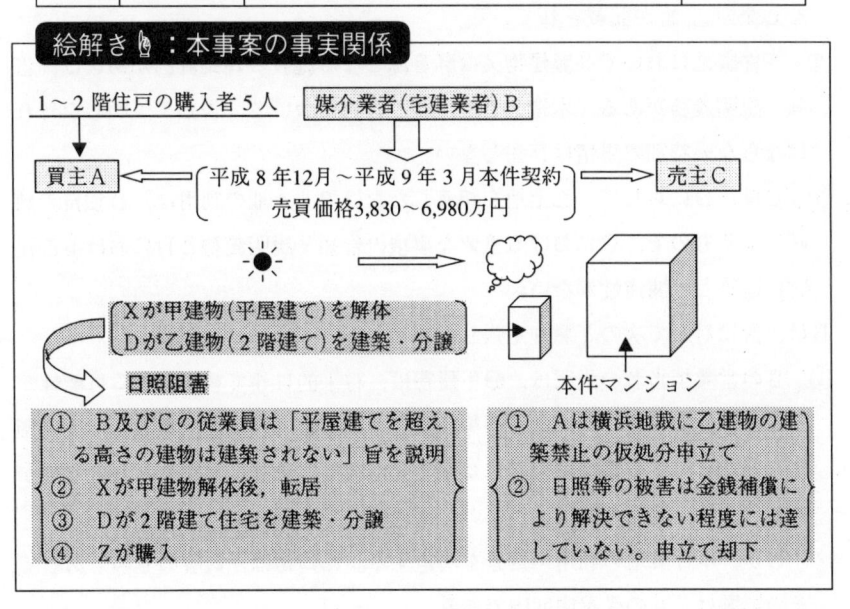

絵解き☞：本事案の事実関係

1～2階住戸の購入者5人 → 買主A
媒介業者（宅建業者）B
平成8年12月～平成9年3月本件契約
売買価格3,830～6,980万円
売主C

Xが甲建物（平屋建て）を解体
Dが乙建物（2階建て）を建築・分譲
本件マンション

日照阻害
① B及びCの従業員は「平屋建てを超える高さの建物は建築されない」旨を説明
② Xが甲建物解体後、転居
③ Dが2階建て住宅を建築・分譲
④ Zが購入

① Aは横浜地裁に乙建物の建築禁止の仮処分申立て
② 日照等の被害は金銭補償により解決できない程度には達していない。申立て却下

【当事者の主張】　Aは，B，C及びDに対して次のとおり主張した。
① B及びCは，乙建物について，その事実を告知し説明する義務がある。B及びCは，日照等が確保されることを宣伝し，Bは，日照等を阻害する乙建物の建築の可能性を告知しなかった。
② Bは，日照等に影響を及ぼす甲建物を超える高さの建物は建築されない旨の虚偽の説明を行った。Bは，Aを錯誤に陥れて購入させた。
③ Dは，2階建ての乙建物を建築すれば，日照等に影響を及ぼす可能性があることを知りつつ，これを建築した。
④ B及びCには，重要な事項の告知・説明義務に違反したことによる共同不法行為又は債務不履行の責任がある。B，C及びDには，乙建物の建築による共同不法行為による損害賠償を請求する。

Cは，Aに対して次のとおり主張した。
① 重要事項説明書には，「本件隣地の利用の変化による本件マンションへの影響について，購入者は，売主に対して損害賠償を請求せず，異議の申立てをしない。」旨が記載されている。
② 本件隣地において高層建物又は騒音源となる施設の建築計画があれば，告知・説明義務がある。木造2階建ての乙建物について，告知・説明しなければならない特別の事情は存在しない。
③ Cは，Dに対して，乙土地を譲渡しただけで，土地の利用は，D独自の判断によるもので，Cにおける重要な事項の告知・説明義務とDにおける乙建物の建築とは関連性がない。

Bは，Aに対して次のとおり主張した。
① Bの営業担当者の説明は，❶甲建物は，将来的に建て替えられる可能性がある❷甲建物の建替えには日照等が配慮される❸日照問題を考慮して販売価格を安くしている❹本件隣地には高さ10mまでの建物が建築される可能性があるとし，甲建物の建替えがないとは説明していない。
② Cが，本件隣地の利用・処分を決定する。乙建物は，低層のものであって，その影響は，Aの受忍限度内である。

Dは，Aに対して，次のとおり主張した。
① 乙建物の本件マンションへの影響があったとすれば，Cが本件マンションの建築位置等に配慮しなかったためである。乙建物の日影は，Aが受忍すべきものである。
② Cの本件マンションの分譲とDの乙建物の分譲とは，別個独立の行為である。客観的に関連した全体として1個の行為と見ることはできない。

【判　旨】

重要な事項の告知・説明義務違反及び共同不法行為を認める。
① B及びCは，いずれも宅建業者であるため，重要な事項について虚偽の説明をしてはならない義務を負う。Aを錯誤に陥れたことと因果関係を有する損害には，共同不法行為又は債務不履行の責任を負う。
② Dは，日照・通風・眺望等の障害を回避することができたにもかかわらず，注意義務に違反してAに損害を及ぼしたことに過失がある。Dは，不法行為に基づく損害賠償責任を負う。
③ B，C及びDの各行為は，単独ではAの権利を侵害することはないが，全体として客観的に関連した1個の行為とみることができ，Aに対する共同不法行為を構成する。B，C及びDは，連帯して損害賠償責任がある。
④ 判例（最判昭和32年3月26日）によると，共同不法行為の関連共同性については，主観的な共同関係は必ずしも必要とはしない。客観的に関連して全体として1個の行為と見ることができれば足りる。

【ワンポイント整理：認容された損害賠償額】

B及びCには，重要事項の告知・説明義務違反があり，Dの行為は，客観的に関連して全体として1個の行為とみなすことができる。共同不法行為が成立し，B・C・Dに対して連帯責任による12,005万円の支払いを命じた。

【A5人に認められた損害賠償額】

損害賠償の項目	認容された損害賠償額
① 損益相殺	6,821万円
② 借入金利息	2,895万円
③ 慰謝料	1,200万円
④ 弁護士費用	1,089万円
⑤ 合計	12,005万円

【ワンポイント整理：共同不法行為の認定理由】

① B及びCの行為
　　⟹ 重要な事項の告知・説明義務違反→債務不履行責任
② Dの行為
　　⟹ 2階建て住宅の建築・分譲による注意義務違反→不法行為責任

【BCDの主張】
主観的共同関係がないため，責任の限度は，相当因果関係のある損害の範囲内に留まる。

【Aの主張】
加害行為と因果関係のある損害のすべてにつき，連帯して損害賠償責任を負う。

⇕

共同不法行為の認定

【東京地裁の見解】
共謀又は共同の認識のような主観的関連共同性は，必要としない。
客観的に権利の侵害が共同になされれば，共同不法行為が認定される。

重要判例82　南側隣地の建築計画不告知と損害賠償責任

平8(ワ)16245号，平10(ワ)12409号（東京地判平成11年2月25日）

【争　点】

南側隣地の建設計画について，事前に告知されていたにもかかわらず，分譲業者は，購入者に不告知のまま，売買契約を締結した。重要な事項の説明義務違反に当たるとして，損害賠償責任が認められた。

【事実の概要】　分譲業者C（宅建業者）は，販売代理業者Dを担当者として，平成6年6月23日〜7月2日に本件マンションを分譲した。南側隣地は，建設業者Sの所有であったが，Sは，子会社Eに土地を売却しSが使用する社宅を建設した。本件社宅によって，本件マンションの日照・通風・眺望が阻害される結果となった。Sは，事前にCに対して本件社宅の建設計画を告知し，南側のバルコニー及び窓には目隠しの対応を要請した。Sは，平成6年6月21日，次の要望書を送付し，6月末日までに書面で回答することをCに申し入れた。

❶　本件社宅の建設に対して，苦情の申立て及び損害賠償の請求等を行わないことを重要事項説明書に明記し，徹底して頂きたい。

❷　南側のバルコニー及び窓には目隠しを行い，双方のプライバシーに配慮して頂きたい。

❸　ポンプ室・エアコン室外機の騒音に配慮し，本件社宅に影響のないものとして頂きたい。

❹　入居者が私道及び公道部分に駐車しないように，管理規約に明記の上，徹底して頂きたい。

Cは，着工後の平成6年7月20日，Sに対して次の回答書を送付した。

❶　周辺敷地に，将来，建築基準法関係法令に基づく合法な建築物が建築されることに異議を申し立てないことを重要事項説明書に明記している。

❷ 南側のバルコニー及び窓には，目隠しの対応は考えていない。
❸ ポンプ室・エアコン室外機の騒音には十分配慮している。
❹ 入居者が私道及び公道部分に駐車しないように，管理規約に明記した。

南側隣地は，分譲時には疎林の緑地で，パンフレットには「緑豊かな高台の閑静な住宅地」という宣伝がなされていた。購入者は，本件社宅の計画を把握せず，現況の緑地を確認し，当分の間はこの状態が続くものであると信じていた。買主A（区分所有者20名）は，引渡後に，本件社宅の鉄骨工事が屋上まで進み，入居当初から売買契約時に期待していた日照・通風・眺望が享受できなくなった。Aは，平成7年11月，管理組合を結成してEと折衝するなかで，SがCに本件社宅の建設計画を事前に告知していた事実が判明した。

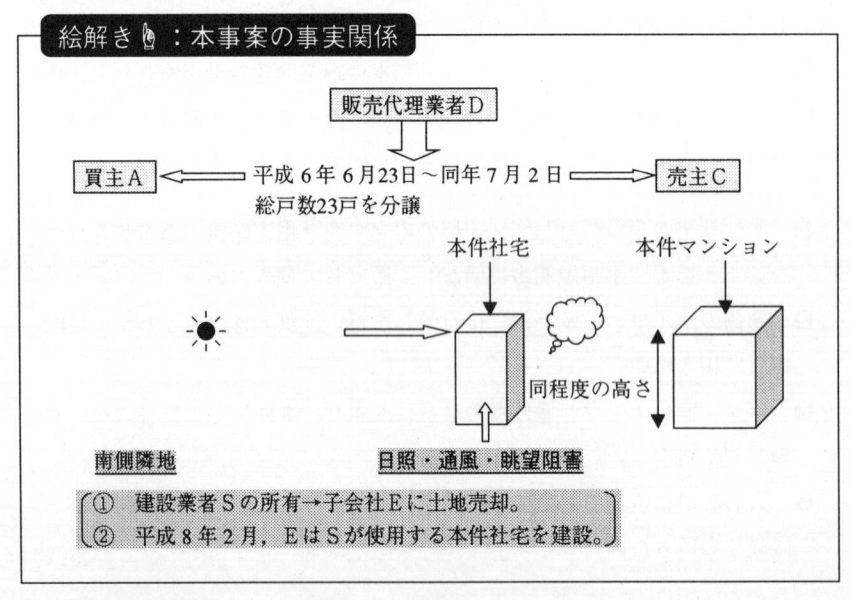

絵解き☞：本事案の事実関係

販売代理業者D

買主A ⇐ 平成6年6月23日〜同年7月2日 ⇒ 売主C
総戸数23戸を分譲

本件社宅　本件マンション
同程度の高さ
日照・通風・眺望阻害
南側隣地
① 建設業者Sの所有→子会社Eに土地売却。
② 平成8年2月，EはSが使用する本件社宅を建設。

【当事者の主張】　Aは，次のとおり主張した。
① Cには，重要事項を告知すべき信義則上の義務がある。これに違反した場合には，債務不履行又は不法行為による損害賠償責任を問われる。
② Sは，本件社宅の建設計画を重要事項説明書に明記することを申し入れた

が，Cは，これを秘匿したまま分譲した。慰謝料として購入価格の10％相当額の損害賠償を請求する。

Cは，次のとおり主張した。
① Sは，販売当時，具体的な着工時期及び工事内容等を決定していなかった。Aに建設計画を告知することは，不可能である。
② 重要な事項の説明に関する告知義務違反は存しない。

【判　旨】

Aの主張に基づく損害賠償請求を認める。
① 分譲業者は，買主の意思決定に重要な意義を有する事項について，故意に秘匿してはならない。これに違反して買主に損害を与えた場合，重要な事項の告知義務違反として，損害賠償責任を負う。
② 本件社宅の建設は，Aにとって，売買契約締結の意思決定に重要な意義を有する。Cは，債務不履行による損害賠償責任を負う。
③ Aが，日照・通風・眺望を享受できる利益を喪失し，精神的苦痛を被ったので，Cは，慰謝料として売買価格の2％相当額の損害賠償責任を負う。Aに対して96,300円〜794,000円及び遅延損害金の支払いを命じる。

重要判例83　新築住宅における軟弱地盤の不告知

平10(ワ)13394号（東京地判平成13年6月27日）

【争　点】

新築住宅を購入したが，地盤沈下が生じたため，買主が居住困難な状況となった。売主が軟弱地盤であることは，隠れた瑕疵に当たり，契約の目的を達することができないとして，瑕疵担保責任による契約の解除が認められた。軟弱地盤であることを告知しなかった媒介業者には告知・説明義務違反を理由とする債務不履行及び不法行為による損害賠償責任が生ずる。

【事実の概要】　買主A（A1～A4の4名）は，売主Cから宅建業者B（B1及びB2の2社）の媒介により，新築住宅を購入した。地盤が軟弱であるため，地盤の不等沈下が生じ，建物には床面の傾斜・変形，壁面の亀裂，ドア・サッシ枠の変形等の不具合が発生した。Aは，B及びCに対して，軟弱地盤を知っていながら説明しなかった上，軟弱地盤に適した基礎工事がなされていなかったと主張した。A1～A4の購入物件の建物に係る部分を本件建物といい，購入物件の敷地に係る部分を本件土地という。

第10章　重要事項説明と瑕疵担保責任

絵解き☞：本事案の事実関係

媒介業者B（B1及びB2）

買主A（A1～A4） ⇐ 平成5年5月22日～平成6年2月26日 ⇒ 売主C
（売買価格4,716～5,010万円）

買主A1	買主A2	買主A3	買主A4
（平成5年5月22日契約）	（平成5年6月26日契約）	（平成5年10月23日契約）	（平成6年2月26日契約）
売買価格4,716万円	（5,010万円）	（4,850万円）	（4,950万円）

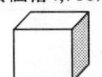

[重要事項説明書の記載内容]

A1	A2	A3	A4
軟弱地盤	近隣が軟弱地盤	軟弱地盤	特に言及せず

[現実の施工方法]

A1	A2	A3	A4
杭基礎対応	べた基礎対応	杭基礎対応	べた基礎対応

① 軟弱地盤→地盤沈下・不等沈下
② 建物→床面の傾斜・変形、壁面の亀裂、ドア・サッシ枠の変形

B及びCは、軟弱地盤を知っていながら説明せず、軟弱地盤に適した基礎工事をしていない（Aの主張）。

Cに対する請求
① 瑕疵担保責任
② 詐欺取消し又は錯誤無効

Bに対する請求
③ 告知・説明義務違反
④ 共同不法行為・債務不履行責任

東京地裁の判断
①③について認容。選択的併合となるため、②は検討不要（否認）。
④について、不法行為は認めるが、共同不法行為は成立しない。

【当事者の主張】　Aは，B及びCに対して次のとおり主張した。
① 　Cに対して，詐欺に基づく売買契約の取消し又は錯誤に基づく売買契約の無効又は瑕疵担保責任に基づく売買契約の解除に基づく原状回復を理由として，売買代金の返還及び損害賠償を請求する。
② 　本件建物には，居住用として社会通念上期待される性質を欠く瑕疵がある。補修には売買価格の約50％に及ぶ多額の費用を要し，契約目的を達成できないので，売買契約を解除する。
③ 　Bは，告知・説明義務に違反した。Bに対して，Cとの共同不法行為又は宅建業者としての債務不履行に基づく損害賠償を請求する。

Bは，Aに対して次のとおり主張した。
① 　媒介業者として説明すべき重要事項は，宅建業法35条に限定され，軟弱地盤は，重要事項ではないので調査・説明義務はない。本件土地に軟弱地盤についての予見可能性は存在しない。
② 　不等沈下は，施工業者Zの不完全な施工によって生じた。不完全な施工を媒介業者が予見することは不可能で，調査義務を負うことはない。

Cは，Aに対して次のとおり主張した。
① 　通常予想できる範囲における地盤沈下防止策を講じている。建物の不具合を予見することは困難であった。
② 　詐欺に基づく売買契約の取消し又は錯誤に基づく売買契約の無効等を理由とする売買代金の返還及び損害賠償請求は，否認する。

【判　旨】
瑕疵担保責任を理由とする売買契約の解除，告知・説明義務違反を理由とする債務不履行及び不法行為による損害賠償請求を認める。
① 　本件建物の不具合は，軟弱地盤による地盤沈下が原因である。軟弱地盤という瑕疵は，売買契約前から存在するものである。地盤調査によってはじめて明らかになるもので，容易に発見し得ない隠れた瑕疵に当たる。
② 　Aにとって，居住に著しい困難をもたらす多数の不具合が生じたが，補修費用は多額で，建物の新築費用に匹敵する。契約の目的を達成することがで

きず，瑕疵担保責任を理由とする売買契約の解除は認められる。
③　Bには，重要な意義を有する情報について告知・説明義務があるので，これに違反してAに損害を与えた場合，債務不履行による損害賠償責任が生ずる。Bは，宅建業法35条のみに限定されず，Aに対して過不足のない情報を提供しなければならない。
④　Bは，軟弱地盤について告知・説明義務を懈怠又は回避したことにつき，不法行為による損害賠償責任を負う。但し，共同不法行為は，成立しない。
⑤　Cには，瑕疵担保責任を理由とする売買契約の解除に基づく原状回復請求として，売買代金の返還と遅延損害金の支払いを命ずる。慰謝料及び弁護士費用の請求は，瑕疵担保責任に基づく信頼利益の範囲ではないため，認められない。詐欺に基づく売買契約の取消し又は錯誤無効による不当利得の返還請求は，選択的併合となるので，検討する必要性がない。

重要判例84　全戸南向き表示と損害賠償責任

平10（ワ）247号（京都地判平成12年3月24日）

【争　点】

分譲業者が，全戸南向きと宣伝して本件マンションを販売したが，現実には西方向に傾いていることが判明し，買主が分譲業者に対して，債務不履行又は不法行為を理由として，損害賠償を請求した。売主には不正確な表示・説明を行ってはならないという売買契約に付随する信義則上の義務違反があるとして，損害賠償請求が認められた。

【事実の概要】　買主A（16名）は，売主Cと本件マンションの売買契約を締結した。未竣工物件であるため，Aは，売主Cの本社ビル地下のモデルハウスで間取り等を確認した。パンフレットには，立面図，配置図，各階平面図，間取図が記載されていたが，予定地概略図のみに方位が表示され，「全戸南向き・

採光の良い明るいリビングダイニング」と宣伝されていた。新聞広告や折込チラシには、「全戸南向き」又は「全戸南向きの明るい室内」と記載されていた。折込チラシの敷地配置図には方位が示され、真南から約40度西側に方位が傾いていた。Cの本社ビル1階には、正確な方位が記載された設計図書が備え置かれていたが、全員がそれを閲覧したわけではなく、特に質問をしなければ、Cが方位について説明することはなかった。ところが、真南から62度11分西方向に傾いていることが判明した。Aの入居後、管理組合Xから、Cに対して方位を問題とする申入書が提出された。

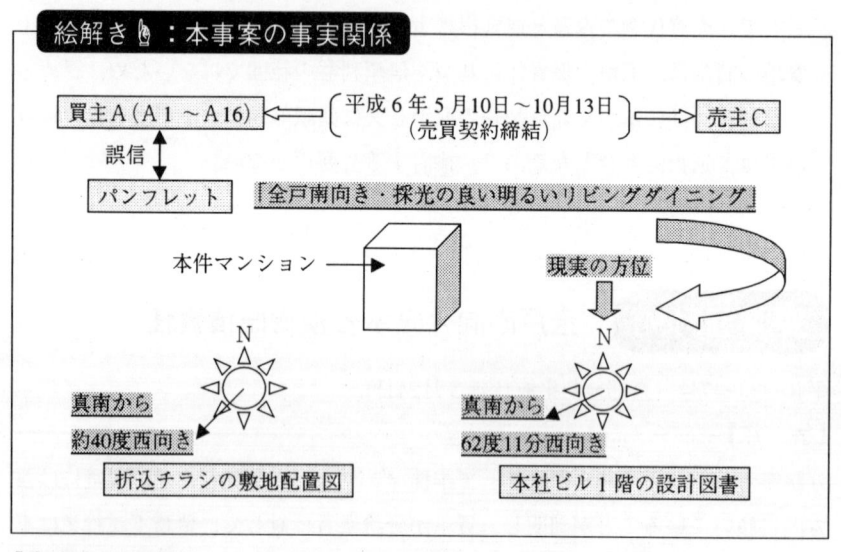

```
┌─ 絵解き🖐：本事案の事実関係 ─────────────────────┐
│                                                          │
│   ┌──────────────┐    ┌─平成6年5月10日～10月13日─┐   ┌──────┐  │
│   │ 買主A（A1～A16） │◄──┤   （売買契約締結）        ├──►│ 売主C │  │
│   └──────────────┘    └──────────────────────┘   └──────┘  │
│        ↕ 誤信                                            │
│   ┌──────────┐      ┌─全戸南向き・採光の良い明るいリビングダイニング─┐
│   │ パンフレット │      └─────────────────────────────────┘
│   └──────────┘                                          │
│                                                          │
│           本件マンション →  [🔲]       現実の方位          │
│                                        ↓                 │
│                   N                   N                  │
│                  ☀                   ☀                  │
│           真南から                  真南から              │
│           約40度西向き              62度11分西向き        │
│                                                          │
│           折込チラシの敷地配置図     本社ビル1階の設計図書 │
└──────────────────────────────────────────────────────────┘
```

【当事者の主張】 Aは、Cに対して次のとおり主張した。

① Cは、西向きの本件マンションを南向きであるかのように装い、誤信させて売買契約を締結した。Cの行為は、詐欺であり不法行為に該当する。

② 宅建業法31条1項に定める信義誠実義務に違反する。宅建業法32条に定める誇大広告等の禁止に違反する。従って、不法行為が存する。

③ 南向きとは、最大限で真南から約45度の範囲までをいう。信義則上の説明義務に反し、Cには、債務不履行責任に基づく損害賠償責任がある。

④ ❶価格減少損害金：3万円/㎡。南向きと比べ売却時には3万円/㎡の価

格減少が生じる❷日照減少損害金：150万円/㎡。冬季の午前中は日照を得られない❸光熱費増加分損害金：100万円/戸。夏季に長時間の西日があり冬季の午前中に日照がないために冷暖房費が嵩む❹慰謝料：300万円/戸❺弁護士費用：請求金額の1割相当額，これらの損害賠償を請求する。

Cは，Aに対して次のとおり主張した。

① 設計図書を閲覧に供し，必要に応じて説明を行い，謄写にも応じていた。不動産広告の方位は，北方向等のおおよその方位を示し，正確ではない。

② 不動産広告では南向きと表現したが，設計図書と併用すれば，約60度西に向いていることが理解できる。折込チラシでは，約40度西に向いているので，南西向きであることが理解できる。

③ 西及び南東を含めて南向きと表現することは許される。詐欺はなく，宅建業法32条に定める誇大広告等の禁止に違反するものではない。信義則上の説明義務違反はなく，債務不履行責任は存しない。

④ Aの主張に基づき，45度を最大限とすると約17度ずれ，折込チラシを基準とすると約22度西方向に傾いている。この程度の違いでは，損害は発生せず，3万円/㎡という価格減少損害金には根拠はない。

【判　旨】

Aによる損害賠償請求のうち，慰謝料及び弁護士費用を認める。

① 買主は提供される情報を信頼して判断せざるを得ないので，正確な情報を得たいとする要請が強い。売主には買主の意思決定に重要な意義を持つ事実について不正確な表示・告知を行わないという信義則上の義務がある。

② 日照時間は，夏季の西日及び冬季の日照に影響を及ぼす。未竣工のマンションでは，買主は現地見分をすることができないので，方位について，売主が，正確な情報の提供を行う信義則上の義務を負う。

③ Aの主張のうち，慰謝料（120万円/戸）及び弁護士費用（15万円/戸）を認容する。これら以外の損害賠償は，客観的証拠がなくAの請求を棄却する。

重要判例85　マンションの違法増築と損害賠償責任

平 7 (ワ) 第2104号（横浜地判平成 9 年 5 月26日）

【争　点】

売買目的となった住戸には木造による違法な増築部分があった。買主は，これを実地確認したが，本件増築が違法建築であることを知らずに購入したので，売買契約は錯誤により無効であると主張した。買主が増築部分の存在を知って購入していること，割安感が購入動機となっていること，3DKの間取りとしての利用には支障がないこと，転売は可能であることを理由として，錯誤無効を認めなかった。媒介業者には，宅建業法における告知・説明義務違反による損害賠償を命じた。

【事実の概要】　買主Aは，売主C（C 1，C 2 及びC 3 の共有）との間で，402号室の売買契約を2,750万円で締結した。Aは，宅建業者Bの仲介によって，Cは，宅建業者Dの仲介によって，本件契約を締結した。402号室は，40.04m^2（2DK）であったが，Cが購入後に違法に洋室5.5畳を付加して，53.47m^2（3DK）とした。本件増築は，ルーフバルコニーを利用した木造であるため，建築基準法27条 1 項 1 号に定める耐火規定に違反するものであった。Dは，本件増築に関する設計図面をCに提出させ，藤沢市の建築指導課に建築確認の取得について問い合わせたが，不明という回答であったので，それ以上の追及はしなかった。Dは，不動産情報センター（指定流通機構）に売却物件として登録し，Bは，Dの登録をもとにAに本物件を紹介した。Dは，本件増築が未登記であるため，Aが銀行融資を受けるに際して支障があると考え，Cに対して変更登記をさせた。変更登記の内容は，次のとおりである。

第10章　重要事項説明と瑕疵担保責任

項　目	変　更　登　記　前	変　更　登　記　後
❶ 建物規模・構造	鉄骨造陸屋根4階建て	木鉄骨造・陸屋根亜鉛メッキ鋼板葺4階建て
❷ 4階部分床面積	94.86㎡	108.73㎡
❸ 原因及び日付		昭和56年12月20日変更，増築
❹ 専有部分の建物規模・構造	鉄骨造1階建て	木鉄骨造1階建て
❺ 専有部分の床面積	40.04㎡	53.47㎡
❻ 専有部分の原因及び日付		昭和56年12月20日変更，増築

Bは，変更登記後の登記簿謄本をAに渡した。重要事項説明書に本件増築の記載を行い，朗読した。Aは，本件増築について質問をすることはなかった。Aは，宅建業者Sの媒介によって転売しようとした時点において，本件増築の違法性を知り，転売を中止せざるを得なくなった。

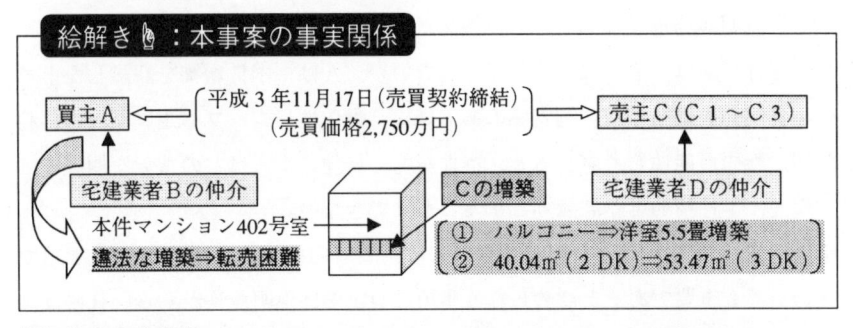

絵解き☞：本事案の事実関係

買主A ←〔平成3年11月17日（売買契約締結）（売買価格2,750万円）〕→ 売主C（C1～C3）

宅建業者Bの仲介
本件マンション402号室
違法な増築⇒転売困難

Cの増築
宅建業者Dの仲介
① バルコニー⇒洋室5.5畳増築
② 40.04㎡（2DK）⇒53.47㎡（3DK）

【当事者の主張】　Aは，B，C及びDに対して次のとおり主張した。

① B，C及びDは，建築基準法における耐火規定に違反する本件増築があることを知りながら，これを秘匿して，買い受けさせた。

② 本件増築に関する瑕疵の程度は重大であり，事情を知っていれば買うことはなかった。本件契約は要素の錯誤として無効である。

③ B及びDは，本件増築の違法を秘匿して，違法のないものと誤信させて購入させた。本件契約の解除を求める。Cは，本件増築の違法について告知・説明義務があった。詐欺による取消し又は共同不法行為が成立するので売買

271

代金の返還又は売買代金相当額の損害賠償を請求する。

B，C及びDは，Aに対して次のとおり主張した。

① 本件増築は，外観上木造であることが明らかである。重要事項として本件増築が違法であることを説明し，Aは，これを知りながら契約した。

② 本件増築が違法ではないと誤信したことは，動機の錯誤に過ぎず，これは表示されていないので要素の錯誤には当たらない。Aは，本件増築の違法を容易に知ることができたので，重大な過失のために自ら錯誤無効を主張することはできない。

③ 本件増築の違法を秘匿し，適法な建築物であると誤信させる詐欺の故意と欺罔行為はないので，Aにおける詐欺による取消しの主張は失当である。

④ 建築基準法27条1項1号に対する違反は，宅建業法における重要事項説明の対象ではないので，告知・説明義務違反はない。

【判　旨】

告知・説明義務違反があるため，慰謝料の支払いを命じる。

① 本件増築は，違法部分が些少ではないが，Aは，本件増築を認識した上で本件契約を締結した。割安感のある価格，耐久性，ルーフバルコニーの再利用，転売可能性を考慮すると，本件契約を無効にするほどの重大な瑕疵ではなく，本件契約を錯誤無効とすることはできない。

② 宅建業法35条に定める重要事項には，限定列挙された事項以外の事項であっても重要であると認められる事項については説明義務がある。Bには，本件増築の告知・説明義務違反による不法行為責任がある。

③ Dは，変更登記を行わせ，Bに本件増築の違法性につき注意を喚起している。Dが，Aに対して本件増築の違法性について告知しなかったことが違法であるとはいえないので，Dには不法行為責任は認められない。

④ Cは，Aに対して本件増築の違法性を告知すべき義務はない。瑕疵担保責任を負うことはあるが，Aへの告知・説明義務違反を理由として不法行為責任を追及することはできない。

⑤ Aには，転売が困難となったこと，欠陥住宅に居住することに精神的に打

撃を受けたこと，本件契約の３年経過後に損害賠償を提訴していることが事実として認定される。本件増築の違法性を理解することは可能であること，不動産業を営む友人の助言に安易に従ったこと，瑕疵担保責任を追及する等の早期の問題解決の努力を怠ったことを考慮すると，Bに対する50万円の慰謝料請求を認めることが相当である。

⑥　本件契約の錯誤無効又は詐欺による取消しを前提とする主位的請求は，理由がないため，棄却する。予備的請求のうち，Bに対する損害賠償請求としては，精神的損害に対する慰謝料50万円及び遅延損害金を認容する。

【ワンポイント整理：主位的・予備的請求と裁判所の判断】

Aは，主位的請求として，錯誤無効又は詐欺取消による本件契約の解除を求めた。売買価格相当額及び次表の項目について損害賠償請求を行った。横浜地裁は，本件契約が有効に成立しているため，主位的請求は認められないと判示した。主位的請求は，不当利得返還請求権及び不法行為による損害賠償請求権に基づくものである。これらの項目のすべてが認容されなかった。

項　　目	Aの請求額	認　容　額
❶　Bに対する仲介手数料	911,540円	0円
❷　所有権移転登記のための登録免許税，印紙税，司法書士報酬	437,000円	0円
❸　リフォーム費	428,480円	0円
❹　ボイラー修繕費	47,895円	0円
❺　下水道工事費	169,800円	0円
合　　　計	1,994,715円	0円

予備的請求は，不法行為による損害賠償請求権に基づくものである。Aは，次表のとおり，1,500万円及び遅延損害金の支払いを求めた。

項　　　　目	Aの請求額	認容額
❶ Bに対する仲介手数料	911,540円	0円
❷ 本件増築の除去費	10,000,000円	0円
❸ 転売できなかったことによる損害額	9,250,000円	0円
❹ 慰謝料	1,000,000円	500,000円
合　　計	21,161,540円のうち 15,000,000円	500,000円

重要判例86　値下げ分譲と重要事項説明

第一審：平11(ワ)21193号（東京地判平成15年2月3日），控訴審：平15(ネ)1405号（東京高判平成15年12月18日），上告審：平16(受)482号（最判平成16年11月18日）

【争　点】

住宅・都市整備公団（平成10年10月1日，都市基盤整備公団を経て，平成16年7月1日以降，独立行政法人都市再生機構が権利義務を承継）を売主とするマンションで，譲渡契約を締結するに際して，売主が重要な事実を説明しなかったことが，慰謝料請求権を発生させる違法行為であると認められた。財産的利益に関する意思決定を侵害したことが問題となった。

【事実の概要】　買主A（15人）は，本件マンションの賃借人であったが，建替後に戻り，入居することを希望し，住宅・都市整備公団（「J」とする）との間で，光ヶ丘団地（柏市）と日吉団地（横浜市）において，譲渡契約を締結した。Jは，建替え事業を進めるにあたって，建替えに協力して借家権を解消し，賃貸住居を明け渡したAとの間で覚書を締結した。覚書には，非抽選による優先分譲，入居住宅が完成するまでの仮住居の確保と家賃の一部補填，移転費用相当額の援助等として，Jによる100万円の援助という内容があった。優

先分譲価額と一般分譲価額とは同等の価額設定で，一般分譲は，優先分譲後に直ちに開始するという条項（「優先購入条項」という）が争点となった。Jは，一般分譲を直ちに行う考えがないことを説明せず，優先分譲価額が高額であったために，一般公募価額は値下げをした上で約3年後に一般公募をした。一般公募価額の平均値下げ率と平均値下げ額は，光ヶ丘団地83戸につき，25.5%（8,548,000円）日吉団地46戸につき，29.1%（16,314,000円）である。

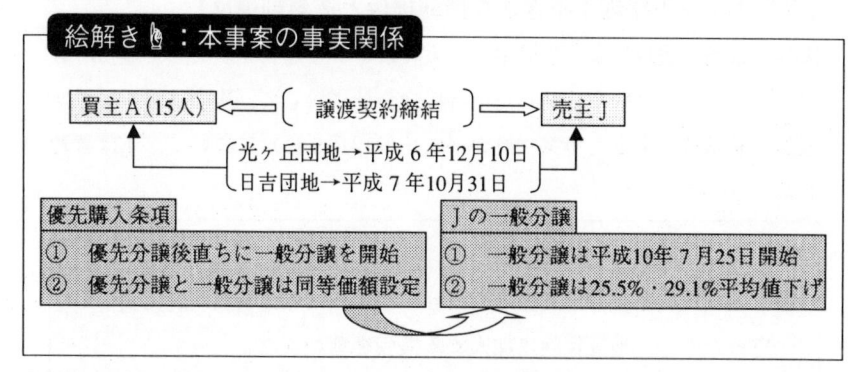

```
絵解き☞：本事案の事実関係

  買主A（15人） ⇐ [ 譲渡契約締結 ] ⇒ 売主J
                  光ヶ丘団地→平成6年12月10日
                  日吉団地→平成7年10月31日

  優先購入条項                      Jの一般分譲
  ① 優先分譲後直ちに一般分譲を開始    ① 一般分譲は平成10年7月25日開始
  ② 優先分譲と一般分譲は同等価額設定  ② 一般分譲は25.5・29.1%平均値下げ
```

【当事者の主張】　Aは，Jに対して次のように主張した。
① 譲渡契約の締結時，一般公募を直ちに行う意思がないこと，一般公募では値下げ販売を予定していることを信義則上，説明する義務があった。優先分譲価額を十分に検討した上で，譲渡契約を締結する機会を奪われたので，不法行為による損害賠償請求権に基づく慰謝料の支払いを求める。
② 優先分譲価格と値下げ後の公募価額との差額相当額と慰謝料，弁護士費用を損害賠償として請求する。
③ 譲渡契約は，錯誤により無効である。

【判　旨】
|上告審| Jの上告棄却。
① Jは，Aが譲渡契約締結後に直ちに一般公募が行われると認識していたことを容易に知ることができたにもかかわらず，直ちに行う意思がないことを全く説明しなかった。
② Aは，優先分譲価額の適否について十分に検討する機会を奪われたのであ

り，Ｊは，信義誠実の原則に著しく違反したといえる。
③　譲渡契約の締結は，財産的利益に関するものだが，Ｊの説明懈怠は，慰謝料請求権の発生を認める違法行為である。Ｊの引用する最高裁判例（平成15年12月9日）とは，信義則に関する判断が異なり，抵触しない。

【ワンポイント整理：不適切な情報提供と信義則違反】
阪神・淡路大震災によって発生した火災によって建物を焼失した建物所有者が，火災保険契約を締結した損害保険会社に対して，次の主張をして，慰謝料請求権を争った事案（最判平成15年12月9日）について，Ｊは言及した。

> ❶　火災保険金の支払いを求める。
> ❷　地震免責条項，地震保険の内容につき，情報提供及び説明義務を怠ったため，地震保険に加入する機会を奪われた。

地震保険に加入するか否かの意思決定は，生命・身体等人格的利益に関するものではなく，財産的利益に関するもので，保険会社からの不適切な情報提供があったとしても，特段の事情がなければ，慰謝料請求権を認める違法行為とすることはできないというのが，判決の要旨である。火災保険契約申込書の地震保険不加入に関する意思確認欄によって，地震保険契約について一定の情報提供がなされている。損害保険会社が，不適切な情報提供を行い，信義則に反する行為をした事実は認められなかったため，建物所有者の請求は棄却された。これに対して，本事案では，優先購入条項に反して，Ｊは，一般公募を直ちに行う意思がなく値下げ販売を意図していたのであり，これをＡに説明しなかったことは，著しく信義則に反すると認定された。Ｊの行為は，Ａの財産的利益に関する意思決定権の侵害ではあるが，慰謝料請求を認めるに相当する侵害行為であると判示した。

【ワンポイント整理：慰謝料請求と人格的又は財産的利益】

人格的利益 ⟹ 慰謝料請求の対象
精神的損害を賠償。被害者が財産的損害を立証できない場合に，金銭賠償によって補完

財産的利益 ⟹ 原則として，慰謝料請求の対象外

（事実の認定）
Aは，建替え事業に協力。覚書を締結。
⇕
Jは，直ちに一般分譲を行う意思がない。優先分譲価額が高すぎることを認識。

（上告審の見解）
①Jによる信義則違反認定
②Aの意思決定権を侵害
③被侵害利益は，財産的利益
④例外的に慰謝料請求認容

和解事例1　一棟全体の修繕積立金の滞納額不告知と重要事項説明

【争　点】

一棟全体の修繕積立金の滞納額を説明しなかったとして，媒介業者が，損害賠償に代えて媒介手数料を返還することで買主と和解した。

【事実の概要】　買主Aは，宅建業者Bの媒介によって，売主Cから中古マンションを購入した。売買契約時に，Aは，Bから「Cには，滞納された管理費及び修繕積立金の滞納はない。」という説明を受けていたが，マンションの購入後において，マンション一棟全体では，多額の修繕積立金の滞納があることが判明した。管理組合Xは，Aに対して，修繕積立金を滞納している区分所有者に対して滞納分を督促しているが，近々予定している大規模修繕については，他の区分所有者が必要費用を立て替えるか大規模修繕を見送るしかないという考えを伝えた。Bは，売買の目的物のみならず，一棟全体の修繕積立金につい

て，重要事項として説明義務を負うか否かが問題となった。

【当事者の主張】　Aは，Bに対して次のとおり主張した。

① 一棟全体における修繕積立金の滞納額に関して十分に調査し，正確な説明をすれば，マンションを購入することはなかった。

② Cには滞納管理費等はなかったが，一棟全体の修繕積立金は，買主の意思決定に影響を与える事項であり，告知・説明義務がある。これを怠ったことによる損害賠償を請求する。

Bは，Aに対して次のとおり主張した。

① Cには滞納がないことは，Xに調査し，Aに十分説明を行ったので，重要事項の説明義務違反はない。

② 一棟全体の修繕積立金については，告知・説明義務はないので，損害賠償責任はない。

【和解理由】

Bは，瑕疵ある媒介であることを認めて，媒介手数料を返還することで，Aと和解した。

① 媒介業者には，本件マンションの一棟全体において既に現在積み立てられている修繕積立金の額を調査し，説明する義務がある。

② 宅建業法規則16条の2第6号によると，「当該一棟の建物の計画的な維持修繕のための費用（修繕積立金）の積立てを行う旨の規約の定めがあるときは，その内容及び既に積み立てられている額」について説明し滞納額は告知しなければならない。一棟全体の修繕積立金滞納額の告知義務がある。

【ワンポイント整理：区分所有建物において説明すべき重要事項】

マンション等の区分所有建物においては，次の❶～❾の事項について重要事項として説明義務がある（宅建業法35条1項6号，規則16条の2）。

❶ 一棟の建物の敷地に関する権利の種類及び内容

❷ 共用部分に関する規約（規約共用部分等）の定め（その案を含む）

❸ 専有部分の用途その他の利用制限に関する規約の定め（その案を含む）
❹ 専用使用権の内容（その案を含む）
❺ 修繕積立金・通常の管理費用等を特定者に減免する定め（その案を含む）
❻ 修繕積立金の内容と積立額（その案を含む。滞納額は告知する）
❼ 通常の管理費用の額（滞納額は告知する）
❽ 管理の委託先の氏名・住所（法人では商号・名称・主たる事務所の所在地）
❾ 建物維持修繕の実施状況記録の内容（アスベスト調査記録があれば，アスベスト使用の有無を説明しなければならない。アスベスト検査はすべての建物を対象とする。耐震診断は，新耐震基準以前（1981年5月31日以前）に建築された建物を対象とし，建築物の耐震改修の促進に関する法律に定める技術上の指針に基づき，指定確認検査機関等が行った耐震診断があれば，その内容を説明しなければならない）

和解事例2　大規模修繕工事の調査不足と和解補償金

【争　点】

集会の決議に基づき，大規模修繕工事が計画されていることについて，買主は，入居後に知るに至った。そのために，特別負担金130万円の支出が必要になった。これを調査し，告知・説明しなかった媒介業者が，和解補償金を支払うことになった事案である。

【事実の概要】　買主Aは，宅建業者Bの媒介によって，建築後13年を経過した中古マンションを売主Cから購入した。売買契約時に，Aは，Bから上下水

道，トイレ，給排水施設の整備状況について，「現状のまま，普通に継続して使用できる。」という説明を受けていた。入居1ヵ月後において，トイレ・台所給水管に漏水が発生した。Bに苦情を申し入れたところ，引渡時に漏水の事実はなかったと告知され，Aは，自らの費用負担で修理した。入居2ヵ月後，管理組合Xは，集会の決議に基づき，次の内容の通知を行った。

❶ 外壁・給排水設備に関する大規模修繕工事を実施する。
❷ 特別負担金として区分所有者1人当たり130万円を徴収する。

本件決議は，重要事項説明後において，ＡＣ間の売買契約締結前に行われていた。Aは，BからXの集会の決議に関する説明を受けていなかった。

【当事者の主張】　Aは，Bに対して次のとおり主張した。
① トイレ・台所給水管の漏水は隠れた瑕疵に当たる。
② 大規模修繕工事について，Bは，調査不足であり，Aが負担する特別負担金130万円相当額の損害賠償を請求する。

【和解理由】
Bは，大規模修繕工事について，調査及び説明の不足を認めて，Aと和解した。Bは，130万円の80％相当額を和解補償金として支払った。
① 媒介業者は，宅建業法規則16条の2第9号によると，「当該一棟の建物の維持修繕の実施状況が記録されているときは，その内容」を重要事項として説明しなければならない。
② 売買契約前に，大規模修繕工事の集会の決議が成立し，Aの利害に影響を及ぼす事項である場合には，宅建業者の業務処理の原則に従い，信義を旨とし，誠実に説明する義務がある。

重要判例87　差押登記の調査不足と損害賠償請求

平3(ワ)2750号（東京地判平成4年4月16日）

【争　点】

媒介業者が，賃貸借契約の差押登記の調査を怠ったため，賃借人に対する損害賠償を命じられた。店舗の賃貸借を媒介した宅建業者が，調査義務を怠ったために差押登記の存在を確認できず，賃借人が店舗を明け渡さざるを得なくなった。媒介業者に対する損害賠償請求が認められた。

【事実の概要】　本件事務所ビルにおいて，賃借人Aは，宅建業者Bの媒介により，ラーメン店を開業するため，Xから1階部分に位置する店舗（30.18㎡）を賃借した。Bは，自ら登記簿の調査をすることなく，重要事項説明書を作成してAに交付した。賃貸借契約が締結され，Bは，媒介手数料7万円を受領したが，賃貸借の目的となっている本件建物には，競売開始決定による根抵当権者Y及び神奈川県の差押登記がなされていた。Aは，差押登記後に賃借権設定仮登記を具備したが，Yが，競売により所有権を取得し移転登記を完了した。Aは，裁判所から引渡命令を受けたため，執行抗告の申立てをしたが棄却され，本件店舗を明け渡すことになった。Bは，Xを僭称する宅建業者Zの言を誤信し，重要事項説明書及び賃貸借契約書を作成し，Aに交付した。Zの作成した広告資料のほかには，権利関係を確認する資料がなかったにもかかわらず，調査義務を怠り，本件契約を媒介し締結させた。

```
絵解き✋：本事案の事実関係
```

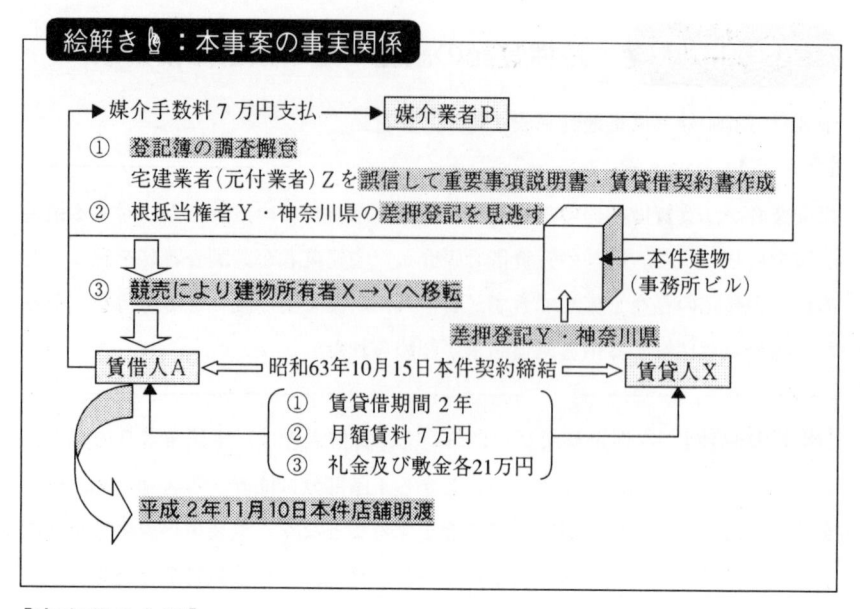

```
                媒介手数料7万円支払 ──→ 媒介業者B
         ① 登記簿の調査懈怠
            宅建業者(元付業者)Zを誤信して重要事項説明書・賃貸借契約書作成
         ② 根抵当権者Y・神奈川県の差押登記を見逃す
                                                    ┌─────┐
                                                    │本件建物│
         ③ 競売により建物所有者X→Yへ移転              │(事務所ビル)│
                                                    └─────┘
                                         差押登記Y・神奈川県
         賃借人A ←── 昭和63年10月15日本件契約締結 ──→ 賃貸人X
              ① 賃貸借期間 2年
              ② 月額賃料 7万円
              ③ 礼金及び敷金各21万円

         平成2年11月10日本件店舗明渡
```

【当事者の主張】 Aは，Bに対して次のように主張した。

① 差押登記の有無を調査する義務があり，Aが不測の損害を被らないようにすべき義務がある。登記調査を懈怠し，差押登記の存在を看過した。

② 本件契約の更新によって，ラーメン店を継続的に経営できると信じていた。差押登記の存在を知り，契約更新が困難であるならば，本件契約を締結することはなかった。

③ 主位的請求として，債務不履行による損害賠償を請求する。媒介契約に伴う一切の損害を賠償する旨のBとの合意に基づき，予備的請求として❶Bに支払った媒介手数料7万円❷Xに支払った礼金及び敷金各21万円❸本件店舗の内装工事費4,956,500円の20％を償却した残額3,965,200円❹1年間の休業による損害1,986,038円（平成元年の利益3,972,077円の50％相当額）❺開店諸費用187,022円❻食器・厨房用品の購入費570,420円の60％相当額である342,252円の損害賠償を請求する。

Bは，Aに対して次のように主張した。

① 差押登記は全く知らず，重要事項説明書を作成し，媒介を行った。登記調査を行う時間的な余裕がなく，過失はない。
② Ｚが重要事項説明書を作成し，Ｂの事務所において本件契約を締結することになっていたが，Ｚは急遽来場できなくなったという，Ｘを僭称する者（現実にはＺの担当者）の言を誤信し，Ｂが重要事項説明書を作成することになった。Ｚ又はＸにおける詐術があり，嵌められたといえる。
③ Ａは，本件契約に基づき，２年以上にわたって賃借したのであるから，債務不履行責任はない。

【判　旨】
Ｂには調査義務違反があり，Ａの損害賠償請求を認める。
① Ｂは，Ｘの名刺を持参したＺの言に従い，重要事項説明書及び賃貸借契約書を作成し，これをＡに交付した。Ｂが，Ｘ及びＺの差押登記が存在しないとする詐術に嵌められた事実がうかがわれるが，広告資料以外に確認資料がないこと及びＸとは面識がないことを考慮すると，本件契約の締結を延期するなど慎重を期すべきである。
② Ｂは，善良なる管理者の注意義務をもって媒介を行い，賃借人が契約目的を達することができるように配慮すべき義務がある。差押登記の有無を確認し，宅建業法35条１項１号に基づき，差押登記を登記された権利として説明する義務がある。
③ Ａのラーメン店の経営は，賃貸借契約の更新を前提とし，相当期間継続することが予定されていた。Ｂは，賃貸借期間が２年余りで終了したことによって被った損害について損害賠償義務を負う。主位的請求として，Ｂに対して内装工事費4,956,500円及び食器・厨房用品の購入費570,420円の合計額5,526,920円に対する70％を乗じた3,868,844円の損害賠償請求を命ずる。予備的請求は，客観的な証拠と理由がなく，棄却する。

重要判例88 処分禁止の仮処分登記の調査不足と損害賠償請求

昭和35(ネ)258号（名古屋高判昭和36年3月31日）

【争　点】

媒介業者が，処分禁止の仮処分登記の調査を怠ったため，損害賠償を命じられた事案である。しかし，買主が宅建業者であったため，損害賠償請求額の半額のみが認容された。

【事実の概要】

買主Aは，旅館又はアパート用途の土地を探索し，宅建業者Bの媒介によって，売主Cと本件土地の売買契約を締結した。Bは，登記簿の調査をすることなく，重要事項説明書を作成してAに交付した。Bは，本件契約前，8日間の準備期間があり，この間に登記簿の調査を行うことが容易であった。BはAの依頼に基づき，本件契約の前日に司法書士Zに電話をかけて登記簿の閲覧を依頼したにすぎず，翌日その結果を確認することもなく，本件契約を締結し，Aに70万円の手付金を支払わせた。ところが，売買の目的となっている土地は，Cの親会社が倒産したため，売買，譲渡，質権・抵当権・賃借権の設定その他の一切の処分を禁止する仮処分がなされて，その旨の登記がされていた。この処分禁止の仮処分登記（「本件登記」という）は，BのみならずAも知らず，Cだけが知っていた。倒産した親会社の代表取締役を兼務するCの代表取締役は，本件登記があることを告知せずに，手付金を領得した。Aは，銀行融資を申し込んだ時点で，本件登記の事実を知った。ABCの三者間において，交渉した結果，本件契約は合意解除となった。Aは，Cに対して手付金の返還を請求したが，Cは既に支払能力がないため，Bに対して，媒介契約における登記簿の調査義務違反を理由にして，手付金相当額の損害賠償請求訴訟を提起した。

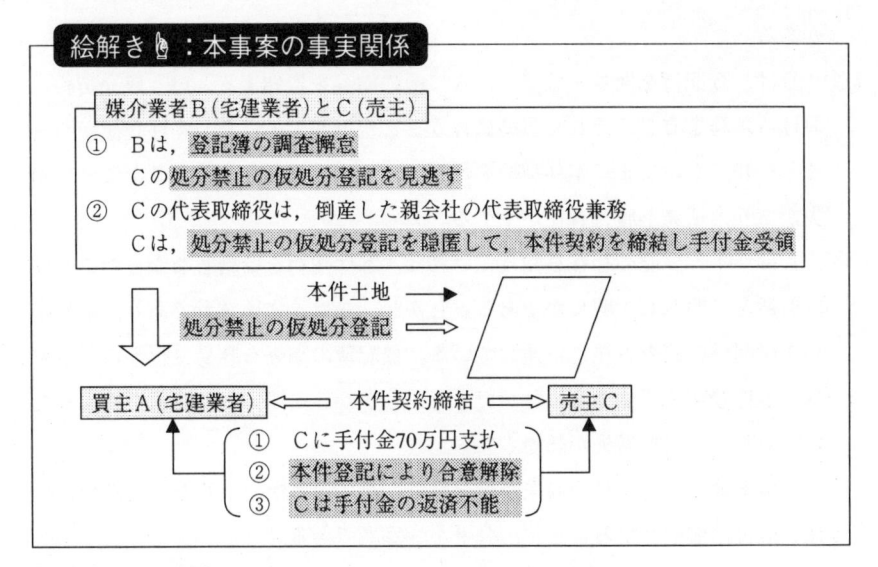

第10章 重要事項説明と瑕疵担保責任

```
絵解き：本事案の事実関係

媒介業者B（宅建業者）とC（売主）
① Bは，登記簿の調査懈怠
   Cの処分禁止の仮処分登記を見逃す
② Cの代表取締役は，倒産した親会社の代表取締役兼務
   Cは，処分禁止の仮処分登記を隠匿して，本件契約を締結し手付金受領

                   本件土地
       処分禁止の仮処分登記 ⇒  ▱

買主A（宅建業者）  ← 本件契約締結 →  売主C
       ① Cに手付金70万円支払
       ② 本件登記により合意解除
       ③ Cは手付金の返済不能
```

【当事者の主張】　Aは，Bに対して次のとおり主張した。

① Bには，売買の目的物の瑕疵の有無を確認し，登記簿の調査・確認義務がある。Bは，本件登記を調査し，告知・説明する義務を懈怠した。

② Bは，善良なる管理者として注意義務を負う媒介業者であり，Aの過失との相殺を主張できる理由は存在しない。

Bは，Aに対して次のとおり主張した。

① 本件契約は合意解除され，Cは手付金の返還を了承した。Bには手付金相当額の支払義務はない。

② Aは，宅建業者であり，登記簿の調査・確認義務がある。

【判　旨】

控訴審　Bには，調査義務違反があり，債務不履行責任を認める。但し，宅建業者である買主にも過失は認められる。

① 宅建業者は，依頼者その他の取引の関係者に対して，信義を旨とし，誠実にその業務を行うことを要し，善良な管理者の注意をもってこれを処理する義務を負う。委任者から特別の指示がなくても，登記簿上の所有者を了知し，かつ，競売，仮処分，債権，抵当権，賃借権等の登記の存否を確認する義務

がある。

② Bは，登記簿を閲覧・確認し，Aにその内容を告知するという媒介契約における義務を有し，それを容易に行うことが可能であった。本件登記があることを知らないまま，本件契約を締結し，Aに手付金を支払わせたことに過失があり，債務不履行責任が生ずる。

③ Aは，本件登記の存在を知っていれば，本件契約を締結しなかったことは取引通念に照らして明らかである。しかし，Aは，宅建業者であり，不動産の法律関係の調査方法に精通している。登記簿の調査を容易に行うことができ，本件登記を了知することができたにもかかわらず，本件契約を締結したのであり，Aにも過失が認められる。

④ 本事案は，A及びBの過失が競合して，Aに損害が発生した。請求額の半額を損害賠償額とすることが，公平かつ妥当である。

重要判例89　既存不適格建築物と損害賠償請求

（福岡地判平成10年10月22日）

【争　点】

購入した目的物が建築基準法の容積率の制限に違反していたため，買主が，売主及び販売代理業者に対して，損害賠償を求めた。既存不適格建築物ではないと誤信して購入した買主に対しては，民法上の詐欺が成立する。

【事実の概要】　買主A及びBは，竣工済の本件マンションを売主Cから各戸1,800万円で購入した。Aは503号室を，Bは403号室を購入した。竣工時，容積率の制限が200％であったが，用途地域が第一種中高層住居専用地域に変更されたことによって，150％に縮小されたため，既存不適格建築物となり，建替えによる現状容積率の維持はできなくなった。販売代理業者Dは，この旨を説明せず，重要事項説明書に明記しなかった。

【当事者の主張】　A及びBは，C及びDに対して次のとおり主張した。
① 　本件マンションは，既存不適格建築物であるため，価格は2分の1以下となった。C及びDが，これを秘匿したまま販売したことは詐欺に当たる。
② 　売買契約の取消しと，売買代金・諸経費・弁護士費用を損害として賠償請求する。Aは，20,731,543円，Bは，20,813,416円を請求する。
③ 　C及びDの販売行為は，詐欺のほか，錯誤無効，不法行為又は債務不履行による損害賠償の請求事由に当たる。

【判　　旨】
A及びBの損害賠償請求を認める。
① 　C及びDは，本件マンションが，既存不適格建築物であり，その価格下落を知りつつ，A及びBには秘匿して販売した。既存不適格建築物ではないと誤信して購入したA及びBとの間には，民法上の詐欺が成立する。
② 　売買契約の取消しと，売買代金・諸経費・弁護士費用を損害として賠償請求することを認める。A及びBの請求額の全額を認める。

【ワンポイント整理：既存不適格建築物】
既存不適格建築物には，建築基準法等（建築基準法並びに命令及び条例を「建築基準法等」という）の適用が除外される。建築基準法等の施行や適用の際，適合しない規定は適用されず，違反建築物にはならない（建築基準法3条2項）。建築基準法の最初の施行は，昭和25年11月23日であるが，これ以降の法令改正についても，適合しない規定は適用されない。但し，既存不適格建築物でも，次の場合には，建築基準法等が適用される。

> ❶　法改正後の規定に相当する従前規定違反（建築基準法3条3項1号）
> 　改正前の建築当時において，建蔽率違反の場合，改正後においても違反状態が変わらない場合には，適用除外とはならない。

❷ 変更後の用途制限等に相当する従前規定違反（建築基準法 3 条 3 項 2 号）

改正前の建築当時において，用途制限に違反する場合，改正後においても違反状態が変わらない場合には，適用除外とはならない。

❸ 建築基準法等の施行・適用後の着工（建築基準法 3 条 3 項 3 号・4 号）

建築基準法等の施行・適用後の増改築や大規模修繕・模様替の場合には，適用除外とはならない。

❹ 建築基準法等に適合（建築基準法 3 条 3 項 5 号）

小規模の模様替や改築等によって，建築基準法等に適合するに至った場合には，適用除外とはならない。

重要判例90　建売住宅の接道義務違反と損害賠償請求

第一審：平 5（ワ）2779号（大阪地判平成 8 年 6 月28日），控訴審：平 8（ネ）2059号（大阪高判平成11年 9 月30日）

【争　点】

分譲された土地及び建物について，仲介業者及び売主に対して，接道義務違反及び建築確認違反を理由とする瑕疵担保責任に基づく損害賠償請求が認められた。

【事実の概要】　買主Aは，宅建業者Bの媒介によって，売主Cとの間で，甲土地・甲建物を売買代金3,580万円で購入する売買契約を締結した。売買代金3,580万円の内訳は，本件契約における契約金額3,010万円及び追加工事費570万円であり，夫婦 2 名が各 2 分の 1 による共有持分名義で本物件を取得した（買主のうち，夫を「A 1」，妻を「A 2」とし，両者を総称して「A」とい

う)。本件契約時，建物は未竣工で，土地は1筆のままで分筆登記は行われていなかったが，その後3筆に分筆された。甲土地は，公道と1,750mm しか接しておらず，建築基準法43条1項及び42条1項に定める，建築物の敷地は，原則として4m以上の道路に2m以上接するという義務を満たしていなかった。甲建物に関しては，一戸建て住宅であるにもかかわらず，乙建物と併せて2戸を1棟とする長屋として建築確認を受けていた。接道義務違反を満足させるために，B及びCは，次の覚書を作成し，各所有者から署名捺印を得ていた。

[覚書の要旨]

甲，乙，丙の土地に関しては，通路としての接道義務を満たすために，乙土地は甲が250mm 使用すること，丙土地は乙が500mm 使用することを確約し，各所有者に変更が生じてもこれを継続するものとする。

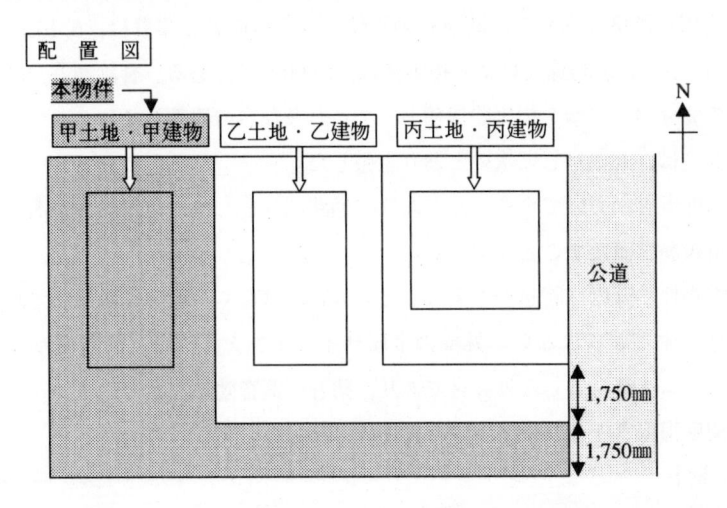

配置図

本物件
甲土地・甲建物　　乙土地・乙建物　　丙土地・丙建物

公道

1,750mm
1,750mm

N

【当事者の主張】　Aは，B及びCに対して次のとおり主張した。

① 甲土地には，1,750mm の接道しかなく，接道義務を満たしていないため，瑕疵がある。本件覚書に関しては，各所有者が意味不明のまま署名押印したもので無効であり，接道義務は満たせない。

② 甲・乙建物は，各独立した一棟の建物であるが，2戸を1棟とする長屋と

して建築確認を受けており，本物件には建築基準法違反の瑕疵がある。
③　本物件には，壁内に断熱材が入らず，外壁が金属サイディング張りであるため，隣家の騒音が聞こえるという瑕疵がある。
④　B及びCには，瑕疵があることを認識しつつ，Aには説明することなく，瑕疵のない物件であると誤信させて本件契約を締結させたことにつき，不法行為責任がある。Cには，土地の分筆について，建築基準法を満たさなかったことによる債務不履行責任がある。Bには，仲介業者として瑕疵のない物件を斡旋する義務に違反した債務不履行責任がある。
⑤　本物件における防音性能及び接道義務違反は，一般人には明確ではないにもかかわらず，Cがこれを説明しなかったことは，隠れた瑕疵に該当する。Cには，瑕疵担保責任がある。
⑥　(控訴審における主張) 第一審判決の取消しを求め，夫婦各人12,576,000円の損害賠償を求める。断熱材の不使用による防音工事費は，5,152,000円であり，接道義務違反による損害額は，2,000万円である。合計額25,152,000円の2分の1の額を損害賠償額として，B及びCの連帯責任において求める。
B及びCは，Aに対して次のとおり主張した。
①　本件覚書において合意したとおり，通路部分としての使用部分があるので，接道義務は満たすことができる。
②　本物件の壁内に断熱材を入れるという特約はなく，標準仕様として断熱材を施工する義務はない。外壁の金属サイディング張りは，高断熱ウレタンフォームを裏打ちした外装材であり，防音・遮音効果がある。
③　瑕疵担保責任及び債務不履行責任は，存しない。

【判　旨】

控訴審　Cには，建築確認違反があり，これは隠れた瑕疵に当たる。B及びCには，重要事項の説明義務違反があり，Cには瑕疵担保責任がある。
①　本物件には，壁内に断熱材が入らず，外壁が金属サイディング張りであるため，隣家の騒音が聞こえるというAの主張は，同等の仕様を有する乙建物からそのような主張はなく，認められない。

② Cが接道義務違反を認識しつつ，Aには告知せずに建築基準法に関する違法行為を行ったため，Cには，瑕疵担保責任による損害賠償責任がある。B及びCには，接道義務違反となる本物件について，瑕疵ある売買の目的物を提供したことによる債務不履行及び説明義務違反による不法行為を理由とする損害賠償責任がある。

③ 本物件の建築基準法違反は隠れた瑕疵に当たる。Aは，接道義務違反を知らず，重要事項説明書及び売買契約書にもその旨の記載がないことから，瑕疵のない本物件を取得できると信じていたことは明らかである。

④ 本件覚書は，その内容が理解しにくく，合意した各所有者の意思が判然としない。本件覚書にAが署名捺印したことによって，接道義務違反を問題にしないと了承したものではない。BのA2に対する本件覚書の署名捺印を求める際の説明は，「他の隣地所有者が敷地を通行させないと言ったら困るので，その了承をもらったから，この書類に署名捺印してもらいたい。」というもので，接道義務違反や本件覚書との関係については全く説明していない。本件覚書の存在によって，接道義務の瑕疵が解消されることはない。

⑤ 接道義務違反がある場合，鑑定評価においては積算価格の約30％を最大の減価額とする事例があるが，資料が不十分で損害を少なく評価せざるを得ない，本件覚書によって各所有者の協力の余地がある，建替え又は土地建物の売却が緊急の問題となっていないため，売買価格の約17％である600万円を相当の損害と判断する。B及びCは，連帯して，A1・A2に対して各300万円・合計600万円の損害賠償責任を負う。

重要判例91　給水ポンプ室騒音の不実告知と錯誤無効

第一審：平10（ワ）6257号（大阪地判平成11年5月18日），控訴審：平11（ネ）2140号（大阪高判平成12年12月15日）

【争　点】

購入した住戸の直下から生じる給水ポンプ室の騒音を原因として，要素の錯誤のために売買契約が無効とされた。

【事実の概要】　Aは，Cから203号室を売買代金5,160万円で購入した。Aは，入居した直後から，給水ポンプ室の加圧給水ポンプの騒音に悩まされた。売主Cは，施工業者Tに5回に及ぶ防音工事を実施させた。騒音は，一時的に軽減されたが解消されないため，Aは，C及び販売代理を担当したDに対して，更なる防音工事を求めて，大阪簡裁に民事調停を申し立てた。Aは，売買契約時の告知義務違反及び不十分な防音工事を理由として，Cに対して203号室の買取請求をしたが，Cが拒否したため，調停不成立となった。

【当事者の主張】　Aは，Cに対して次のとおり主張した。

① 騒音は，床・壁・天井を通して24時間継続し，生活上耐えられない。加圧給水ポンプの不快な騒音のために，家族の健康状態が悪化した。騒音測定会社Zの測定では，騒音レベルは最高43dbに達した。

② 加圧給水ポンプの消耗部品である密封玉軸受は，3年毎の交換が必要だが，管理組合Xの理事会の決議が必要で，Aの意思は考慮されない。

③ 給水ポンプ室の騒音は，空気伝搬音・固体伝搬音・放射音が併合して生じるため，直上に住戸を設けない配慮が必要である。敢えて設ける場合，スラブ厚さ（現状では，すべて185㎜ 均一）や二重スラブ（現状では，非二重スラブ），給水管の梁支持工法（現状では，床スラブに直接支持）等の対策が必要である。

④ Dに対して，給水ポンプ室の騒音量を尋ね，騒音のない住戸を希望する旨を動機として表示している。受水槽の存在は認識していたが，加圧給水ポン

プの存在を認識していないので、錯誤がある。
⑤　加圧給水ポンプの騒音は、売買物件の隠れた瑕疵であり、瑕疵担保責任による契約の解除が認められる。要素の錯誤又は詐欺による取消しによって、契約は無効となる。瑕疵担保責任による契約の解除、錯誤無効又は詐欺取消による売買代金相当額の返還を請求する。

Cは、Aに対して次のとおり主張した。
①　203号室は、騒音等級及び騒音レベルともに、原審では、日本建築学会基準の「特級」と認定された。Aの主張するZの測定による43dbは、故意又は重大な過失による時機に遅れた攻撃防禦方法として却下される。
②　密封玉軸受を4年近く交換しなかったが、交換後に騒音レベルは30〜32デシベルに低下し、騒音等級「1級以上」となった。これは、X又は管理業者Yの責任が問われるべきである。
③　Aは、売買契約締結時における重要事項説明書に対して何ら質問せず、設計図書を見ることはなかった。Aには、錯誤に陥ったことについて重大な過失がある。Aは、自らその無効を主張することはできない。

【判　旨】

|控訴審|　要素の錯誤に当たるので、売買契約は無効である。
①　騒音は、通常の住環境を害するものであり、異常騒音の回避のためには3年を目安とする部品の交換が必要である。しかし、部品の交換は、管理組合の理事会の決議が必要で、Aのみの意思では交換できない。
②　Aの妻の騒音に対する質問に対して「昔はしましたが、今はしません。」とDが答えたが、Aが通常の静けさを享受できる住戸を購入したいという動機を表示したというべきである。203号室の騒音については法律行為の要素に錯誤がある。売買契約は、錯誤によって無効である。
③　Aには、加圧給水ポンプの存在を知らなかったことや設計図書を閲覧しなかったことについて、重大な過失があったとはいえない。Cに対して、売買代金5,160万円及び遅延損害金の支払いを命ずる。

重要判例92　シックハウス症候群と契約解除

平15(ワ)第21034号（東京地判平成17年12月5日）

【争　点】

購入した住戸では，シックハウスの原因となるホルムアルデヒドの濃度が厚生労働省の指針値より相当高いため，居住できないとして，買主が売買代金等の返還を求めた。建物の本来備えるべき品質として厚生労働省の指針値に適合する必要があり，指針値を超えるホルムアルデヒドの濃度を有する本件マンションに対して売主の瑕疵担保責任を肯定した。

【事実の概要】　買主A及びB（夫婦）は，分譲業者Cから本件住戸を4,350万円で購入する売買契約を締結し，所有権保存登記を完了した。平成15年7月15日，A及びBは，家財道具等の一部を搬入したが，入居後1ヵ月余りで，頭痛等により居住できなくなり，シックハウス症候群の診断を受けた。平成15年8月22日，家財道具等を搬出し，退去を余儀なくされた。保健所の測定では，ホルムアルデヒドの濃度は最低でも0.43PPMを示し，厚生労働省の指針値0.08PPM（0.1mg/㎥）の約5.37倍となっていることが判明した。パンフレットには，環境物質対策基準に適合した住宅であるという表示があり，ホルムアルデヒドの放散量の少ない建材を使用していると記載されていた。パンフレット及び新聞折込チラシには，「JAS（日本農林規格）のFC0基準やJIS（日本工業規格）のE0・E1基準の仕様」であるとして，「新築の建物で発生しがちなシックハウス症候群の主な原因とされるホルムアルデヒドの発生を抑えるために，最も放散量が少ないとされるFC0基準やE1基準以上を満たしたフローリング材や建具，建材などを採用。壁クロスの施工等にもノンホルムアルデヒドタイプの接着剤を使用」と記載されていた。

【当事者の主張】　A及びBは，消費者契約法4条1項及び4項（重要事項に関する不実告知及び不確実な事項についての断定的判断の提供による事実誤認）による契約取消と瑕疵担保責任に基づく契約解除等の意思表示をした。

① 環境物質対策基準に不適合な本件住戸を購入した。環境物質対策基準に適合するということは，指針値を遵守することである。消費者契約法4条1項により本件契約の取消を求める。
② Cの詐欺に基づき，購入の意思表示を行った。詐欺取消を理由として不当利得返還を求める。隠れた瑕疵があるため，瑕疵担保責任により，契約の解除及び損害賠償を求める。
③ Cには，指針値以下に抑制する注意義務があった。指針値に適合する建材等を選定して，施工技術を確保する旨の注意義務を果たさないCには，債務不履行責任がある。
④ A及びBは，48,311,760円の支払いを余儀なくされた。Cにおいて，環境物質対策が不完全であるにもかかわらず，十分なものとして売却したことによる不法行為責任がある。不法行為責任に基づく精神的苦痛による慰謝料300万円及び弁護士費用500万円を請求する。

Cは，次のとおり主張した。
① パンフレット等に示すとおり，JASのFC0基準又はJISのE1基準以上を満たしたフローリング材等を使用している。
② Cには，瑕疵担保責任，債務不履行責任又は不法行為責任は存しない。

【判　旨】

瑕疵担保責任による契約の解除及び損害賠償請求を認める。債務不履行又は不法行為による損害賠償請求は棄却する。
① ホルムアルデヒド等の飛散について，指針値に適合することが必要である。少なくとも，売買契約時に厚生労働省が推奨する室内濃度（指針値＝30分平均値0.1mg／m³以下）に抑制しなければならない。
② 引渡時には，ホルムアルデヒドの濃度が指針値より相当高い水準にあり，建物の品質に瑕疵があったと考えられる。瑕疵は，科学的な測定によってしか具体的に知ることができず，一般的な注意を払っても容易に発見できない。善意・無過失のA及びBにとって，隠れた瑕疵といえる。
③ A及びBは，契約の目的を達成できないので，瑕疵担保責任に基づき，売

買契約を解除して，損害賠償請求をすることができる。

④　売買代金（4,350万円），キッチン等の追加費用，諸費用，管理費及び修繕積立金，移転費用，ローン利息を含めて，合計47,910,285円及び遅延損害金の瑕疵担保責任に基づく損害賠償請求を認める。慰謝料と弁護士費用は，認められない。

⑤　瑕疵担保責任による契約の解除と損害賠償請求が認められるので，消費者契約法4条1項による契約の取消し，詐欺取消又は錯誤無効による原状回復請求権の成否は，検討する必要がない。

⑥　Cは，パンフレットに記載する建材等を使用しており，債務不履行責任はない。故意又は過失がなく，違法性も認められないため，不法行為責任は存在しない。

【ワンポイント整理：ホルムアルデヒドの放散量の基準】

室内の空気汚染で問題となるのが，建材等に含まれるホルムアルデヒド等の揮発性有機化合物（トルエン・キシレン・防蟻剤・木材保存剤等）である。アレルギー疾患や化学物質過敏症の原因とされ，これらの症状をシックハウス症候群という。ホルムアルデヒドは，無色で刺激臭のある可燃性の気体である。合板用接着剤・フェノール樹脂・ホルマリンの原料等として使用され，刺激臭のある化学物質を発散する。クロルピリホスは，木造住宅の床下等に使用される有機リン系の防蟻剤又は木材保存剤として，使用される。ホルムアルデヒド放散量は，測定試験値が4段階で示され，現状，次のように統一されている。F☆☆☆☆に近いほど放散量は少ない。

性能区分	平均値mg／L	最大値mg／L
F☆☆☆☆（「エフフォースターズ」）	0.3以下	0.4以下
F☆☆☆（「エフスリースターズ」）	0.5以下	0.7以下
F☆☆（「エフツースターズ」）	1.5以下	2.1以下
F☆（「エフワンスター」）	5.0以下	7.0以下

【ワンポイント整理：建築基準法における化学物質の使用に関する規制】

化学物質の発散による衛生上の支障がないように，建築材料及び換気設備に関して，建築基準法における技術的基準に適合するものとしなければならない。建築材料に化学物質を使用する場合の使用禁止及び使用制限が定められている（建築基準法28条の2第3号及び建築基準法施行令20条の5～9）。これらの建築基準法及び同法施行令の規定は，平成14年7月法律第85号によって改正され，平成15年7月1日に施行された。本事案におけるA及びBの入居は，平成15年5月29日である。化学物質の飛散抑制に対する法的要請が高まっていた時期に起こった事案であるといえる。

1. 使用禁止⇒クロルピリホス・第一種ホルムアルデヒド発散建築材料
   ❶ クロルピリホスを添加した建築材料を使用しない。
   ❷ 居室の内装仕上げに第一種ホルムアルデヒド発散建築材料を使用しない。第一種ホルムアルデヒド発散建築材料とは，夏季に$0.12\text{mg}/\text{m}^2\text{h}$を超える量のホルムアルデヒドを発散するものとして国土交通大臣が定める建築材料をいう。
2. 使用制限⇒第二種又は第三種ホルムアルデヒド発散建築材料
   ❶ 居室の内装仕上げに第二種又は第三種ホルムアルデヒド発散建築材料を使用する場合には，使用面積に一定数値を乗じた面積を当該居室の床面積以下としなければならない。乗じるべき一定数値は，第二種又は第三種の区分，換気回数，居室用途によって定められている。
   ❷ 第二種ホルムアルデヒド発散建築材料とは，夏季に$0.02\text{mg}/\text{m}^2\text{h}$を超え$0.12\text{mg}/\text{m}^2\text{h}$以下の量のホルムアルデヒドを発散するものとして，第三種ホルムアルデヒド発散建築材料とは，夏季に$0.005\text{mg}/\text{m}^2\text{h}$を超え$0.02\text{mg}/\text{m}^2\text{h}$以下の量のホルムアルデヒドを発散するものとして，国土交通大臣が定める建築材料をいう。

国土交通省告示第1113号～1115号（平成14年12月26日）により，使用制限の対象となる建築材料には，次のものがある。
合板，木質系フローリング，構造用パネル，集成材，単板積層材，壁紙，保温材（ロックウール保温板・ロックウールフェルト・グラスウール保温板等），断熱材（ロックウール断熱材・グラスウール断熱材等），パーティクルボード，ミディアムデンシティファイバーボード等。

重要判例93　防音性能と瑕疵担保責任

平2（ワ）9314号（福岡地判平成3年12月26日）

【争　点】

買主が，サッシの遮音性能が不十分であるため，鉄道騒音及び踏切騒音により，睡眠妨害等の支障が生じたと主張して，売主に対して損害賠償を請求した。売主には，防音性能において通常人の受忍限度の範囲内にあるサッシの設置義務があるが，これが不完全であるため不法行為による慰謝料の請求が認められた。

【事実の概要】　買主A（A1～A4の4名）は，本件マンションをCから購入し，引渡しを受けた。本件マンションは，東側道路を挟んでJR鹿児島本線と接しており，貨物列車の騒音や踏切騒音が深夜に及び，福岡空港の防音対策地域に近く航空機騒音が交錯する場所に所在する。パンフレット及びCの営業担当者の説明では，遮音性及び気密性に優れた高性能防音サッシの使用を訴えていた。しかし，Aは，本件サッシの遮音性能が通常の性能を欠いていると主張した。社会通念上，居室内の騒音の許容値は40dbであり，Cが強調する高性能防音サッシの性能とは，遮音性能30db以上のものをいうが，本件サッシの遮音性能25dbは，JIS規格上最低レベルであるとAは主張した。Aは，通常人の受忍限度を超える瑕疵があると主張し，債務不履行責任又は瑕疵担保責任に基づき，下落した価格相当額の損害賠償請求及び不法行為に基づく損害賠償を

請求した。

【当事者の主張】 Aは，Cに対して次のとおり主張した。

① 本件サッシの遮音性能が，通常の性能を欠いているため，睡眠妨害，作業能率の低下，会話妨害等の被害を受けている。債務不履行責任又は瑕疵担保責任による財産的損害として，本件マンションの価格下落が生じたことにより，各100万円の損害賠償を請求する。

② Cには，本件サッシが通常の遮音性能を欠くことにつき，故意又は過失がある。誇大広告によって本件マンションの販売を行った結果，睡眠妨害，作業能率の低下，会話妨害等の肉体的・精神的苦痛を受けた。不法行為による慰謝料として，各100万円を請求する。

Cは，Aに対して次のとおり主張した。

① 本件サッシの遮音性能は25dbであるため，高性能防音サッシであると認定される。

② 債務不履行責任又は瑕疵担保責任に基づく損害賠償責任及び不法行為に基づく損害賠償責任は存しない。

【判　旨】

債務不履行責任又は瑕疵担保責任による損害賠償責任は棄却する。不法行為による損害賠償請求は認められる。

① Cには，通常人が騒音を気にしない程度の防音性能を有するマンションの提供義務があったというべきである。鉄道貨物・遮断機による鉄道騒音及び踏切騒音，航空機騒音が相当のレベルにあり，Aは，遮音性能に関心を示し，Cの営業担当者は，通常人が騒音を気にしない程度の防音性能を備えたマンションを提供するという説明を行っていた。

② 本件サッシを閉めた状態で，鉄道騒音は50phonを超え，線路に最も近いA4の購入住戸では，60phonに達する。本件サッシは，通常人が騒音を気にしない程度の防音性能を備えているものとは認められない。Cは，債務の本旨に適う履行をしたものとはいえない。

③ 防音性能の欠如により，マンション価格は下落し，Aはその被害を受けて

いるが，下落額を認める客観的な根拠はないため，債務不履行責任又は瑕疵担保責任に基づく財産的損害の賠償を認めることはできない。
④ Cの故意又は過失により，Aに対して不眠・不快感という精神的損害が及ぼされたため，損害賠償として慰謝料の請求が認められる。
⑤ 精神的損害による慰謝料の額は，線路との遠近関係，騒音の程度と影響，財産的損害等の諸般の事情を総合的に考慮すると，線路に最も近いA4において25万円，A1・A2・A3において各15万円，これらに関する遅延損害金を認容する。

重要判例94　中古マンション購入と予期せぬ区分所有者

平8（ワ）5547号（東京地判平成9年7月7日）

【争　点】
暴力団員が，購入した専有部分の同一棟に区分所有し居住する専有部分があった場合，隠れた瑕疵に当たるか否かが問題となり，瑕疵担保責任による損害賠償請求が認容された。

【事実の概要】　買主Aは，売主Bとの間で，本件住戸を3,500万円で購入する売買契約を締結した。購入の際，Aは，「本件マンションの居住者がどのような者か。」と尋ねたが，Bは，「よくわからない。」と答えた。暴力団員Xが区分所有者として家族とともに居住し，組員の出入りによって区分所有者に迷惑を及ぼしていた。Aの住戸は，Xの直上に位置する。Xの迷惑行為は，❶管理人室に私物を置き，物置として使用❷管理人室の便所とXの戸境壁を壊し，便所の便器を撤去し，仏壇を設置❸自転車置場に物置を設置するとともに，屋上にアンテナを設置❹組事務所が本件マンションの近所にあり，暴力団員が頻繁に出入りする❺管理費等の滞納額が，約2,588,000円に達する❻毎年8月の神社の祭礼時には，マンション前の道路に暴力団多数が集合し，深夜まで飲食

し大騒ぎをするというものである。Aは，本件契約時において客観的に認識できなかった隠れた瑕疵があるとして，引渡しから1年10ヵ月後に，Bに対して本件契約の解除と損害賠償を求めて提訴した。

【当事者の主張】　Aは，Bに対して次のとおり主張した。
① 瑕疵は修復不可能であり，住宅としての適性を欠く。契約の目的を達することができないため，本件契約の解除に基づく原状回復として3,500万円の支払を求める。
② 本件契約の解除が認められない場合，瑕疵による減価を考慮すると本件住戸の適正価格は，2,600万円である。売買価額との差額900万円の損害賠償を求める。

【判　旨】
売主の瑕疵担保責任に基づき，Bに350万円の損害賠償を命ずる。
① 民法570条に定める瑕疵とは，物理的欠陥のみならず，心理的欠陥を含むが，通常人にとって平穏な生活を乱すべき環境が売買契約時において一時的ではない属性として備わっている場合，隠れた瑕疵に当たる。Xを原因とする迷惑行為は，この瑕疵に当たる。
② 隠れた瑕疵ではあるが，居住の目的を達成できないものではなく，本件契約の解除は認められない。瑕疵を理由とする本件契約の解除を認めず，売買代金の返還請求を棄却する。
③ 本件住戸が本来有する価格は，3,150万円である。瑕疵担保責任として，売買価額と本来有する価格との差額350万円の損害賠償請求及び遅延損害金の支払いを認める。
④ 錯誤による無効について，Aの永住志向及び瑕疵がない物件という動機の錯誤は表明されておらず，意思表示の内容とされるに至っていないので，要素の錯誤には当たらない。
⑤ Bが，暴力団員が居住する事情を告げなかったことは，積極的に虚偽の事実を述べたものとまではいえない。詐欺による取消しを否認する。

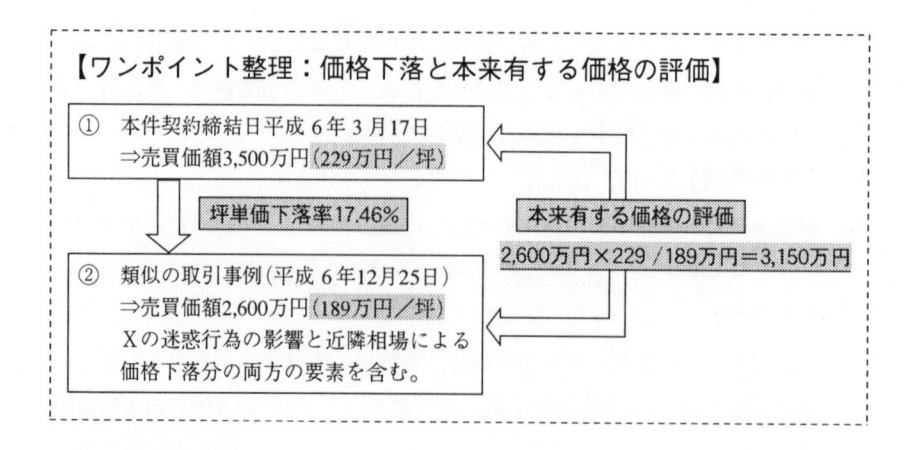

【ワンポイント整理：価格下落と本来有する価格の評価】

① 本件契約締結日平成6年3月17日
　⇒売買価額3,500万円（229万円／坪）

坪単価下落率17.46％

② 類似の取引事例（平成6年12月25日）
　⇒売買価額2,600万円（189万円／坪）
　Xの迷惑行為の影響と近隣相場による価格下落分の両方の要素を含む。

本来有する価格の評価
2,600万円×229／189万円＝3,150万円

重要判例95　ローン不調と錯誤無効

第一審：昭62(ワ)3491号（横浜地判平成元年8月30日），控訴審：平元(ネ)3132号（東京高判平成2年3月27日）

【争　点】

買主において財形融資が受けられないことが，要素の錯誤に当たり無効とされるか，買主に重大な過失があるか否かについて争点となった。財形融資が不調であれば，解約となる旨の条項はなかったが，当事者は，その認識を共有していたと認定して，売買契約は無効とされ，手付金の返還請求が認められた。

【事実の概要】　買主Aは，宅建業者である売主Bと売買価額を3,850万円とする土地建物売買契約を締結した。Aの資金計画は，次のとおりで，これをBに伝えていた。昭和62年11月24日，Aは手付金770万円及び中間金200万円を支払い，昭和63年2月27日を住宅ローンの融資実行による決済日とした。

❶　自己資金　　1,500万円（手付金770万円，中間金200万円，残金530万円）
❷　財形融資　　　500万円
❸　住宅ローン　1,850万円
　　合　　計　　3,850万円

ところが，土地面積が100m² 未満のために融資要件を満たさず，勤務先の財形融資が不調となった。次善の策として，Aは住宅ローンで合計2,350万円を借り入れることを検討したが，年収の制限から融資は不可能となった。融資が不調の場合には，解約となる旨の条項は存しなかった。中間金200万円は，AからBに返還された。

【当事者の主張】　Aは，Bに対して次のとおり主張した。
① 財形融資が不調となったので，本件契約は錯誤によって無効である。
② Bに対して手付金770万円の返還を求める。

一方，Bは，Aに対して次のとおり主張した。
① 財形融資が不調となったことは，要素の錯誤には該当しない。
② Aの主張するように要素の錯誤に当たるとしても，Aには重大な過失があるため，A自らその無効を主張することができない。

【判　旨】

|控訴審|　Aの主張に基づき，手付金の返還を認める。
① A及びBの双方は，財形融資及び住宅ローンが不調であれば，売買代金の支払いが不能又は著しく困難となることは十分理解していた。当事者の認識から，明確な意思表示がなくても，財形融資がなされることを当然の前提としており，Aにとっては，要素の錯誤に当たる。
② Aが，財形融資を利用可能と即断して，契約に踏み切ったことは軽率で過失があるといえる。一方，Bは，宅建業者で財形融資や住宅ローンに精通し，資金計画において財形融資の依存度を知っていた。これらを総合的に判断すると，Aには錯誤について重大な過失があるとはいえない。
③ 財形融資又は住宅ローンが不調であれば，解約となる旨の条項は，記載されていなかったが，当事者は，同様の認識を共有していた。Aの主張に基づき，手付金770万円及び遅延損害金の返還を認める。

重要判例96　ローン特約不記載と損害賠償請求

（大阪高判平成12年5月19日）

【争　点】

所有するマンションを売却して，新たに土地を購入しようとする買替事案において，マンションの売買契約書には，ローン特約があり，土地売買契約書には，ローン特約がなかった。土地を購入しようとした買主のローンが不調となった場合，ローン特約の記載について，暗黙の合意があったことを根拠として，媒介業者に対する，買主の損害賠償請求が認められた。

【事実の概要】　買主Aは，資金計画を明らかにして，宅建業者であるBの媒介によって，売主Cから土地を購入しようとした。Aは，所有していたマンションをDに売却して，その残額900万円を購入資金に充当した。Dとの間のマンション売買契約も，Bの媒介によるものだが，マンション売買契約書には，融資が不調となった場合，解約となるローン特約が入っていた。

［資金計画］

❶　自宅マンション売却の残額　　900万円
❷　自己資金　　　　　　　　　1,000万円
❸　銀行ローン　　　　　　　　4,500万円
　　合　　計　　　　　　　　　6,400万円

Aが，土地売買契約締結後，手付金400万円を支払ったが，本件契約書には，ローン特約は記載されていなかった。ところが，Aの銀行ローンは不調となった。Cは，ローン特約がないため，Aから受領した手付金400万円を没収した。Aは，ローン特約が記載されていないが，暗黙の合意があったと主張し，手付金返還訴訟を提起したが，これは請求棄却となった。Aは，Bに対して，本件契約書にローン特約を付さなかったことは，Bの注意義務違反であるとして，Bに対して，手付金相当額400万円の損害賠償を請求した。

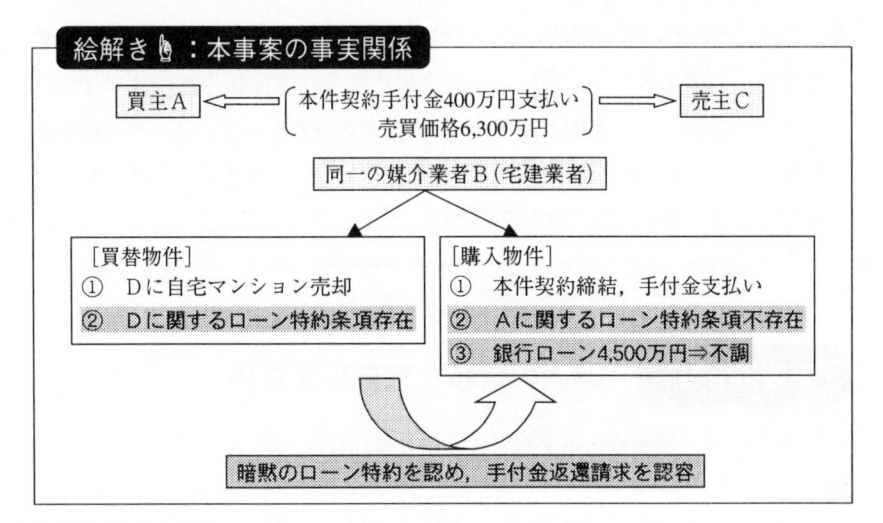

第10章 重要事項説明と瑕疵担保責任

```
絵解き☞：本事案の事実関係

  買主A ←―― 本件契約手付金400万円支払い ――→ 売主C
              売買価格6,300万円
                      ↑
              同一の媒介業者B（宅建業者）
                    ↙        ↘
        ［買替物件］            ［購入物件］
        ① Dに自宅マンション売却   ① 本件契約締結，手付金支払い
        ② Dに関するローン特約条項存在 ② Aに関するローン特約条項不存在
                                 ③ 銀行ローン4,500万円⇒不調

        暗黙のローン特約を認め，手付金返還請求を認容
```

【当事者の主張】 Aは，Bに対して次のとおり主張した。

① 資金計画については，Bに詳細に告げており，AB間にはローン特約を付すという明示又は黙示の合意があった。

② ローン特約を付さなかったBには，注意義務違反による債務不履行責任がある。手付金相当額の400万円を損害賠償として請求する。

Bは，Aに対して次のとおり主張した。

① AB間には，ローン特約を付すという明示又は黙示の合意はない。

② 重要事項説明及び本件契約書の読み合せを行っているにもかかわらず，Aがローン特約の存在を知らなかったことは，Aに重大な過失がある。

【判　旨】

|控訴審| AのBに対する手付金相当額の損害賠償を認める。

① Aは，Bに対して，自宅マンション売却の媒介を依頼し，資金計画を詳細に告げた。Aは，ローン不調の場合には，本件契約が白紙になるという認識を有し，Bも又，同様の認識を有していた。

② マンション売買契約書にはローン特約が存在し，ローンが下りない場合，土地売買契約は資金計画が成立しない。その場合には，土地売買契約が解約となるAの意図について，Bは認識していたと考えられる。

③　Aは，不動産の取引経験のない一般消費者であり，ローン特約の法的効果について知識を有していない。重要事項説明及び本件契約書の読み合せを行っていても，Aに過失はない。Aに過失があるとすることは，Bが媒介手数料を得て，媒介業者として介在した意義を失わせ，その責任を理由なく減殺するものとなるので，相当ではない。

重要判例97　過去の自殺と瑕疵担保責任

平8（ワ）506号（浦和地川越支判平成9年8月19日）

【争　点】
土地建物の売買において，建物内で売主の親族が自殺していたことが，目的物の隠れた瑕疵に該当するとして，瑕疵担保責任に基づく買主の損害賠償請求が認められた。

【事実の概要】　Aは，Bとの間において売買価格7,100万円で土地建物売買契約を締結して土地付き中古住宅を購入した。本件土地についてはB1が売主で，本件建物についてはB2が売主である。ところが，Aは，Bの親族であるZが本件建物内で自殺していたことを知った。Zは，B1の父親でB2の夫である。Bは，この事実を秘匿して本件契約を締結した。Aは，本件自殺が隠れた瑕疵に当たるとして，Bに対して本件契約の解除及び7,100万円の返還請求を行い，契約の解除が認められない場合，損害賠償請求のみを求めた。その後，Aは，本件建物を解体して，本件土地を第三者Xに売却した。

【当事者の主張】　Aは，Bに対して次のとおり主張した。
①　本件契約に至る交渉過程で，本件自殺の事実を告げられていない。
②　本件建物で自殺があったという事実は，一般人が居住用家屋として通常有する「住み心地の良さ」を欠くことについて合理性があるので，目的物の隠れた瑕疵に当たる。

③ Bは，履行利益の損害賠償義務を負うため，損害賠償額16,110,400円を請求する。その内訳は❶本件契約による売買価格と転売価額との差額800万円❷購入諸費用5,287,500円（登記費用1,853,100円，固定資産税86,400円，仲介手数料2,250,000円，不動産取得税1,098,000円）❸転売諸費用2,822,900円（解体費896,100円，建物滅失登記費用36,800円，仲介手数料1,890,000円）である。

Bは，Aに対して次のとおり主張した。
① 本件契約には，「売主は，本件建物の老朽化等のため，隠れた瑕疵につき一切の担保責任を負わないものとする。」という特約がある。
② 瑕疵担保責任は，価格の低廉性との兼ね合いが重要な判断要素となる。Aは，本件建物を取り壊して，本件土地のみを売買の目的として6,300万円でXに転売した。本件契約の解除の意思表示を撤回して，本件建物の瑕疵の不存在を追認したといえるので，本件契約の解除はできない。
③ 瑕疵担保責任があるとしても，損害賠償請求は，履行利益ではなく，信頼利益の範囲内で認めるべきである。Aの転売によって，Bが負担すべき損害賠償は存しない。

【判　旨】

瑕疵担保責任として，信頼利益の範囲内で損害賠償請求を認める。
① 自殺の事実が隠されたまま契約が成立したこと，自殺の事実が明らかであれば減価が予想されたこと，本件建物は居住用で自殺は最近のことであったことを考慮すると心理的要素に基づく欠陥は，民法570条の隠れた瑕疵に該当する。Ｂ１及びＢ２は，不可分的にAに対して本件契約に基づく瑕疵担保責任を負う。
② Aは，自己の損害を埋めるために，Xに対して本物件を更地にすることを約束して本件土地を6,300万円で売却した。これは，確定的に損害賠償を求めることを選択したものである。
③ Aは，解除権を行使せず，本件契約を有効なものとして損害賠償請求権を行使した。本件建物が瑕疵のないものであると信頼したことによって被った

損害の範囲で，損害賠償請求ができる。

④　損害賠償額は，売買価格7,100万円と瑕疵の存在を前提とした適正価格との差額である。適正価格は，土地の転売価格6,300万円－解体費及び建物滅失登記費用932,900円＝62,067,100円である。信頼利益は，売買価格7,100万円－適正価格62,067,100円＝8,932,900円である。8,932,900円の限度で損害賠償請求を認容する。この差額の補填によって信頼利益は回復され，転売諸費用2,822,900円は，認容できない。

重要判例98　マンション内の自殺と瑕疵担保責任

第一審：平元(ワ)315号・560号（横浜地判平成元年9月7日）

【争　点】

A及びB（夫婦）がCから購入した住戸において，売買契約の6年3ヵ月前にCの代表者の妻が自殺していたことが判明した。これは，隠れた瑕疵に当たり，家族で永住するには妥当性を欠くことが明らかであり，契約を解除するのに相当する瑕疵があるとして，A及びBの請求が認められた。

【事実の概要】　A及びBは，C（食料品・衣料品を販売する株式会社）との間において売買契約を締結した。契約金額3,200万円，契約締結時手付金500万円，平成元年1月31日に残金2,700万円を支払うという約定である。違約金は，契約金額の20％と定められていたので，640万円である。本件契約締結後において，A及びBにおいて，昭和57年10月14日にDが自殺したという事実が判明した。Dは，Cの代表者の妻という関係にあった。仲介業者Sは，自殺の事実を知らなかった。Cは，自殺の事実を認めたが，手付金の返還義務はないと主張したので，A及びBは，本件契約の解除を通知した。

【当事者の主張】　A及びBは，次のとおり主張し提訴した。

①　自殺の事実を知っていれば，購入することはなかった。自殺は，住み心地

の良さを欠く事実で，目的物の隠れた瑕疵に当たる。
② 売買契約の解除に伴う原状回復請求権及び違約金請求権について，手付金及び違約金としてA及びBの各人に対して570万円，合計1,140万円の支払いを求める。違約金の640万円及び既に支払った500万円の合計額が1,140万円であり，これを2分の1ずつ請求する。

Cは，次のとおり主張し，残金支払を求めて反訴を提起した。
① 買主の主観的・感情的な欠陥は，交換価値の減少として客観的に把握される場合にのみ例外的に認められる。瑕疵担保責任には，客観的・合理的に交換価値の減少を招くほどに著しい欠陥がなければならないが，買主の主観的・感情的な欠陥は，交換価値の減少とは認められない。
② 中古マンションの売買であるため，死者が出たマンションである可能性があることは買主において予想できる。大都会のマンションでは，人の出入りが激しいことを重視しなければならない。
③ 自殺は，契約目的を達成できないほどの重要なものではなく解除原因には当たらない。債務不履行責任では履行利益の賠償，瑕疵担保責任においては信頼利益の賠償が問題となるが，両方の責任は同時に適用されない。債務不履行責任においては違約金の適用があるが，瑕疵担保責任においては違約金の適用はない。A及びBは，特定物の瑕疵を主張しているので，債務不履行責任の問題ではなく，違約金の適用はない。
④ A及びBに，引渡しと同時に売買代金の残金2,700万円の支払いを求める。

【判　旨】

A及びBの損害賠償請求を認める。
① 建物は継続的に生活する場であるから，建物として通常有すべき設備を有しない等の物理的欠陥のみならず，嫌悪すべき歴史的背景に原因する心理的欠陥も，建物の隠れた瑕疵に当たる。
② 売買契約を解除できる心理的欠陥として，買主が単に建物の居住を好まないだけでは足りない。一般人において，住み心地の良さを欠き，居住に適さないと感ずることにつき，合理性があることを必要とする。自殺の事実は，

解除できる程度の瑕疵に当たり売買契約の解除は有効である。
③　瑕疵担保による契約の解除は，信頼利益の賠償で足りるが，Cは悪意で告知すべき事実を告げていないので債務不履行と同様に履行利益を賠償すべきである。Cに損害賠償1,140万円及び遅延損害金の支払いを命じる。
④　Cの残金2,700万円の支払請求は，理由がないために，棄却する。

重要判例99　地中の産業廃棄物と瑕疵担保責任

平元(ワ)9743号（東京地判平成4年10月28日）

【争　点】
地中に産業廃棄物，土間コンクリート及び建物基礎が残存することが，隠れた瑕疵に該当するとされた。隠れた瑕疵の一部につき，商人間の売買であることを理由として，目的物の検査及び瑕疵通知義務が生じることが認定された。

【事実の概要】　Aは，売買契約によって，Bから土地及び建物を714,178,000円で購入した。これをXに転売したところ，本物件の地中には，プラスチック等の産業廃棄物が大量に埋められ，地表から1m以内の深さには解体された建物の土間コンクリート（厚さ約15cm）が残存し，1mを超える深さには建物の基礎（最長約2mのものが10個）が埋められていることが判明した。Xは，本件埋設物を除去しなければ，新たな建物の基礎工事を建築することができない状況であった。Xは，Aに対して本件埋設物の撤去費用895万円の支払いを請求した。Aは隠れた瑕疵に当たるとして，Bに対して損害賠償を請求した。
【当事者の主張】　Xは，Aに対して次のとおり主張した。
①　本件埋設物を除去しないと新たに基礎工事を行うことができない。
②　本件埋設物の撤去費用として，895万円の支払いを請求する。
Aは，Bに対して次のとおり主張した。
①　本件埋設物は，容易に発見できないもので，隠れた瑕疵に当たる。

② 本件埋設物の撤去費用として，Xから895万円の請求を受けており，未払いではあるが，同額の損害を被っている。Bに895万円の撤去費用を求める。

Bは，Aに対して次のとおり主張した。

① 本件埋設物は，容易に発見し，合理的に推測することができる状態であった。Aは，本物件を購入する直前には，本物件を賃借し本件埋設物の状況を熟知しており，悪意又は過失があるといえる。

② 商法526条（旧法）に定める目的物の検査及び瑕疵通知義務に違反している。A及びBは，建設業・不動産業を目的とする株式会社であり，商人である。Aは，目的物の受領後6ヵ月が経過すると瑕疵担保責任を追及できなくなるので，昭和62年12月9日までに通知すべき義務がある。

③ 本件契約の目的は，建物付きの土地売買である。瑕疵の内容は，建物について検討されるべきであり，建物の存続に支障を生ずる土地ではないため，土地においても瑕疵はない。土地の隠れた瑕疵には該当しない。

④ Aは，Xから本件埋設物の撤去費用の請求を受けているが，未払いであるため，損害を被っているとはいえない。

【判　旨】────────────────────────────

瑕疵担保責任として，本件埋設物の撤去費用を認める。

① 土地の外見から通常予測できる地盤の整備改良の程度を超える特別の異物除去工事を必要とする場合には，宅地として通常有すべき性状を備えないものとして土地の瑕疵に当たる。本件埋設物の除去には，相当の費用がかかる特別の工事を要するので，土地の隠れた瑕疵に当たる。

② 土間コンクリート及び建物基礎につき，敷地の5分の3の部分については，地中に隠れていたが，残りの5分の2の部分については土で覆われていたか否かが問題となるが，本件契約の締結前に土が被せられため，Aには容易に発見できなかったことが認められる。

③ 土間コンクリート及び建物基礎につき，Aにおいて，土が被せられる前の土地の状態を認識していた証拠はないので，悪意は否定される。鉄工所としての利用をAは認識していたが，土間コンクリート及び建物基礎が残存する

ことを認識し得なかったことに過失はない。本物件のAの賃借は、昭和62年3月下旬から4月上旬の短期間で、税金対策のためであり、現実の利用はなされていない。

④ 商人間売買の通知期間は経過しているが、土間コンクリート及び建物基礎の埋設につき、Bが悪意であるため撤去費用を認容する。XがAに請求した本件埋設物の撤去費用については、現実の支払いの有無を問わず、AがBに対して損害賠償請求ができるものである。

⑤ Bは、Xから本件埋設物の撤去費用として、895万円の支払請求を受けている。内訳は、杭打工事2,494,000円、撤去工事費5,486,400円、諸経費969,600円である。このうち、杭打工事2,494,000円は、本件埋設物の撤去のための費用ではない。撤去工事費のうち、産業廃棄物の撤去工事費3,415,000円は、商法526条により認められない。諸経費は内容が不明確であるために認められないので、損害賠償として認めるべき金額は、2,071,400円及び遅延損害金である。

【ワンポイント整理：売主の告知書の提示】

国土交通省総合政策局不動産業課長通達「宅地建物取引業法の解釈・運用の考え方」（平成18年12月1日国総動第73号）では、本事案のように売主にしか知ることができない事項につき、売主が買主に「告知書」を提出し、紛争の防止に努めることが望ましいとされている。

[売買における「告知書」記載事項]
① 土地関係：境界確定の状況、土壌汚染調査等の状況、土壌汚染等の瑕疵の存否又は可能性の有無、過去の所有者と利用状況、周辺の土地の過去及び現在の利用状況
② 建物関係：新築時の設計図書等、増改築及び修繕の履歴、石綿の使用の有無の調査の存否、耐震診断の有無、住宅性能評価等の状況、建物の瑕疵の存否又は可能性の有無、過去の所有者と利用状況

③ 業者関係：従前の所有者から引き継いだ資料，新築・増改築等に関わった建設業者，不動産取得時に関わった不動産流通業者等

重要判例100　害虫の発生と瑕疵担保責任

（神戸地判平成11年4月23日）

【争　点】

購入した中古マンションの居室からイエヒメアリが発生し，駆除が困難であった。これが，隠れた瑕疵に当たるとして，買主が求めた売買契約の解除及び損害賠償が認められた。

絵解き：本事案の事実関係

媒介業者B（宅建業者）

買主A ←〔中古マンション7階本件契約締結〕→ 売主C

買主A：
① 改装工事後，平成8年9月入居
② 平成8年10月台所で蟻の行列発見
③ 平成9年3月食器棚に500匹以上の蟻の巣を発見
④ 食器の使用前再洗浄，衣服に付着，就寝中に刺される被害
⑤ 5年以上前から蟻が生息，7階に多く完全駆除は不可能

[Aの主張]
① Cには瑕疵担保責任がある
② 契約の解除及び損害賠償を請求

売主C：
① 昭和54年に入居，翌年蟻を認識
② 平成7年5月退去，Aの入居まで1年間空室

[Cの主張]
① 引渡後2ヵ月経過した場合，瑕疵担保責任を追及できない特約がある

【事実の概要】　Aは，Bとの間で中古マンションの売買契約を締結した。ところが，居室においてイエヒメアリが多数発生し，駆除ができない状態となった。Aは，蟻の存在によって，食器の再洗浄，食品の冷蔵庫の保管，衣服に付着，皮膚を刺されるなど，快適な居住生活に支障が生じたと主張した。本件マンションの管理人によると，「建築後19年が経過しており，5年以上前から蟻が生息し，駆除は困難である。特にAの居住する7階に多い。」という状況である。本件契約には，引渡後2ヵ月以上が経過した場合，瑕疵担保責任を追及できないという特約があった。

【当事者の主張】　Aは，Bに対して次のとおり主張した。
① 本件契約時においてイヒメアリの存在を知らなかった。知っていれば，本件契約を締結しなかった。
② 蟻の被害が著しく，快適な居住目的を達成できないため，瑕疵担保責任による本件契約の解除及び損害賠償請求を求める。

Bは，Aに対して次のとおり主張した。
① 引渡後2ヵ月を経過しているので，もはや瑕疵担保責任を追及できない。

【判　旨】
瑕疵担保責任として，契約の解除及び損害賠償請求を認める。
① Aの居室には，容易に駆除できない蟻の被害があり，日常生活に著しい支障を及ぼしている。Aは，本件契約時にこれを知らなかったので，Cに対して瑕疵担保責任を追及できる。
② 蟻の被害が著しく，快適な居住という契約目的を達成できない状況であるため，Aは，本件契約を解除することができる。
③ Aは，本件特約について，本件契約時において意識していなかった。本件特約は，Aが瑕疵を発見した時点から2ヵ月を経過した時点で，瑕疵担保責任を追及できないする限度で有効であると解する。
④ Aは，Bに対して，瑕疵を発見してから2ヵ月以内に契約解除の意思表示をしているため，瑕疵担保責任を追及できる。

第10章 重要事項説明と瑕疵担保責任

【基礎的事項の確認】

① 売主は，マンションの竣工物を見聞できたのと同程度にまで説明する義務がある。説明との不一致が判明していれば，契約を締結しなかったと認められる場合，買主は，売買契約を解除することができ，信頼利益に基づく損害賠償請求をすることができる。

② 売主及び媒介業者の営業担当者が，虚偽の説明を行った場合，説明義務違反に該当する。従業員の説明義務違反には，民法715条に定める使用者責任に基づく損害賠償責任が成立し，売主及び媒介業者において連帯責任となる。使用者責任とは，事業の執行につき，被用者が不法行為によって第三者に加えた損害を使用者が賠償すべき責任をいう。

③ 軟弱地盤の瑕疵は，地盤調査又は異常の発生によって明らかになる性質のものであるから，容易に発見し得ない隠れた瑕疵に当たる。買主には，瑕疵担保責任を理由とする売買契約の解除に基づく原状回復請求として，売買代金の返還と遅延損害金の支払いが認められる。慰謝料及び弁護士費用の請求については，瑕疵担保責任に基づく信頼利益の範囲ではないため，認められない。

④ 未竣工のマンションでは，マンションの方位について，売主が，正確な情報の提供を行うべき信義則上の義務を負う。マンションの方位は，日照に大きく影響するため，売買契約を締結する際の重要な事項である。売主がこれに違反した場合，買主に対して損害賠償責任を負う。

⑤ 給水ポンプ室の騒音について，買主は，騒音がないことを確認した上で購入している場合，動機が表示されているといえる。法律行為の要素に錯誤があるので，売買契約は無効である。

⑥ ホルムアルデヒドの濃度による瑕疵は，科学的な測定によってしか具体的に知ることができず，一般的な注意を払っても容易に発見できない。善意・無過失の買主にとっては，隠れた瑕疵に当たる。買主は，契約の目的を達成できず，売主の瑕疵担保責任に基づき，売買契約を解除して，

損害賠償請求をすることができる。
⑦ 売主が，通常人が騒音を気にしない程度の遮音性能を備えたマンションであるという説明を行っていたが，実際には，買主に不眠・不快感という精神的損害が発生した。売主の故意又は過失による損害賠償として慰謝料の請求が認められるが，サッシの遮音性能による住戸の下落額を認める客観的根拠がないため，債務不履行責任又は瑕疵担保責任に基づく財産的損害の賠償を認めることはできない。
⑧ 買替物件にはローン特約が存在し，購入物件にはローン特約がない場合，購入物件のローンが不調となった場合，購入物件の資金計画が成り立たない。双方の契約は同一の媒介業者によるものであるため，ローンが不調であれば購入物件が解約となる買主の意図について，媒介業者は認識していたと考えられる。重要事項説明及び契約書の読み合せを行っていても，買主に過失はない。
⑨ 建物として通常有すべき設備を有しない等の物理的欠陥のみならず，建物内の自殺に起因する心理的欠陥は，建物の隠れた瑕疵に当たる。通常人において，住み心地の良さを欠き，居住に適さないと感ずることにつき，合理性があることを必要とする。6年3ヵ月前の自殺を理由とする瑕疵担保責任による売買契約の解除は，認められる。
⑩ 地中に産業廃棄物，土間コンクリート及び建物基礎が残存することは，土地の外見から通常予測できる地盤の整備改良の程度を超える特別の異物除去工事を必要とする場合に当たり，宅地として通常有すべき性状を備えないものとして土地の隠れた瑕疵に当たる。

第11章 建物の設置又は保存の瑕疵

The Point

- 排水管は,建物の附属物として,管理組合の管理に属するものか。
- バルコニーからの漏水の損害賠償責任は,管理組合が負うのか。
- 漏水の回避義務を怠った場合に,管理組合の不法行為責任は生じるのか。

【Theme & Target】

① マンションの専有部分から汚水及び雑排水が流入する排水枝管は,直上階の区分所有者が,点検・清掃・修理等を行うことができない構造となっている。排水枝管は,専有部分に属しない建物の附属物として共用部分に該当するのか。

② バルコニーから溢れた雨水が居室内に浸水し,下階の居室に漏水が生じた。下階の区分所有者が,上階の区分所有者・使用者及び占有者に対して漏水による損害賠償を請求することはできるのか。漏水と相当因果関係のある損害の範囲はどこまでか。

③ 屋上漏水について,類似事故が発生し,その回避可能性がありながら,回避義務を怠ったことによって,管理組合には,不法行為責任が課せられるのか。

重要判例101　漏水事故と共用部分の認定

第一審：平8（ワ）2903号（東京地判平成8年11月26日），控訴審：平8（ネ）5670号（東京高判平成9年5月15日），上告審：平9（オ）1927号（最判平成12年3月21日）

【争　点】

マンションの特定の専有部分の床下空間及び天井裏空間に設置され，汚水及び雑排水が流入する排水枝管が，共用部分であると認定された。区分所有者が，自らの費用負担で排水枝管の漏水の補修工事をしたが，排水枝管は，直下階の住戸の天井裏空間を経由するもので，共用部分に当たると主張した。直上階の住戸からは，排水枝管の点検・清掃・修理等を行うことができないので，排水枝管は，2条4項に定める専有部分に属しない建物の附属物であり，共用部分に該当すると認定された。

【事実の概要】　607号室の区分所有者Aの天井裏空間に設置された排水枝管から漏水があり，Aに漏水の損害が生じた。直上階の707号室の区分所有者Bが，費用を負担して，排水枝管の修繕を行った。Bは，施工会社Zに排水枝管の修理を依頼し，配管継ぎ目にコーキング処理を行わせて127,200円を支払った。

① 排水枝管の設置場所と漏水の発生箇所

707号室の床下空間	⇒	707号室に居住するBが費用を負担して補修
607号室の天井裏空間		607号室の天井裏空間の漏水。Aに被害発生

② 排水枝管の機能

707号室の全部の汚水及び雑排水	⇒	排水本管に流す。
708号室の一部の汚水及び雑排水		607号室の汚水及び雑排水は無関係

③　事実経緯

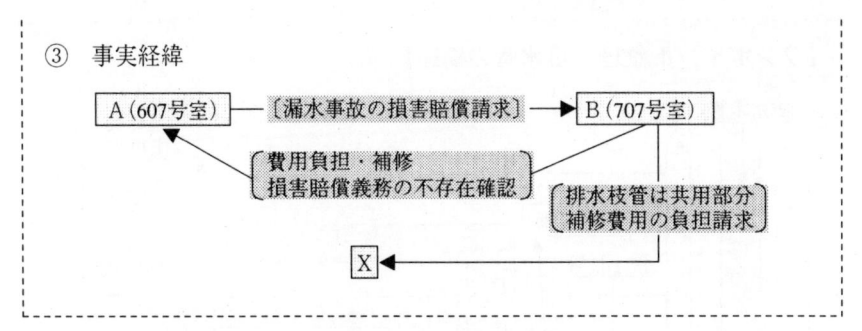

```
A（607号室） ──〔漏水事故の損害賠償請求〕──→ B（707号室）
    ↑            費用負担・補修                 │
    │        損害賠償義務の不存在確認        排水枝管は共用部分
    │                                        補修費用の負担請求
    └──────────────── X ←───────────────────┘
```

【当事者の主張】　Bは，A及びXに対して次のとおり主張した。
①　A及びXに対して排水枝管が共用部分であることの確認を求める。
②　Xに対して修繕費用127,200円の償還を請求する。
③　Aに対して，Bには損害賠償義務が存しないことの確認を求める。

【判　旨】
上告審　Xの上告棄却。
①　707号室の台所・洗面所・浴室・便所からの雑排水については，707号室の床下に存するコンクリートスラブを貫通して，直下階の607号室の天井裏空間を経由して排水本管に接続する。排水枝管は，コンクリートスラブと607号室の天井裏空間に配置されている。
②　排水枝管には，本管に合流する直前において，707号室及び708号室の汚水及び雑排水が流入する。707号室及び708号室以外からの汚水及び雑排水は，流入していない。
③　排水枝管は，コンクリートスラブと607号室の天井裏空間に配置された部分にあるため，707号室又は708号室から点検・修理等を行うことはできない。607号室の天井裏空間に入って行うしか方法がない。
④　排水枝管は，構造及び設置場所に照らし，2条4項に定める専有部分に属しない建物の附属物に当たり，かつ，区分所有者全員が共有する共用部分に当たると解するのが相当である。

【ワンポイント整理：排水管の構造】

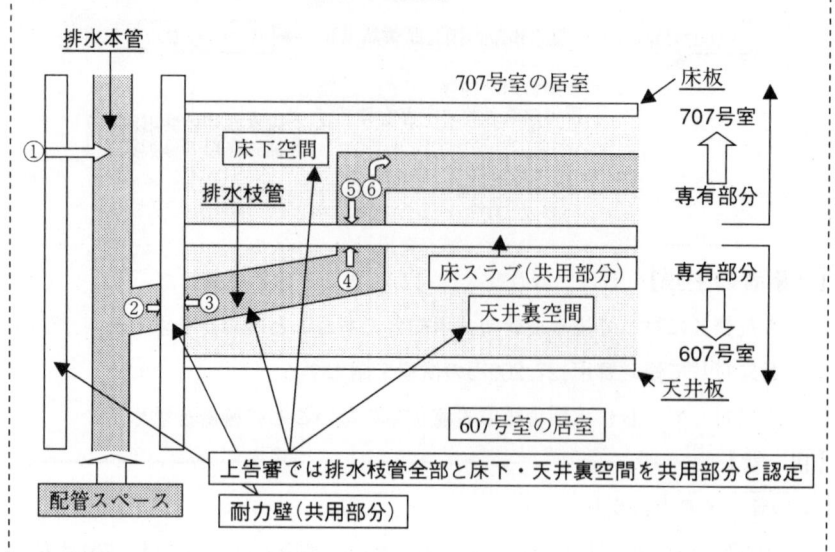

排水枝管に関して，耐力壁の貫通部分（②〜③）と床スラブの貫通部分（④〜⑤）は，共用部分であり，それ以外の枝管は，707号室の専有部分（⑤〜⑥）及び607号室の専有部分（③〜④）とみなす見解（控訴審）がある。上告審では，枝管のすべて（②〜⑥）を専有部分に属しない建物の附属物と認定した。排水枝管の点検・清掃・修理等は，707号室からは行うことができないものであり，607号室の天井裏空間に立ち入って行う必要があるという利用及び構造から判断し，排水枝管は建物の附属物として共用部分であると認定した。

第11章　建物の設置又は保存の瑕疵

【ワンポイント整理：建物の附属物と附属の建物】
建物の附属施設には，建物の附属物と附属の建物の２つがあり，共用部分に属しないものが共用部分以外の附属施設となる。

	建物の附属物	附属の建物
①定　義	建物に附属し，構造上及び効用上その建物と不可分の関係にあるものをいう。機械設備等の搬出又は撤去が容易な動産は，建物の附属物とはいえない（東京地判平成2年1月30日）。附属する建物の部分が専有部分であれば専有部分となり，専有部分に属しないときは共用部分となる。この共用部分は，法定共用部分である。	区分所有建物とは，別個の不動産であり，規約によって共用部分とすることができる。独立した別棟の建物の区分した一部分を規約によって，共用部分である附属の建物とすることも可能（下段b）。
②具体例	エレベーター設備，電気設備，給排水衛生設備，ガス配管設備，火災警報設備，インターネット通信設備，ケーブルテレビ設備，オートロック設備，宅配ボックス，避雷設備，塔屋，集合郵便受箱，配線配管等	管理事務室，管理用倉庫，集会室，駐車場等及びそれらの附属物がa～cの態様で成立する。b又はcでは，主物従物の関係を有し，通常，同一の区分所有者が所有する。 a　主たる建物とは別棟の建物 b　主たる建物とは別棟の建物の区分した一部分 c　主たる建物と同一棟内の区分した一部分

重要判例102　漏水事故と損害賠償責任

平元(ワ)15430号（第一事件），平2(ワ)4549号（第二事件）（東京地判平成4年3月19日）

【争　点】
豪雨のために，バルコニーから溢れた雨水が居室内に浸水し，下階の居室に漏

水が生じた。漏水によって家具等に損害が生じたとして，下階の2住戸の区分所有者が，上階の区分所有者，使用者及び占有者に対して損害賠償を請求し，これら三者の連帯責任による損害賠償責任が認容された。漏水事故によって発生した居室の内装工事及び家具等の購入費用のうち，早期支出を強いられた損害が相当因果関係のある損害であると認定された。

【事実の概要】 701号室の区分所有者Aが，B及びZに対して賃貸したところ，バルコニーの排水口が詰まって水が溢れ，下階の601号室の賃借人Cと602号室の区分所有者Dの居室に浸水した。直下階の601号室を所有するFから住戸を賃借するC及び602号室を所有するDが，損害賠償請求を行った。Cは，写真業を営む写真家Sと同居していた。区分所有者A，使用者Z及び占有者Bの連帯責任として損害賠償責任が問われ，損害の範囲が問題となった。Zは，解散した法人であり，Bが清算人である。

701号室	豪雨による居室内への浸水及び下階住戸への漏水が発生 区分所有者Aの従前所有者Eがバルコニーにサンルームを設置
	(争点となった損害賠償の原因) ① 占有者Bが排水口の塵芥の除去を懈怠，ゴムの木を放置 ② サンルームの設置によるAの所有者責任

⇩

601号室	区分所有者Fの住戸賃借人C及び写真家のSが居住
	(相当因果関係にある損害の範囲) ① 畳表・壁紙等の張替費用，② ホテル宿泊費， ③ 家具等の損害，④ Sが写真業を中断したことによる損害
602号室	区分所有者Dが居住
	(相当因果関係にある損害の範囲) ① 畳表・壁紙等の張替費用，② ホテル宿泊費，③ 家具等の損害

Zは，Aと昭和63年2月24日に賃貸借契約を締結し，貸しスタジオを経営していたが，その後解散し，Bが清算人として占有していた。701号室のバルコ

ニーには，南側と東側の2ヵ所に排水口があったが，東側排水口は，構造上清掃が困難なため，その分，南側排水口に排水が流入し，塵芥が蓄積しやすかった。Bは，Aに対して排水改善のための工事を要望したが，Aはこれを行わず，Aは，Bに対して南側排水口の塵芥の除去を行うよう注意をしていた。平成元年7月31日から8月1日にかけて，1時間あたりの降水量が35〜50㎜に達する豪雨が約3時間続いた結果，本件漏水事故が発生した。事故当時，701号室のバルコニーにおいて，ゴムの木が倒れて，南側排水口を塞ぎ，そこには大量の塵芥が詰まっていた。Aは，Eによる次のような改築がなされた状態で701号室を譲り受けていた。❶西側バルコニーを廃止し，居室とした❷北側バルコニーにはサンルームを設置した。サンルーム以外の部分は，コンクリートを打設して，タイル張りとした。バルコニーと居室の床高がほぼ同じで，排水勾配がとれなくなった❸タイル床には，2本の排水溝をT字型に設けた❹サンルームの外壁とバルコニーの縁石との間は，コンクリートで覆い，南側排水口の直上には，清掃用の窓を設置した。

【当事者の主張】 Aは，次のとおり主張した。

① 本件漏水事故は，Eが設置したサンルームが原因ではない。Bが排水口の塵芥の除去を怠ったこと，ゴムの木を放置したために，南側の排水口が塞がれたことが本件漏水事故の原因である。
② Bには，南側排水口の清掃管理に努めるように注意していた。Aが，Z及びBとともに共同不法行為責任を負うことはなく，所有者責任は，占有者が免責された場合の二次的責任であるので，占有者ともに共同不法行為責任を負うことはない。

Z及びBは，次のとおり主張した。

① Bは，バルコニーの南側排水口を十分に清掃していた。
② 東側排水口が，サンルームのために塞がれていた。南側排水口には構造上円滑に雨水が流れず，接続する排水管が腐食し，排水の機能が果たせなくなっていた。瑕疵修補義務を懈怠したAが責任を負うべきである。

C及びDは，次のとおり主張した。

① 本件漏水事故は，Bによるゴムの木の放置と清掃不良によって，南側の排水口を塞いだことを第一の原因とする。本件改築により，東側排水口において，排水の機能を果たさなくなったことが第二の原因である。
② Z及びBには，工作物の占有者責任がある。Bは，南側排水口の清掃及びゴムの木の放置をしないようにする注意義務を果たさなかった。
③ Aには，所有者として違法な増築であるサンルームを撤去すべき義務と南側排水口の機能を確保すべき義務を怠ったことに関する責任がある。
④ A，Z及びBは，共同不法行為の関係があり，損害賠償金と遅延損害金の支払義務がある。損害賠償金については，Cに対して4,671,866円，Sに対して1,500,000円，Dに対して10,025,833円の支払いを求める。

【判　旨】

A，Z及びBには，連帯して損害賠償責任がある。
① Bが，排水口の塵芥の除去を忠実に行えば，本件漏水事故による損害の発生は防止できたことは明らかである。Bの過失と本件漏水事故による損害とは，因果関係があり，Bには過失による損害賠償責任がある。
② Bは，民法717条1項に定める占有者としての責任を有する。Aと賃貸借契約を締結したZは，使用者として，損害の発生を防止する地位にある。B及びZは，第一義的に占有者及び使用者として，土地の工作物の設置又は保存の瑕疵による損害賠償責任を負う。
③ 東側排水口は，本件改築によって塵芥の完全な除去が容易ではない状態である。南側排水口については，サンルームの設置とタイル張りによるバルコニー床の底上げによって排水機能が果たせなくなり，その結果損害が増大したといえる。本件改築を行ったのは，従前の区分所有者Eであるが，Aは，現在の区分所有者として帰責事由を免れない。
④ 相当因果関係がある損害として，❶畳表・天井クロス・壁紙等の張替えが予定より早められたことによる損害❷ホテル生活を余儀なくされたことによる損害のうち，一定の範囲のもの❸家具・照明器具等について事故当時の時価による損害又は予定より購入を早められたことによる損害❹Sが写真業を

中断したことによる損害を認定する。
⑤　損害の負担区分が明確にできない以上，A，Z及びBは連帯して損害賠償義務を有する。A，Z及びBは，各自において，Dに対して835万円，Cに対して185万円，Sに対して150万円と，これらに関する遅延損害金の支払いを命ずる。

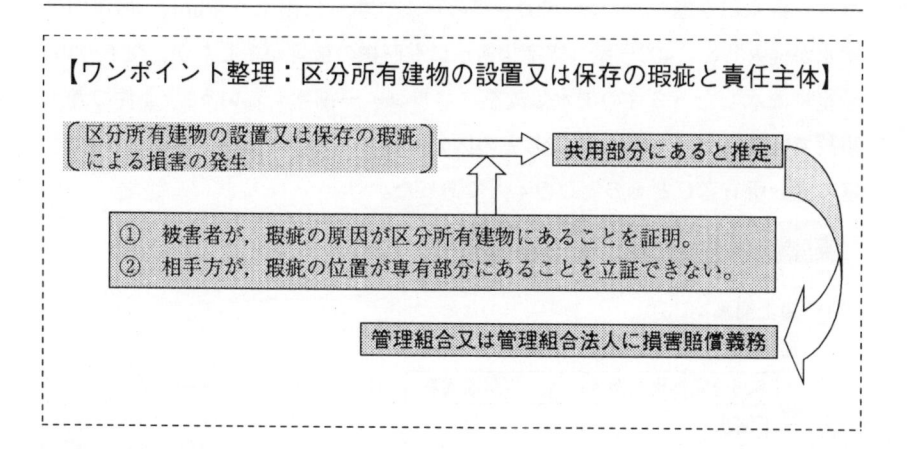

【ワンポイント整理：区分所有建物の設置又は保存の瑕疵と責任主体】

区分所有建物の設置又は保存の瑕疵による損害の発生 → 共用部分にあると推定

① 被害者が，瑕疵の原因が区分所有建物にあることを証明。
② 相手方が，瑕疵の位置が専有部分にあることを立証できない。

↓

管理組合又は管理組合法人に損害賠償義務

重要判例103　漏水事故と管理組合の責任

第一審：(福岡地判平成11年8月23日)，控訴審：平成11年(ネ)832号 (福岡高判平成12年12月27日)

【争　点】

屋上漏水事故に関する管理組合の不法行為責任の成立のためには，回避可能性がありながら，これを懈怠することを要件とする。第一審では，類似事故がなく，Xは通常の頻度を超える清掃の委託義務を有しないため，管理組合には，屋上漏水に関する不法行為責任はないと判断したが，控訴審において，屋上漏水につき，管理組合には，漏水事故の回避義務を怠ったことによる過失があるとして，管理組合の不法行為責任が認められた。

【事実の概要】 屋上排水管，床下排水管，バルコニー排水口において4件の漏水事故があった。屋上庇の上の排水管にゴミが詰まって庇に雨水が滞留した。滞留した雨水が通気管を通って，903号室に侵入した（「屋上漏水」という）。503号室の玄関廊下の床下で排水管が亀裂して，漏水が階下の303号室に侵入した（「床下漏水」という）。台風による集中豪雨によって，飛来したゴミがバルコニー排水口を塞いだため，903号室のバルコニーに雨水が滞留し，居室内に雨水が侵入した。403号室（空室状態）にも同様の被害が生じたが，階下の303号室に漏水した（2件の漏水事故を「バルコニー漏水」という）。4件の漏水事故で被害を受けたのは，903号室の区分所有者Aと住戸賃借人の妻B，303号室の区分所有者Cとその妻Dの4人であった。

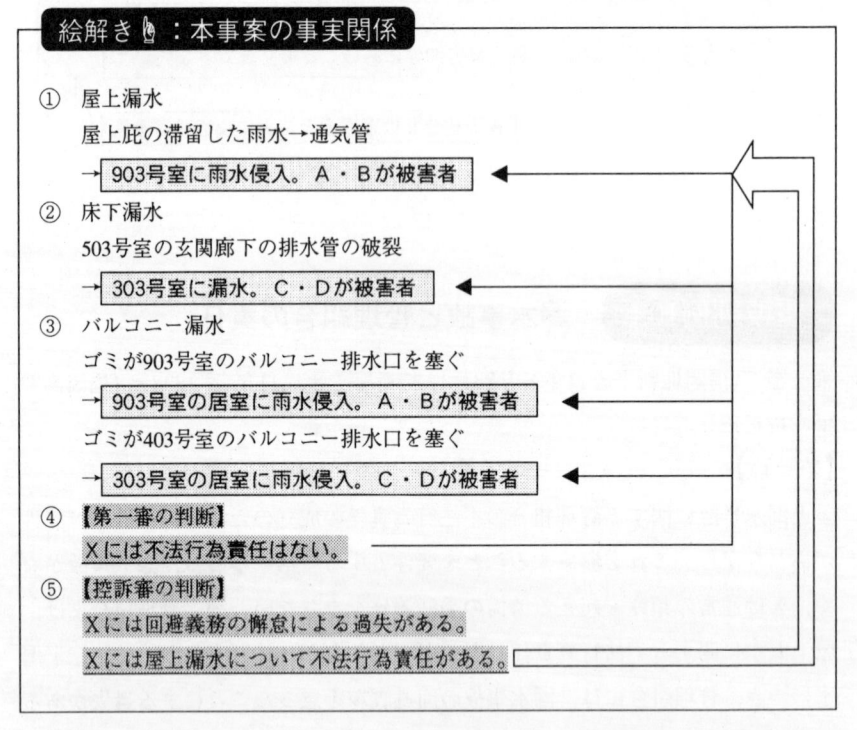

```
┌─ 絵解き☞：本事案の事実関係 ─────────────┐
│                                              │
│ ① 屋上漏水                                    │
│    屋上庇の滞留した雨水→通気管               │
│    →│903号室に雨水侵入。A・Bが被害者│◀──┐ │
│ ② 床下漏水                                  │ │
│    503号室の玄関廊下の排水管の破裂          │ │
│    →│303号室に漏水。C・Dが被害者│◀──────┤ │
│ ③ バルコニー漏水                             │ │
│    ゴミが903号室のバルコニー排水口を塞ぐ   │ │
│    →│903号室の居室に雨水侵入。A・Bが被害者│◀┤│
│    ゴミが403号室のバルコニー排水口を塞ぐ   │ │
│    →│303号室の居室に雨水侵入。C・Dが被害者│◀┤│
│ ④【第一審の判断】                            │ │
│    Xには不法行為責任はない。─────────────┘ │
│ ⑤【控訴審の判断】                              │
│    Xには回避義務の懈怠による過失がある。     │
│    Xには屋上漏水について不法行為責任がある。─┘
└──────────────────────────────────────────────┘
```

【当事者の主張】 ABCDの4人が，管理組合X，管理業者Y，保険会社Zに対して，総額3,206万円の損害賠償を求めた。

ＡＢＣＤは，Ｘを被告として訴訟を提起した。

【判　旨】

控訴審　漏水事故の回避義務を怠ったため，Ｘには不法行為責任が存する。屋上漏水にはＸの不法行為責任を認めるが，他の漏水は原審を支持し，請求を棄却する。

① 屋上漏水について，3年前に類似事故が発生している。
② Ｘは，屋上排水溝のゴミ詰まりによる漏水事故の結果を予見して，これを回避することが可能であった。漏水事故の回避義務を怠ったことによる過失が存するため，Ｘの不法行為責任を認定する。

【基礎的事項の確認】

① 排水枝管は，排水本管との一体的な管理が必要であり，特定の区分所有者の責任で維持管理させることは相当ではない。専有部分に属しない建物の附属物として，漏水に関しては，管理組合すなわち，区分所有者全員の費用負担によって補修工事を行う。
② バルコニーの漏水につき，相当因果関係がある損害として，❶壁紙等の張替費用❷ホテル宿泊費のうち一定範囲のもの❸家具・照明器具等のうち一定範囲のもの❹写真業中断の損害を認定し，区分所有者，賃借人及び清算人が連帯して損害賠償義務を有すると判断した。
③ 屋上漏水事故に関する管理組合の不法行為責任の成立のためには，回避可能性がありながら，これを懈怠することを要件とする。回避義務を怠ったことによる過失があれば，管理組合には不法行為責任が課せられる。

第12章 共用部分の変更

The Point

- 専用庭に設けた門扉・門柱及び駐車場と撤去請求の可否を検討する。
- 規約上の専有部分を共用部分とする場合，特別の影響は認められるのか。
- 駐車場増設について，共用部分の変更の可否を検討する。

【Theme&Target】

① 区分所有者が，マンションの敷地の一部である専用庭において，規約に違反して設けた門扉・門柱及び駐車場については，他の区分所有者による撤去請求が認められるのか。

② 規約において，専有部分とされていたバルコニーを共用部分に変更することは，区分所有者に特別の影響を及ぼすものか。

③ 駐車場取扱要領の変更は，規約の変更として，特別決議を必要とするか。駐車場の新設については，共用部分の変更に当たるので，特別決議が必要か。

④ 転借人が店舗の営業を行うために設置した業務用室外機について，上階への区分所有者の影響は，通常用方に従ったものとはいえないために，撤去請求と慰謝料の支払いが認められるのか。

重要判例104　専用庭の駐車場改築

第一審：昭51(ワ)1525号（東京地判昭和53年2月1日），控訴審：昭53(ネ)432号（東京高判昭和55年3月26日）

【争　点】

区分所有者が，本件マンションの敷地の一部である専用庭において，管理規約に違反して設けた門扉・門柱及び駐車場について，他の区分所有者による撤去請求が認められた。

【事実の概要】　区分所有者であるAは，専用使用権が設定された専用庭を他の区分所有者の同意なしに，駐車場に改築し，塀・門扉を除去し，新たな門扉を構築した。本件マンションの敷地と南側公道との間には，唐草模様の鉄製の門扉（「旧門扉」という）が設置されていた。Aは，旧門扉を除去して，格子状の鉄製門扉（「改築門扉」という）を構築した。管理規約には，共用部分の変更は，共有者全員の同意を必要とするが，共用部分の改良を目的としかつ著しく多額の費用を要しないものは，共有者の持分の4分の3以上の多数で決することができるという定めがあった。

【当事者の主張】　Aは，区分所有者X（12名）に対して，本件改築に同意せずに訴訟を提起することは，権利の濫用に当たると主張した。

① 旧門扉には，老朽化に伴い，汚れと一部破損がある。内部が見え，開き易いために押売りが入り，住居の平穏が保たれない。旧門扉の近くにゴミ集積場所があるため，犬猫がAの専用庭にゴミを持ち込むので，門扉をゴミ集積場所から離す必要がある。

② Aが従前から使用していた駐車場の貸借が解約となったため，本件改築の必要性が生じた。本件改築は，Aの費用負担によるもので，外観も良くなった。改築門扉の撤去は，社会経済上の損失となる。

③ Xは，本件改築が器物損壊罪にあたるとしてAを告訴し，不起訴となるや否や検察審査会に審査申立手続をとろうとしたため，居住には耐えられなく

なり，住戸の売却を余儀なくされた。

Aは，本件住戸をBに譲渡した。Aは，権利義務の一切はBに移転したので，当事者適格を有しなくなり，区分所有者としての義務がなくなったと主張した。

Xは，次のとおり主張し，訴訟を提起した。

① 主位的請求として，他の区分所有者の同意のない本件改築は，管理規約違反である。

② 予備的請求として，土地所有権に基づき，駐車場の使用禁止，改築門扉の撤去及び原状回復（新たな門扉及びブロック塀の設置）を求める。

【判　旨】

控訴審　Xが同意しないことは権利の濫用には当たらない。Aに対して，改築門扉の撤去のみを命ずる。

① Aが，区分所有権をBに譲渡しても，Aが訴訟当事者適格を失うことはない。Aが登記を移転し，駐車場としての使用はなくなったため，駐車場の使用禁止請求は，棄却する。

② 旧門扉は，専有部分に属さない建物の附属物として法定共用部分に当たる。旧門扉の撤去には，管理規約に従い，他の区分所有者の4分の3以上又は全員の同意が必要であるが同意が得られていない。管理規約に違反するため，Aは，改築門扉を撤去しなければならない。

③ Aは，改築門扉の撤去請求は，権利の濫用に当たると主張するが，共有者の意思に反してなされた本件改築を原因とするため，権利の濫用には当たらない。

④ Xは，改築門扉の撤去後，新たな門扉及びブロック塀の設置を主張するが，管理規約にはその旨の定めはないので，認められない。

⑤ Xは，物権的請求権による妨害排除請求権に基づき，新たな門扉及びブロック塀の設置を主張するが，物権的請求権は，物権の内容の実現が侵害されている場合，物権者による妨害の排除を認める権利であり，Aに積極的な作為を求めることはできない。物権的請求権を根拠とする新たな門扉の設置とブロック塀の設置を内容とするXの原状回復請求については，認められな

い。

重要判例105　バルコニーの改造と規約違反

昭60(ワ)7174号（東京地判昭和61年9月25日）

【争　点】

専有部分とされていたバルコニーを管理規約上，共用部分に変更することは，区分所有者に特別の影響を及ぼさないとした。57条3項に基づく差止請求訴訟につき，集会の決議によって指定された区分所有者は，当事者適格を有することが肯定された。

【事実の概要】　原始管理規約において，バルコニーは，専有部分に属すると定めていた。集会の決議によってこれを変更し，区分所有者に専用使用権を認める共用部分であると定めた。506号室の区分所有者となったAは，青山通りに面する東側面の5階外周壁に広告看板（640㎜×6,800㎜）を設置した。905号室の区分所有者Yは，管理組合Xの理事長に選任され，202号室の法人区分所有者Cとともに，集会の決議によって訴訟当事者に指定された。Xは，原始管理規約（「旧規約」という）に関して❶バルコニー及び玄関周壁は，共用部分とする❷区分所有者は，バルコニーの専用使用権を有する❸共用部分に広告看板を設置することを禁止するという内容に変更する決議を行った（変更した規約を「新規約」といい，この決議を「本件決議」という）。Y及びCは，広告看板の設置につき，事前に中止の申入れをしたが，Aはこれを無視した。Y及びCは，東京地裁に広告看板撤去の仮処分を申請したところ，Aが撤去することで和解が成立した。Aは，撤去期限の経過後に撤去したが，その翌日，Aは，広告看板を東側面5階外周壁の直上の506号室のバルコニーに再度設置した。Aは，506号室の玄関扉前の廊下の周壁にタイル（「壁タイル」という）を貼る工事を行っていた。

第12章　共用部分の変更

【当事者の主張】　Y及びCは，Aに対して次のとおり主張した。
① 　新規約において，バルコニーは，区分所有者に専用使用権を認める共用部分である。バルコニーに広告看板を設置することは，新規約に違反し，共同利益背反行為に該当するので，その撤去を求める。
② 　玄関扉前の廊下の周壁は，共用部分であり，区分所有者の共有に属する。共有持分に基づく妨害排除請求により，壁タイルの撤去を求める。

Aは，次のとおり主張した。
① 　本件決議は，Aに通知がないものであり，招集手続に瑕疵があるため，新規約は無効である。バルコニーを共用部分であると定める新規約は，Aに特別の影響を及ぼすものであるため，Aの承諾を必要とする。
② 　広告看板は，その色彩・体裁等において，建物の美観を損なわない。広告看板は，本件以外に他の共用部分にも存するのに，Aの広告看板のみの撤去を求めることは権利の濫用である。
③ 　壁タイルは，建物内部の美観を害するものではなく，Y及びCには不利益が生じない。壁タイルの撤去請求は権利の濫用である。
④ 　Y及びCには，訴訟上の当事者適格がない。

【判　旨】────────────────────────
Y及びCの請求を認容し，Aに広告看板及び壁タイルの撤去を命ずる。
① 　集会の決議によって指定されたY及びCは，違反行為停止等の請求について訴訟を提起することができる。Y及びCは，訴訟上の当事者適格を有する。
② 　バルコニーは，緊急時の避難通路として重要であり，建物の美観とも密接に関係するので，共用部分として規制の対象とすることは必要である。
③ 　Aには，バルコニーを共用部分として定めても，専用使用権が認められる限り，建物の使用について格別の不利益はない。広告看板は，有償で所定の場所に掲示することができるので，規約の変更は合理的で，区分所有者にとって受忍限度内のものである。Aは，規約の変更に承諾をしていなかったが，特別の権利に影響を及ぼすものではないので，Aの承諾は不要である。
④ 　特別の影響とは，受忍限度を超えた不利益が存することを意味する。Aが，

規約変更時には，広告看板を掲示していないことや規約の変更には必要性及び合理性が認められることを考慮すると，受忍限度を超える不利益はない。
⑤　集会の招集通知は，玄関ポストに入れておいたというYの供述がある。議決権395／516＝76.55％の賛成によって，本件決議は成立している。
⑥　壁タイルは，廊下周壁の共有持分権を侵害するものである。壁タイルの貼付は，Aの自己都合のみを考えた行為で，建物全体の秩序と調和を乱す行為である。共有持分権に基づく壁タイルの撤去請求は認められる。

重要判例106　駐車場の抽選性の変更と特別決議

（神戸地判平成3年6月28日）

【争　点】

駐車場取扱要領は，管理規約の要件を備えていると指摘して，その変更には，特別決議が必要であると判断した。駐車場2台の増設のうち，1台については，共用部分の変更に当たるので特別決議を必要とする。

【事実の概要】　本件マンションは，神戸市住宅供給公社が分譲したもので，総戸数35戸を有する。駐車場が17台あり，駐車場取扱要領に従い，運用されていた。駐車場取扱要領には，❶利用期間を原則として1年間とする❷利用者は，区分所有者又は同一世帯に属する者で，翌年度分の申込みを3月25日までに管理組合理事会に申請する❸申込みが収用能力を超えた場合，毎年総会で抽選して利用者を決定するという内容が定められていた。管理組合Xは，17台から19台に駐車場を増設したが，増設した2台のうち，1台は区画を細分化し，1台は新設したものである。駐車場取扱要領について集会の普通決議により❶利用期間は，原則として1年間とするが，引き続き，利用を希望する者には利用期間の更新を認める❷申込みが収用能力を超える場合，申込順に利用者を決定すると改正した。区分所有者34人中30人が出席し，21人の賛成（61.76％）によっ

て決議された。

【当事者の主張】 区分所有者A（複数人）が，次のとおり主張した。
① 駐車場取扱要領は，管理規約に相当するものである。規約の変更には特別決議が必要である。34人中26人の賛成（76.47％）が必要である。
② 駐車場取扱要領が，管理規約に相当しないとしても，本件決議の内容が共用部分の変更行為に当たるため，特別決議が必要である。本件決議は無効である。

Xは，次のとおり主張した。
① 駐車場取扱要領は，使用細則に当たる。共用部分の管理に関する事項に該当するので，普通決議で足りる。
② 抽選制から申込順制の変更及び更新制の導入は，現在の利用者に対して半永久的な駐車場の利用を認めることにはならない。実際には，1～2年間待てば使用可能である。

【判　旨】
共用部分の変更として，特別決議を必要とする。
① 共用部分である駐車場について，特定の区分所有者に専用使用権を与えることは，共用部分の変更に該当する。駐車場取扱要領は，形式的にも実質的にも管理規約の要件を備えている。
② 駐車場取扱要領は，規約の変更として特別決議が必要であるため，本件決議は無効である。
③ 抽選制から申込順制に変更することは，区分所有者に新たな差異を設けるもので，共用部分の変更に当たるもので，普通決議では決議要件を満たさない。
④ 駐車場2台の増設のうち，1台の新設は，共用部分の変更に当たるので特別決議を必要とする。

重要判例107　室外機設置と規約違反

（広島地判平成17年3月24日）

【争　点】

区分所有者が専有部分を賃貸し，賃借人が転貸して，転借人Cが店舗の営業を行っていた。業務用室外機の設置によって生じた騒音と排気が上階の区分所有者に及ぼす影響は，受忍限度を超えるものであり，通常用方に従ったものとはいえないと判断して，撤去請求と慰謝料の支払いを命じた。

【事実の概要】　1階の区分所有者Aが，専有部分をBに賃貸したところ，Bは，店舗（コンビニエンスストア）を開業した。Bは，店舗の陸屋根に業務用室外機を設置し，駐車場屋根にパラボラアンテナを設置した。店舗の陸屋根及び駐車場屋根は共用部分である。店舗の陸屋根には，専用使用権が設定され，通常の室外機の設置場所としての用方が規約によって定められていた。その後，Bは，店舗を転貸して転借人Cが店舗の営業を継続して行った。

【当事者の主張】　管理組合Xは，B及びCに対して次のとおり主張した。
① 業務用室外機が，規約で定められた用方違反であり，騒音と排気の発生が，共同利益背反行為に該当するので，パラボラアンテナとともにその撤去を求める。

3階に居住する区分所有者Yは，B及びCに対して次のとおり主張した。
① 業務用室外機の騒音被害を受けているので，この騒音被害について慰謝料の支払いを求める。

Bは，次のとおり主張した。
① 薬局の開業時に，業務用室外機の撤去請求はされなかった。
② 業務用室外機の撤去により廃業に追い込まれるため，撤去請求は，Xの権利の濫用に当たる。
③ Yの主張する業務用室外機の騒音は，受忍限度内である。

【判　旨】

業務用室外機の撤去請求とYに対する慰謝料請求を認める。

① 業務用室外機について，薬局では3台であったが，5台に増設された。薬局では午前10時から午後8時が営業時間であり，休日は休業していたが，コンビニエンスストアは，365日24時間営業である。2～3階区分所有者への影響は，受忍限度を超えるものであり，通常用方に従ったものとはいえない。

② Xの黙示の承諾は認められない。

③ Yへの影響は，耳栓なしに眠れないというもので，2階は業務用室外機の騒音と排気のため空室となっている。Xの請求は，権利の濫用には当たらない。併せて，Yに対して慰謝料として15万円の支払いを命じる。

④ パラボラアンテナの設置は，用方違反とはいえないため，その撤去請求は棄却する。

【基礎的事項の確認】
① 区分所有者が専用庭において，規約に違反して設けた門扉・門柱及び駐車場について，第一審では，駐車場としての使用禁止，改築門扉を撤去し，新たな門扉及びブロック塀の設置・補修を命じたが，控訴審では，改築門扉の撤去のみを命じた。区分所有者が，登記を移転し非居住となったため，駐車場の使用禁止請求等を棄却した。
② 管理規約上，専有部分とされていたバルコニーを共用部分に変更することは，バルコニーの避難通路及び建物の美観等を考慮すると，区分所有者に特別の影響を及ぼすものではない。
③ 駐車場取扱要領は，形式的にも実質的にも管理規約の要件を備えているので，特別決議が必要である。駐車場の増設は，共用部分の変更に当たり，特別決議を必要とする。
④ 業務用室外機の設置について，2，3階の区分所有者への影響は，受忍限度を超えるものであり，通常用方に従ったものとはいえないため，撤去請求と慰謝料の支払いが命じられた。

第13章 管理者の権利と義務

The Point

○ 管理者及び管理業者の法的地位と職務について確認する。
○ 理事長の訴訟当事者の適格性について検討する。
○ 管理費の目的外の支出に対して，理事長の職務執行命令は認められるか。

【Theme＆Target】

① 分譲業者が，区分所有者と個別的に管理委託契約を締結して，管理業務に従事した場合，区分所有法上の管理者の地位を取得することはできるのか。

② 理事長は，区分所有者全員のために訴訟を提起して，損害賠償を請求することができる原告適格を有するのか否かが争点となったが，管理者としての職務の範囲に属するものではないために，原告適格は否定されるのか。

③ 理事長が，管理規約の定めによって訴訟当事者となることが定められている場合，区分所有者が耐力壁に開けた開口部の修復請求の訴訟当事者としての適格性を認められるか。

④ 管理組合が，共用部分のひび割れ等の瑕疵について，施工業者，分譲業者に対して，不法行為に基づく補修代金相当額の損害賠償請求をすることができるのか。管理組合には訴訟当事者としての適格性が認められるのか。損害賠償請求権は可分債権又は非可分債権のいずれに当たるの

か。
⑤　要役地を共有する場合，承役地における地役権の設定登記は，共有物の保存行為に該当するのか。承役地における地役権の設定登記を求める訴訟は，区分所有者全員の訴訟参加を求める固有必要的共同訴訟に該当するのか。
⑥　共用部分に設置した自動販売機の設置手数料を理事長が受領した場合，善管注意義務違反として，管理組合の損害賠償請求は認められるのか。
⑦　民法645条に基づく委任事務の報告義務は，管理者が区分所有者各人に対して直接的に負うものか。
⑧　理事長及び理事が，マンションにサービスを提供する株式会社を設立するために管理費を出資したが，管理規約に定める目的外の支出に当たるため，職務執行停止の仮処分は認められるのか。
⑨　エレベーターに不具合が連続して発生し，エレベーター保守会社における修理対応が迅速に行われないため，保守契約を契約期間途中で解除した場合，管理組合に損害賠償責任は生じるのか。

重要判例108　管理者の選任手続

平4（ワ）1714号，平5（ワ）4861号（東京地判平成5年12月3日）

【争　点】
分譲業者が，区分所有者と個別的に管理委託契約を締結して，管理業務に従事しても，区分所有法上の管理者には当たらないと判断された。

【事実の概要】　分譲業者Aは，本件マンションを順次分譲したが，専有部分の一部住戸は，未分譲として他に賃貸していた。Aは，購入者及び賃借人と個別的に管理委託契約を締結した。管理委託契約によって，Aは，管理者に選任されたと主張し，管理業者として管理費等を徴収していた。Aの一方的な管理

費等の値上げを契機として，Aを除く区分所有者（「B」という）が，集会を開催し，区分所有者C及び管理業者Dを各自単独で議決権を行使できる管理者として選任する決議を行った。本件決議は，議決権において委任状の提出者を含む賛成者は，5,864/10,000であり，区分所有者12名のうち10名の賛成を得たので，管理者の選任決議として必要な過半数を超えたとして可決された。

【当事者の主張】　Cは，Aに対して次のとおり主張し，本訴を提起した。
①　管理委託契約は，Aに管理業務を行わせる趣旨の契約であり，区分所有法上の管理者を選任するものではない。
②　区分所有者全員が，管理委託契約を締結していない。
③　Cの管理者としての地位の確認を求める。

Aは，Cに対して次のとおり主張し，反訴及び追加的訴訟変更を請求した。
①　管理委託契約は，Aと区分所有者全員と締結したものであり，区分所有者全員は，Aを管理者とすることを書面によって合意した。
②　本件決議は，管理者であるAの招集によらずに開催されたので，招集手続が違法である。Cを管理者として選任する本件決議は無効である。
③　Aとは別の管理者を選任するためには，規約の変更として特別決議が必要となる。特別の影響を及ぼすAに対して承諾を得る必要がある。
④　Aが管理者であることの地位の確認を反訴請求する。駐車場及び倉庫の専有部分の認定と営業妨害の差止について，追加的訴訟変更を請求する。

【判　旨】

Cの本訴請求を認め，Aの反訴請求を棄却する。
①　管理委託契約には，Aを管理者とする条項は存在しない。本件決議は，議決権で過半数を超え，区分所有者12名中10名の賛成で可決された。
②　管理者をAと選任する旨の全員による書面合意の存在は，明らかではない。Aは，区分所有者と個別的に管理委託契約を締結して管理業務に従事したにすぎず，区分所有法上の管理者ではない。Aが本件決議の招集手続の違法を主張することは失当である。
③　本件決議は，適法であり，管理者Cの地位を確認する。Aの反訴請求を棄

却する。

④　Aの追加的訴訟変更は，駐車場及び倉庫の専有部分の認否及び営業妨害の存否が問題であり，請求の基礎を異にするため，追加的訴訟変更は許されない。本訴請求では，Aの管理者の選任が有効であるか否かが審理の対象であるので，追加的訴訟変更とは事実的にも法的にも関連性がないため，請求を棄却する。営業妨害の差止請求は，請求の基礎を異にするため，棄却する。

【ワンポイント整理：書面又は電磁的方法による決議要件等の比較】

原始管理規約について，購入者全員の書面合意を得て，管理組合の成立時に発効させるのは，区分所有法上❸に根拠を有する。

	❶ 39条2項・3項（書面又は電磁的方法による議決権の行使）	❷ 45条1項（書面又は電磁的方法による決議）	❸ 45条2項（区分所有者全員による書面又は電磁的方法による合意）
集会開催	必要	不要	不要
事前承諾	電磁的方法による議決権の行使は，規約又は集会の決議が必要	区分所有者全員の承諾	不要
決議要件	各要件に従う	各要件に従う	全員の合意
効　力	集会の決議と同等	集会の決議と同等	集会の決議と同等

> **重要判例109**　理事長による訴訟提起

第一審：昭63(ワ)3183号(横浜地判平成元年10月26日)，控訴審：平元(ネ)4211号（東京高判平成2年5月28日）

【争　点】

管理組合の理事長は，管理者として，区分所有者全員のために訴訟を提起して，損害賠償請求をすることができるかが争点となった。管理者である理事長が提起した訴訟につき，管理者としての職務に関するものではないため，原告適格が否定された。

【事実の概要】　管理業者Aが，管理組合Xには無断で，管理人室に抵当権を設定した。抵当権の実行によって，第三者Sが管理人室を取得した。管理人室は，1階に位置し，設計図面では受付と記載された部分と一体となっていた。扉があるが間仕切壁はなく，Aの派遣する管理人が常駐・居住していた。Aは，管理人室と受付との間に木製の壁を設けて区分した。区分後の管理人室には，管理人が居住し，受付には火災報知機・電話設備が備えられた。Xの総会において，理事8名が選任され，理事長の選任を理事に一任する決議がなされた結果，Yが理事長として選任された。臨時総会において，Yを原告とする本件訴訟提起の決議（「本件決議」という）が行われた。

【当事者の主張】　Yは，管理者として，抵当権の実行により区分所有者が管理人室の共有持分を失ったことに対して，Aに損害賠償請求を行った。

【本事案の事実関係と控訴審の見解】

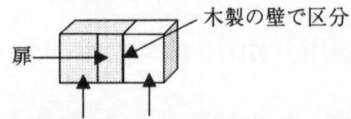

```
           木製の壁で区分
    扉  ↓   ↓
    →  [         ]
       管理人室  受付（火災報知機・電話設備設置）
    (Aの管理人が常駐・居住)
```

① AがXには無断で，管理人室に抵当権を設定
② 抵当権実行により，Sが管理人室を取得

(Yの主張)

① 区分所有者が管理人室の共有持分を喪失
② Aに対して損害賠償を請求

(控訴審の見解)

(1) 共用部分の否定による原告適格の否認
① Yは，その職務の範囲内であれば，原告又は被告となり得る。
② 共用部分の管理行為でなければ，職務の範囲内とはいえない。

③ 管理人室は，受付と区分され，専有部分と同様の構造上及び利用上の独立性を有するので，<u>法定共用部分には当たらない</u>。<u>規約共用部分とする旨の規約の存在がない</u>。
④ 集会の決議が成立していても，Yの原告適格は認められない。

(2) 滅失・非回復を前提とする損害賠償請求と管理行為の否認
① Yは，区分所有者が管理人室の共有持分を喪失したことによる損害賠償を請求している。
② 管理人室が，仮に共用部分であるという前提に立つとしても，共用部分の管理行為というためには，共用部分の存続又は回復を前提とする必要がある。

③ <u>管理人室の共有持分の滅失を原因とし，かつ回復を前提としない行為はYの管理行為には当たらない</u>。これに関する損害賠償請求権は，区分所有者の各人に分割的に帰属する。
④ Yには，管理権限がないため，原告適格は認められない。

第13章 管理者の権利と義務

【判　旨】

|控訴審| Yの原告適格を否定する。原審を取り消し，訴えを却下する。

① Yは，区分所有法における管理者である。しかし，訴えの内容が共用部分の管理行為に含まれない場合，本件決議により管理者の職務となるものではなく，Yは，原告適格を有しない。

② 管理人室は，❶法定共用部分又は規約共用部分のどちらにも該当しない❷共用部分の管理行為は共用部分の存続・回復を前提としなければならない❸不法行為による損害賠償請求権は分割債権であり，その権利の行使は共用部分の回復行為とはいえないため，Yの原告適格を否定する。

③ 26条4項は，区分所有者の便宜のために，管理者の訴訟担当を特別に許容したものである。便宜的な拡張解釈をしてはならない。

④ 損害賠償請求権は，区分所有者に分割的に帰属するので，Yは，管理権限を有しない。共用部分の管理行為は，共用部分の存続と回復を前提とする。共用部分の滅失を原因とし，かつ，回復を前提としない行為は，共用部分の管理行為とはいえない。

⑤ Yの訴えの提起は，管理者としての職務に関しないものである。

重要判例110　理事長による訴訟提起

平4（ワ）18228号（東京地判平成6年2月14日）

【争　点】

管理組合の理事長が，管理規約において管理者としての職務に関して訴訟当事者となることが定められている場合，26条4項に基づき，区分所有者が耐力壁に開けた開口部の修復を求める訴訟当事者としての適格性を認められるか否かが問題となった。管理組合は，訴訟当事者として原告適格を有しないと判示された。

【事実の概要】　本件ビルの管理規約には，管理組合の理事長は，本件ビルの管理者となり，管理者として職務に関する訴訟の原告又は被告となる旨の定めがある。本件ビルは，ＪＲ新橋駅直近の区分所有建物であり，地下１階から地上４階までが店舗である。区分所有者Ａは，サウナを営業するＢのために，所有する専有部分336号室を賃貸した。賃借人Ｂは，419号室及び1125号室の所有者でもある。Ｂは，賃借する336号室と区分所有者Ｃが所有する407号室のボイラー設備をつなぐため，給湯配管工事を行い，耐力壁に500㎜×1,000㎜の開口部を設けた。温水を送るために，３階天井部分と４階床下部分とで囲まれた空間に給湯管４本を敷設した。

【当事者の主張】　管理組合Ｘの理事長Ｙは，Ａ及びＢに対して，耐力壁の修復と損害賠償を求めて提訴した。Ｙは，次のとおり主張した。
① 耐力壁を破損し，鉄筋を切断したため，本件工事によって，耐震性能が半分程度になった。
② 耐力壁の修復のための保存行為と損害賠償を請求する。Ａ及びＢに対して，連帯して6,185,000円（修復工事の一部・弁護士費用等を含む損害賠償）及び遅延損害金の支払いを求める。
③ Ｙは，訴訟当事者として原告適格を有する。

Ａ及びＢは，次のとおり主張した。
① 本件工事にかかわる壁は，耐震壁ではない。鉄筋の切断はしていない。
② Ｙは，本件店舗の営業を助成するべきである。耐震性能の低下があるならば，給湯管の撤去をしなくても補修できる。
③ Ｙは，57条に基づく場合にのみ訴訟提起をすることが可能であるが，本件工事は，1983年の区分所有法改正前になされたものであり，57条の規定は存在せず，その適用はない。
④ Ｙは，訴訟当事者として原告適格を有しない。

【判　旨】
Ｙには，訴訟当事者として原告適格がない。Ｙの訴えを却下する。
① Ｙの訴訟提起は，規約の定め又は集会の決議による授権があれば，認めら

れる。包括的又は事前の授権に基づき，Xに代わって行うものである。26条1項及び4項は，Yの任意的訴訟担当を認めたものである。

② 26条1項及び4項に基づき，Yが原告として請求する保存行為は，通常予想される保存行為であり，区分所有者間に利害の対立がないものに限られる。区分所有者が個別的に行うことのできる保存行為であるが，Xの授権によってYが行うことを認めたものである。

③ 区分所有者間に利害の対立がある場合，通常予想される保存行為を超えるものとして，57条2項及び3項に従い，集会の決議による個別的授権を必要とする。本事案のように，区分所有者間の利害の程度に差がある場合，区分所有者全員によってのみ差止請求を行うことができる。

④ 共同利益背反行為の差止請求に区分所有者全員の賛成を求めることが現実的には困難であるため，57条2項及び3項に基づき，多数決によりYによる任意的訴訟担当が認められる。通常予想される保存行為を超えるので，規約による包括的な授権にはなじまない。

⑤ 26条及び管理規約に基づいて，耐力壁の修復という保存行為を請求することは，通常予想される保存行為を超えるものであるため，Y自らが行うことは許されないので，26条ではなく，57条によって対応しなければならない。57条3項に基づく訴訟の提起について，その要件である集会の決議が欠けているため，Yは，訴訟提起をすることができない。

⑥ 昭和59年1月1日に57条3項が施行されたのであり，本件工事の時期を考慮すると適用できない。旧法の下では，共同利益背反行為の場合，Yの訴訟提起の規定はなく，区分所有者が個々に差止請求をするほかない。57条3項又は旧法を根拠として，Yが訴訟提起をすることができない。

⑦ 損害賠償請求権は，区分所有者全員に生じる性質のものであり，耐力壁の修復請求と同視される。Yは，訴訟当事者として原告適格を有しない。

【ワンポイント整理：管理者の原告適格の否定】

(A) 26条の適用検討

❶ 修復請求は，26条1項に定める保存行為に属するか否か。
通常予想される保存行為を超えるため，これには属さない。→【NO】

⇩

❷ 26条4項による訴訟提起が可能か否か。
本件ビルの規約の定めがあっても，26条1項に定める保存行為ではないため，訴訟提起はできない。→【NO】

(B) 57条の適用検討

❶ 修復請求は，6条1項に定める共同利益背反行為に該当するか否か。
通常予想される保存行為を超えるものであり，これに該当する。→【YES】

⇩

❷ 57条2項による訴訟提起が可能か否か。
本件ビルの規約の定めがあっても，訴訟提起をするには，個別的授権のために集会の決議が必要である。本事案には，集会の決議がない。→【NO】

(C) 本件工事の時期と57条の適用検討

❶ 本件工事には，57条3項は適用されるか否か。
昭和59年1月1日に57条3項が施行され，本件工事は，昭和57年6月に実施されている。57条3項は適用されない。→【NO】

⇩

❷ 旧区分所有法を根拠として訴訟提起をすることができるか否か。
旧区分所有法を根拠として，Yは，訴訟提起をすることができない。→【NO】

⇩

Yの訴訟当事者（原告）としての適格性を否定。

第13章　管理者の権利と義務

絵解き☞：本判決における26条と57条の訴訟提起の範囲

57条に基づく管理者の訴訟提起
→通常予想される保存行為を超えるもの

26条に基づく管理者の訴訟提起
→通常予想される保存行為

※団体的意思決定の制約を受ける領域

① 東京地裁では，57条のみを指摘する。
② しかしながら，26条においても規約の定め又は集会の決議が必要であり，団体的意思決定が必要である。

絵解き☞：保存行為と26条と57条の訴訟提起の関係

57条に基づく管理者の訴訟提起　　26条に基づく管理者の訴訟提起

管理組合の団体的意思決定による段階的・選択的適用

26条でも57条でも訴訟提起できる事項

26条1項及び2項に基づき，管理者が行うことができる保存行為
※ 利害の対立がないため，保存行為は個人として行い得る
　管理者に保存行為の権限を認める
⇓
※ 規約の定め又は集会の決議があれば，管理者による訴訟提起可能

重要判例111　共用部分の欠陥と管理組合による訴訟提起

第一審：平6(ワ)22281号（東京地判平成8年7月15日），控訴審：平8(ネ)3595号（東京高判平成8年12月26日）

【争　点】

管理組合が，共用部分のひび割れ等の瑕疵について，施工業者と分譲業者に対して，不法行為に基づく補修代金相当額の損害賠償請求をすることができるか否かが争点となった。控訴審では，管理組合には民事訴訟法を根拠として訴訟当事者としての適格性が認められたが，損害賠償請求権は可分債権であるとして，管理組合の請求を棄却した。

【事実の概要】　管理組合Xが，施工業者A及び分譲業者Bに対して訴訟を提起した事案である。本件マンションは5階建ての雛段構造で居室の半分に上階バルコニーを設けた構造を有する。Bが，バルコニーの手摺近辺に重量約300kgのプランターを8～10個設置したため，外壁・バルコニー等の共用部分にひび割れ等の瑕疵が生じた。Xは，本件瑕疵によって補修費用相当額の損害を受けたとして，A及びBに対し不法行為による損害賠償請求を行った。

【当事者の主張】　Xは，A及びBに対して次のとおり主張した。
①　損害賠償請求権は，区分所有者全員に総有的に帰属するため，Xは原告適格を有する。
②　損害賠償請求権は，民法709条（不法行為）及び719条（共同不法行為）に基づくもので，区分所有者全員に総有的に帰属する。
③　Aの施工による建物構造及びBの重量物の積載が本件瑕疵の原因であり，相当因果関係がある修補代金相当額は135,585,534円である。

A及びBは，次の理由からXに対する原告適格を否定した。
①　損害賠償請求権は，各区分所有者に帰属し，各人が行使すべきものである。26条4項は，区分所有者に帰属する権利をXが行うことを定めたものではない。管理者が原告とならなければならない。

② 管理者が訴訟追行者となるためには，規約又は集会の決議が必要であるが，授権行為がなされていない。

【判　旨】

|控訴審| 原審を取り消し，Xの請求を棄却する。

① 26条4項に基づいてXに対して原告適格は付与されない。管理者には原告適格が認められるが，権利能力なき社団である管理組合には認められない。但し，管理者は損害賠償請求権を行使する権限を有しない。

② 民事訴訟法46条（旧法）によって，Xには原告適格が認められる。

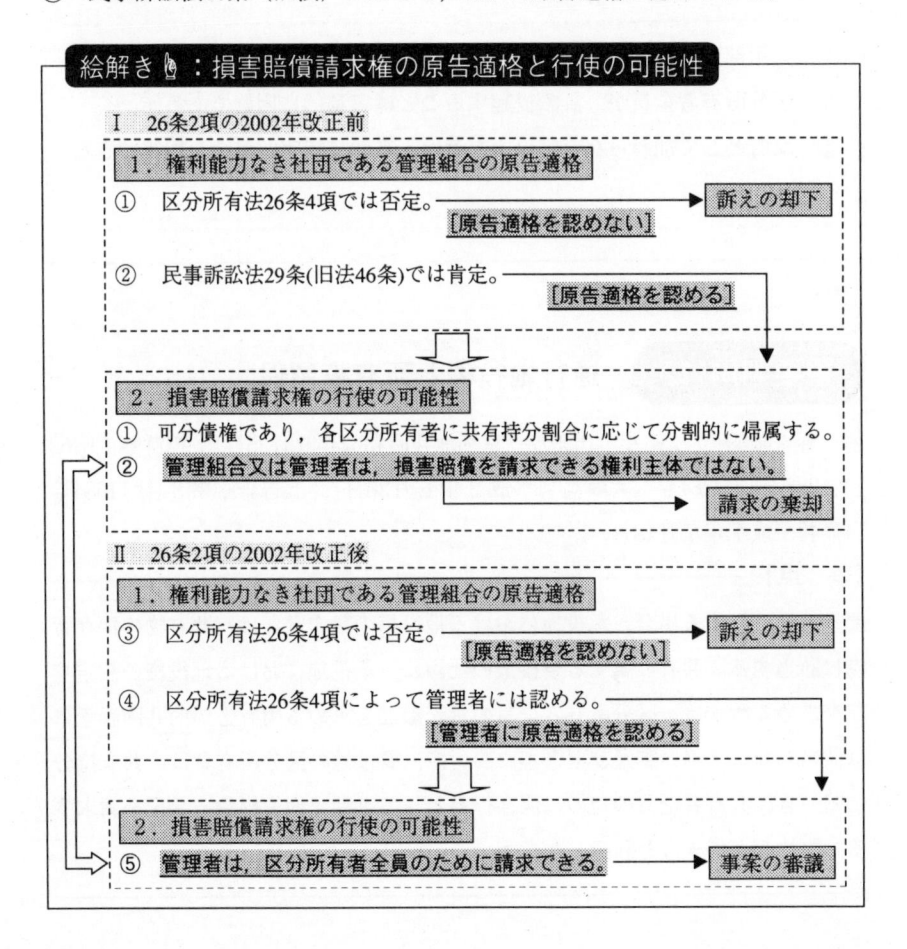

絵解き：損害賠償請求権の原告適格と行使の可能性

Ⅰ　26条2項の2002年改正前

1．権利能力なき社団である管理組合の原告適格
① 区分所有法26条4項では否定。 → [原告適格を認めない] → 訴えの却下
② 民事訴訟法29条(旧法46条)では肯定。 → [原告適格を認める]

2．損害賠償請求権の行使の可能性
① 可分債権であり，各区分所有者に共有持分割合に応じて分割的に帰属する。
② 管理組合又は管理者は，損害賠償を請求できる権利主体ではない。 → 請求の棄却

Ⅱ　26条2項の2002年改正後

1．権利能力なき社団である管理組合の原告適格
③ 区分所有法26条4項では否定。 → [原告適格を認めない] → 訴えの却下
④ 区分所有法26条4項によって管理者には認める。 → [管理者に原告適格を認める]

2．損害賠償請求権の行使の可能性
⑤ 管理者は，区分所有者全員のために請求できる。 → 事案の審議

③ 損害賠償請求権は，可分債権であり，区分所有者には共有持分割合に応じて分割的に帰属するものである。区分所有者全員に総有的に帰属するものではないので，Xが請求することはできない。

2002年の改正により，管理組合の管理者には共用部分等の損害賠償請求金及び不当利得返還金の請求及び受領に関して，代理権が付与された（26条2項）。管理者は，原告又は被告となって，訴訟追行権を有する（26条4項）。現在では，本事案のような共用部分等の損害賠償請求権につき，次の理由を根拠として，管理組合の理事長には管理者として原告適格が認められる。

① 共用部分等を管理し，執行する責任は，管理者に存する。
② 区分所有者全員が，訴訟提起することは実務的に困難である。
③ 原告として加わらない区分所有者は，当然に損害賠償金を取得できない。

重要判例112　通行地役権と所有権留保

第一審：昭59(ワ)298号・1699号（京都地判昭和62年9月25日），控訴審：昭62(ネ)2283号・2284号（大阪高判平成2年6月26日），上告審：平3(オ)1684号（最判平成7年7月18日）

【争　点】

要役地を共有する場合，承役地における地役権の設定登記は，共有物の保存行為に該当する。共有に属する要役地のために，承役地における地役権の設定登記を求める訴訟は，区分所有者全員の訴訟参加を求める固有必要的共同訴訟には該当しない。第一審及び上告審において，要役地の区分所有者は，共有持分に基づき，共有者全員のために保存行為として単独で地役権設定登記を請求する訴訟提起ができると判断した。

【事実の概要】　要役地は，公道と接続する幅12mの通路のうちの6mに相当する部分から北東方向に広がる敷地（「甲土地」という）であり，承役地は，公道と接続する幅12mの通路のうちの残りの6mに相当する部分（「乙土地」という）である。分譲業者Cにとっては，近隣の反対によりマンションの規模を縮小したため，乙土地を本件マンションの敷地とする必要はなくなり，容積率及び建蔽率が建築基準法に抵触しないという事情があった。

パンフレット及び販売広告には，乙土地は，甲土地と併せて本件マンションの敷地に含まれて，一体として利用する図面が表示されていた。購入者は，乙土地の共有持分を甲土地と併せて購入したという認識であった。Cは，購入者の入居が始まると，乙土地に駐車場を設置して，希望者にはその使用を斡旋する旨を営業担当者に説明させていた。Cは，乙土地を本件マンションの敷地に取り込み，通路として利用できる形状にするとともに，駐車場7台分の区画を設置して白線で区分した。駐車場使用料は，管理費等と併せて徴収され，Cが受領していた。乙土地は，通路，駐車場のみならず，子供の遊び場，盆踊り，火災訓練，運動会の練習，町内会の催し等に利用されていた。区分所有者は，主

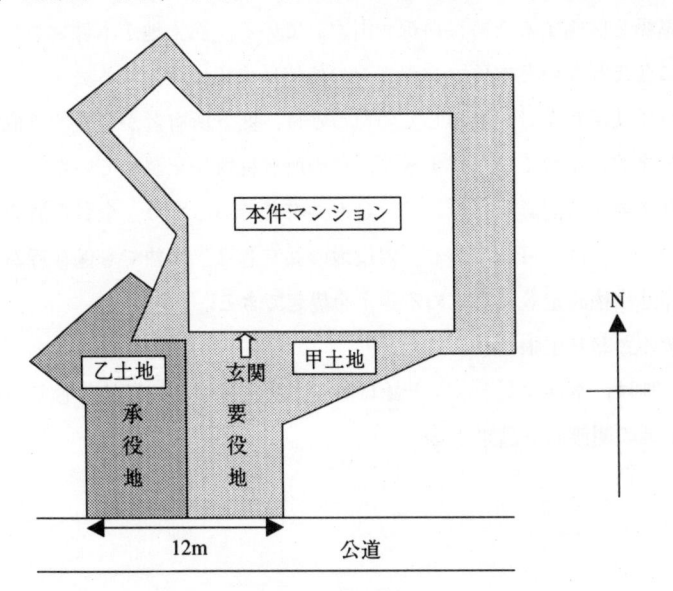

位的請求として，共有持分割合に応じた承役地の所有権移転登記を請求し，予備的請求として，承役地における地役権設定登記を求めた。Cは，承役地の明渡及び賃料相当額の損害賠償を請求した。

【当事者の主張】 区分所有者A（81名）は，次のとおり主張した。
① 乙土地は，所有権分譲の目的物であり，乙土地に関する所有権移転登記を求める。
② 乙土地に関して，甲土地を要役地とする通行等地役権設定登記を求める。

Aのうちの57名が上告したが，上告理由は次のとおりである。
① 建築確認の申請に際し，乙土地は，本件マンションの敷地とされている。パンフレットや新聞広告，契約書に添付された図面も同様の扱いである。
② 乙土地については，本件マンションの区分所有者が，約10年間駐車場及びその通路として利用し，敷地として甲土地と一体的に利用されている。
③ Cは，近隣との交渉の結果，戸数を減らし，建蔽率が余ったので乙土地を削ったと主張するが，設計図面には本件マンションの敷地として乙土地が含まれ，その所有権を留保したという主張は認められない。
④ 駐車場を区画するために白線が引かれている。乙土地が本件マンションの敷地に含まれないと本件マンションの価値は大幅に減少する。
⑤ 駐車場使用料をCが取得していたことは，区分所有者が金銭的な取扱いをCに全面的に委ねていたにすぎず，Cの所有権留保を認めていない。
⑥ 固有必要的共同訴訟について，Cも共有者であるため，全員が訴訟でそろうということは不可能である。要役地の共有者は，単独でも保存行為として，通行等地役権設定登記を求める訴えを提起できる。

Cは，次のとおり主張した。
① 乙土地は，本件マンション分譲に際し，所有権分譲の目的としていない。
② 乙土地の明渡しを請求する。

第13章　管理者の権利と義務

【判　旨】

上告審　黙示的な地役権の設定を認め，予備的請求を破棄し差し戻す。

① 要役地の共有持分のために，地役権を設定することはできない。Aの通行等地役権設定登記の請求は，不可能な登記を求めるものではない。
② Aは，共有持分に基づき，共有者全員のために通行等地役権設定登記を求めていると解すべきである。
③ 要役地が数人の共有に属するとき，各共有者は，単独で共有者全員のために共有物の保存行為として，要役地のために通行等地役権設定登記を求める訴えを提起できる。固有必要的共同訴訟には当たらない。共有者全員による訴訟提起でなくても，訴えの却下事由とはならない。
④ 共有持分のために通行等地役権設定登記を求めることはできないとした原審における予備的請求の棄却に関する部分を破棄し，差戻しとする。

【ワンポイント整理：固有必要的共同訴訟】

必要的共同訴訟とは，共同訴訟人の全員につき，合一に確定しなければならない共同訴訟をいう。合一に確定すれば，一人の訴訟行為は，全員の利益においてその効力を有する（民事訴訟法40条1項）。固有必要的共同訴訟では，共同訴訟人の全員がそろうことを必要とする。次の❶～❹のように全員が訴えられ又は訴えるのでなければ，当事者適格を欠き，却下されることになる。

❶ 原告2名の共有に属することの確認及び移転登記手続を求める訴えは，固有必要的共同訴訟であり，共有者のうちの一人のみが訴えを取り下げることはできない（最判昭和46年10月7日）。

❷ 土地境界の確定を求める訴えは，土地共有者全員が共同して，訴え又は訴えられることを要する。原告は，13名の共有者のうち，1名が欠けているため，訴え却下とする（最判昭和46年12月9日）。

> ❸ 遺産確認の訴えは，共同相続人全員が当事者として関与し，合一に確定することを要する固有必要的共同訴訟である（最判平成元年3月28日）。
> ❹ 共同相続人の間で，相続人の地位が存在しないことの確認を求める訴えは，固有必要的共同訴訟である（最判平成16年7月6日）。

重要判例113　理事長の善管注意義務違反

第一審：平12(ワ)15194号（東京地判平成13年6月22日），控訴審：平13(ネ)3824号（東京高判平成13年11月21日）

【争　点】

自動販売機の設置手数料を理事長が受領した事案につき，善管注意義務違反であるとして管理組合が損害賠償請求をした。管理組合の収入の一部を理事長個人が取得したことは，管理組合に損害を与えたと判断した。

【事実の概要】　管理組合Xの理事長Yは，自動販売機業者Z（Z1〜Z5）との間において，飲料缶1本当たり22〜28円の収入の一部である15〜17円のみをXに取得させ，Yが媒介手数料としてその残額を取得するように折衝した。Yは，平成7年6月1日から平成10年5月31日まで理事長の職務を務め，401号室の区分所有者であり，自動販売機取扱業者であった。Xは，自動販売機の設置によって，年間120万円の収入が見込まれ，その設置収入を建物補修費に充当するために，自動販売機を1階に設置する決議を行った。本件決議に基づき，Yは，Zとの間で自動販売機の設置及び媒介契約を締結した。設置手数料と媒介手数料は，次のとおりである。

第13章　管理者の権利と義務

自動販売機設置業者	契約日	設置手数料（Xが受領）	媒介手数料（Yが受領）
Z1	平成8年9月	17円／缶	11円／缶
Z2	平成7年12月	17円／缶	11円／缶
Z3	平成7年10月	17円／缶	11円／缶
Z4	平成7年10月	15円／缶	7円／缶
Z5	平成8年9月	15円／缶	10円／缶
合計			677,475円

　Yは，自らが経営する喫茶店に設置手数料の一部を受領するための媒介契約を締結し，677,475円の支払いを受けた。自動販売機は，1階の共用部分に設置され，電気代は，Xの負担である。

【当事者の主張】　Xは，Yに対して次のとおり主張した。

① 　Yには，Xが収入全額を得られるように交渉すべき善管注意義務と職務の遂行義務がある。Y個人が媒介手数料の取得をしたことは，善管注意義務を果たさず，Xに相当額の損害を与えたものである。

② 　不法行為に基づく損害賠償請求として，媒介手数料相当額677,475円，弁護士費用40万円，滞納水道料91,880円，遅延損害金を請求する。

　Yは，Xに対して次のとおり主張した。

① 　正当な商行為としてZとの間に媒介契約を締結し，その報酬として677,475円を受領した。不法行為を構成するものではない。

② 　滞納水道料については，401号室の競落人Aが支払うべきである。

【判　旨】

　控訴審　Xの損害賠償請求を認容する（滞納水道料は原審で認容）。

① 　自動販売機は，その設置場所が共用部分であることから，Yは，Xが収入全額を得られるように交渉し，かつ，その旨に従った契約を締結すべき善管注意義務と職務の遂行義務がある。

② 　Yは，飲料缶1本当たり22〜28円の収入の一部のみをXに取得させ，Y個人が媒介手数料を取得するように交渉して，設置契約及び媒介契約を締結し

た。
③　Xに収入全額を収受させずにY個人が媒介手数料を取得したことは，善管注意義務違反に当たる。Yは，自己の利益を図り，かつ，Xに相当額の損害を与えたものといわざるを得ない。
④　Yには，1,077,475円（媒介手数料相当額677,475円と弁護士費用40万円の合計額）及び遅延損害金の損害賠償責任がある。

重要判例114　区分所有者に対する事務報告義務

平元(ワ)10521号（東京地判平成4年5月22日）

【争　点】

民法645条に基づく委任事務の報告義務は，管理者が個別的に各区分所有者に対して直接的に負うものではない。

【事実の概要】　区分所有者A（A1・A2・A3及びA4の4名）が，昭和63年4月17日から平成2年6月2日まで理事長の地位にあったYに対して，28条において準用される民法645条に基づき，就任中または就任前になされた管理者としての業務に関する文書の閲覧，写しの交付及び書面による報告を求めた。昭和60年1月，本件マンションの東側に，再開発組合Zによる高層ビル（「再開発ビル」という）の建築計画が発表された。これに伴い，一部の区分所有者は，再開発特別委員会Cを設立し，Yと連携して諸問題の検討及びZとの交渉を行った。昭和61年5月1日，管理組合Xは，集会の決議でCをXの委員会と認めて委員6名を選出し，Zとの交渉・合意，事後処理等を行わせることにした。Cは，Zとの交渉の結果，昭和61年6月10日，再開発ビル建築に伴う補償問題に関する覚書を締結し，Zから工事迷惑料（「補償金Ⓐ」という）として2,200万円を受領した。Cは，補償金Ⓐの使途及び分配方法を定めて，該当する区分所有者に支払った。A1には30万円，A2には3万円が支払われた

が，Ａ３及びＡ４には支払われなかった。Ｃは，昭和61年12月15日，Ｚとの間で工事協定書及び日照等補償金について合意した。昭和63年４月12日，目隠板の設置に代わる補償（「補償金Ⓑ」という）として1,300万円の支払いについて合意した。Ｃは，再開発ビルに面する区分所有者にはエアコンの現物支給を行い，補償金ⒶⒷのうち，220万円を使って中央通路・玄関の改修工事を行った。

【当事者の主張】　Ａは，Ｙに対して次の請求を行った。

① 文書目録（一）及び（二）につき，その閲覧と写しの交付を求める。文書目録（一）は，補償金Ⓐについて再開発ビル建築に伴う補償問題に関する覚書，文書目録（二）は，補償金Ⓑについて目隠板の設置に代わる補償に関する合意文書である。

② 報告事項目録につき，文書による報告を求める。報告事項目録には，支払われた補償金の額・支払日・保管方法，組合員に支払われた補償金の配分基準・配分先・配分時期，組合員以外の者に支払われている場合の支払先・金額・時期・理由が記載されている。

【判　旨】

Ｙは，区分所有者各人に直接的に事務報告をする義務を負わない。

① 普通決議によって選任された複数理事の互選によって，Ｙは理事長に選出されたにすぎない。Ｙは，直接的に個々の区分所有者から委任を受けているのではなく，個々の区分所有者の受任者ではない。

② 区分所有法上，管理者に，集会において毎年１回事務報告の義務が課せられている。報告義務が果たされない場合，区分所有者及び議決権の各５分の１以上の区分所有者により，集会招集の手続きが定められている。従って，管理者の事務報告は，定時集会において行うことを予定している。

③ 管理者であるＹと個々の区分所有者との関係では，個別の委任契約は，認められない。Ｙには，28条及び民法645条に基づく個々の区分所有者に対する直接の報告義務はない。

重要判例115　理事長等に対する職務執行停止の仮処分申請

平11(ヨ)9号（長野地決平成11年4月27日。仮処分命令申立てに対する職務執行停止決定）

【争　点】

管理組合の理事長と理事が新規に設立する株式会社に管理費を出資したことが，管理規約に定める目的外の支出に当たるとして，区分所有者のうちの一部が，職務執行停止の仮処分を申請した。理事長及び理事に対する職務執行停止と職務代行者選任の仮処分申請が認められた。

【事実の概要】　長野県木島平に所在するスキー場に近いリゾートマンション（総戸数224）において，管理組合Xの理事長Y及び理事Z（9人）は，管理費の滞納が増加している状況を考慮して，管理業務を委託するために株式会社を設立し，併せて観光旅行の案内・斡旋・代行，不動産の売買・賃貸・管理，建物及び設備の設計・施工・修繕，リゾートクラブ・レストランの経営等を行い，収益を上げて管理費を賄おうとした。Y及びZは，本件会社の設立出資金1,000万円のうち，管理費から300万円を出資するために，事前に区分所有者に対して議案書を送付した。これには，「組合活動の充実化及び将来の管理費等の負担軽減を図るための施策を検討する（事業法人化を図る）。」と記載されていた。集会の決議では，議決権総数224人のうち，148人の賛成（66.07％）があり，決議の成立を受けて，平成10年7月24日，Yが「新会社フェニックスリゾート設立による株主募集のお知らせ」と題する書面を区分所有者に送付した。本件会社は，Xを筆頭株主とし，区分所有者から株主を募集したうえで設立する旨が書面に記載されていた。管理規約には，「管理費は，敷地及び共用部分等の維持管理をするために徴収される。」という定めがあり，委託管理費及び一般管理費等の通常の管理に要する費用にのみ使用することができる。Aは，規約で定められた使途以外の管理費の支出であり，規約違反行為に当たると主

張して，Y及びZに対する職務執行停止の仮処分等を長野地裁に申請した。
【当事者の主張】　Aは，Y及びZに対して次のとおり主張した。
① 25条2項に基づき，Y及びZに対する解任を請求する。
② 管理費は，本件規約によって使途が制限され，通常の管理に要する費用としてのみ支出することができる。本件会社の設立のために管理費から300万円を出資することは，規約に反し，違法な管理費の支出に当たる。
③ 本件決議においては，不明確な記載をした議案書の送付によって，白紙委任状による議決権の行使者は，102人に達していた。Y及びZに対する不正行為を阻止するために，職務執行停止の仮処分を申請する。
④ Y及びZは，Xの特別決議を経ることなく，450万円を支出して多目的ホールを建設した。これは，本件規約に反する。
Y及びZは，Aに対して次のとおり主張した。
① 本件会社の設立目的は，本件マンションにサービスを提供するものであり，管理業者の経営破綻を原因とする。滞納管理費等に充当する目的によるものである。
② 450万円を支出して多目的ホールを建設したが，管理事務室に変更したので，改良行為にすぎない。
③ 理事は，任期満了となっているため，次回の集会の決議において理事を選任する。職務の執行を停止する実益はない。
【判　旨】
Aの請求認容。Aの申請に基づき，Y及びZに対する職務執行停止を認める。職務代行者としてSを選任する。
① 本件規約において，管理費の使途が，管理に要する費用に制限されている以上，当該使途以外に管理費を支出することは許されない。
② 本件会社は，定款目的が管理の範囲を大きく逸脱するものであり，管理業務以外の業務をその目的として含み，管理に要する費用以外の支出がなされるために，違法な支出となる。収益によって滞納管理費の負担の軽減は図れるとしても，本件会社の目的は，管理の範囲を逸脱するものであり，適法と

はいえない。
③ 本件会社の出資を決定した集会の決議では，出席者が46人に留まり，白紙委任状による議決権の行使者は102人である。集会の議案書には，事業法人化を図るという概略の記載があるだけで，本件会社に対する管理費の出資の承認がされたか否かは疑問である。本件決議の成立によって，出資が適法となるものではない。
④ 前任者の再任が継続されている実態やY及びZが次回集会に同様の議案の再提出を意図していることを考慮して，Y及びZの職務執行を停止し，職務代行者により適正な組合運営を行う必要性が存する。Aには50万円の担保を供することを命じ，Y及びZに対する職務の執行を停止し，職務代行者として弁護士Sを選任することを命じる。

【ワンポイント整理：民事保全法の準用と仮処分命令】
管理者の解任請求は，25条2項によって定められているが，緊急を要する場合，民事保全法がその根拠となる。仮の地位を求める仮処分命令は，争いがある権利関係によって著しい損害又は急迫の危険が生ずる場合，これを避けるために発することができる（民事保全法23条2項）。仮処分命令の申立目的を達成するため，債務者に対して，命令，禁止，給付，保管人による保管処分その他の必要な処分をすることができる（民事保全法24条）。命令の具体的な内容は，仮処分命令の目的を達するのに必要な範囲で，事案に応じて，裁判官がその裁量に基づき決定する。本事案では，Y及びZが職務の執行を継続すると，規約違反行為を行い，区分所有者に著しい損害を被らせるおそれがあるので，Aの申立てに基づき，職務執行停止とともに，職務代行者としてSの選任が命じられた。

重要判例116　エレベーター保守契約の中途解約

平13(ワ)20533号（東京地判平成15年5月21日）

【争　点】

管理組合が，エレベーター保守会社との間で，エレベーター保守契約を契約期間途中で解除したが，損害賠償責任はないとした。

【事実の概要】　管理組合Xは，エレベーター保守業者Aとの間で❶乗用9人乗り3基及び人荷用1基を対象とする❷保守点検費を月額175,000円とする❸契約期間を5年間とし，期間満了の90日以上前に，契約当事者の一方が，他方に対して書面による解約通知をしない場合には，自動的に継続するという内容の保守契約を締結した。Aは，平成10年7月22日の1号機エレベーターの故障・停止には，翌日夕方に修理を完了したが，平成10年10月1日の3号機エレベーターの段差停止には，11月4日に修理を完了した。平成10年10月15日の1号機エレベーターの故障・停止の修理には，11月19日まで1ヵ月以上を費やした。平成11年6月9日午前7時20分には，区分所有者Kが4号機エレベーター内に閉じ込められた。Aの到着が午前9時過ぎであったため，警備会社によってKが救出された。その後も，故障・停止，モニター映像の消滅や上昇ランプ・表示ランプの不点灯など不具合が生じたが，Aの対応は遅く，故障報告書の提出による的確な説明がなされなかった。Xは，平成12年5月21日，集会の決議によって，エレベーターの改修工事を決定したが，Aは，エレベーターの新規設置の見積りを提示するなど誠実な対応をとらなかった。Xは，Aの対応に不信感を募らせ，契約期間途中であったが，平成13年1月31日，Xは，Aに対して平成13年4月30日に保守契約を解除する旨の通知を行った。Xの理事会は見積額と性能比較からSに改修工事を発注する決定を行った。

【当事者の主張】　Aは，Xに対して，契約解除に伴う債務不履行による損害賠償請求として，契約期間内に得られたはずの保守点検費2,888,550円及び遅延損害金の支払いを求めて，次のとおり主張した。

① 保守契約は，請負と準委任の法的性質を有する。Xの一方的な解約は，Aに対する損害賠償責任を生じる。
② Aの損害は，残存契約期間中にAが得られたはずの報酬による逸失利益であり，契約期間中の保守点検費から経費を控除した額に相当する。
③ Aは，保守契約の本旨に従い，保守点検業務を行っている。Xが主張するように，本旨に則った業務提供がなされていないという事実はない。

Xは，Aに対して次のとおり主張した。
① 特約のある委任契約を中途解除することは，Aにとって不利な時期には当たらない。本件解約による従業員の配置転換や解雇等の事情はない。
② 本件解約には❶故障・事故に対する対応が遅い❷改修工事に関する見積書の提出や技術的な説明がないというやむを得ない事由がある。

【判　旨】

Aの請求を棄却する。
① 保守契約は委任契約に準ずる契約で，期間の定めのある準委任契約と解される。民法656条により，民法の委任に関する規定が適用される。
② 当事者の一方が相手方の不利な時期に解除する場合には損害賠償責任が生じる。民法651条2項に定める不利な時期とは，委任事務処理自体に関して受任者が不利益を被る時期をいう。委任事務処理とは別の報酬の喪失は含まれない（最判昭和43年9月3日）。
③ Aの不利益とは，委任事務処理とは別の報酬の喪失にほかならないが，この報酬は，保守管理サービスによって発生する。保守契約の解除により，従業員の配置を見直す又は従業員を解雇する等の事情がないこと，Xが90日間の猶予をもって本件通知を行っていること，報酬の喪失以外の不利益が認められないことから判断すると，本件解約は，Aにとって不利な時期には当たらない。Aの損害賠償請求は認められない。
④ Aの主張による逸失利益相当額の損害賠償請求を認めると，委任の解除後，Xは保守契約の利益を受けずに保守点検費を支払うという対価の負担が生じ，

委任における解除の趣旨が果たされない。

【基礎的事項の確認】
①　分譲時の個別的な管理委託契約に関して，分譲業者を管理者とする書面合意の存在は明らかではない。分譲業者は，区分所有者と個別的に管理委託契約を締結して管理業務に従事したにすぎず，区分所有法に定める管理者ではない。
②　管理人室が管理に必要な設備を有しないこと及び区分所有者全員と締結した規約が存在しないため，管理人室は共用部分ではない。理事長は，共用部分ではない管理人室を管理する職務権限はなく，訴訟を追行する原告適格を有しない。
③　26条及び管理規約に基づき，耐力壁の修復という保存行為を請求することは，通常予想される保存行為を超える。この場合，57条によらなければならないが，57条3項に基づく訴訟提起の要件である集会の決議を欠いているため，理事長は，原告適格を有しない。
④　管理組合には，共用部分のひび割れ等の瑕疵について，民事訴訟法29条に基づき，損害賠償請求の訴訟当事者としての適格性は認められる。しかし，損害賠償請求権は可分債権に該当するため，管理組合の請求は棄却される。
⑤　要役地を共有する場合，承役地における地役権の設定登記は，共有物の保存行為である。承役地における地役権の設定登記を求める訴訟は，区分所有者全員の訴訟参加を求める固有必要的共同訴訟に該当する。
⑥　管理組合が取得すべき自動販売機の設置手数料の一部を理事長個人が受領した場合，善管注意義務違反であるとして，管理組合の損害賠償請求が認められた。

⑦ 管理者には，集会において毎年一回事務報告の義務が課せられている。管理者の事務報告は，定時集会において行われる。管理者は，個々の区分所有者と個別の委任契約はないので，個々の区分所有者に対する直接の報告義務はない。

⑧ 理事長及び理事が，新規に設立する株式会社に対して，管理費を出資したが，管理費の目的外の支出に対して，理事長及び理事に対する職務執行停止と職務代行者選任の仮処分申請が認められた。

⑨ 管理組合がエレベーター保守契約を契約期間途中で解除したが，損害賠償責任はない。保守会社の従業員に不利益を及ぼす事情がなく，90日間の猶予をもって解除通知を行い，報酬の喪失以外の不利益があったとは認められないため，保守会社の不利な時期の解除とはいえない。

第14章 規約の定めと集会の決議

The Point

- 店舗区分所有者には管理費等の負担が2.6倍になる規約の定めは有効か。
- 具体的な被害に関係なくペット飼育を一律に禁止する規約は有効か。
- 飲食業を一律に禁止する規約の設定は有効か。

【Theme & Target】

① 一部共用部分であると認定するための要件は何か。
② 法人と個人との区別に従い,管理費等に差異がある場合,その違法性が争われた。管理費等に関して1.65倍の差異を設けた管理規約及び集会の決議は,無効となるのか。
③ 店舗区分所有者が,住居区分所有者に比べて約2.6倍の管理費等の負担を求められる場合,共用部分の使用頻度が質的に異なるという事情は考慮されるのか。
④ 理事長の職務にあった者が,役員資格を定めた管理規約に違反していたにもかかわらず,退職後,現在の理事長の管理規約違反を主張することは,クリーンハンドの原則に反するのか。
⑤ 分譲業者が作成した原始管理規約について,一人の反対者が存在し,規約に定めた管理費等を支払わなかった。他の区分所有者がすべて賛成した場合には,一人の反対者に対しても,管理費等の支払義務を含めて

規範的効力を有するのか。
⑥　専有部分の床面積割合に応じた議決権を有するという原始管理規約の定めから，区分所有権1個につき，1議決権を有するとするという規約の改正が有効であるか否かが争点となった。議決権の過半数を有する区分所有者が反対したが，規約改正の決議は有効となるか。又，原始管理規約における規約の改正を議決権の過半数で行う旨の規定は有効か。
⑦　共用部分の増築工事に係る費用については，集会の決議に反対する区分所有者に請求することはできないのか。増築工事が専有部分に及ぼす影響は，受忍限度内であるといえるのか。
⑧　具体的な被害の発生にかかわらず，ペット飼育を一律に禁止する規約の定めは有効か。ペット飼育の禁止を定めた規約の改正は，既にペットを飼育する一部の区分所有者の権利に特別の影響を及ぼすものか。
⑨　一代限りのペット飼育を定めた規約は有効か。規約に違反する区分所有者に対するペット飼育の差止請求と弁護士費用相当額の損害賠償請求は認められるか。
⑩　飲食業が一律に禁止される規約を設定することは，特定の区分所有者に対して著しく不利益をもたらすものであるため，合理性を欠くと判断されるのか。

重要判例117　第1次高島平マンション事件

第一審：昭53(ワ)6920号（東京地判昭和58年8月24日），控訴審：昭58(ネ)2286号，昭59(ネ)293号（東京高判昭和59年11月29日），上告審（最判平成元年4月6日上告棄却）

【争　点】

次の3点が争点となり，次のとおり判示された。

第14章　規約の定めと集会の決議

> ❶　1962年法13条1項（2002年法18条1項）に基づき，共有者の持分の過半数によって決議された管理費等の支払義務は，効力を有する。
> ❷　玄関ホール，階段室，エレベーター室，管理人室等は，一部共用部分ではなく，全体共用部分である（1962年法4条1項但書。2002年法11条1項但書）。
> ❸　敷地，外壁の一部，屋上，塔屋等に設定された専用使用権を無償とする特約は，公序良俗に反しない。

【事実の概要】　高島平マンションは，1階を店舗，2階以上8階までを住戸とする複合用途のマンションである。分譲業者Aは，1階の店舗を区分所有者として自ら使用し，2階以上の住戸を分譲するとともに，管理業者として共用部分の管理を行った。Aは，専用使用権の設定により敷地の一部・駐車場・3階の西側テラス・北東側非常階段・屋上等を無償使用するという原始管理規約を定めていた。Aは，3階の西側テラスに1階店舗の貯水タンクを設置し，屋上には「サウナ」と表示したネオンサイン（5.5m×2.5m）を塔屋外壁の4面にわたり各1枚ずつ設置した。北東側非常階段の2～4階の踊り場には，「サウナ・西台」，「コインランドリー・ウエスト」，「理容・ハイツ」と表示する店舗看板を設けた。屋上には，1階店舗の冷房用冷却塔を設置した。1階店舗の西側にはサウナボイラーの煙突が設けられた。Aと区分所有者Yとの間で管理費等の値上げが問題となったため，Aは一旦管理業務を終了し，区分所有者全員による自治会Xの管理となった。Xは，区分所有者全員の共有持分の過半数により，管理の方法・管理費等の徴収については，AとXとの間の管理委託契約の定めに従うこと及び管理費等の値上げを認めるという決議を行った。

【当事者の主張】　Aは，Xに対して次のとおり主張した。
①　本件マンションの共用部分は，住戸区分所有者の一部共用部分であるため，Aには管理費等の支払義務はない。
②　Aが負担すべき管理費等は，店舗共用部分に関するものに限られる。

Xは，Aに対して次の主張を行い，提訴した。
① 主位的請求として，本件決議に従った管理費等の支払いを求める。
② 予備的請求として，全体共用部分の管理費等を負担する義務があり，不当利得返還を請求する。

【判　旨】

控訴審　原審一部変更。
① 共用部分には，屋上，外壁，塔屋，火災報知器，アンテナ等の明らかな全体共用部分がある。住戸区分所有者が主として利用する玄関ホール，階段室，エレベーター室，非常階段，管理人室等の本件共用部分については，使用頻度は少ないがAも使用するもので，Aにとっても必要不可欠である。Aを除く区分所有者のみが共用する一部共用部分とは認められない。
② Aが，本件共用部分を共用することについて，本件規約において制限が設けられていない。Aの行う管理業務は，住戸区分所有者に限定したものではなく，本件共用部分についての維持管理に関する業務が含まれる。
③ 本件共用部分は，住戸区分所有者のための一部共用部分ではなく，全体共用部分と認められるので，Aには，管理費等の支払義務が存する。
④ 管理費等の負担割合を専有部分の床面積割合に基づいて決めている。使用頻度を考慮して，将来的には合理的な定めがされるべきであるが，著しく不合理で，かつ，公序良俗に反して無効であるとはいえない。

上告審　Aが上告したが，棄却された。

重要判例118　本郷ハイツ事件

平元(ワ)6195号（東京地判平成2年7月24日）

【争　点】

法人又は個人の所有者の区別によって，管理費等に差異がある場合，その違法性が争われた。管理費等に関して1.65倍の差異を設けた規約の定め及び集会の

決議が，区分所有法の趣旨と民法の公序良俗に照らして，無効と判断された。

【事実の概要】 法人区分所有者Aが，居住用のみにマンションを使用しているにもかかわらず，個人区分所有者Bに比べて管理費等が高額となっていた。合理的な根拠がないことを理由として管理規約の公序良俗違反が問題となった。管理規約には，法人組合員と個人組合員の負担との間に差を設けることができ，その負担の差は集会の決議によるという定めがあった。昭和62年3月24日に設立された管理組合Xは，管理費等を増額する決議（「本件決議」という）を行い，Aの管理費は，2,240円/月坪（月額73,130円），Aの修繕積立金は，930円/月坪（月額30,360円）となった。Bの管理費等は，1,920円/月坪であるので，Aの負担はBに比べて，3,170円/1,920円＝1.65倍の差異が生じた。Aは，負担の差が合理的根拠がないものと考えて，個人組合員に換算した管理費等のみを支払っていた。

【当事者の主張】 Xは，Aに対して差額分937,144円の支払いを請求するとともに，Aの支払う月額管理費等は，管理費73,130円及び修繕積立金30,360円であることの確認を求めて，訴訟を提起した。

【判　旨】

Xの請求を棄却する。

① 共有持分とは異なる管理費等を徴収することを規約で定めることは認められる。徴収額に差異を設けることが，直ちに区分所有法に反して，違法となるものではない。

② 管理費等の徴収額に差異を設けることにつき，Aの承諾を得ているなど特段の事情がない限り，Aに対して合理的限度を超えて特に不利益をもたらす場合に該当し，19条に照らして是認されるものではない。

③ 管理費等の負担割合をAとBにおいて差異を設けることができるとした本件規約に基づき，Aが，1.65倍の管理費等を負担するとした本件決議は，区分所有法及び民法90条の趣旨から，私的自治の限界を超え，公序良俗違反として無効である。

④ 負担能力の差を法人であることのみを根拠としており，民法90条に反し，合理的限度を超えた差別的取扱いであるといえる。

重要判例119 管理費等の負担の違いと有効性

（福岡地判平成14年10月29日）

【争　点】

店舗区分所有者にとって，住居区分所有者に比べて約2.6倍の管理費等の負担が認められるかが争点となった。店舗区分所有者は，共用部分の使用頻度が他の区分所有者とは質的に異なるという事情を考慮すると，平均額の1.5倍までが限度であると指摘した。

【事実の概要】　店舗区分所有者Aは，管理費月額254.7円/㎡，修繕積立金月額332.7円/㎡を支払っていた。住居区分所有者Bは，管理費月額98.3円/㎡，修繕積立金月額128.9円/㎡を支払っていたので，その格差は，約2.59倍（管理費）及び約2.58倍（修繕積立金）に達していた。

【当事者の主張】　Aの主張は，次のとおりである。
① Bとの格差は，公序良俗に反して無効である。
② 管理組合Xに対して平均額を超える部分の184万円の返還を請求する。

Xの主張は，次のとおりである。
① Aは，唯一の店舗区分所有者であり，営利目的で使用している。
② 店舗看板の設置，店舗の専用通路，空調機の設置，専有部分の位置等によって，共用部分の使用態様が異なるので，管理費等の不均衡には合理的理由がある。
③ Aは，承諾の上，長期間にわたって，管理費等を支払い続けている。

【判　旨】

Xに対して，不当利得金として約118万円の返還を命じる。

① 集会の決議又は規約の定めによって，共有持分とは異なる管理費等の負担は認められる。管理費等の負担額の格差は，直ちに無効とはならない。
② 共用部分の使用頻度等に関して，通常の区分所有者と質的に異なる点があるために，共有持分を算定基準とすると不合理である場合又は負担者の承諾を得ている場合等の事情がない限り，合理的な差異を超える限度において公序良俗に反して無効である。
③ Aの共用部分の使用頻度が他の区分所有者とは質的に異なるために一定程度の割高は許されるが，諸般の事情を考慮すると平均額の1.5倍までが限度というべきである。
④ Aが承諾した上で，長期間において，管理費等を支払い続けているという事実は認められない。

重要判例120　クリーンハンドの原則

（福岡地小倉支判平成12年2月29日）

【争　点】

理事等の役員資格を定めた管理規約に違反して，理事長の職務にあった者が，退職後，現在の理事長の管理規約違反を主張した事案において，信義則上許されず，クリーンハンドの原則に反すると指摘した。

【事実の概要】　管理規約において，「理事等の役員は，現に居住する組合員に限る。組合員の資格は，区分所有権を有する者とする。」という条項があった。本件規約に基づき，前任の理事長Aが，次のとおり主張した。
① 現在，理事の職にあるBは，本件規約に定める理事の資格を有していない。
② Bに関して，理事の選任決議無効と地位不存在の確認を求める。
Bは，本件マンションの居住者ではなく，所有権登記を備えていない。Aは，本件マンションから転居した後で，しかも理事長の職を退任した後において，

ようやく所有権登記を具備した。現在の理事長Cは，所有権登記を備えているが，事務所として使用し，本件マンションには居住していない。

【当事者の主張】　Aは，次のとおり主張した。
① 　Bは，理事の選任決議時点において，区分所有者又は居住者ではない。
② 　本件規約に定める役員資格を満たしていないため，決議は無効である。
管理組合Xの主張は，次のとおりである。
① 　Aは，区分所有者ではなく，居住もしていない。しかし，理事に選任され，自らは規約違反を理由にすることなく，理事を務めていた。退任後にBの選任決議無効を主張することは，権利の濫用である。
② 　現実には，区分所有者ではない者や非居住者が理事に選任されており，本件規約の当該条項は，既に形骸化し，失効している。

【判　旨】
Aの請求を棄却する。
① 　Aの居住した住戸は，理事の職務期間中他人名義であり，理事長の職務期間中の約2年間居住もしていなかった。Aが長期間，理事や理事長を務めていた間，A自身及び他の組合員は，本件規約の違反を問題にしなかった。Aも又，Cが居住していないことを問題にしていない。
② 　本件訴訟提起後に，A及びCは再度理事に選任されている。本件規約の当該条項は，既にある程度形骸化しており，規範的効力は失われている。
③ 　Aが本件規約の違反を是認してきたにもかかわらず，Bの規約違反を問題にすることは信義則上許されない。クリーンハンドの原則に反する。

重要判例121　原始管理規約の成立要件

平2(ワ)635号（東京地八王子支判平成5年2月10日）

【争　点】
分譲業者が作成した原始管理規約について，一人の反対者を除く区分所有者が

賛成したことを根拠として，一人の反対者に対しても，規範的効力を有するとした。

【事実の概要】　本件マンションを建設・分譲したZは，分譲時，原始管理規約を定めて，区分所有者の同意を得ていた。昭和60年1月17日，従前敷地の所有権者であったAは，Zとの等価交換契約によって，区分所有権を取得した。Aは，専有面積合計350.05㎡（地下1階の倉庫・事務室・休憩室・1階の店舗）を所有したが，管理費等は支払わなかった。A以外の区分所有者は，集会の決議によって，昭和61年1月末日において本件規約を発効させ，昭和61年2月15日以降，管理費月額200円／㎡，修繕積立金月額20円／㎡を管理組合Xに支払ってきた。

【当事者の主張】　Xは，Aに対して管理費70,000円及び修繕積立金7,000円の合計77,000円の支払いと遅延損害金を請求した。

① 昭和61年2月15日以降，A以外の区分所有者は，本件規約に基づき，管理費等を支払ってきた。Aに対して，管理費等及び遅延損害金の支払いを求める。これを主位的請求とする。

② 予備的請求として，不当利得として又は平成4年11月1日の本件規約を遡及適用する旨の決議によって，Aに対して，管理費等及び遅延損害金の支払いを求める。昭和61年2月15日以降，定められた管理費等を支払っていないことが，法律上の原因なく利得を得るとともに，他人に損失を及ぼしている。

Aは，次のとおり主張した。
① 本件規約を承諾していないため，管理規約として適法に成立していない。
② Zから，管理費等の免除を受けている。
③ Aの所有する専有部分が，構造上及び利用上区別され，他の区分所有者の共有する共用部分を利用できないため，管理費等の支払義務はない。

【判　旨】────────────────────────────
Xの請求を認める。主位的請求を全部認容する。
① 本件規約は，Aを除く区分所有者の全員が異議なく承認したものであり，

管理規約として区分所有者全員に対して規範的効力を有するに至った。
② Aの専有部分は、一棟の区分所有建物において完全に独立しているとはいえず、構造躯体、屋根、外壁、界壁等は相互に連結して一体的に存在し、電気配線や排水設備はAを含む区分所有者全員が共有している。
③ Zは、区分所有者に対して管理費等の免除はないと説明している。Aが管理費等の免除を受けたという主張には根拠がない。
④ Aに対して、昭和61年2月15日以降、毎月末日までの管理費等77,000円及び平成2年6月6日以降、完済までの遅延損害金の支払いを命ずる。

重要判例122　規約の定めによる議決権の割合

第一審：(福岡地判平成3年8月28日)，控訴審：(福岡高判平成4年7月30日)

【争　点】

組合員が専有部分の床面積割合に応じた議決権を有するという原始管理規約の定めについて、区分所有権1個につき、1議決権を有するとするという規約の改正が有効であるか否かが争点となった。店舗及び事務所部分の全部と、住戸9戸を所有する区分所有者が過半数を有する議決権を持っていたが、この者が反対したため、規約改正の決議は無効と判断された。

【事実の概要】　原始管理規約において「組合員は、専有部分の床面積割合に応じた議決権を有する。集会の議事は、議決権の過半数で決する。」とする旨の定めがあった。管理組合法人Xは、これを「組合員は、その所有する住戸1戸につき、各1個の議決権を有する。」と変更した（「旧規約」という）。その後、「組合員は、区分所有権1個につき、1議決権を有する。」とする旨の定めをした（「現行規約」といい、これを定めた決議を「本件決議」という）。区分所有者Aは、店舗及び事務所部分の全部と、住戸9戸を所有していたが、現行規約に基づくと、Aの議決権については、$495.55/8,810.07 = 51.02\%$であった

ものが，13／137＝9.48％に激減した。

【当事者の主張】　Aは，次のとおり主張し，Xに対する規約無効及び議決権数確認請求訴訟を提起した。

① 　旧規約及び現行規約は，いずれも議決権の過半数を有するAの反対を押し切って議決されたものであり，無効である。

② 　本件決議は無効であるため，Aは，現在も床面積割合に応じた過半数の議決権を有する。

Xは，次のとおり主張した。

① 　旧規約及び現行規約は，いずれも有効に成立したものである。

② 　本件決議は有効であるため，Aは，議決権合計として，住戸9個と店舗及び事務所4個の13個を有する。

【判　旨】

控訴審　Xの控訴を棄却する。

① 　旧規約が決議によって可決承認されていない。旧規約の決議は無効であるため，現行規約も無効である。

② 　原始管理規約は，区分所有者全員の書面合意を得ていないため，有効に成立していない。従って，Aの議決権の割合は，床面積割合に基づく。

③ 　集会の議事は，議決権の過半数で決するという原始管理規約を前提として，XによるAに対する権利の濫用の主張には理由がない。

④ 　原始管理規約に定められた過半数による決議については，規約の設定・変更・廃止については，区分所有者及び議決権の各4分の3以上によって決議することを定めた31条1項に反する。

重要判例123　日照阻害の不利益と増築費用の負担

第一審：平元(ワ)1234号，平元(ワ)1638号（神戸地判平成3年5月9日），控訴審：平3（ネ）1216号（大阪高判平成4年1月28日）

【争　点】

共用部分の変更に関する決議が有効に成立したが，共用部分の増築工事に係る費用については，決議に反対する区分所有者に請求することができない。増築工事の決議の無効確認請求では，増築工事が専有部分に及ぼす影響は，受忍限度内であり，特別の影響を及ぼすものではないと判示した。

【事実の概要】　専有面積が55.52㎡（3DK）と狭いため，管理組合Xは，臨時総会を開催して，各住戸の6畳和室の南側に8畳の居室を接続する増築工事の集会の決議を行った。本件決議は，区分所有者及び議決権の各40分の38（95％）で成立した。本件決議後，反対者2名のうち1名は，賛成に転じたが，区分所有者Aが増築工事に反対したままであった。本件決議の内容は，❶南側敷地に，各住戸8畳の居室のために建物を増築し，増築部分は，法定共用部分を除き，これに接続する各区分所有者の所有とする❷増築費用（約194万円）は，各区分所有者が負担する❸設計費（約400万円），ボーリング費（約27万円），共用部分登記費用等の共益費（約500万円）は，組合費によって負担するというものである。Aの専有部分に接続する部分については，本件決議に反対していたため，専有部分の増築工事を実施しなかった。Aの住戸の側面には外壁及び隣家との隔壁，上部には庇付陸屋根，下部には階下の増築部分の陸屋根が構築された。東面及び南面には，東南角の支柱が存在した。Aの洋室の南側には，東西3,550㎜，南北3,400㎜の鉄骨構造物が築造された。増築工事は，平成元年7月10日に建築確認を受け，8月12日に着工，平成2年4月24日に竣工した。神戸市から平成2年5月9日に検査済証の交付を受けた。

【当事者の主張】　Aは，Xの管理者Yに，次の主張をして本訴を提起した。
①　外壁，隔壁，庇付陸屋根，陸屋根等の設置という共用部分を変更する行為

となり，採光・通風・眺望が失われ，Aの居住環境が著しく悪化した。
② 本件決議による増築工事は，17条2項に基づき，特別の影響を及ぼすため，Aの承諾を必要とする。本件決議は無効であることを確認する。
③ Aは，本件マンション敷地の共有持分として40分の1を有する。共有物の変更として，共有者全員の同意を必要とする。
④ 増築工事費の請求のみならず，今後，増築部分についての維持管理費及び公租公課の負担を求められる可能性がある。本件決議は，区分所有者の床面積割合に影響を及ぼすため，増築工事の完成後であっても，本件決議の無効確認を求める利益がある。

Yは，Aに対して反訴を提起した。
① 増築費用として，Aの共有持分に応じた1,944,125円の支払いを請求する。
② Aが，本件決議の無効を主張しても，増築工事は完成済みであり，本件決議の無効の確認を求める利益はない。
③ 増築の必要性とAが被る影響を比較衡量すると，17条2項に定める特別の影響を及ぼすものには当たらない。

【判　旨】

控訴審　本件決議は有効だが，Aには増築工事費の支払義務はない。
① 一棟の区分所有建物のすべての専有部分の増築工事を行うためには，区分所有者全員の同意が必要である。自己の専有部分の増築を望まないAは本件決議によって増築義務を負わない。Aには決議の効力が生じない。
② Aの専有部分を除いて増築工事は実施され，他の区分所有者のために専有部分及び共用部分の工事を実施した。本件決議は，区分所有法上特別決議の要件を満たす有効なものである。
③ 増築工事によって，Aの洋室の日照・採光・眺望等が影響を受けたが，居住環境を著しく悪化させたと認められる証拠はない。Aに対して，特別の影響を及ぼすものではない。
④ Aの本件決議の無効の確認の訴えは，過去の行為が無効であることの確認を求めるものであり，現在の権利又は法律関係の確認を求めるものではない。

本件決議を基礎としてYが増築工事費の一部を負担し，Aが別訴において増築部分の撤去請求を行っているので，決議の無効の確認が，紛争解決の有効な手段であるとはいえない。Aによる本件決議の無効の確認請求は，確認の利益を欠き，訴えの利益を有しない。

⑤　Aの共有持分に応じた1,944,125円の支払義務については，Yの反訴請求を棄却する。増築工事は，区分所有者の専有部分の増築を目的として実施したもので，区分所有者39名の共同事業である。共用部分の工事費についても，A以外の39名の負担によって行うべきである。

重要判例124　縮小された議決権の有効性

平9（ワ）1044号，平12（ワ）137号（京都地判平成13年10月16日）

【争　点】

約3分の1に縮小された議決権は，信義則又は公序良俗に反するものではないとして，本件規約の有効性が認められた。

【事実の概要】　管理組合Xは，1住戸1議決権とする管理規約の改正を決議したため，専有部分の床面積割合に基づくと31.5％を有する区分所有者Aの議決権が，8／75＝10.7％となった。床面積割合からみると，議決権が約3分の1に縮小されることになった。本件規約で改正された議決権に基づき，平成8年3月1日以降のAの修繕積立金を38,160円から7倍の267,120円に増額した。更に，平成9年5月16日，大規模修繕積立金の一時徴収を決議し，平成9年5月から11月までの7回払で従来額の8.8倍としたため，Aには267,120円×8.8＝2,350,656円の支払義務が生じた。Aには平成11年6月から13年2月まで195,696円水道料金の滞納があった。Aは，地下1階及び地上1～2階を所有していた（これを「Aの所有床」という）。

【当事者の主張】　Xは，Aに対して，次のとおり主張して本訴を提起した。

① 本件規約について，区分所有者全員の書面決議が成立し，その後，Aの議決権を8とすることを決議した。Aは，議決権の縮小に同意した。
② Aの滞納する管理費及び修繕積立金，水道料金，これらに関する遅延損害金は，合計16,221,002円に達する。

Aは，Xに対して，次のとおり主張して反訴を提起した。
① 本件規約には，Aの所有床を除外する旨の規定がある。
② 1住戸1議決権への改正は，不合理な差別又は不当な財産権の制限である。

【判　旨】

Aは，本件規約を承認したのであり，不合理な差別又は不当な財産権の制限とは認められない。

① 昭和59年12月1日時点では，売れ残りがあったので区分所有者全員による書面決議は成立していない。しかし，Aの議決権を8に変更する決議には，反対者はなく有効に成立し，Aも賛成した。本件規約は，Aの所有床を除外せず，マンション全体の管理規約として成立したといえる。
② 38条及び14条1項において，議決権を専有部分の床面積割合に基づくことを定めている。区分所有法は，規約による別段の定めを認めており，議決権の配分は区分所有者の自治に任されている。
③ 専有部分の床面積割合31.5%を有するAの議決権が10.7%とされたため，議決権が約3分の1に縮小されたが，Aは，議決権の縮小を定めた本件規約を承認したのであり，この程度の制限は，不合理な差別又は不当な財産権の制限と認めることはできない。
④ Aには，平成13年3月31日までの滞納管理費等，水道料金，遅延損害金として合計16,221,002円の支払義務がある。平成13年4月1日以降，滞納管理費等371,565円の支払義務がある。Xの求める将来の管理費等の支払義務は，Aが拒否するおそれが認められないので，予め請求することはできないため，却下する。

重要判例125　ペット飼育禁止規約の有効性

第一審：平元(ワ)1101号(横浜地判平成3年12月12日)，控訴審：平3(ネ)4490号（東京高判平成6年8月4日）

【争　点】

ペット飼育を具体的な被害が発生する場合に限定することなく一律に禁止する管理規約は有効であるとし，改正によってペット飼育の禁止を定めた管理規約は，既に犬を飼育する一部の区分所有者の権利に対して特別の影響を及ぼすとはいえないとされた。

【事実の概要】

入居案内には，動物の飼育はトラブルの最大の原因であるため，一応禁止されているという記載があった。原始管理規約には，ペット飼育を禁止する旨の記載は存在しなかった。使用細則では，公序良俗に反する行為，振動，騒音，臭気，電波等により居住者及び近隣に迷惑を及ぼす行為，又は不快の念を抱かせる行為をすることを禁止していた。ペット飼育を禁止する規約が，議決権において22／26＝84.6％の賛成で改正され，成立した（この決議を「本件決議」という）。22人のうち，13人は白紙委任状によって，議決権の行使を委任していた。区分所有者Aは，702号室に入居して以来，規約の改正前からビーグル犬を飼育していたが，規約の改正後も引き続き犬の飼育を行っていた。分譲時からの犬の飼育者は，Aのみ1名であった。Aが当時の理事長Nに相談したが，規約で禁止されている旨を指摘された。Aは，「ペット飼育に関する了解願い」を本件マンションの入居者に提出し，長男の自閉症治療に必要であるとして犬の飼育の了解を求めたが，理事会がAに対してペット飼育が禁止されている旨を申し入れた。その後，Aは，犬の飼育の了承を求める文書を数回配布し，戸別訪問により署名活動を行った。Xの臨時総会で検討されたが，Aの犬の飼育は，認められなかった。小鳥の飼育者数名は小鳥を処分したこと，犬又は猫を飼育するのは分譲時からAのみ1名であること等を考慮すると，ペット飼育が禁止されているという共通の認識があったことがXから指摘

された。

【当事者の主張】 Aは，次のように主張した。
① 13名は，白紙委任状によって議決権を行使した。原始管理規約によると，規約の変更には議決権総数の4分の3以上が必要である。白紙委任状による議決権の行使は無効であるため，本件決議は無効である。
② ビーグル犬は，Aの家族の幸福や子供の教育といった点で非常に重要な役割を果たしている。悪臭，鳴き声，抜け毛等がないように細心の注意を払い，他の居住者には迷惑をかけていない。
③ ペット飼育を禁ずる本件規約は，Aに特別の影響を及ぼすものであるため，自らの承諾がないため本件規約は，無効である。共同利益背反行為には，具体的な被害の発生を必要とする。

Xの理事長Yは，Aの飼育の差止めを求めて，次のとおり主張して提訴した。
① 区分所有者は，購入に際して原始管理規約及び入居案内を承認した上で本件マンションを購入した。入居案内にはペット飼育禁止の記載がある。
② 本件規約は，入居案内によるペット飼育禁止の合意を明文化したものにすぎない。
③ ペット飼育禁止によって得られる他の区分所有者の共同生活の維持という利益に比べると，Aの不利益は重要度が低い。Aには受忍限度を超える不利益はなく，特別の影響を及ぼすものではない。

【判　旨】────────────────────────────
控訴審 ペット禁止規約の有効性を認め，特別の影響を否定する。
① ペット飼育は，他の区分所有者に有形無形の影響を及ぼすおそれがある。これを一律に共同の利益に反する行為として，規約で禁止することは，区分所有法が許容する。具体的な被害が発生するか否かにかかわらず，ペット飼育を一律に禁止する本件規約が当然に無効ではない。
② ペット飼育は，その行為によって具体的に他人の入居者に迷惑をかけたか否かにかかわらず，ペット飼育自体が本件規約に違反する行為であり，区分所有者の共同の利益に反する行為に当たる。

③ 入居案内には管理規約と同等の拘束力はない。使用細則は，文言が抽象的かつ包括的でペット飼育を禁止する趣旨であるとは認められない。
④ 盲導犬のように飼主の日常生活や生存に不可欠であるという特段の事情がない。犬の飼育は，長男の自閉症治療のために必要不可欠なものではなく，特別の影響を及ぼすものとはいえない。自閉症である旨の医師の診断書は存在していない。
⑤ 本件規約でペット飼育を全面的に禁止し，例外的に決議による個別対応をすることは合理的な対処方法であるといえる。容認できるペットの範囲をあらかじめ規約によって定めておくことは，至難の業である。

【ワンポイント整理：委任状の効力】
委任状には，次のように賛成又は反対の意思表示を明示する欄はなかった。

> 私は，昭和61年2月23日(日)開催の臨時総会における議決権の行使を総会議長又は（　　　　　　）氏に委任いたします。
> 日付（　年　月　日）（　　）号室　氏名（　　　　　）

議案の要領として，「管理規約の改正について」という記載があり，本件規約の案が配布された。13名の委任状は，議案の要領及び内容を事前の通知によって認識した上で提出された。議長を代理人に選任すれば，従前の経緯から賛成の議決権行使が予測され，議長以外の者を選任することで反対の議決権を行使することが可能となる。第一審において，<u>委任状による議決権の代理行使は，区分所有法39条2項において認められ，受任者及び委任事項ともに白紙であるとはいえず，区分所有法の趣旨には反しないとされた。</u>

第14章 規約の定めと集会の決議

重要判例126　一代限りのペット飼育規約

第一審：平6（ワ）17281号（東京地判平成8年7月5日），控訴審：（東京高判平成9年7月31日），上告審：（最判平成10年3月26日）

【争　点】
一代限りのペット飼育を定めた規約を有効と認めて，ペット飼育の差止請求と弁護士費用相当額の損害賠償請求が認容された。併せて，差止請求訴訟における管理組合の原告適格が認められた。

【事実の概要】　原始管理規約に基づく使用細則（原始管理規約及び使用細則を「禁止規約」という）では，小鳥及び魚類以外の動物の飼育を禁止していたが，違反者が多数存在した。管理組合Xは，ペットクラブを発足させ，その会員にのみ，現在飼育している一代限りの犬猫の飼育を認めることを集会で決議した（「ペットクラブ規約」を「本件規約」という）。ペットクラブでは，会員の氏名・住所・電話番号・犬猫の種類及び匹数が公表された。区分所有者Aは，2階の専有部分を購入したが，ペットクラブの会員にならず，本件規約に従うことなく，新たにシーズー犬の飼育を始めた。Xは，Aに対してシーズー犬の飼育を中止するよう申し入れたが，Aは飼育を継続する旨を回答した。Xは，Aに対する飼育差止請求の訴訟提起を決議し，Aに対する損害賠償請求を行った。

【当事者の主張】　Aは，Xに対して次のとおり主張した。
① 57条に基づく飼育差止請求において，訴訟追行権を有するのは，管理者又は集会で指定された区分所有者である。権利能力なき社団である管理組合には訴訟追行権が付与されていない。
② ペット飼育の権利は，憲法13条及び29条において保障された権利である。これを制限する場合，対立する利益を比較衡量し最少かつ合理的な制限にとどめるべきである。本件規約は，ペット飼育による被害が他の居住者に具体的に発生している場合又は被害が発生する蓋然性が存する場合に限り，飼育

を禁止する趣旨である。
③　小型のシーズー犬の飼育によって，他の区分所有者に被害を与えていない。具体的被害がないのに差止請求をすることは権利の濫用である。
④　ペットクラブの会員のみに飼育を認めることに合理的理由はない。非会員であるAに本件規約を適用することは，憲法14条に違反し無効である。

Xは，Aに対して次のとおり主張した。
①　飼育差止請求は，57条に基づく請求ではなく，規約違反に対する差止請求である。Xは，本件請求に係る権利の主体である。民事訴訟法46条（旧法）に基づき，Xの名において訴訟を提起できる。
②　ペット飼育は，騒音，臭気，咬傷事故の可能性等，他の区分所有者に対する影響が大きく，共同利益背反行為に該当する。具体的被害の有無を問わず，差止請求は認められる。
③　ペットクラブは，例外として一時的な猶予期間を定めるものである。現在飼育している居住者は，一代限りのペット飼育しか認められないので，ペットクラブは，暫定的な措置にすぎない。
④　Aは，Xの飼育中止要求を拒否し続け，訴訟提起を挑発した。Aの行為は，不法行為を構成し，Xは，弁護士費用相当額60万円の損害を被った。

【判　旨】

上告審　Aの上告を棄却する。Xには権利の濫用は認められない。
①　動物の飼育は，糞尿による汚損，臭気，病気の伝染や衛生上の問題，鳴き声による騒音，咬傷事故等によって，建物の維持管理や他の居住者の生活に有形の影響をもたらす危険がある。動物の行動や生態自体が，他の居住者に対して不快感を生じさせるなど無形の影響を及ぼすおそれがある。動物を飼育することは，実害又は実害発生の蓋然性の有無にかかわらず，そのこと自体が本件規約に違反する行為である。
②　本件規約は，❶趣旨・内容に照らし不合理ではない❷ペットクラブの発足によって経過措置がある❸訴訟提起が集会の決議によって承認されているため，Xには権利の濫用に該当する事実はない。

③　Aは，非会員を理由としてペット飼育が否認されていることが平等原則に反すると主張するが，ペットクラブの会員も，新たな犬猫の飼育は禁止されているため，本件規約の適用を受ける。ペットクラブの会員にのみ，一代限りの犬猫の飼育を認めることには合理的理由がある。

【ワンポイント整理：実害の有無と差止請求】
第一審では，具体的な実害の発生が生じた場合に限って規制することは，不快感等の無形の影響に十分に対処することができないと指摘した。第一審では，差止請求の要件として，次の4つをあげている。

> ❶　管理規約の定めが適切かつ正当である（制限規定の正当性）。
> ❷　禁止又は制限する対象が明確かつ相当である（制限対象の相当性）。
> ❸　禁止又は制限する方法が社会通念上妥当である（制限方法の妥当性）。
> ❹　制限規定に違反する事実が明確である（制限規定違反の事実認定）。

上告審では具体的な実害の発生を待つことなく，類型的かつ形式的に，有形又は無形の影響を及ぼすペット飼育を規約によって一律に禁止することには合理性が認められると判断した。規約違反行為に対する利益衡量を具体的に行うことなく，区分所有者間の衡平性に配慮し，公序良俗に反しない規約であれば，規約違反自体が共同利益背反行為に相当する。

【ワンポイント整理：弁護士費用の請求認容】
不法行為による損害賠償請求が認容されても，弁護士費用は原則として相当因果関係を有しないが，Xが弁護士に相談し，訴訟提起を余儀なくされたことは，Aの不法行為と相当因果関係を構成すると判断した。Xの請求する弁護士費用60万円のうち，事案解決の難易，訴訟提起に至る経緯，Aの応訴状況を考慮して40万円が相当因果関係による損害であると認められた。

【ワンポイント整理：原告適格の判断の根拠】
57条3項に基づくと，管理者又は集会の決議（普通決議）によって指定された区分所有者が，訴訟当事者として原告適格を有する。Xの主張は，57条によるものではなく，民事訴訟法46条（旧法）に基づく訴訟適格を求めるものであるが，上告審もこれを認容した。民事訴訟法46条（旧法）は，非法人の当事者能力として定められ，現行規定では29条に相当する規定である。

> 第29条（法人でない社団等の当事者能力）
> 法人でない社団又は財団で代表者又は管理人の定めがあるものは，その名において訴え，又は訴えられることができる。

従って，<u>管理組合は，権利能力なき社団としての要件を満たす限り，その名において原告又は被告として，裁判上の当事者能力を有する。</u>

重要判例127　ペット飼育と管理規約案の説明義務

控訴審：（福岡高判平成17年12月13日）

【争　点】
分譲業者には，ペット飼育について正確な情報を提供する義務があるが，分譲業者から，それぞれ異なる説明を受けた購入者に対して，慰謝料及び弁護士費用の請求が認められた。

【事実の概要】　買主Aはペットを嫌悪していたが，分譲業者Cからペット飼育は認められていないという説明を受けたため，本件マンションを購入した。一方，買主Bは，ペット飼育ができるという説明を受け，本件マンションを購入し，入居時から犬を飼育していた。管理規約案にはペット飼育についての定めは，何も存しなかった。管理組合Xにおいて，一代限りのペット飼育を認め

る決議（「本件決議」という）がなされたが，Bの飼育していたスパニエル犬が本件決議から約1ヵ月後に死亡したため，新たにプードル犬の飼育が理事会において特例として許可された。ところが，Xにおいて，一代限りの原則を貫くべきであり，Bに対する特例は認められないという集会の決議（「特例否認決議」という）がなされた。

【当事者の主張】　A及びBは，Cに対して次のとおり主張した。
① 　Aは，慰謝料100万円及び弁護士費用10万円の合計110万円を損害賠償として請求する。
② 　Bは，慰謝料100万円，プードル犬購入費23万円及び弁護士費用12万円の合計135万円を損害賠償として請求する。

【判　旨】————————————————————————
A及びBの慰謝料及び弁護士費用請求の一部を認容する。
① 　ペット飼育の可否は，購入者にとって契約締結の動機を形成する重要な要素である。Cには，ペット飼育について正確な情報の提供義務がある。
② 　Aには飼育禁止として販売し，Bには飼育禁止条項がないために飼育を認める場合には，Cは，Aにその了解を求める信義則上の義務を負う。
③ 　Aに対して，管理規約にペットに関する定めがないことを説明せず，飼育禁止のみを説明したCの行為は，不法行為を構成しAの受忍限度を超える精神的苦痛に対して慰謝料請求権が生ずる。Aの慰謝料請求額100万円に対して30万円，弁護士費用10万円に対して5万円を認容する。
④ 　Bの売買契約時，別の購入者からペット飼育の容認に対して抗議があり，集会の決議により飼育が禁止になる可能性があった。Cは，Bにその危険性を説明すべき信義則上の義務を有する。特例否認決議によってBが受けた精神的苦痛に対して慰謝料請求権が生ずる。Bの慰謝料請求額100万円に対して70万円，プードル犬購入費23万円に対して11.5万円，弁護士費用12万円に対して8.5万円を認容する。

重要判例128 賃借人の迷惑行為と区分所有者の責任

平10(ワ)25323号（東京地判平成11年1月13日）

【争　点】

区分所有者が専有部分を賃貸した場合，賃借人の迷惑行為について，管理組合に対して侵害賠償責任を負うとされた。賃貸人である区分所有者には，賃借人に管理規約及び使用細則を遵守させる義務があり，その違反によって生じた損害の賠償責任があることを定めた管理規約は有効である。

【事実の概要】　区分所有者Aは，専有部分をBに賃借したが，Bは，精神状態が錯乱しており，管理組合Xの役員及び管理員に対して，ナイフを振り回し，身体に危害を加えるなどと脅迫した。早朝及び深夜に火災警報機を発報し，他の区分所有者の玄関扉をバットで破損した。そのため，Xには，火災警報機の断線工事費用（14,832円）と玄関扉の交換・修理費用（287,700円）が生じた。Xは，Aに対してBを退去させるように要請したが，Aは，Bの迷惑行為については自らに責任がないと主張した。Xの請求によって，ようやくBの親が実家に連れて帰った。

【当事者の主張】　Xは，Aに対して次のとおり主張し提訴した。

① Bの行為は，共同利益背反行為に当たる。Aには，管理規約及び使用細則（「本件規約等」という）を遵守させる義務がある。
② Bの行為によって生じた損害の賠償を求める。損害賠償には火災警報機の断線工事費用と玄関扉の交換・修理費用を含む。

【判　旨】

XのAに対する主張を認める。

① Bがむやみに警報器を鳴らしたり，他の区分所有者の玄関扉をバットで叩いたりする行為は，本件規約等に違反する。
② Aには，Bに対して本件規約等を遵守させる義務がある。Aは，管理規約に基づき，Bの行為による損害賠償責任を負う。

③　Aは，Xに対して，損害賠償として302,532円（火災警報機の断線工事費用14,832円及び玄関扉の交換・修理費用287,700円）及び遅延損害金を支払わなければならない。

重要判例129　専有部分の用途制限と特別の影響

平3（ワ）423号（福岡地小倉支判平成6年4月5日）

【争　点】
飲食店としての使用を禁止する旨の管理規約の変更が有効であると判断された。

【事実の概要】　本件マンションは，ＪＲ小倉駅から徒歩5分の商業地域に立地し，1～2階は店舗及び事務所，3階以上12階までが住宅である。分譲業者Aは，1階の店舗（「本件店舗」という。専有面積345.27㎡）を所有し，Aの代表者Y名義の事務所として使用していた。分譲時からAの社員が，管理組合理事長として管理費等を徴収していた。管理組合Xの集会が開催され，52人中40人（84％）の賛成によって，専有部分の用途を住宅，事務所，店舗（飲食業及び風俗営業を除く）に限定し，住宅以外の用途に供する場合には，管理組合の承認を必要とするという規約の改正がなされた（改正された規約を「本件規約」という）。尚，分譲時の原始管理規約では，飲食業の禁止を定めていなかった。本件規約の改正時，本件店舗は空室で，飲食店を営む者はいなかった。Aは，レストランを営業する第三者Rに賃貸するために，本件規約に従い，Xの承認を求めたが，Xは承認しなかった。

【当事者の主張】　Aは，次のとおり主張し，Xに対して，規約の無効確認請求とRに賃貸できなかったことによる逸失利益1,950万円（年額賃料1,200万円・敷金300万円とその運用益の合計額）の損害賠償請求を行った。
①　飲食店の種類・営業方法を一切問わず，これを一律に禁止する規約は，合理的理由がないまま，区分所有権を制限するもので無効である。

② Aに特別の影響を及ぼすので，Aの承諾が必要である。承諾のない規約の変更は無効である。

Xは，次のとおり主張した。

① A自らが作成した原始管理規約には，当初の目的以外に使用する場合，理事会の同意を必要とするという規定があったので，AR間の賃貸借契約の不成立と本件規約には因果関係はない。

② レストラン等の飲食店の営業は，空調，排水設備等の設置のための共用部分の変更行為を必要とし，居住環境に悪影響をもたらすので，その禁止には合理性がある。飲食店以外の営業を一律に禁止するものではないため，Aにとっては受忍限度を超えるものではない。

【判　旨】

本件規約は，Aに特別の影響を及ぼさない。

① 規約の変更が，特定の区分所有者に対して著しい不利益を強いる場合，合理性を欠いて無効となる。その状態に至らなくても，特別の影響を及ぼす場合，当該区分所有者の承諾を必要とする。

② 特別の影響は，受忍限度内にあるか否かが判断基準となる。本件規約の変更の必要性及び合理性と一部の区分所有者が受ける不利益を比較衡量して，その不利益が受忍限度を超えているか否かで判断する。

③ 規約変更の合理性については，区分所有者の利用状況と規約変更によってAが受ける不利益，本件規約の改正経緯等の諸般の事情を総合的に考慮する必要がある。

④ 本件規約は，すべての店舗の使用を禁止するものではなく，静謐な住環境を希望する3階以上の区分所有者の生活利益を確保する目的を有する。Aの本件マンション購入のための支出を考慮しても，本件規約は合理性を欠くものではなく，Aに特別の影響を及ぼさない。

重要判例130　事務所賃貸借契約と管理組合の承認拒絶

平2（ワ）1410号（東京地判平成4年3月13日）

【争　点】

区分所有者が，事務所として賃貸するための承認を求めたが，管理組合が承認しなかった。専有部分の用途を限定する管理規約の改正を行い，事務所として使用していた区分所有者の既得権を承認しないことは，所有権の違法な侵害になり，管理組合には損害賠償責任が生ずると認定した。

【事実の概要】　本件マンションは，店舗（2階以下）及び住宅（3階以上）から構成された地上10階・地下1階建ての規模を有する。3階以上において，分譲時から事務所として使用されているのは3戸（会計事務所，大学教員研究室，芸能事務所）のみであり，他はすべて居住用として使用されていた。学習塾，マッサージ，旅行代理店は，区分所有者の要求及び居住用を理由として退去を余儀なくされている。Aは，区分所有者Bから8階の専有部分（42.10㎡。「本件専有部分」という）を事務所として賃借した。Aは，2階を所有してレストランを経営しており，レストラン従業員の休憩と倉庫を兼ねた事務所として使用していた。Aは，Bから本件専有部分を購入し，Cに芸能プロダクション事務所として賃貸した。管理組合Xは，集会の決議によって，3階以上の住居部分を事務所として使用する場合，管理組合の承認を受けなければならない旨の規約改正を行った（「本件改正」という）。併せて，本件改正前に既に事務所と使用している場合，そのまま事務所として使用することを認め，本件改正後は事務所を増やさないことを承認した。その後，Aは，Dとの間で新たに賃貸借契約を締結した。Dは，コンピューターソフトの開発業者であり，2～3名の従業員が2台のパソコンで営業する小規模な会社である。Aは，Dとの賃貸借契約の締結に際して，本件改正に基づきXの承諾を求めたが，Xは承認を拒絶したため，Aは，これを解除せざるを得なかった。Aには，本件専有部分の購入に際して銀行融資を受け，月額20万円の返済義務があったため，Dの賃

料収入を返済に充当する予定であった。Dへの賃貸に伴い，施工業者に事務所への改修工事費を支払った。Aは，本件専有部分をZに譲渡したが，事務所仕様にしていたため，住宅改装費として100万円の値引きを余儀なくされた。

【当事者の主張】　Aは，Dとの賃貸借契約の解除を余儀なくされたため，得られたであろう賃料等及び改修工事費の損害を理由として，不法行為による損害賠償を求めて，Xに対して訴えを提起した。

① 本件改正前から事務所として使用している専有部分は，そのまま事務所として使用できることを集会で承認している。
② 本件改正が発効した時点で，Aは，事務所をCに賃貸していた。既得権は保護されるべきである。Xの不承認は，所有権の侵害である。
③ Dとの賃貸借契約によって得られたであろう賃料相当額3,883,870円，権利金相当額400,000円，事務所改修費850,000円の合計5,133,870円を損害賠償として請求する。

Xは，次のとおり主張した。
① 管理組合の承認を必要とする趣旨は，事務所使用による防火・電気設備等の問題を回避し，居住環境の悪化を防止するためである。
② 3階以上については，既に事務所として使用している3室を除き，事務所としての使用を禁止し居住用とすることを集会の決議で承認した。本件専有部分は，この3室の対象外である。
③ Dは，コンピューター会社であり，大規模な電源を必要とするので，事務所としての使用は不適切であり，承認拒絶は，正当な理由に基づく。

【判　旨】
Aの請求を認容する。Xには，不法行為が成立する。
① Xの承認又は不承認の判断は，区分所有者に対して重大な影響を及ぼす。Xの判断は，A以外の区分所有者が受ける利益とAが受ける不利益を比較衡量して決めなければならない。
② 事務所としての利用を無制限に放任した場合，床荷重の問題，消防・電話設備の改修工事等に波及する影響が大きく，費用負担の軽減及び居住環境の

悪化防止等の観点から，本件改正は，一般的な合理性を有する。
③　分譲時の原始管理規約には，「住居部分は，住居又は事務所以外の用途に使用してはならない。」という趣旨の定めがあった。本件専有部分を含む3階以上の建物部分は，事務所としての使用が許されていた。Aの同意なしに事務所の使用を禁止することは所有権に対する重大な侵害となる。
④　Aには，本件改正の10年以上前から本件専有部分を事務所としてBから賃借していた。2年余り前に本件マンションを購入して，区分所有者となり，事務所としてCに賃貸していた。Aにとって既得権が奪われることによる不利益は極めて大きい。
⑤　Dへの賃貸によって，居住環境が直ちに悪化するものではなく，事務所としての使用を承認しても被害が重大なものとはならない。
⑥　Xの承認拒絶によってAが受ける不利益は，受忍限度を超える。Xは，Aの賃貸借契約を承認する義務を負う。Xの承認拒絶は，Aの所有権を違法に侵害するため，Xに対して，不法行為による損害賠償として5,133,870円及び遅延利息の支払いを命ずる。

重要判例131　特定承継人の専有部分の用途制限

第一審：昭63（ワ）7435号，平元（ワ）333号（東京地判平成2年5月31日），控訴審：平2（ネ）2154号（東京高判平成3年9月26日），上告審：平4（オ）279号（最判平成9年3月27日）

【争　点】

分譲業者と専有部分の最初の取得者が，当該専有部分を屋内駐車場として使用し，他の区分所有者の合意なしには駐車場以外の用途には変更できない旨の合意をしていた。管理規約にはその旨の記載がない場合，当該専有部分の特定承継人は，用途制限には拘束されないと判示された。下級審では，区分所有者全員が自主的に招集した集会が区分所有法に定める集会に当たるか否かが争点と

なったが，集会の適法性が認められ，選任された理事長を管理者とし，従来の管理者は解任されたと判断された。

【事実の概要】　本件マンションは，北道路から駐車場入口に入る構造で，1階には屋内駐車場，エレベーターホール，集会所がある。屋内駐車場については，Aが，等価交換契約により最初に専有部分として取得した。屋内駐車場は，101号室として，登記上は建物用途を駐車場としていた。101号室の区分所有者Aは，分譲業者Yと「101号室は屋内駐車場であって，他の区分所有者の承諾なしに駐車場以外の用途に変更できない。」旨の債権契約を締結した。Aは，区分所有者に駐車場として賃貸した。原始管理規約には，❶専有部分を居住目的以外の飲食店等（レストラン，スナック，喫茶店，バー，クラブ，ホテルその他これに類する深夜営業を行うものを含む）に使用してはならず，これらの営業を行う第三者に転売又は賃貸してはならない❷有害な行為，共同利益に反する行為，建物の耐久力や外観を損なうおそれのある行為を禁止するという定めがあった。但し，原始管理規約には，101号室の用途を駐車場に限定する旨の定めはなかった。AからBに遺贈され，Bが101号室を店舗に改築して変更登記を行い，Cに賃貸した。Bは，駐車場シャッターをガラス戸及び窓に改築して店舗とし，ブティック兼事務所としてCに賃貸した。管理者を兼ねる管理業者Yの管理が適切になされない状況に対応するため，管理組合Xが設立され，設立集会において理事長H，副理事長J，理事Kら8人が選出された。Xは，原始管理規約について，専有部分の用途を住宅に限り，店舗，事務所，倉庫等の住宅以外の用途に供してはならないと改正する決議（「本件決議」という）を行った。101号室は，BからD，E，Fへと転売された。Dは，Cの賃借権を承継したブティック経営者であり，Dから譲渡を受けたEは，Xから住宅以外には使用できない旨の通告を受けていた。不動産業者Fは，Eから101号室に係る経緯と用途制限を把握した上で，時価相場よりも低額で購入した。

【当事者の主張】　Fは，次のとおり主張し，Xに対して本訴を提起した。
① 101号室は，飲食店等以外の店舗には使用できる。原始管理規約の定めに

よると，居住目的以外の飲食店等に使用してはならない旨の定めがあるが，飲食店等以外の店舗としての使用は可能である。原始管理規約には，101号室の用途を駐車場に限定する旨の定めはない。
② 101号室の区分所有権は，他の住戸の区分所有権と権利義務において同一である。
③ 賃貸すれば得られたであろう収入に相当する月額135万円の損害賠償をXに対して求める。
④ 設立集会は，区分所有法が定める集会には当たらない。Xの成立とH・J・Kらの選任は無効である。Hが招集した本件決議によって，改正された規約は無効である。

Xは，次のとおり主張し，Fに対して101号室を駐車場に変更せよという反訴の請求をした。
① 101号室について，駐車場から店舗に変更した行為は，建築基準法に違反して許されない。原始管理規約においても禁止されている。Fには，駐車場に原状回復する義務がある。
② Hらの選任とYの解任及び規約の改正手続は，適法である。専有部分の用途につき，店舗としての使用は禁止されている。101号室は，駐車場又は住宅としてしか使用できない。

【本事案の事実経緯】

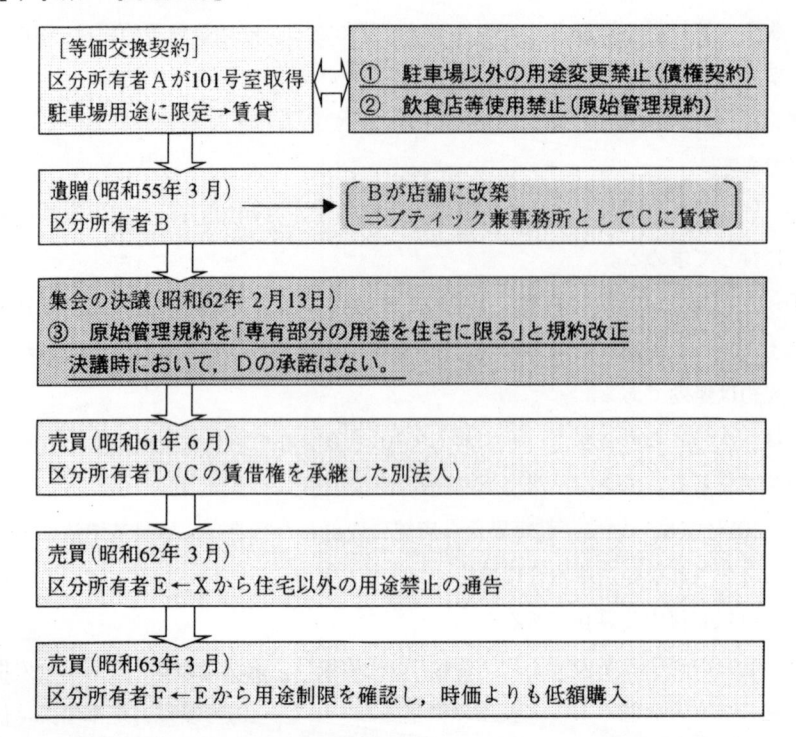

```
[等価交換契約]                    ① 駐車場以外の用途変更禁止(債権契約)
区分所有者Aが101号室取得    ⇔
駐車場用途に限定→賃貸         ② 飲食店等使用禁止(原始管理規約)
          │
          ▼
遺贈(昭和55年3月)          Bが店舗に改築
区分所有者B          →    ⇒ブティック兼事務所としてCに賃貸
          │
          ▼
集会の決議(昭和62年2月13日)
③ 原始管理規約を「専有部分の用途を住宅に限る」と規約改正
  決議時において,Dの承諾はない。
          │
          ▼
売買(昭和61年6月)
区分所有者D(Cの賃借権を承継した別法人)
          │
          ▼
売買(昭和62年3月)
区分所有者E←Xから住宅以外の用途禁止の通告
          │
          ▼
売買(昭和63年3月)
区分所有者F←Eから用途制限を確認し,時価よりも低額購入
```

【判　旨】

|上告審| 原審破棄差戻しとする。Fが勝訴。

① 特定承継人を拘束する制限条項を設けるためには,すべて画一的に管理規約によって明記しなければならない。

② 債権契約は,管理規約と同視することはできない。Fは,債権契約に拘束されない。

③ 店舗又は事務所としての使用を禁止する規約への改正については,改正時における101号室の区分所有者Dの承諾が必要である。Dの承諾を得ていない規約の改正は,Fを拘束することはできない。

重要判例132　招集手続の瑕疵と決議の有効性

第一審：平元(ワ)6185号，平2(ワ)6306号，平3(ワ)1017号（東京地判平成6年11月24日），控訴審：平6(ネ)5172号（東京高判平成7年12月18日）

【争　点】

規約改正の集会の招集に際して，議案の要領を示さない場合，招集手続に瑕疵があるため，集会の決議は無効となるか否かが争われた。議案の要領は，事前に賛否が可能な程度に具体的内容を明らかにする必要があるので，これが示されない場合，決議は無効となる。

【事実の概要】　管理組合法人Xは，「専有面積や所有戸数に関係なく，組合員の議決権を1とする」旨の規約の改正を決議した（「本件決議」という）。

【当事者の主張】　区分所有者Aは，次のとおり主張して，提訴した。

① 議案の要領が，招集通知に示されていないので，招集手続に瑕疵がある。
② 本件決議の無効確認を求める。

Xは，次のとおり主張した。

① 「規約・規則の改正の件（保険条項，近隣関連事項，総会条項，議決権条項，理事会条項）」と記載されているので，招集手続には瑕疵はない。
② 仮に，招集手続に瑕疵があっても軽微であり，瑕疵は治癒されている。

【判　旨】

控訴審　Aの請求を認める。原審を取り消し，決議を無効とする。

① 規約の改正等の重要事項については，Xが議案の要領を通知する義務がある。議事の充実のため，議案の要領は，事前に賛否が可能な程度に具体的内容を明らかにしたものでなければならない。
② 本件決議の成立によって，組合員の議決権の内容を変更し，複数の票数を有する組合員に不利益を及ぼす。事前に議案の要領を通知していれば，本件決議が可決されなかったことが明らかである。
③ 招集通知には，「規約・規則の改正の件（保険条項，近隣関連事項，総会

条項，議決権条項，理事会条項）」と記載されているにすぎず，議案の要領としての要件を満たさず，招集手続に軽微とはいえない瑕疵がある。

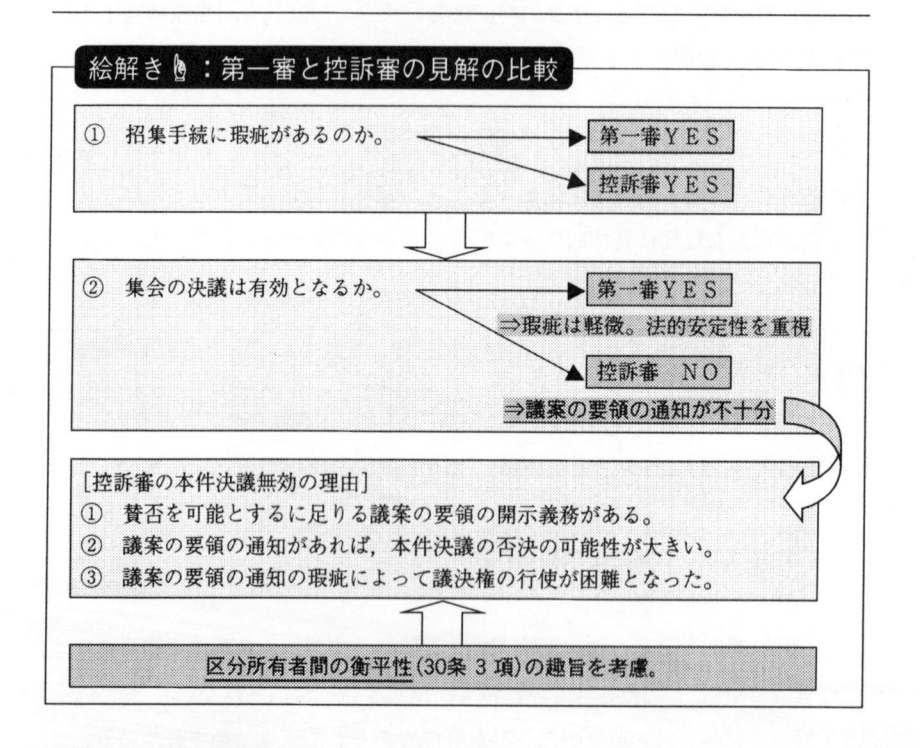

絵解き☞：第一審と控訴審の見解の比較

① 招集手続に瑕疵があるのか。 → 第一審 YES
　　　　　　　　　　　　　　　　　控訴審 YES

② 集会の決議は有効となるか。 → 第一審 YES
　　⇒瑕疵は軽微。法的安定性を重視
　　　　　　　　　　　　　　　　　控訴審 NO
　　⇒議案の要領の通知が不十分

［控訴審の本件決議無効の理由］
① 賛否を可能とするに足りる議案の要領の開示義務がある。
② 議案の要領の通知があれば，本件決議の否決の可能性が大きい。
③ 議案の要領の通知の瑕疵によって議決権の行使が困難となった。

区分所有者間の衡平性（30条3項）の趣旨を考慮。

重要判例133　駐車場の増設と書面決議

（東京高決平成元年3月20日）

【争　点】

駐車場の増設工事が，特定の区分所有者に対して，不利益を及ぼすものであるか否かが問題となった。駐車場の増設工事の必要性及び有用性があり，特定の区分所有者には，受忍限度を超える不利益を及ぼすものではないと判示された。

【事実の概要】　団地管理組合Xが，駐車場増設のために，87台分の増設に関

する集会の決議（「本件決議」という）を行った。区分所有者Aが，本件決議に対して，工事禁止の仮処分を申請した。

【当事者の主張】　Aは，次のとおり主張した。
① 遊歩道・遊園地・緑地がなくなり，環境が悪化し，騒音が生じる。特別の影響を受ける区分所有者の承諾を必要とするが，A自身は承諾していない。
② 理事長Yの選任は，通常集会で決議されたが，書面決議によるものであり，現実には，組合員全員の合意が得られていない。本件決議は，招集権者ではないYが招集しているので，招集手続に瑕疵がある。

Xは，次のとおり主張した。
① 駐車場の増設工事の完了後には，周囲に植栽を施すため，緑地がなくなることはない。専有部分の妨げとなるものではなく，出入り・採光・通風に影響を及ぼすものではない。従って，個別的な承諾は不要である。
② 団地規約には，組合員の書面合意があれば，集会の決議があったものとみなす定めがある。これは，過半数の合意があれば足りる。
③ 役員の選任手続に瑕疵があるとしても，その後に3回の集会が開催されている。Yは，次年度の通常集会で再任され，瑕疵は治癒された。Aは，前年度の通常集会におけるYの選任手続の瑕疵を主張することなく，次年度の通常集会で理事に選任されたという事実がある。

【判　旨】
駐車場の増設工事は，Aに受忍限度を超える不利益を及ぼすものではない。工事禁止の仮処分は認められない。
① 駐車場の増設工事は，専門家の見解を参考にして，位置を選定・設計し，道路の安全と緑地等の維持向上による団地のグレードアップ及び歩道・車道・駐車場を低木で区別する等の安全面の配慮をしている。工事による特定号棟への採光・通風については直接的な影響はない。
② 道路の位置・幅員の変更・植樹帯の変化及びこれに伴う歩行者や車両による騒音の増加は，ある程度予想される。
③ 17条2項に定める特別の影響とは，不利益又は悪影響が特定の専有部分に

局所的に生じる場合，必要性及び有用性と特定の区分所有者が受ける不利益を比較衡量して，不利益又は悪影響が受忍限度を超えることをいう。駐車場の増設工事の必要性及び有用性が認められるのに対して，Aに受忍限度を超える不利益又は悪影響を及ぼすものではない。

④ 1983年法45条1項は，全員の合意が要件とされている。規約による緩和は認められない強行規定である。Yの選任は有効であるとはいえないが，本件の仮処分申請までYの選任手続の違法が問題とされたことはない。役員の選任，代表者の業務執行，集会招集の効力につき，組合員から異議が出されたことはない。Yの選任決議を無効とするほどの瑕疵があるとはいえない。

重要判例134　損害賠償請求権の個別請求

平3（ワ）18578号（東京地判平成4年7月29日）

【争　点】

竣工時一括払いの工事請負契約に反して，理事長が竣工2〜3ヵ月前に工事費を支払ったため，区分所有者が修繕積立金の運用益について損害賠償請求を求めた。理事長に対する損害賠償請求を共用部分の保存行為として，区分所有者が個別的に請求することはできないと判断された。

【事実の概要】　管理組合Xは，集会の決議に基づき，外壁改修工事を行うことになり，工事請負契約を施工業者Yと締結した。竣工を平成2年12月25日とし，工事費16,750万円，竣工時一括払いの工事請負契約である。本件工事には，契約後の追加工事として追加工事費650万円が発生し，平成3年3月末日に竣工した。理事長Aは，竣工時一括払いの工事費を平成2年12月28日（約3ヵ月前）に12,180万円，平成3年1月28日（約2ヵ月前）に5,120万円を支払った。残金の100万円については，工事の不具合の解決まで支払いが留保された。Aが合計17,300万円を支払ったため，Xは年利4.5％で運用していた修繕積立金

の運用益1,914,000円を失った。区分所有者Bが，Aに対して喪失された運用益1,914,000円及び遅延損害金の損害賠償を請求し，Aから受領後，直ちにXに引き渡すと主張した。

【当事者の主張】　Aは，次のとおり主張した。
① 本件契約とは異なる支払いを行ったのは，理事会が工事遅延の事情を考慮して出来高払いをすることを決定したためである。理事長として正当な職務の執行をしたにすぎない。
② 支払方法を含む管理組合の決算及び本件工事の経過報告は，集会で承認されている。
③ 損害賠償請求権の行使は，保存行為ではなく，処分行為である。組合の損害を補填する目的であっても，組合員は，各人において損害賠償請求をすることはできない。

Bは，Xに生じた損害の賠償について，次の理由から，区分所有者個人が請求できると主張した。
① 権利能力なき社団であるXが行った法律行為による権利義務は，構成員全員に総有的又は合有的に帰属する。民法252条但書の類推適用によって構成員は単独で保存行為をすることができる。
② 18条1項但書では，保存行為は，各区分所有者が行うことができると定めている。総有又は合有関係では，通常の共有関係に基づくよりも，保存行為の範囲を広く認める必要がある。
③ 共用部分の保存を目的とする修繕積立金に関する損害賠償請求を求めるものであり，各区分所有者が保存行為として単独で請求できる。

【判　旨】
Bの請求棄却。Bの損害賠償に関する単独請求は，認められない。
① 共用部分の保存行為とは，区分所有建物の共用部分自体の現状を維持することをいうと解すべきである。
② 保存行為は，各区分所有者が単独で行うことができるが，本件工事の支払に関するAの不法行為について損害賠償請求をすることは，共用部分の保存

行為には該当しない。
③ 権利能力なき社団であるXに損害を生じた場合，損害賠償請求権は，団体の構成員全員に総有的に帰属するにすぎない。
④ Bが，損害賠償を填補する目的で行い，受領後直ちにXに引き渡すとしても，団体の構成員が単独で損害賠償請求をすることはできない。

【ワンポイント整理：共同所有の形態】

	① 総 有	② 共 有	③ 合 有
❶団体の構成	団体を構成	団体を構成せず，単独所有に近い	複数人が団体を構成
❷使用収益	構成員に帰属	構成員に帰属	構成員に帰属
❸処　　分	団体に帰属し，団体的制約が強い　構成員による分割請求・持分譲渡不可能	いつでも構成員の分割請求可能　団体的制約が弱い	団体の存続中は構成員の分割請求・持分譲渡不可能　団体的制約は①②の中間に位置する

【基礎的事項の確認】

① 使用頻度には関係なく，専有部分にとって必要不可欠の建物部分であることを考慮して，一部共用部分又は全体共用部分を決める。敷地，外壁の一部，屋上，塔屋等に設定された専用使用権の特約は，購入時に区分所有者が認識し，分譲業者の使用方法が特に不当なものでなければ，公序良俗には反しない。

② 法人又は個人の所有者の区別によって，管理費等に関して1.65倍の差異を設けた管理規約及び集会の決議は，区分所有法の趣旨と民法の公序良俗に照らして，無効と判断された。

③ 店舗区分所有者は，共用部分の使用頻度が質的に異なるという事情を考慮すると，管理費等の負担は，平均額の1.5倍までが限度であり，約2.6倍の管理費等の負担は認められない。

④ 「理事等の役員は，現に居住する組合員に限る。組合員の資格は，本件マンションに区分所有権を有する者とする。」という規約に違反していた理事長が，退任後に現在の理事長の規約違反を理由として，選任決議無効を主張するのは権利の濫用である。

⑤ 分譲業者が作成した原始管理規約について，反対者が一人存在したとしても，他の区分所有者がすべて賛成したことを根拠として，反対者に対しても，規範的効力を有する。

⑥ 店舗及び事務所部分の全部と，住戸9戸を所有する区分所有者が過半数を有する議決権を持っていたが，この者が反対したため，規約改正の決議は無効と判断された。規約の改正には，31条1項に従い，特別決議が必要であり，議決権の過半数で改正できるとする原始管理規約は無効と判断された。

⑦ 共用部分の増築工事費用については，決議に反対する区分所有者の専有部分の内装工事を除いて実施されているため，請求することができない。増築工事によって，当該反対者の洋室の日照・採光・眺望等が影響

を受けたが，居住環境を著しく悪化させたと認められる証拠はないので，受忍限度内であり特別の影響を及ぼすものではない。
⑧　具体的な被害が発生していないにもかかわらず，ペット飼育を一律に禁止する規約の改正は有効であり，既にペットを飼育する一部の区分所有者の権利に特別の影響を及ぼすものではない。
⑨　一代限りのペット飼育を定めた規約は，有効である。規約に違反する区分所有者に対して，ペット飼育の差止請求と弁護士費用相当額の損害賠償請求が認容されるとともに，差止請求訴訟における管理組合の原告適格が認められた。
⑩　飲食業が一律に禁止されても，原始管理規約に比べて特定の区分所有者に対して著しく不利益をもたらすものではないため，規約に合理性の欠如は認められない。

第15章 義務違反者に対する措置

The Point

- 野鳩の飼育と使用貸借契約の解除，専有部分の明渡請求についての要件を確認する。
- 規約に違反する犬の飼育と行為停止請求の要件を検討する。
- 暴力団関係者の居住に関して引渡請求又は競売請求は認められるか。

【Theme & Target】

① 区分所有者が，管理業者を批判する文書を各住戸に配布したが，この文書は，名誉毀損としての不法行為を構成するか。管理業者の信用及び名誉を毀損し，違法性を有するのか。

② 使用貸借人の野鳩の餌付及び飼育が，共同利益背反行為に該当するため，使用貸借契約の解除及び引渡請求は，認められるのか。

③ 犬の飼育が，管理規約で禁止されているにもかかわらず，区分所有者が，犬を飼育し続け，管理組合の行為停止請求に応じなかった。規約違反は，区分所有者の共同利益に反するものとして，管理組合による飼育禁止請求は認められるのか。

④ 暴力団の組長が専有部分を賃借していたが，共同利益背反行為を原因として，管理組合による賃貸借契約の解除，原状回復請求及び退去請求が認められるのか。暴力団の組長には，専用庭の出入口の設置，床下空

間を利用した地下室の構築，駐車場における示威行為，管理費等及び駐車場使用料の滞納等の事情が見受けられた。
⑤　暴力団の組長が専有部分を賃借していたが，組関係者が宿泊又は出入りし，バルコニーでの鳩飼育，駐車場の無断使用，玄関ホール・廊下の見張り等の品行不正な行為に対して，管理組合の管理者は，賃貸借契約の解除及び専有部分の引渡請求を求めて提訴したが，認容されるのか。
⑥　管理費等の滞納は，積極的な詐害行為ではなく，不作為による共同利益背反行為に該当するが，行為停止請求では，直接的な実効性がないのか。実効性がある措置として，区分所有権等の競売請求は認められるのか。
⑦　59条1項に基づく競売請求において，民事執行法63条に定める剰余主義が適用されるか否かが争点となった。競売請求では，区分所有権の剥奪を目的とし，配当を予定していないため，剰余主義は適用されず，消除主義が適用されるのか。
⑧　賃借人が，宗教団体の教団施設に使用することが，区分所有者の共同の利益に反するとして，賃貸借契約の解除及び明渡請求は認められるのか。
⑨　住居専用を定めた規約に違反して事務所に使用した義務違反者に対して，規約違反を放置することは，規約の通用性及び実効性を損なうことになるため，実害の発生がなくても賃貸借契約の解除及び引渡しが認められるのか。

重要判例135　組合員の不法行為（名誉毀損）

平5（ワ）21110号（東京地判平成7年11月20日）

【争　点】

区分所有者が、管理業者を批判する文書を各住戸に配布したが、この文書は、名誉毀損としての不法行為を構成しないとされた。管理業者の信用及び名誉を毀損するが、違法性を阻却した事案である。

【事実の概要】　管理業者Aは、管理組合Xと管理委託契約を締結して、管理業務及び駐車場建設工事等の大規模修繕工事を行うことになった。Aは、分譲業者Zから管理業務の一部を再委託されていたが、Zに代わって、管理業者としての業務を全面的に行うことが理事会及び総会において決定された。Bは、502号室を共有名義で購入して区分所有者となり、平成2年10月1日から平成3年9月30日まで理事の職務を担当したが、管理委託契約の締結、大規模修繕工事の発注等に疑念を抱き、平成5年9月10日、「当管理組合の民主的運営を求める緊急公開状」という文書を各住戸のドアポストに投函した。本件文書の内容が、Aを誹謗中傷したとして、AがBに対して、民法709条による不法行為に基づく損害賠償請求と謝罪文の配布を求めた。本件文書には、「Aは、塗装・防水につき、登録専門工事業者ではないにもかかわらず、Aが一部の理事と結託して駐車場建設工事を行っている。Aと管理委託契約を締結したが、管理組合の印鑑及び預金証書を預託できるに足りる会社ではない。管理業者をZからAに切り替える理由がない。Aは、大規模修繕工事の見積額が1住戸当たり約69万円と法外に高い。」という旨が記載されていた。

【当事者の主張】　Aは、Bに対して次のとおり主張し、提訴した。

① 本件文書の配布による名誉及び信用の毀損に対して、不法行為に基づく損害賠償請求として1,000万円及び遅延損害金の支払いを求める。

② 謝罪文を各住戸のポストに投函する方法で配布することを求める。

③ 本件記載部分には、次の点に誤りがあり、Aの管理業者としての名誉及び

信用は著しく傷つけられた。本件文書に対する説明会を開催しなければ，区分所有者の誤解は避けられなかった。

> ❶ 建設業許可を得ている事実に対して，登録外の業者と記載された。
> ❷ 管理委託戸数は業界第3位の実績を有するにもかかわらず，単なる人材派遣業者で，預金証書と印鑑を委託できる信用性を有する会社ではないと記載された。
> ❸ 一部の理事と結託して，不正に駐車場建設工事を独占的に受注したかのように記載された。
> ❹ 管理業者の選定に関する理事会に出席した事実はないのに，管理組合と結託して理事会に出席し，管理業者として選定されたとの印象を与える記載をされた。

Bは，Aに対して次のとおり主張した。
① 本件記載部分は，理事会の運営を問題とするものであって，直接管理業者に向けられたものではなく，名誉及び信用の毀損には当たらない。
② 本件文書は，公共の利害に関する事実であり，専ら公益を図る目的に出たものであり，本件記載部分は真実か又は真実であると信じるに足りる相当な理由があるため，違法性が阻却される。

【判　旨】
Aの請求を棄却する。
① 本件記載部分は，理事会の運営方法を非難する中で，Aは，登録専門外業者で，理事と結託して駐車場建設工事を受注し，Zと比較して規模と信用力に劣るにもかかわらず，Aと管理委託契約を締結したことを述べたものである。本件文書の配布は，Aの社会的評価を低下させ，信用及び名誉を毀損するものである。
② 本件記載部分が，公共の利害に関する事項であり，そこには意見形成の基礎をなす事実が記載され，かつ，その主要な部分が真実性の証明のある事実か若しくは真実と信じるについて過失がない事実からなるとき，又は既に社

会的に知れ渡った事実からなるときであって，当該意見がこのような事実から推論することが不当又は不合理とはいえない場合には，名誉及び信用の毀損による不法行為を構成しない。Bの行為は，不法行為を構成しない。
③ 本件記載部分について，Bは，本件文書と同一趣旨の質問書及び意見書を理事会あてに送付していることから，真摯に管理組合のことを考えており，私利私欲によってAを誹謗中傷したものではない。不純な動機はなく，専ら公益を図る目的に出たものである。Bの指摘には相当の理由があり，一部の理事とAにおける利益誘導行為につき，Bが真実と信じるに足りる相当の理由があったといえる。
④ 調査権限と調査能力を有しないAが，一部の理事にAに対する利益誘導行為があるのではないか，当初からAを管理業者に選定する旨を決めていたのではないかと疑ったことは，全く根拠がないことではなく，Aが信じるにつき相当の理由があったというべきである。

【ワンポイント整理：名誉・信用等の人格的利益の侵害と相当の理由】
名誉又は信用等の人格的利益の侵害は，民法710条に定めがあり，709条に定める故意又は過失，違法性があるときには，財産権以外の損害についても損害賠償責任を負う。名誉毀損と事実の真実性について争われた最高裁の判決では，次のとおり，<u>真実であることが証明されるか又は真実と信じるについて相当の理由があれば，不法行為は成立しないとされた</u>。
【真実と信じるについての相当の理由（最判昭和41年6月23日）】
① 他人の名誉を毀損する行為であっても，公共の利害に関する事実に係るもので専ら公益を図る目的から主張された場合，<u>摘示された事実が真実であることが証明されれば，違法性がないものとして不法行為は成立しない</u>。
② 事実が真実であることが証明されなくても，<u>行為者においてその事実を真実と信じるについて相当の理由があれば，故意又は過失がないもの</u>

として不法行為は成立しない。
特定の事実を基礎とする意見又は論評による名誉毀損についても，事実の重要部分について真実であることが証明されれば足りると判断された。

【公益目的と重要部分の真実性（最判平成9年9月9日）】
① ある事実を基礎とする意見又は論評による名誉毀損の場合において，当該行為が公共の利害に関する事実に係るもので，かつ専ら公益を図る目的から主張された場合，前提とされた事実の重要部分が真実であることが証明されれば，人身攻撃に及ぶ等の意見又は論評の域を逸脱したものでない限り，当該行為は違法性を欠く。
② 行為者が，その事実を真実と信じるにつき，相当の理由があれば，故意又は過失は否定される。

管理組合の集会で，区分所有者の一人が，「理事長が自主管理方式の継続を主張するのは，私的な利益の追求のためではないか。従来の自主管理の方法は，独善的かつ威圧的で，他の組合員の意見を取り入れなかった。」とする旨の文書を配布した。これが，理事長の信用又は名誉を毀損する不法行為を構成するか否かが争点となったが，横浜地裁は，違法性を欠くと判断した。

【公益目的と主要部分の真実性（横浜地判平成9年5月9日）】
① 外形的には理事長の名誉を毀損するが，マンションの管理の在り方と次期理事長の選挙に関して，専ら公益を図る目的によってなされたものであり，人身攻撃に及ぶものではない。
② 文書の配布は，理事長の従前の管理行為及び自主管理方式への批判，論評を主題とした意見表明である。
③ 前提となる事実は，主要な部分において真実である。

重要判例136　野鳩の餌付

平7（ワ）6461号（東京地判平成7年11月21日）

【争　点】

居住者の野鳩の餌付及び飼育が，共同利益背反行為に該当するため，使用貸借契約の解除及び引渡請求が認められた。

【事実の概要】

A（娘）は，区分所有者B（母親）から304号室を使用貸借していた。Aは，バルコニーの手摺に餌箱を設置し，野鳩の餌付をしたため，おびただしい数の野鳩が飛来し，糞・羽毛を周辺に撒き散らした。居室内でも野鳩の飼育を開始した。Aの餌付は，昼過ぎと夕方の2回，概ね一定の時刻に行われた。飛来する野鳩は100羽を超え，洗濯物が干せない，悪臭，鳩の死骸，騒音等の被害によって，区分所有者の静穏かつ清潔な日常生活を著しく妨げた。管理組合Xは，複数の警告を行い餌付禁止を求めたが，Aは無視した。Xの理事長Yは，BとともにAに話合いを求めて訪問したが，Aは，玄関扉を開けず，室内に閉じこもったままであった。Yは，Aに対して，使用貸借契約の解除及び専有部分の明渡請求の決議を行うに際して，弁明の機会を与えるべく集会の招集通知を行った。Xは，使用貸借契約の解除及び専有部分の明渡請求を行うため，Yを訴訟当事者とする訴訟提起によって解決することを決議した。Aは，本件決議に出席せず，弁明もしなかった。

【当事者の主張】

Yは，A及びBに対して次のとおり主張した。

①　60条1項に基づき，使用貸借契約の解除及び専有部分の明渡しを求める。
②　Aに対する不法行為による損害賠償として，200万円を求める。

> **絵解き**：本事案の事実経緯
>
> ```
> ┌─────────────────────────┐
> │      304号室（3階）      │
> │   区分所有者A（Bの母親）  │
> └─────────────────────────┘
>            ↕
> ┌─────────────────────────────────────┐
> │ 使用貸借人B ──→ 昭和54年3月以降，使用貸借 │
> │ 平成元年頃以降，100羽以上の野鳩を飼育    │
> └─────────────────────────────────────┘
>      │
> ┌──────────────┐
> │ 洗濯物が干せない │
> │ 悪臭，鳩の死骸，騒音 │
> └──────────────┘
>            ↕
> ┌─────────────────────────────────────────┐
> │              Xの主張                      │
> │ ① 平成3年7月24日以降，複数の警告及び餌付禁止を請求 │
> │ ② 使用貸借契約の解除等の決議に際して弁明の機会の通知 │
> │ ③ 平成7年1月19日，使用貸借契約の解除及び専有部分の明渡請求の決議 │
> └─────────────────────────────────────────┘
> ```

【判　旨】

Yの請求を認める。

① Aの行為は，共同利益背反行為に該当し，共同生活上の障害が著しく，他の方法によってはその障害を除去することができない場合に当たる。

② 60条1項に基づき使用貸借契約の解除及び専有部分の明渡請求を認める。

③ Aの不法行為を原因とする外壁洗浄費用や弁護士費用等による損害賠償として，200万円を認める。

重要判例137　各区分所有者による訴訟提起

（福岡地判平成7年1月20日）

【争　点】

57条を適用する場合に，区分所有者各人による物権的請求権の行使は制限されない。共同利益背反行為の停止等の請求者を義務違反者以外の区分所有者の全

員又は管理組合法人に限定するが，これは団体的権利の行使方法を定めたもので，区分所有者各人による敷地の共有持分に基づく物権的請求権の行使を制限するものではなく，区分所有者各人は，訴訟において個別的に原告適格を有すると判示した。

【事実の概要】 店舗区分所有者Aは，本件マンションにおいて，オートバイの修理・販売を開始した。Aは，駐車場2台の専用使用権を有していたが，駐車場の区画をはみ出て，1階の共用スペース約49㎡にオートバイ，修理工具，自動車部品等（「物品等」という）を放置する状況となった。管理組合Xの理事会は，物品等の収去を求めたが，Aは応じなかった。そこで，区分所有者XYZの3人が，Aに対して物品等の収去を求めて訴訟を提起した。

【当事者の主張】 Aは，次のとおり主張した。
① 区分所有者は，個別的に区分所有権に基づいて請求をすることはできないので，原告適格を有しない。
② 57条に定める違反行為の停止等の請求は，区分所有者各人が個々の区分所有権に基づき，行うことはできない。

XYZは，次のとおり主張した。
① 57条は，民法による敷地の共有持分に基づく物権的請求権の行使を制限していない。
② 民法では，敷地の共有持分によって物権的請求権が認められている。区分所有者各人は，個別的に原告適格を有する。
③ 1階の共用スペース等における物品等の収去を求めるとともに，物品等を放置しない不作為を求める。

【判　旨】
XYZの原告適格を認めるとともに，Aに対する物品等の収去請求及び不作為請求を認める。
① 区分所有者は，敷地を共有する場合，共有持分に基づき，敷地全体の返還請求，妨害排除請求，妨害予防請求等の物権的請求権を有する。

② 57条によると，共同利益背反行為の停止等の請求者を義務違反者以外の区分所有者の全員又は管理組合法人に限定している。これは，団体的権利の行使方法を定めたもので，区分所有者各人による敷地の共有持分による物権的請求権の行使を制限するものではない。
③ 物権的請求権を行使するＸＹＺは，本件訴訟の原告適格を有する。

重要判例138　ペット飼育と行為差止等の請求

（大阪地判平成2年10月25日）

【争　点】

犬の飼育が，管理規約で禁止されているにもかかわらず，区分所有者が，犬を飼育し続け，管理組合の行為停止請求に応じなかった。本件規約の違反は，区分所有者の共同利益に反するものであり，管理組合による飼育禁止請求が認められた。

【事実の概要】　管理規約には，専有部分内において小鳥，魚以外の動物の飼育をして他の区分所有者に迷惑を及ぼす行為を禁止するという内容の定めがあった。区分所有者Aは，本件マンションを購入し，社宅扱いとして，従業員Bに賃貸した。Bは，犬2匹をバルコニーで飼育した。犬は，体長500mmの柴犬と体長650mmの雑種犬であった。

【当事者の主張】　管理組合Xは，次のとおり主張した。
① 犬の飼育は，本件規約に違反し，共同利益背反行為に該当する。
② 57条1項及び2項に基づき，行為の停止等の請求のために提訴する。

【判　旨】

Xの請求を認める。
① 犬がバルコニーで排尿し，その臭気が居住者の生活圏に及ぶ。Bは，犬の散歩に際して，自動ロックを解除して非常階段を利用しているため，防犯上

の問題が生じている。
② 犬の飼育が，居住者に恐怖感を抱かせ，本件規約で禁止されているにもかかわらず，犬の飼育ができるかのような混乱を生じさせている。Bは，本件規約を知りつつ，犬を飼育し続け，Xの行為停止請求に応じなかった。
③ 本件規約の違反は，区分所有者の共同利益に反するものであり，Xの飼育禁止請求を認める。

重要判例139　暴力団関係者と競売請求

昭60(ワ)738号（札幌地判昭和61年2月18日）

【争　点】

暴力団組員が，自己及び配下の組員の行動によって，共同利益背反行為をしたことに対して，他の区分所有者に共同生活上著しい障害を及ぼし，他の方法によっては障害を除去できないため，59条による区分所有権等の競売請求が認められた。

【事実の概要】　区分所有者Aは，暴力団構成員（約280名）の最高幹部であり，対立組織との抗争事件が頻発する状況にあった。Aは，307号室を暴力団事務所として使用し，配下の者を常駐又は出入りさせた。昭和60年1月23日，307号室及び3階廊下及び階段において抗争事件が起こった。対立組織の数名が307号室に乱入し罵声を浴びせて抗争し，電気メーターの破壊行為，消火器の放射行為等を行った。昭和60年7月9日には，Aの組員が腹部を刺されたため，307号室にAの配下の組員が集合し，警官が出動する騒ぎとなった。Aを除く区分所有者B（117名）は，昭和60年3月23日，Aの代理人の弁明を聴き，307号室の区分所有権等の競売請求を決議した。Xは，共同生活上，重大な障害があるため，円満かつ平穏な共同生活を回復し維持することが困難であるというBの要望を考慮し，訴訟提起による競売請求を行うことを決議した。

【当事者の主張】 Xは，Aに対して次のとおり主張した。
① 共同生活上の重大な障害を除去して，円満かつ平穏な共同生活を回復・維持することが困難な状況にある。
② 抗争事件等を考慮すると，他の方法によっては障害を除去できないため，区分所有権等の競売により障害を除去するほかに手段がない。
Aは，Xに対して次のとおり主張した。
① 暴力団とは無関係の第三者への賃貸を検討中である。
② 障害を除去し，平穏な共同生活を回復することが可能な状況にある。

【判　旨】
Xの請求認容。区分所有権等の競売請求を認める。
① Aは，暴力団とは無関係の第三者への賃貸を検討中と主張するが，口頭弁論終結時までに賃貸借契約を締結した証拠はない。
② 抗争事件等を総合的に考慮すると，共同生活上の重大な障害を除去して，円満かつ平穏な共同生活の回復・維持を期待することは困難である。
③ 共同利益背反行為によって共同生活上著しい障害を及ぼし，他の方法によっては障害を除去できないため，59条に基づき，区分所有権等の競売により障害を除去することは，相当な請求であるといえる。

重要判例140　暴力団関係者と引渡請求 ①

平3（ワ）461号・812号・843号（京都地判平成4年10月22日）

【争　点】
暴力団組長が賃借する専有部分において，共同利益背反行為を原因として，管理組合による賃貸借契約の解除，原状回復請求及び退去請求が認められた。暴力団組長の行為によって，他の区分所有者の受ける共同生活上の障害は，著しい程度に至っていると判断された。

【事実の概要】　101号室の区分所有者Cが，Dに賃貸したが，Dは，暴力団の若衆で下部組織の組長の地位にあった。Dは，2度にわたって専有部分の改造（「本件改造」という）を行った。1度目の本件改造は，西側にある専用庭からの専用の出入口を設けるとともに，地下室を設けたものである。共用玄関を経由せずに，専用庭から直接出入りするようにしたため，Dは，共用玄関を使用しなくなった。共用玄関には戸棚を設置して，夜間通路には鳥かごや木箱を置き，洗濯物干に利用したため，入居者の通行に支障が生じた。地下室は，Cが所有する111号室の床下空間を利用して地下の基礎部分の間に嵌まる形状で，その内部にはシンク・ガス器具・照明・コンセント・換気扇等を設けた。Dは，専用の出入口を設けたために支払義務がないと主張して，管理費等（管理費7,700円／月及び修繕積立金770円／月）及び駐車場使用料月額2,200円の支払いをしなかった。Dは，2度目の本件改造に着手し，隣接する112号室の専用庭に建物を増築し，専有部分をワンフロアタイプの事務所に改築した。外壁を黒く塗り，玄関扉をスモークガラスとし，玄関にはモニターカメラとサーチライトを設置した。玄関庇には「有限会社〇〇企画」という金看板を掲げた。平成2年12月3日，区分所有者全員で構成する自治会Xが，暴力団排除対策委員会を発足させ，暴力団事務所の撤去を求めた。Xは，臨時総会を開催して，共同利益背反行為の停止請求の提訴を行い，暴力団排除対策委員会委員長のAと副委員長のB（Aの妻）を訴訟当事者とする議事を全員一致で決議した。Xは，京都地裁に対して，使用禁止等を求める仮処分申請を行い，平成3年2月26日，京都地裁は，暴力団事務所の使用禁止及び文字板・紋章・額縁・提灯・日本刀等の撤去を命じる仮処分を決定した。平成3年1月26日，管理規約に暴力団を排除し，共用部分及び専有部分の変更には集会の決議を必要とする旨を定めた。

【当事者の主張】　Xは，C及びDに対して次のとおり主張した。
①　Cに対して，59条に基づき，区分所有権の競売を請求する。
②　Dに対して，60条に基づく賃貸借契約の解除及び引渡を請求する。
③　C及びDに対して57条に基づく原状回復を請求する。
C及びDは，Xに対して次のとおり主張した。

① 1階は，事務所の使用が認められている。暴力団事務所ではなく，会社の事務所として使用している。
② 地下室への本件改造は，分譲当初から存在する地下の空洞を利用したものであり，分譲業者及び管理業者であるZの同意を得ている。

【判　旨】
Xの請求をすべて認容する。
① Dは，本件改造について，Zの同意を得ていない。専有部分における事務所の使用は許されていない。Xの集会の決議なしには，本件改造はできないものであり，本件改造は本件規約に違反するものである。
② Dによる本件改造，暴力団事務所としての使用，駐車場及びマンション内外における脅迫的な言動は，入居者に対して，恐怖感を与えその平穏を著しく害するものである。共同利益背反行為に該当し，共同生活上の障害は著しい程度に至っている。
③ Cは，今後は家族と居住するために使用すると主張するが，Dとの近親関係，区分所有者になった時期，Dの家族の居住後に暴力団事務所として利用されたことを総合的に考慮すると，他の方法によって共同生活上の重大な障害を除去して，円満な共同生活の維持を図ることはもはや困難である。Xによる競売，賃貸借契約の解除及び引渡し，原状回復の請求を認容する。
④ Xは，区分所有者が共同の利益のために構成した団体である。区分所有者を代理して，不法行為に基づく損害賠償請求権を行使することができる。弁護士費用200万円について，不法行為と相当因果関係にあるので，認容する。

【ワンポイント整理：義務違反者に対する措置の比較】

	対象者	裁判外の権利行使と決議の可否	裁判上の権利行使と決議区分
1 行為の停止等の請求（57条）	区分所有者 占有者	○ 決議不要	○ 普通決議
2 使用禁止請求（58条）	区分所有者	×	○ 特別決議
3 区分所有権の競売請求（59条）	区分所有者	×	○ 特別決議
4 占有者に対する引渡請求（60条）	占有者	×	○ 特別決議

重要判例141　暴力団関係者と引渡請求 ②

第一審：昭60(ワ)1249号（横浜地判昭和61年1月29日），控訴審：昭61(ネ)695号（東京高判昭和61年11月17日），上告審：昭62(オ)444号（最判昭和62年7月17日）

【争　点】

60条1項に定める占有者に対する引渡請求が認容された初めての判例である。

【事実の概要】　302号室において，区分所有者Aが，暴力団組長Bとの間に賃貸借契約（「本件契約」という）を締結して専有部分を賃貸した。本件契約は，契約期間2年間，賃料月額19万円及び雑費月額13,800円，使用目的を住居とし，契約人数を3人とする。Bの身辺警護等のために暴力団関係者が宿泊又は出入りし，バルコニーでの鳩飼育，駐車場の無断使用，ゴミ処理の規約不遵守，玄関ホール・廊下における見張り等の品行不正な行為が発生した。管理組合の管理者Xは，A及びBに対して再発防止の誓約書の提出又は本件契約の期間満了においてBの退去を勧告した。その後，Bとの対立組織の抗争による死者は，

14名に達した。Xは，本件契約の解除及び専有部分の引渡請求を求めて提訴することを決議（「本件決議」という）した。Bは弁明の機会を与えられたが，出頭しなかった。Bは，弁明の機会の通知に対して，共同の利益に反する行為をしていないし，今後もする意向はない旨の回答書を提出した。本件決議は，区分所有者総数31名のうち，議決権数29を有する区分所有者27名が出席し，出席者全員の賛成により成立した。

【当事者の主張】　Xは，A及びBに対して次のとおり主張した。

① Bが居住することによって，暴力団の抗争により，住民の平穏な生活や生命・身体の安全が脅かされている。この不利益は，重大である。

② 区分所有者全員のために，本件契約の解除及び専有部分の引渡しを求める。これ以外には有効な手段はない。

A及びBは，次のとおり主張した。

① 違反行為の内容を明示せず，Aには弁明の機会がなく，本件決議は無効である。本件決議には，本件契約の解除を求める旨が明示されていない。

② 暴力的抗争事件が発生する可能性が低く，具体的かつ切迫した事情は認められない。

③ Bは，一日に2回程度の出入りをするだけで，3人程度の付添人が伴う。区分所有者の日常生活に著しい障害を与え，耐え難いものであるとは認められない。

④ Bに対する差止請求をすれば，共同生活上の障害を除去できる。賃貸借契約の解除及び専有部分の引渡請求は，憲法29条1項に定める財産権の不可侵に反する。

【判　旨】

上告審　Xの請求を認める。

① Aには弁明の機会は不要であり，Bに弁明の機会を与えれば足りる。

② Bには常に暴力的抗争の生ずる危険性が存在し，他の区分所有者に対して種々の障害を与えてきた事実が認められる。

③ 住居専用のマンションであることを考慮すると，暴力団幹部の居住と暴力

団員の出入りは，他の区分所有者に著しい障害を及ぼし，耐え難いものである。本件契約の解除及び専有部分の引渡請求は認められる。
④　Bは，共同利益背反行為をし，かつ，将来においてもこれをするおそれがある。他の方法によって障害を除去することが困難であると判断した原審の判断は正当である。

重要判例142　滞納管理費等と競売請求 ①

（千葉地松戸支判平成15年2月5日）

【争　点】
管理費等の滞納は，積極的な詐害行為ではなく，不作為による共同利益背反行為に該当するもので，57条に定める行為停止請求では，直接的な実効性がないと判断されている。管理費等の滞納者に対して，実効性がある措置として，区分所有権等の競売請求が認められた。

【事実の概要】　区分所有者ＡＢ（共有者）が，管理費等の滞納を続け，管理組合Ｘの再三の督促にも応じなかった。Ｘが，管理費等の支払いを求めて提訴した結果，Ｘの請求を全額認容する判決が確定した。Ｘは，確定判決に基づき，ＡＢに対して支払いを督促し，応じなければ競売請求する旨を警告した。しかし，ＡＢは，管理費等合計約54万円を滞納したままで，支払意思は認められなかった。

【当事者の主張】　Ｘは，共同利益背反行為に該当するとして，競売請求の集会の決議を経て，提訴した。ＡＢは，弁明の機会に欠席した。

【判　旨】
Ｘの競売請求を認める。
①　ＡＢは，裁判に欠席し，事実を争っていない。
②　管理費等の滞納は，不作為による共同利益背反行為に該当する。滞納者に

早期に対応することがXの財務内容の維持に資する。
③　Xの競売請求を認める。管理費等の滞納者に対する区分所有権等の競売請求は，これ以外に実効性がある措置が存在しないために認められる。

重要判例143　滞納管理費等と競売請求　②

平16(ワ)27574号（東京地判平成17年5月13日）

【争　点】

滞納管理費等の支払請求は，7条の先取特権によって行うべきであるが，先取特権の実行又は強制執行によっても債権の満足を得られない場合には，59条に基づく競売請求が認められる。競売請求には，滞納管理費等の額及び他の法的手続の有効性を具体的に考慮することが必要である。

【事実の概要】　区分所有者Aが，管理費等（管理費，修繕積立金，専用庭使用料，駐車場使用料を含む）の滞納を続け，1,177,420円（34ヵ月分）を滞納した。管理組合Xの理事長Yは，Aに対して，再三の支払請求をしたが，Aは，これに応じなかった。Yは，Aに対して管理費等の支払請求訴訟を提起し，その請求を全部認容する判決を得たが，Aは，滞納を継続し，滞納期間は50ヵ月に及んだ。Yは，Aに対して弁明書の提出を求めたところ，Aは，「心不全で倒れたために収入がない。今後は滞納管理費等を支払う。」旨の弁明書を提出した。しかし，支払意思は認められなかった。Xは，確定判決を債務名義としてAの預金債権の差押えを申し立てた。債権差押命令に基づき，第三債務者から約30万円を取り立てたが，Aの銀行口座には預金がなく，強制執行は奏功しなかった。Xは，Aの行為は共同利益背反行為に該当するとして，59条2項に基づく競売請求の訴訟提起を行うことを全員一致で決議した（区分所有者総数63人のうち，出席者56人が全員賛成。委任状42人）。

【当事者の主張】　本件決議を経て，Yが区分所有者全員のために，本件訴訟

の原告となった。

【判　旨】

Xの競売請求を認める。

① Aは，裁判所に対して「第1回口頭弁論に出席できないが，滞納管理費等の全額を振り込む。」旨のファックス文書を送信した。Xには，駐車場使用料を除く1ヵ月分の管理費等（14,630円）を振り込んだだけであった。

② Aは，口頭弁論に出頭せず，答弁書等を提出しない。Aは，請求原因事実を争わないため，これを自白したものとみなす。

③ Aは，長期にわたって管理費等を滞納し，その金額は多額である。滞納管理費等に関する支払意思や応訴態度を考慮すると，支払の見込みはなく滞納管理費等は増大すると推認される。Xは，採用できる手段のほとんどすべてを講じている。

④ 先取特権の実行又は強制執行によって，Aの所有する区分所有権等の競売を申し立てたとしても，Aの滞納管理費等を回収することは困難である。他の方法には実効性がないという要件が認められる。

⑤ 滞納管理費等の額，滞納期間，交渉の経緯，他の法的手続の有効性等を考慮した上で，具体的に検討すると，Aの管理費等の滞納は，59条1項に定める共同利益背反行為に該当するため，Xの競売請求を認める。

【ワンポイント整理：第三債務者の定義】

本事案の債権者Xと債務者Aとの関係において，Aに対して更に債務を負う者を第三債務者という。例えば，国税滞納者に対して国が納税義務者の給料債権を差し押さえた場合，支払義務者である雇用者は，第三債務者に当たる。

重要判例144　競売請求と差押え担保権者

第一審：平15（ケ）169号（千葉地松戸支判平成15年2月5日），控訴審：平15（ラ）1613号（東京高判平成16年5月20日）

【争　点】

59条1項に基づく競売請求において，民事執行法63条に定める剰余主義が適用されるか否かが争点となった。区分所有権の剥奪を目的とし，配当を予定していないので，剰余について問題にする必要性はないとして，第一審を取り消し，剰余主義は適用されないと判示した。

【事実の概要】　管理組合Xの理事長Yは，競売請求を認容した第一審による確定判決（「本件判決」という）を債務名義として，区分所有者AB（共有者2名）を相手方として，民事執行法195条に基づき，競売を申し立てた。ABが，7年間管理費等の滞納を続けたため，管理組合Xの管理費等の支払請求を全額認容する判決が確定したが，ABは，滞納を継続したままであった。Xは，本件判決を債務名義として，民事執行法195条による競売を申し立て，競売開始決定を得た。ところが，原審は，最低売却価額が418万円であり，手続費用及びXに優先する債権額2,788万円を弁済しても剰余がないとして，その旨をYに通知した上で，民事執行法63条2項により，競売手続を取り消す旨の無剰余取消決定（「原決定」という）を行った。そこで，Yは，原決定の取消しを求めて，東京高裁に抗告した。

【当事者の主張】　Yは，59条1項に基づく競売には，剰余を生じる見込みがない場合等の措置を定めた民事執行法63条は適用されないと主張した。

【判　旨】

控訴審　原決定を取り消す。剰余主義を適用しない。

① 剰余主義は，差押債権者に配当される余剰がなく，競売による配当を受けられないにもかかわらず，無益な競売によって差押債権者に優先する債権者が不十分な回収を強要される結果を回避することを目的とする。

② 59条1項による競売請求は，区分所有者から区分所有権を剥奪することを目的としており，競売申立人の配当は予定していない。差押債権者は存在せず，配当余剰を生むかどうかを問題とする余地はない。
③ 最低売却価額によって手続費用を賄うことができなくても，不足分は競売申立人が負担すべきである。59条1項に基づく競売請求には，民事執行法63条の剰余主義は適用しない。
④ 59条1項に基づく競売請求には，競売請求を認容する確定判決があれば，競売を実施し，区分所有権の剥奪という目的を実現する必要性がある。
⑤ 59条1項に基づく競売請求には，消除主義（民事執行法59条1項）が適用され，権利関係安定のため区分所有権上の担保権が売却により消滅する。

【ワンポイント整理：競売請求と剰余主義】
剰余主義とは，強制競売の開始決定に際して，優先債権があれば，不動産の買受可能価額が手続費用及び優先債権の見込額の合計に満たない場合，優先債権がなければ，不動産の買受可能価額が手続費用の見込額を超えない場合，執行裁判所が差押債権者に通知し差押債権者が1週間以内に見込額の合計額以上の額で自ら買い受ける旨の申出をしないときに，執行裁判所が差押債権者の申立てに係わる強制競売の手続を取り消すことをいう。買受可能価額とは，執行裁判所が定めた評価人の評価に基づく売却基準価額から20％を控除した価額をいう。剰余主義の目的は，剰余を生じない強制競売を認めないことにあり，❶差押債権者に対する配当余剰のない無益な競売を回避❷差押債権者に優先する債権者に対する不測かつ不十分な投資の回収を回避することにある。強制競売では，抵当権等を優先弁済すると，滞納管理費等の共益費用の回収に関する剰余を生ずる見込みがない場合がほとんどである。しかし，控訴審では，確定判決が存在する限り，競売を実行すべきであると判示した。競売請求が認められた確定判決を得たにもかかわらず，民事執行法63条の適用によって競売をすることができな

ければ，他の区分所有者における共同の利益が害されたまま放置され，法的実効性を確保することができないので，競売請求には剰余主義は適用されないと判断された。59条1項の競売請求では，換価による区分所有権の剥奪という目的を果たすことが重要であり，配当を予定していないので，民事執行法63条の制限は受けないと判断した。従って，不動産の最低売却価額で競売が行われ，手続費用及び優先債権を弁済すると余剰が生じない場合でも，59条1項の競売請求による競売は，無意味とはいえない。

【ワンポイント整理：競売請求と消除主義】
59条1項に基づく競売請求には，買受人が安定した権利関係を得られるように消除主義（民事執行法59条1項）がとられる。消除主義では，競売によって，目的不動産に存する抵当権・先取特権・質権等のすべての負担が消滅する。これに対して，これらの権利を残存させる引受主義は，複雑な権利関係が残存するため，買受人が現れない可能性が高く，競売請求の実効性はなくなる。消除主義は，競売不動産に関する権利関係の単純化及び買受人の地位の安定化に寄与するが，競売不動産の抵当権者等が，予期しない時期において不十分な回収額を強要され，不測の不利益を受けることになる。しかし，抵当権者等は，競売請求を受ける内在的制約を有する区分所有権を目的とすることを甘受すべきで，これが現実化することは，不測の不利益を与えるものではなく，不当な結果とはいえないというのが控訴審の見解である。

【ワンポイント整理：民事執行法195条の適用と無剰余取消決定】
民事執行法195条は，民法等の規定による換価競売については，担保権の実行としての競売の例によると定める。59条1項の競売請求は，民事執行法63条の適用が想定されるが，195条は例示規定であり，換価競売については，担保権の実行に際し，個別的かつ具体的な権利の性質や趣旨に即した現実的な解釈を許容する。本事案において，最低売却価額418万円では手続費用を弁済する見込みはないが，剰余主義は適用されないので，原審

における民事執行法63条2項による無剰余取消決定は，不当であると判断した。

重要判例145　賃貸借契約の解除と引渡請求 ①

平5（ワ）21009号（東京地判平成8年5月13日）

【争　点】
専有部分の賃借人の行為が，共同利益背反行為に該当するとして，賃貸借契約の解除と引渡請求が認められた。

【事実の概要】　区分所有者Aと103号室について，賃貸借契約を締結した賃借人Bには，次のような行為があった。

① 規約に違反して，専有部分を大工職の仕事場兼倉庫に使用する。
② 敷地を資材置場として占有使用し，Xの撤去請求に応じない。共用部分に私的掲示物を掲示し，Xが撤去しても繰り返し掲示する。
③ 深夜の飲酒・騒音により，居住者が安眠を妨害され，引っ越した者がいる。
④ 駐車方法に関して居住者を罵倒・恫喝し，警察官が駆け付けた。
⑤ 直上階（203号室）の居住者の蒲団叩きによって，埃が入ったと因縁をつけて，居住者の娘に暴力を振るった。203号室の居住者は自宅を売却した。
⑥ 理事・理事長を脅迫し，酒気を帯びて理事会終了後の理事を恫喝した。
⑦ 3回にわたって，Xの掲示物を破棄した。

Bのこのような行為に対して，管理組合Xは，あらかじめ，総会の日時，場所，議題等をBに通知した上で，区分所有者及び議決権の各4分の3以上の多数によって，賃貸借契約の解除と引渡しを求めて提訴することを決議した。

【当事者の主張】　Xは，次のとおり主張した。
① 　Bの行為は，故意に反復・継続され，今後も繰り返される可能性が高く，Bを退去させる以外に，共同生活の秩序を維持する方法はない。
② 　Bの行う自治会活動では，年額60万円の資金の大半を自己の飲食費に費やし，使途不明金46,797円を生じさせた。Xは，自治会長を選任し，仮処分の執行により自治会の印鑑を含む自治会関係物品の引渡しを受けた。
③ 　Xによる給水管工事の実施に乗じて，居住者を誤信させ，Bはユニットバス関連工事を受注し，多額の利益を得た。

Bは，次のとおり主張した。
① 　仕事場兼倉庫に使用した後，職人の住居として使用し，明け渡した。
② 　Xによる給水管工事とともに，居住者はユニットバスの取り換えを希望した。約30件を受注し，相場と比べて相当安価に施工した。当該工事のために一時的に敷地を資材置場として使用したが，その後撤去した。

【判　旨】
Xの請求を認容し，賃貸借契約の解除と引渡請求を認める。
① 　本件決議の成立には，手続的要件と実体的要件の双方を満たす必要がある。手続的要件とは，区分所有者及び議決権の各4分の3以上の多数による本件決議の成立をいう。実体的要件として本件決議時及び口頭弁論終結時の双方の時点において，Bの共同利益背反行為が存する必要があるが，これらは事実として認定される。
② 　Bが共同利益背反行為を反復し，区分所有者の共同生活に著しい障害となるので，これを除去するためには，賃貸借契約の解除と引渡請求以外に方法はないと考えることについて相当の合理性がある。

重要判例146　賃貸借契約の解除と引渡請求 ②

第一審：平8(ワ)517号（京都地判平成10年2月13日），控訴審：平10(ネ)587号・2359号（大阪高判平成10年12月17日）

【争　点】
専有部分が賃貸され，賃借人が宗教団体の教団施設に使用したことが，区分所有者の共同の利益に反するとして，賃貸借契約の解除及び明渡請求が認められた。

【事実の概要】　区分所有者Aから専有部分を賃借したBが，宗教団体の教団施設として使用していた。Bが賃貸借契約における直接の契約締結当事者であり，教団の信者であるC，D，Eが入居又は出入りしていた。

【当事者の主張】　管理組合の理事長Xは，次のとおり主張した。
① 宗教団体の教団施設としての使用は，入居者に不安や恐怖を与えているため，共同利益背反行為に該当する。
② 集会の決議に基づき，AB間における賃貸借契約の解除及び専有部分の引渡しを求める。

【判　旨】

控訴審　Xの請求を認容する。
① Bは，占有者として他の居住者と同様に，平穏で良好な居住環境を維持すべき義務を負う。Bの行為によって他の居住者の平穏が受忍限度を超えて害される場合，共同利益背反行為に該当する。
② 共同住宅では，居住者相互の利害を調整して，円満な共同生活を維持しなければならない。区分所有法は，居住者の占有権原に特別の制約を加えることを認めている。
③ Bの占有権原が賃借権であっても，区分所有権の場合とは変わらずに，使用態様，教義の危険性，教団自体の危険性は，軽減又は除去されていない。Xの主張する賃貸借契約の解除及び明渡請求は認められる。

④　Bは，間接占有しているが専有部分から転出し，実質的には信者のための宗教施設として使用する状態が続いている。居住者は，耐え難い不安感を抱いており，Bは，占有移転禁止の仮処分を守っていない。
⑤　C，D，Eの専有部分の占有又は使用は，居住者の平穏な生活を侵害する。受忍限度を超える侵害を除去するためには，賃貸借契約を解除させ，専有部分から退去させるほかに方法はない。Xの請求を認容する。

【ワンポイント整理：占有移転禁止の仮処分】

占有移転禁止の仮処分とは，専有部分を現実に支配している事実状態を占有というが，この移転を禁止する仮処分を意味する。仮処分とは，権利関係について現実に生じている著しい損害を避け，債権者を保護するため，権利関係を暫定的に定めるものである。仮の地位を定める仮処分ともいわれる。占有移転禁止の仮処分は，不動産の引渡請求権を保全するための係争物に関する仮処分として用いられる。例えば，建物の不法占拠者に対して，明渡請求の訴えを行い，勝訴して確定判決を得たとしても，訴訟中に第三者が占有すると，強制執行ができなくなってしまう。第三者に対して債務名義がないことによって，強制執行ができなくなることを回避するために，次の内容を有する占有移転禁止の仮処分が必要となる（民事保全法25条の2第1項）。

①　債務者は，目録記載の物件に対する占有を他人に移転し，又は占有名義を変更してはならない。
②　債務者は，物件の占有を解いて，執行官に引き渡さなければならない。
③　但し，執行官は，債務者に物件の使用を許すので，債務者には占有の移転と占有名義の変更が禁止され，執行官が物件を保管していることを公示しなければならない。

目的物が建物であれば，地方裁判所の執行官の名義が決定日付とともに記載され，次の旨が公示される。公示板を外壁等に剥離，滅失，毀損しにく

い方法で固定する（民事保全規則44条1項，民事執行規則27条の3第1項）。
① 当該建物は，債権者及び債務者間の地方裁判所の仮処分決定に基づき，債務者の占有を解いて当職が保管中である。但し，債務者に限り使用を許可する。
② 債務者は，当該建物の占有を第三者に移転し，又は占有名義を変更することができない。いかなる者も，当職の占有を犯すことができない。
③ 公告書を破棄し，又は隠蔽した者及びこの公告に違反して当職の占有を犯した者は，刑罰に処せられる。

占有移転禁止の仮処分が決定されると，仮処分の執行を知りながら占有した第三者又は仮処分の執行を知らないで債務者から占有を承継した第三者に対して，債権者は，係争物の引渡し又は明渡の強制執行をすることができる（民事保全法62条1項）。

【ワンポイント整理：強制執行と債務名義】

強制執行をするためには債務名義が必要である。確定判決等の請求権の存在を表示した法定の文書があることが，強制執行の要件である。債務名義には，確定判決，仮執行宣言付きの判決・支払督促，抗告以外の不服申立ができない裁判，執行証書，和解・調停調書等の確定判決と同一の効力を有するものがある（民事執行法22条）。確定判決は，金銭の支払又は不動産の引渡しを命ずるものでなければならない。執行証書とは，債務不履行があれば裁判手続を経由することなく，強制執行を受けても異議はないとする公正証書である。強制執行は，執行正本（執行力のある債務名義の正本）を添付した申立てによって，地方裁判所又は執行官が行う（民事執行法2条）。

重要判例147　賃貸借契約の解除と引渡請求③

平4(ワ)298号，平5(ワ)980号（東京地八王子支判平成5年7月9日）

【争　点】

住居専用を定めた規約に違反して事務所に使用した義務違反者に対して，賃貸借契約の解除及び引渡しを求めた。規約違反の放置は，規約の通用性及び実効性，信頼を損ない，他の違反行為を誘発するおそれがあるため，実害の発生を要件とせずに，賃貸借契約の解除及び引渡しが認められた。

【事実の概要】　管理規約には，区分所有者は，専有部分について，専ら住戸は住戸として使用し，店舗は店舗として使用し，他の用途に使用してはならないという定めがある。使用細則には❶電気，ガス・給排水・電話等の変更工事又は他の居住者に影響する営繕工事を行うときには，事前に管理組合に届け出てその承諾を得なければならない❷廊下・階段等の共用部分に構築物や空調用室外機等を設置又は物品を放置してはならないと定められている。205号室の区分所有者Aは，用途が住宅しか許されない専有部分をBに事務所として賃貸した。Bは，居室内にパソコン，コピー機，製図用具等を設置し，電話を1回線から3回線に増設し，和室をフローリングに改築した。Bは，使用細則に反して，共用廊下にダンボール箱や台車を放置した。Bの事務所では，2名が機械取扱説明書・図面等の作成業務に携わっていたが，騒音はなく，人の出入りは少なかった。管理組合Xは，Aに対して管理規約を遵守する旨の誓約書の提出と用途違反の是正を求め，Bには退去を請求した。A及びBに是正の意思が見られないので，Xの集会において，賃貸借契約の解除と引渡請求の提訴が決議された。集会の招集通知において弁明の機会を与えられたにもかかわらず，A及びBは，集会に出席しなかった。Aは，答弁書においてXの請求を認諾し，事実の認定を争わなかった。

【当事者の主張】　Xは，次の主張を行い提訴した。

① BがXの事前承諾を求めずに，無断で改築及び電話の増設工事を実施した

ことは，使用細則に反する。電話の増設工事は，他の入居者の公平で平等な利用を妨げるため，共同利益背反行為となる。

② Bが事務所として使用する行為は，管理規約に違反し，共同利益背反行為に該当する。

③ 区分所有者の共同生活上の障害が著しく，他の方法によってその障害を除去することが困難である。60条1項に基づき，A及びBに対して賃貸借契約の解除及び専有部分の引渡しを請求する。

Bは，Xに対して次のとおり主張した。

① Xの提訴は，不法であり，名誉毀損行為に該当する。

② 上記を理由とする謝罪文の掲示及び損害賠償（250万円）を請求する。

【判　旨】

Xの請求を認める。

① 複合用途型のマンションでは，管理規約及び使用細則を遵守することは，居住者の良好な環境を維持する上で基本的で重要な事柄であり，区分所有者の共同生活上の利益を維持・管理するために不可欠な要件である。

② 住居専用部分である205号室が，Bの事務所として使用されることにより，周囲の居住環境に変化をもたらすことは否定できない。

③ 管理規約の違反を放置すると，住居部分と店舗部分の区画が曖昧になり，管理規約の通用性及び実効性が損なわれる。区分所有者間において他の規約違反を誘発する可能性があり，規約に対する信頼を喪失する。

④ Xが繰り返し，その是正を求めた上で，退去勧告をしたが，Bの強硬な態度は変わらないことから，他の方法では障害を除去することが困難である。賃貸借契約の解除請求及び専有部分の引渡しを認容する。

⑤ Bによる謝罪文の掲示及び損害賠償の請求を棄却する。

【基礎的事項の確認】

① 区分所有者による管理業者の批判文書の配布は，公共の利害に関する事項であり，真実と信じるについて過失がない事実からなるときには，名誉及び信用の毀損による不法行為を構成しない。

② 使用貸借人の野鳩の餌付及び飼育が，共同生活上の障害が著しく，他の方法によってはその障害を除去することができない場合に当たるため，使用貸借契約の解除及び専有部分の明渡請求が認められる。

③ 犬の飼育は管理規約で禁止され，管理組合の行為停止請求に応じなかった場合，本件規約の違反は区分所有者の共同利益に反するものであり，訴訟における行為停止請求が認められる。

④ 賃借人である暴力団の組長が，専用庭の出入口の設置，地下室の構築，示威行為，管理費等及び駐車場使用料の滞納等の事情を発生させたことは，共同利益背反行為に該当し，共同生活上の障害は著しい程度に至っているため，管理組合の競売，引渡し，原状回復の請求が認められる。

⑤ 暴力団の幹部が賃借する住居専用のマンションに，暴力団員が出入りして，バルコニーでの鳩飼育，駐車場の無断使用，見張り等を行うことは，他の区分所有者に著しい障害を及ぼし，耐え難いものである。賃貸借契約の解除及び専有部分の引渡請求は認められる。義務違反者である賃借人に対してのみ弁明の機会を与えれば足りる。

⑥ 管理費等の滞納は，積極的な詐害行為ではなく，不作為による共同利益背反行為に該当するもので，行為の差止請求では，直接的な実効性がない。使用禁止請求を行っても，直接的な関連性がないため実効性を持たない。実効性がある措置として，区分所有権等の競売請求は認められる。

⑦ 競売請求には，民事執行法63条の剰余主義は適用しない。競売請求では，確定判決に基づき，競売を実施し，区分所有権を剥奪するという目的を実現する必要がある。この場合，消除主義が適用され，区分所有権

上の担保権が売却によって消滅し，権利関係の安定が図られる。

⑧　宗教団体の教団施設の占有によって，他の居住者の平穏が受忍限度を超えて害される場合，共同利益背反行為に該当する。占有権原は賃借権であるが，教義の危険性，教団自体の危険性は軽減又は除去されていない。共同利益背反行為に該当するため，賃貸借契約の解除及び明渡請求は認められる。

⑨　複合用途型マンションでは，規約及び使用細則の遵守は，区分所有者の共同生活上の利益を維持・管理するために不可欠な要件である。住居専用部分である専有部分が，事務所として使用され，規約の違反を放置すると，規約の通用性及び実効性が損なわれ，他の規約違反を誘発する可能性がある。賃貸借契約の解除請求及び専有部分の引渡が認められる。

⑩　違反行為停止等の請求には，次の要件が必要である。

❶　請求事由：区分所有者又は占有者による共同利益背反行為

❷　請求主体：区分所有者又は管理組合法人

❸　請求内容：行為の停止，行為の結果の除去，行為の予防
　　　　　　　裁判上行使するためには，普通決議が必要

⑪　使用禁止の請求には，次の要件が必要である。

❶　請求事由：区分所有者による共同利益背反行為
　　　　　　　違反行為停止等の請求では，障害を除去できない

❷　請求主体：他の区分所有者の全員又は管理組合法人

❸　請求内容：相当期間の専有部分の使用禁止
　　　　　　　特別決議による訴えが必要

⑫　区分所有権の競売請求には，次の要件が必要である。

❶　請求事由：区分所有者による共同利益背反行為
　　　　　　　他の方法では，障害を除去できない

❷　請求主体：他の区分所有者の全員又は管理組合法人

❸　請求内容：区分所有権及び敷地利用権の競売
　　　　　　　　　あらかじめ区分所有者に弁明の機会を提供
　　　　　　　　　特別決議による訴えが必要
⑬　占有者に対する引渡請求には，次の要件が必要である。
　　❶　請求事由：占有者による共同利益背反行為
　　　　　　　　　他の方法では，障害を除去できない
　　❷　請求主体：他の区分所有者の全員又は管理組合法人
　　❸　請求内容：専有部分の使用又は収益を目的とする契約の解除と専有
　　　　　　　　　部分の引渡し
　　　　　　　　　あらかじめ占有者に弁明の機会を提供
　　　　　　　　　特別決議による訴えが必要

第16章 大規模復旧と買取請求権

The Point

○ 大規模滅失における買取請求権の法的性質，時価の算定方法を検討する。
○ 駐車場の専用使用権は，買取請求権の時価の算定において考慮されるか。
○ 大規模滅失と小規模滅失を比較し，対応方法を確認する。

【Theme & Target】

① 大規模復旧決議が行われたとき，区分所有権等の買取請求権の法的性質はどのようなものか。
② 買取請求権が行使された場合の時価の基準時点とその算定方法は，どのように判断するのか。
③ 駐車場の専用使用権は，買取請求権の目的となるか。

重要判例148　買取請求権の時価

第一審：平8（ワ）11246号（大阪地判平成10年8月25日），控訴審：平10（ネ）2887号，平12（ネ）613号（大阪高判平成14年6月21日），上告審：（最判平成14年12月6日）

【争　点】

61条5項に定める大規模復旧決議が行われたとき，区分所有権等の買取請求権

の法的な性質及び買取請求権が行使された場合の時価の基準時点とその算定方法が初めて問題となった。併せて，駐車場の専用使用権が，買取請求権の目的となるか否かが争われた。

【事実の概要】 平成7年1月17日の阪神・淡路大震災によって建物の価額の2分の1を超える部分が被災によって滅失した。この大規模滅失に対して，平成8年2月17日，特別決議により，61条5項に基づく大規模復旧決議（「本件決議」という）が成立した。本件決議に賛成しなかった区分所有者A（16人）が，本件決議に賛成した区分所有者B（分譲業者）に対して，買取請求権を行使した。地下2階には，管理組合が賃貸する駐車場とBが分譲した駐車場の2種類の駐車場があったが，Aは，Bから購入した駐車場の専用使用権を買取請求権の目的に含めることを主張した。

【当事者の主張】 買取請求権の行使者であるAは，次のとおり主張した。

① Aのうち，抵当権を設定していない者は，時価及び買取請求日の翌日から遅延損害金の支払いを求め，抵当権を設定している者は，抵当権設定登記の抹消登記と引換えに時価の支払いを求める。

② 時価とは，請求時点で被災しなかったものとした場合の価格から復旧工事費等の被災による減価を控除して算定されるべきである（「無被災説」又は「直接法」と称する）。

③ 買取請求権は形成権であり，請求権の行使によって区分所有権は相手方に移転する。所有権の移転時期は，買取請求権の行使時点である。既に，Bに対して引渡しを完了しており，所有権は移転済みである。

④ 時価において考慮すべき費用は，復旧工事費等の被災による減価のみである。被災前の状態に復旧し，かつ安全性を確保するための必要最低限の工事に相当する費用のみをいう。機能向上のための工事は含まれず，使用部材・機器の更新費用は必要最低限のものしか含まれない。

⑤ 駐車場の専用使用権については，買取請求権の目的に含めるべきである。規約上，建物存続期間において専用使用することができ，他の区分所有者に

対して管理組合の承諾なしに譲渡できる。これが含まれないと，専用使用権は消滅し，財産的価値は全く保護されないことになる。

⑥　メゾネット住戸は，床面積単位の評価額では安価になることはない。階段は居住にとって必要不可欠であり，居住環境は高まっている。

⑦　自殺があったとする住戸について，ガス中毒死という死因であり，事故として処理されている。10年前の事故で，その後も夫が書籍置場として利用している。事故を時価の算定において考慮すべきではない。

買取請求権の行使を受けたBは，次のとおり主張した。

①　時価とは，一部滅失の状態の価格であって，復旧後の想定価格から復旧工事費等の額を被災による減価を控除して算定される額である（「被災前提説」又は「間接法」と称する）。

②　13戸（16名）からB1名に対して買取請求権が行使されたため，Bはこれを転売せざるを得ない。時価は，復旧後の建物価格から復旧費用のみならず，仲介手数料等の転売費用を控除した金額となる。

③　所有権の移転は，現実に代金支払がなされた時点とする。

④　中古マンション市場において，販売可能な程度に復旧した建物価格から復旧費用を控除して算定する。控除される復旧費用には，被災前の状態に復旧し，かつ安全性を確保するため必要最低限の工事に対応する費用のみならず，所有権移転登記手続の登録免許税，登記手続費用，未払管理費等，仲介手数料，住戸清掃費，不要物処分費を含めるべきである。

⑤　駐車場の専用使用権は，買取請求権の目的に含まれない。規約上，原則として譲渡できず，例外的にそれが可能であると定めている。駐車場の専用使用権は，所有権等に類似する特別な権利ではない。

⑥　メゾネット住戸は，階段によって床面積が少なくなるため，床面積単位の評価額では安価になる。

⑦　自殺があったとする住戸については，転売の際には，宅建業者であるBには重要事項説明義務がある。時価の算定において考慮すべきである。

【判　旨】

控訴審　Bが，控訴し時価の減額を求め，Aは，附帯控訴し時価の増額を求めた。第一審を基本的に支持し，時価認容額につき一部変更する。

① 買取請求権は，形成権なので，相手方に意思表示が到達した時点で売買契約の効果が生じる。買取請求権の行使によって，直ちに時価による売買代金債務が発生する。従って，買取請求権の時価を算定する基準時は，買取請求権が行使された時点である。

② 買取請求権の行使時点は大規模滅失の状態であるが，時価とは，復旧工事によって建物が存続することを前提として，大規模滅失状態のままの評価基準時（買取請求権の行使時）における建物及び敷地に関する権利の価格をいう。

③ 時価は，Aの主張に基づき，被災しない状態で買取請求権の行使時点まで存続したものと仮定した価格から復旧工事費等の被災による減価を控除して算定するべきである。

④ Bは，Aの買取請求権の行使によって，建物及び敷地に関する権利を取得し，引渡し及び移転登記の請求権を取得するとともに，時価による売買代金の支払義務を負うことになる。但し，抵当権設定登記がある場合，その抹消登記と引換えに，売買代金を支払わなければならない。

⑤ 駐車場の専用使用権は，譲渡先は限定されるが，管理組合の承諾なしに処分することができ，保護に値する排他的利用権であり，時価の算定にあたって考慮すべきである。メゾネット住戸は，時価の算定において当然に評価が高まるため，他の住戸とは別異に解する理由がない。自殺があったとされる住戸は，減価を10％行うことを肯定する（第一審）。

第16章　大規模復旧と買取請求権

【ワンポイント整理：買取請求権の時価に関する当事者の主張】
① Aの主張（「無被災説」又は「直接法」）
《前提条件》
　建物が被災せずに，買取請求時点まで存在していると仮定する。
《算定の式》
　被災のないことを前提とした建物価格－復旧工事費＝時価
　❶　時価は，高目の評価となり，本事案のAに有利な考え方である。
　❷　復旧工事費は，復旧前の状態にするための最低限度の工事費であるため，控除額が低くなり，結果として時価は上がる。
現実には被災している建物を被災しなかった状態に復旧するための最低限の復旧工事費を控除して求める。控訴審は，<u>第一審と同様に無被災説に立つ。</u>

② Bの主張（「被災前提説」又は「間接法」）
《前提条件》
　買取請求時点で，復旧工事が終了していると仮定する。
《算定の式》
　被災があったことを前提とした建物価格－復旧工事費＝時価
　❶　復旧工事費には，売却を前提とし，中古マンション市場で売却できる設備仕様を備えるための更新費用が必要となる。
　❷　控除額が高くなり，結果として時価は下がるため，買取請求権を行使された者（本事案のB）に有利である。
復旧後に想定される建物は，現実には被災したが，既に復旧工事が完了して，復旧工事後の建物として，被災しない状態の建物を想定する。控訴審では，厳密には復旧工事が完了した時点の建物ではないことを敢えて指摘した。
<u>控訴審では，無被災説を採用し，被災前提説を完全に否定していないが，復旧工事費と復旧工事後の価格が，比例関係でどちらも上昇しないと買取</u>

443

==請求権の行使者は不利益を受けることになる。なぜなら，復旧工事費のみが増大すれば，控除額が大きくなり，時価がその分減少するためである。被災前提説では，被災前よりも復旧建物の方が良好な状態となるので，復旧工事費は高額になる。==復旧工事費の増額が，建物価値の増加に見合う均衡性と相当性があれば，その全額を減額できるが，次の費用は，価値増加に見合うものと認定されず，復旧工事費から控除することができなかった。

❶　共用玄関電気錠，インターホン，集会室のリフォーム等の共用部分復旧工事は，建物機能を向上させる費用だが，その価値をどれだけ増加するのか確認できない。

❷　仲介手数料・登録免許税等の売却諸費用は，転売を予定したものであり，公平の見地から転売物件とすることは相当ではない。

時価の認容額については，第一審と控訴審では，次のような相違がある。

❶　第一審の認容額は17,610万円，控訴審の認容額は12,535万円で，5,075万円（28.81％）の減額となっている。第一審では，建物価格を市場価格の10％の減額としたのに対して，控訴審では，20％の減額としたことが影響した。

❷　第一審では，復旧工事費から工事費合計の40％を機能向上分として減額した。控除する復旧工事費は低くなり，結果として時価の認容額は大きくなる。控訴審では，被行使者の不利益を考慮して同様の減額をしなかったので，控除する復旧工事費が高くなり，時価の認容額は小さくなった。

【ワンポイント整理：小規模滅失と大規模滅失の比較】

	小規模滅失（61条1項）	大規模滅失（61条5項）
定　　義	○建物価格の2分の1以下に相当する部分の滅失をいう。	○小規模滅失以外の滅失をいう。建物価格の2分の1を超える部分の滅失をいう。
復旧手続	○復旧決議（普通決議）又は建替え決議前であれば，滅失した共用部分を単独復旧できる。復旧費用の償還を他の区分所有者に求めることができる。 ○区分所有者は，専有部分を自己の費用で単独復旧できる。	○復旧決議（特別決議）によって行う。単独復旧はできない。 ○復旧決議の議事録には，賛否を記載又は記録する。 ○区分所有者は，専有部分を自己の費用で単独復旧できる。
買取請求権	○規定が存しないため，行使はできない。	○復旧決議から2週間経過時に，非賛成者は，決議賛成者に対して，区分所有権等の買取請求権を行使できる。 ○買取請求を受けた決議賛成者は，請求時から2ヵ月以内に，他の決議賛成者に再買取請求することができる。 ○復旧決議から2週間以内に，決議賛成者全員の合意により，買取指定者を決定することができる。 ○買取指定者から書面通知を受けた非賛成者は，買取指定者に対してのみ，買取請求権を行使できる。 ○大規模滅失から6ヵ月以内に復旧決議又は建替え決議がない場合，区分所有者は，賛否に関係なく他の区分所有者に買取請求権を行使できる。

【基礎的事項の確認】
① 買取請求権は形成権であり，意思表示が到達した時点で売買の効果が生じる。買取請求権を行使した場合の所有権移転に関する基準時は，買取請求権の行使時点である。
② 時価とは，建物が一部滅失した状態の時価をいい，買取請求時において被災しなかったことを想定した価格から復旧工事費の被災による減価を控除して求める。復旧工事費に機能向上を目的とする工事は含まれない。
③ 駐車場使用権は，譲渡先は限定されるが，管理組合の承諾なしに処分できる排他的利用権である。買取請求権が行使された場合の時価の算定に際して考慮すべきである。

第17章 建替えと売渡請求権

The Point

- 建替え決議及び団地の建替え決議の要件を確認する。
- 売渡請求権を行使された区分所有者の義務を考察する。
- 売渡請求権における時価の算定基準について検討する。

【Theme & Target】

① 建替え不参加者は，区分所有権等の売渡請求を受けた場合，どのような義務を負うのか。

② 売渡請求権を行使された区分所有者には，借家人を退去させた上で本件専有部分を引き渡す義務があり，敷地利用権が土地賃借権である場合にはその譲渡に際し，土地所有者の承諾を得る義務があるのか。

③ 売渡請求権の行使時における時価とは，行使時点の客観的な取引価格をいうが，それはどのように算定されるのか。

④ 建替え決議において，複数の区分所有権を有する者を現実の居住形態に基づいてそのまま複数人として数えたため，賛成票が大きくなっていたが，決議は無効となるのか。

⑤ 団地に関する規定に建替えが準用されていないため，団地内建物の各棟の建替え決議には，団地管理組合の総会決議が必要であると定めた団地管理規約は無効か。

⑥ 費用の過分性は，建物の価額その他の事情に照らし，建物の効用の維

持回復費用が合理的な範囲にとどまるか否かの相対的な判断を必要とするが、客観的な基準は存在するか。
⑦　複数棟の区分所有建物で構成される一団地において、区分所有建物の完成に伴い、順次分譲される場合、団地管理組合による分譲業者に対する管理費等の支払請求は認められるのか。

重要判例149　売渡請求権の被行使者の義務

平15(ワ)29689号　金法NO1737 P42〜P45（東京地判平成16年7月13日）

【争　点】

建替え決議に賛成した区分所有者から、建替えに参加しない区分所有者に対して区分所有権等の売渡請求がなされた。売渡請求権を行使された区分所有者（「売渡請求権の被行使者」という）には、借家人を退去させた上で専有部分を引き渡す義務と、敷地利用権が土地賃借権である場合には土地所有者の承諾を得る義務があるとされた。

【事実の概要】　本件マンションの敷地利用権は、土地所有者Yから敷地を賃借し、区分所有者全員が賃借権を準共有するものである。区分所有者Aは、賃借人Bに専有部分を賃貸していた。管理組合の理事長Xは、成立した建替え決議に反対した区分所有者Aに対して、63条1項の定めにより、建替え決議の内容により参加するか否かを回答すべき旨を書面催告したが、Aは、書面到達日から2ヵ月以内に何らの回答もしなかった。Xは、Aに対して、63条4項に基づき、区分所有権等の売渡請求権を行使した。しかし、Aは、賃借権の譲渡に必要であるYの承諾を得ない上、Bを退去させなかった。

【当事者の主張】　Xは、Aに対して、❶所有権移転登記手続❷Bを退去させた上での専有部分の引渡し❸Yの承諾を得た上での敷地利用権の譲渡を請求して、訴訟を提起した。これに対してAは、次のとおり主張した。

① 売渡請求権の被行使者は，自己の意思に反して自己の財産の処分を強制され，憲法29条の財産権の保障を制約される。売渡請求権の行使の効果は，制限的に解すべきである。
② Yの承諾を得るために，承諾の擬制，簡易な承諾取得の方法を用意して，売渡請求権の被行使者の負担を軽減すべきである。
③ Xの請求は，Yの承諾を得るための給付請求である。Yの承諾の取得は，不代替的作為義務で，かつ間接強制が許されないため，給付請求自体が否定される。

【判　旨】

Xの請求を認容する。
① 売渡請求権は，形成権であり，意思表示の到達によって売買契約の効果が生じる。Xの売渡請求権の行使によって，区分所有権等がAからXに移転し，Aは専有部分の引渡義務及び所有権登記移転義務を負う。売渡請求権を行使したXは，時価による売買代金支払義務を負う。AとXの両者の関係は，同時履行の関係に立つ。
② Aの売買契約上の義務には，Bを退去させた上での建物引渡義務，Yの承諾を得る義務を含む。Yの承諾が得られない場合，借地借家法19条1項に基づき，裁判所に対して承諾に代わる許可の申立てをすることができるので，Aに過大な負担を強いるものではない。
③ 借地権の売買では，土地所有者の承諾が必要となるので，AはYの承諾を得る義務を負う。63条4項に基づく売渡請求権の行使による売買契約の成立の場合も売買契約一般の効果と同様に解し，Aの義務としてYの承諾を含めないと63条4項の実効性が確保できない。
④ Xから売買代金1,000万円の支払いを受けるのと引換えに，Aに対して売買を原因とする所有権移転登記を命ずる。

> **絵解き：売渡請求権行使の法律関係**
>
> X（行使者＝買主）の義務　❶ 売買代金支払義務
>
> ⇅ 同時履行の関係
>
> A（被行使者＝売主）の義務
> ❶ 所有権移転登記義務　❷ 土地所有者の承諾義務　❸ Yの退去義務

【ワンポイント整理：借地権の譲渡と承諾】
土地賃借権の売買をする場合，売主は，土地所有者の承諾を得なければならない（民法612条1項）。借地上の建物における売主の借地権譲渡について，買主が売主による地主の承諾を得る義務と建物占有者を立ち退かせる義務の確認を求めた事案で，他に有効適切な手段がない場合において，売主の義務が確認されれば，売主の任意の履行が期待できるとして，確認の利益が認められた（東京地判平成3年3月28日）。本事案では，AがYの承諾を得る義務があることを認めたが，これは従来の判例の見解を踏襲したものである。

重要判例150　売渡請求権の時価

第一審：平14(ワ)27896号（東京地判平成16年2月19日），控訴審：平16(ネ)1559号（東京高判平成16年7月14日）

【争　点】

売渡請求権行使時における時価とは，行使時点の客観的な取引価格をいうが，明確な算定基準がない。建替え決議の成立後，建替えに参加しない区分所有者に対して，建替え事業者が売渡請求権を行使した。売渡請求権行使時における時価は，建替えが完成した場合の再建建物及び敷地利用権の価額から建替え経費を控除した額と，再建建物の敷地とすることを予定した更地価額から解体費

を控除した額とをそれぞれ算出し，各数値を比較衡量した上で，個別的事情を加味して総合判断することが相当であると判示した。

【事実の概要】　同潤会江戸川アパートメントは，昭和9年に建設された6階建及び4階建の2棟からなる住戸数258戸の集合住宅である。この2棟において，平成14年3月23日に62条1項による建替え決議が成立した。区分所有者B（8人）は，建替え決議に賛成せず，建替えに参加するか否かの催告に対して参加する旨の回答をしなかった。区分所有者かつ建替え事業者Aが，Bに対して売渡請求権を行使した。Aは，Bとの合意（「中間合意」という）に基づき，売渡代金を支払い，時価について争いのある部分については，Bに預託をして住戸の引渡し及び所有権移転登記を請求した。中間合意による売渡代金の支払い及び預託の完了によって，Aは，住戸の引渡しを受けたが，所有権移転登記手続のみが未了となっている。

【当事者の主張】　Bは，次のとおり主張した。
① 　Aと管理組合理事会が還元率の低い不当な建替え計画を押しつけている。建替え不参加者の保護を重視すべきである。
② 　時価の算定に際しては，売渡請求を受けた者に有利に解釈すべきであり，取引事例比較法を基本として判定すべきである。
③ 　Aの主張する開発法による時価の試算は，建替え決議とは異なる。Aの主張する解体費27,600万円には，合理的な根拠はない。

【判　旨】

第一審　Aの住戸の引渡し及び所有権移転登記の請求を認容する。
① 　時価とは，建替え決議を前提として，区分所有権及び敷地利用権を一体として評価した客観的な評価額をいう。
② 　時価については，❶建替えの完成を前提とした再建建物及び敷地利用権の価額から建替え必要経費を控除した額（「A説」とする）及び❷再建建物の敷地とすることを予定した敷地の更地価額から現存建物の取壊費用を控除した額（「B説」とする）に，対象となる配分率を乗じて算定する。❶及び❷

を比較衡量して，建替えにおける個別的事情を加味した総合判断によって，最終的な時価の算定を行うことが相当である。

③　Bが主張するB説は，建替え不参加を前提として利用目的を限定しない更地価額が基礎となる。しかし，B説の更地価額は，建替え決議に基づく再建建物の敷地であることを前提とする。区分所有者は，誰もが，敷地全体に対して白紙の更地価額相当分の権利を有していない。建替え不参加者が，建替え決議の成立によって自己の共有持分を超える権利について，白紙の更地価額相当分の権利を有することになるため，建替え参加者との間で経済的不平等を生じる。Bの主張は採用できない。

④　中間合意に基づき，Aは個別的事情に基づく立退料，余剰分配金，固定資産税等を考慮した売渡代金のほぼ全額を支払済みであり，裁判所の認定する時価を超える金銭をBに対して既に預託している。Bには，同時履行の抗弁を認める理由は存しない。Aの主張に基づき，Bに対する住戸の引渡し（中間合意により完了）及び所有権移転登記の請求を認容する。

|控訴審|　Bの控訴を棄却する。

①　Aと管理組合理事会が結託して，還元率の低い不当な建替え決議が行われたという事実を認定する証拠はない。

②　Aの主張する時価には，鑑定評価によるものとして，分譲収入・建築工事費・解体工事費について，集会の決議とは異なる数値を採用しているが，格別これらの数値を不合理とする根拠はない。解体費用についても市場調査を前提とした判断であり，不合理といえるものではない。

③　Aの主張する時機に遅れた攻撃防御方法を認める。Bは，原審第2回口頭弁論（平成15年4月28日）において求められた専門家による不動産評価の意見書を第7回口頭弁論（平成15年9月25日）まで提出できなかった。当初予定していた不動産鑑定士の評価（「S鑑定」という）がBの意に沿わず，改めて他の不動産鑑定士に評価（「M鑑定」という）を依頼したためである。原審においてM鑑定が排斥されたため，当審において再び，S鑑定を証拠として提出することは，「攻撃又は防御の方法は，訴訟の進行状況に応じ適切

な時期に提出しなければならない。」という民事訴訟法156条に反する。故意又は重大な過失により時機に遅れた攻撃防御方法に当たり，訴訟手続上の信義則に反するため，S鑑定の証拠提出を却下する。

④　原審は相当であり，Bの控訴を棄却する。

本事案は上告されたが，最高裁（平成16年11月25日）において，Bの上告は棄却された。

【ワンポイント整理：建替え不参加者の主張と還元率】

還元率（等価床面積還元率）とは，組合員が追加の費用負担をすることなく取得できる従後資産の従前資産に対する床面積の割合のことをいう。建替え事業によって，区分所有者が同じ床面積を確保するためにどれだけの費用負担が生じるのかという判断基準となる。還元率が100％に近づくほど，区分所有者が費用を負担せずに，従前建物と同一の床面積を取得できることになる。

建替え円滑化法に基づき，従前資産（建替えの対象となる従前マンション）の区分所有権等を開発業者が取得して，建替え事業を進める場合を想定して還元率を算出する。開発業者は，資産評価を行い，区分所有者の要望に基づく住戸（再建建物）を返還し，余剰住戸があればこれを販売する。

①　従前資産の価額（区分所有者が開発業者に譲渡する価額）
　　専有床面積70㎡（21.27坪）　　価額2,000万円
②　従後資産の評価額（開発業者が区分所有者に譲渡する価額）
　　専有床面積70㎡（21.27坪）　　価額2,800万円
③　追加負担（区分所有者が開発業者に支払う追加負担額）
　　2,800万円－2,000万円＝800万円
④　還元率
　　2,000万円÷2,800万円＝71.42％

この事例では，従前資産と従後資産の床面積が同じなので，追加負担をしないと，従前床面積は28.58%減少するということになる。建替えに伴い，共用部分の設備及び構造躯体等が更新され，建設費負担が膨らむためである。

次に，専有床面積及び評価額がともに上昇する場合を検討する。

> ① 従前資産の価額（区分所有者が開発業者に譲渡する価額）
> 　　　専有床面積70㎡（21.27坪）　　価額2,000万円
> ② 従後資産の評価額（開発業者が区分所有者に譲渡する価額）
> 　　　専有床面積80㎡（24.20坪）　　価額2,800万円
>
> 専有床面積は，80/70＝114.28%となり増加する。一方，追加負担は，2,000万円÷2,800万円＝71.42%の評価となる。両方の要素を考慮すると，(2,000万円÷2,800万円)×80/70＝81.63%が，追加負担をした場合の還元率と考えられる。

本事案における還元率は約53%とされ，資金負担をしないと従前マンションの専有面積に対して53%分の床面積しか取得することができない。但し，住戸には効用比に基づく評価の増減が生じるため，区分所有者が効用比の低い住戸を取得すれば，53%を超える床面積を取得でき，効用比の高い住戸を取得すれば，53%に満たない床面積しか取得できない。

【ワンポイント整理：時価の見解の検証】

> ❶　A説：再建建物及び敷地利用権の価額−建替え必要経費＝時価
> ❷　B説：再建建物の敷地の更地価額−現存建物の取壊費用＝時価

Bにとって，A説の建替え必要経費の中に，建築工事費以外の仮住居費・販売経費・管理費等の諸費用を含むことは，建替え不参加であることを考慮すると了解できることではない。これらの諸費用を含むと，控除される建替え必要経費が増大し，結果として時価は縮小するので，Bに不利とな

る。B説は，利用目的を限定しない更地価額（白紙の更地価額）ではなく，再建建物の敷地とすることを予定した敷地の更地価額であるが，建替え不参加を前提とするBにおいては，白紙の更地価額から取壊費用を控除して求めなければならない。Bの援用するB説では，自己の共有持分割合に基づく敷地利用権しか有しないにもかかわらず，敷地全体にまで利用目的を無限定とする更地価額相当分の権利を有するという前提に立つことになり，BとAとの間に経済的不平等が生じるとして，Bの主張を認めなかった。A説では，マンションの販売価格を想定する必要があり，販売価格及び販売時点の確定が困難であり，仮住居費等の諸費用が控除されるため，時価が縮小する。仮住居費は，建替え実務では，区分所有者各人の個別的負担となるので，通常，建替え必要経費から控除しない。建替え決議による建物用途の限定は，区分所有関係を離脱するBには直接的に関係しないことであり，区分所有法の改正により，再建建物は，従前用途の制限を受けなくなった。敷地が本来有する潜在能力を最有効使用として時価評価すべきではないか。Bは，一体不可分の敷地全体に対して各人に見合った共有持分割合を有するので，Aとの経済的不平等は生じないと考える。尚，売渡請求権が，不参加者を排除して建替えを強行する法制度である以上，時価は，建替え不参加者の区分所有権等の経済的価値に見合ったもので，かつ，従前と同様の生活状態が維持，継続できる程度のものでなければならないとする見解がある（『区分所有関係訴訟』P504～P515　特にP509）。この澤野順彦氏の考え方（これを「S説」とする）は，都市再開発法による再開発事業よりも権利保護を厚くし，公共用地の取得に伴い生ずる損失の補償に準じた考え方を根底に有するものである。時価とは，売渡請求権の対象となる区分所有権等の対価及び移転実費，営業上の損失相当額の合計額であるとし，更に，建替えによる開発利益が発生すれば，その相当額を建替え不参加者に配分すべきであるとする。区分所有権等の価格，従来の生活環境が損なわれることによる損失相当額，開発利益を加えた額を時価と

するので，結果として，時価は膨らむ。

【ワンポイント整理：ABS説の時価の比較】

	❶ A説	❷ B説	❸ S説
時価の大きさ	最小	中位	最大
援用による利益のある者	建替え参加者（売渡請求権の行使者に有利）	建替え不参加者（被行使者に有利）	建替え不参加者（被行使者に最も有利）
算出方法包含要素	再建建物及び敷地利用権の価額から建替え必要経費を控除して求める。建替え必要経費には，建築工事費以外に仮住居費・販売経費・管理費等の諸費用を含む。	再建建物の敷地の更地価額から現存建物の取壊費用を控除して求める。建替え不参加者が主張する場合には，白紙の更地価額から取壊費用を控除して求めるべきものとなる。	区分所有権等の価格，従来の生活環境が損なわれることによる損失相当額，開発利益を加えた額を時価とする。
留意事項判例見解	建替え必要経費が大きいので，時価は低くなる。時価の判定に当たって，判決では，これを基本とした。	敷地全体にまで利用目的を無限定とする更地価額相当分の権利を有することになり，建替え参加者と不参加者の間に，経済的不平等が生じるため，判決では認めなかった。	建替え不参加者が，他に転出しても従前と同様の生活が維持できるようにすべきである。

【ワンポイント整理：開発法・取引事例比較法と時価】

開発法は，マンションの販売総額を価格時点に割り戻した額から建築費・土地の造成費及び附帯費用を価格時点に割り戻した額を控除して，不動産の価格を求めるものである。事業期間を想定して，開発業者が投資採算の予測をするために使うもので，投下資本収益率によって，販売時点から価格時点において把握される価格に割り戻す。対象不動産となる土地にマンションを建設して利用することが合理的と判断される場合に，積算価格・比準価格・収益価格の有力な検証手段とすることができる。B説は，開発

第17章 建替えと売渡請求権

法によるのではなく，近傍類似地域において再建建物に類似する分譲マンションの敷地にする目的で，開発業者によって取得された事例を対象とする取引事例比較法によって算出するべきであるとされた。A及びBの主張する鑑定評価額を総合的に考慮した算出した金額から，解体費27,600万円の妥当性を認定し，これを控除した574,500円/㎡を妥当とした。Aの主張する解体費27,600万円は，市場調査を前提とし，これを不合理とみるべき事由は存しないと判断した。最終的にはA説に基づく476,000円/㎡を重視し，時価を499,000円/㎡，敷地全体では34億円と判断し，これを基準価額として個別的事情を考慮すべきであるとした。

［建て替えられた同潤会江戸川アパートメント（平成17年5月竣工）］
2階建て（北棟），5階建て（東西棟），11階建て（南棟）による4棟構成
屋上には回廊式の庭園を築造

重要判例151　建替え決議の無効確認

第一審：平9(ワ)1842号，平10(ワ)115号・736号（神戸地判平成13年1月31日）

【争　点】

建替え決議において，複数の区分所有権を有する者を現実の居住形態に基づき，そのまま複数人として数えたため，賛成票が大きくなっていた。建替え決議は，区分所有者の5分の4以上の賛成がないため無効とされた。

【事実の概要】　神戸市住宅供給公社が分譲した本件マンション（住戸数90）は，神戸市が1階から3階までを区分所有して水道局事務所に使用し，4階から13階までは住戸専用である。平成7年1月17日，阪神・淡路大震災により被災・損傷した。平成9年9月14日の臨時総会において，建替え決議が行われ，管理組合は，次のとおり賛成73票（80.2%）によって，5分の4を満たしたので本件決議が成立したと認定した。

議決権行使方法	行使者数	賛否の態様	区分所有者数と割合
❶　本人出席	43(47.2%)	❶　賛　成	73(80.2%)
❷　代理人出席	19(20.9%)	❷　反　対	16(17.6%)
❸　議決権行使者	27(29.7%)	❸　棄　権	2(2.2%)
❹　棄　権	2(2.2%)		
合　計	91(100.0%)	合　計	91(100.0%)

議決権の行使者の票数は，神戸市が1票，住戸区分所有者が各1票の合計91票である。甲は，403・703・1003号室の合計3戸の議決権を有するものとし，乙は，809・1005号室の合計2戸の議決権を有するものとし，計5票の賛成票を投じた。甲及び乙は，登記記録に基づかず，居住実態に応じた実質的所有者を数えた賛成票を投じた。管理組合の理事長Xは，棄権を含む18票の非賛成者に対して，本件決議の内容によっては建替えに参加するか否かを回答すべき旨を書面によって催告した。2名は，建替えに参加する旨の回答をしたが，反対者

A（10名）は，催告を受けた日から2ヵ月以内に何も回答しなかったため，不参加が確定した。Aは，Xに対して本件決議の無効確認訴訟を提起した。建替え参加者Bは，Aに対して売渡請求権を行使した上で，所有権移転登記及び明渡しを求める訴訟を提起し，これらが併合審理された。

【当事者の主張】　Bは，Aに対して次のとおり主張した。
① 区分所有権等に関する所有権移転登記及び明渡しを求める。
② 売渡請求権の行使によって成立した売買代金額の確認を求める。

Aは，Xに対して次のとおり主張した。
① 本件決議の無効確認の訴えには，確認の利益がある。本件決議の無効確認の訴えに限定して審理し，判決が確定すれば，売渡請求は無効となる。紛争解決のための直接かつ効果的な訴えである。
② 区分所有者は，判断基準の明確性と不動産登記の公示機能を考慮すると，登記記録を基準として数えるべきである。甲は3戸，乙は2戸を所有するが，区分所有者としては各「1」である。神戸市水道局は算入すべきではないので，区分所有者総数は，$(91-1)-(3+2)+(1+1)=87$となる。賛成者は$72-3=69$で，本件決議は$69/87＝79.3\%$となり，無効である。
③ 費用の過分性の要件が充足されていない。X及びBが，被災後の建物価額と補修費用の対比のみによって費用の過分性を判断することは誤りである。その他の事情として，高齢者の資金負担及び住宅ローンを考慮する必要がある。建替え決議の対象となる滅失の程度は，大規模滅失に限るが，本件マンションは被災後でも，大規模滅失の状態ではない。
④ 本件決議には神戸市が参加しているが，規約上，組合員は住戸の区分所有者に限定されているので，神戸市は組合員ではない。コンサルタントによる誘引活動及び過大な補修費用の提示が，区分所有者の選択を誤らせた可能性がある。
⑤ 売渡請求における時価は，区分所有権等の価格，従来の生活環境が損なわれたことに対する損失補償，開発利益の合計額である。X及びBの主張する時価378万円は，❶必要経費を控除している❷敷地権割合のみを採用するが，

建物の専有面積比は敷地権割合の1.745倍である❸階層別・位置別効用比を
　　評価していない点に問題があり，低価格にすぎる。
⑥　本件決議及び売渡請求権の行使は，区分所有者の意思に反して区分所有権
　　等を喪失させるというもので憲法29条に違反する。
Xは，Aに対して次のとおり主張した。
①　本件決議の無効の確認の訴えには，確認の利益がない。所有権移転登記請
　　求訴訟の給付訴訟において審理し判決を求める方が，建替えの直接的な解決
　　となる。
②　区分所有者全体の意思を本件決議に反映させるため，登記記録とは別に実
　　質的な区分所有者を判断し，複数の専有部分について，同一の区分所有者が
　　単独所有する住戸と他者と共有する住戸がある場合には，区分所有者数は，
　　2名と数える。従って，区分所有者の合計は，専有部分の住戸数91と一致す
　　る。本件決議は，73票の賛成によって有効に成立した。

登記記録の区分所有者と所有住戸	X及びBの主張する実質的所有者	X及びBの主張する区分所有者の数え方	Aの主張する登記記録に基づく区分所有者の数え方
甲（403号室）	甲及び実母の共有	1名	計1名
甲（703号室）	甲単独所有	1名	
甲（1003号室）	実母単独所有	1名	
乙（809号室）	乙の長女及び夫の共有	1名	計1名
乙（1005号室）	乙単独所有	1名	
合　　計		計5名	計2名

③　過分の費用の判断に相当性及び合理性が確保されていれば，本件決議は有
　　効である。効用の維持回復費用は総額52,576万円を上回るが，被災後の建物
　　価格は1住戸当たり7,997,000円に及ばない。費用の過分性の要件は充足さ
　　れる。滅失の程度は，大規模滅失又は小規模滅失を問わない。
④　神戸市は，組合員として101号室を区分所有し管理費の負担をしている
　　（修繕積立金の負担はしていない）。コンサルタントによる誘引活動は，違
　　法又は不当なものではない。

⑤　被災と建築後29年の経過により物理的・機能的・経済的減価が著しい上，敷地との適応性に欠けるため，建物としての市場性がほとんどなく取り壊すことが妥当である。時価は，敷地の最有効使用に基づく更地価格に解体による発生材料の価格を加えて，除去運搬費等の必要経費を控除して求める。被災による損傷の程度が大きいため，階層別又は位置別の効用差は認められない。1住戸当たりの時価は，(104,000万円－19,000万円)×共有持分割合0.004444＝約378万円となる。
⑥　本件決議及び売渡請求権の行使は，憲法29条に違反しない。決議によって，区分所有権等を喪失することは，内在的な制約として認められる。建替え不参加者に対して，時価とは別に損失補償をする必要性はない。

【判　旨】

区分所有者は，登記記録に基づき，議決権を行使すべきであり，本件決議は無効であることを確認する。
①　本件決議の無効確認訴訟の適法性については，売渡請求権の行使による所有権移転登記請求の複数の訴えがそれぞれ別々に審理され，判断が分かれると，本件決議の有効又は無効が錯綜する。売渡請求権行使の基礎になる本件決議の効力を独立して確定させなければならない。個別的な紛争解決を図る給付訴訟よりも，本件決議自体の効力を確定する判決が最も有効であるため，これを確認する利益があり，訴えは適法である。
②　区分所有者の数え方については，複数の区分所有者が1つの専有部分を共有している場合，1人の区分所有者が複数の専有部分を所有している場合，いずれにおいても区分所有者数は1人と数える。
③　登記された区分所有者による議決権の行使については，区分所有者としての議決権行使者は，登記記録に基づく。画一的かつ明確な登記記録によって，区分所有者を判断することが相当である。
④　登記記録によって区分所有者を判断すると，甲及び乙の区分所有者としての議決権は3票及び2票ではなく，各1票である。神戸市を除くと，合計87票に対して，69票しか賛成票がないため，69/87＝79.3％＜80％となり，本

件決議は無効である。神戸市を含むと，合計88票に対して，70票の賛成票となり，70／88＝79.5％＜80％となる。いずれも本件決議は無効である。規約には，「組合員は，所有する住戸1戸につき，1議決権を有する。」という定めがあるが，衡平性の原則に反するため，無効である。

【ワンポイント整理：区分所有者及び議決権の考え方】

区分所有者をX，Y，Zとする場合について，検討する。

区分所有者⇒次の場合，いずれも，区分所有者は1人と数える。

- ❶ Xのみ1名で，複数住戸の区分所有権を所有。
- ❷ XYの2名で，1住戸の区分所有権を所有。
- ❸ XYZの3名で，複数住戸の区分所有権を所有。

議決権⇒規約に別段の定めがなければ，専有部分の床面積割合による。

議決権は，財産権を重視した区分所有権の大きさによる意見の反映である。

重要判例152　建替え決議の有効性

第一審：平8（ワ）12292号・12293号，平9（ワ）4196号（大阪地判平成11年3月23日）

【争　点】

過分性の要件が認められ，団地内建物においても各棟の建替え決議のみで足りると判断した。団地内建物の各棟の建替えに際しては，団地管理組合の総会決議が必要であると定めた団地管理規約が無効とされた。団地に関する規定には62条による建替え決議が準用されていないためである。現在では，2002年法の改正趣旨とは相容れない部分が生じていると考えられる。

【事実の概要】　本件団地は，大阪・北摂の千里ニュータウンに位置し，大阪府住宅供給公社によって昭和42年5月に分譲され，4階建て12棟，合計272戸

の住戸を有する。本件団地は，❶エレベーターを備えていない❷バルコニーが独立しているため，二方向避難が確保されていない❸電気容量が10Ａ（3回路）しかない❹建築後約30年が経過し，建物の劣化が著しいという状況にあった。平成8年4月21日，24階建てを7棟（総戸数500戸）建築し，専有部分を56.21㎡又は57.17㎡から約75㎡～80㎡に広げることについて，各棟において建替え決議が行われた。6棟で全員賛成，他6棟で1名～2名の棄権又は反対があり，12棟の全部において本件決議が成立した。附帯決議として，各棟において区分所有権等を買い受けることができる者として，買受指定者Ｚが指定された。Ｚが，平成8年8月19日から21日の間に建替え不参加者Ｘに対して，区分所有権等の売渡請求権を行使した。Ｘが，ＪＣ棟の2棟において建替え参加者Ｙに対して本件決議の無効確認を請求し，Ｚは，ＪＣ棟及びＢＤＩ棟の計5棟において，Ｘに対して専有部分の明渡し及び所有権移転登記を請求した。

【当事者の主張】 Ｘは，Ｙ及びＺに対して次のように主張した。

① 本件決議は，62条に定めた客観的要件及び手続的要件を欠くため，無効である。

② 社会的経済的効用の減退は，直ちに老朽化の要件を満たすものではない。補修費用とは，通常の維持管理費を超える特別の費用をいうが，社会的経済的効用を積極的に増加する費用を含まない。補修費用と対比する建物の価額は，客観的な取引時価を基準とする。

③ 補修費用は，年間15,470円/戸である。適切な補修をすれば，建物の効用を回復することができるので，費用の過分性という客観的要件を欠く。

④ 建物には，物理的老朽化と社会的老朽化がある。社会的老朽化によって，Ｙが，要求する社会的要求水準に合致しないのであれば，合致する他の住宅を求めるべきである。

⑤ 団地規約に基づき，団地管理組合の決議が行われていないので，本件決議は無効である。

⑥ 本件団地と同時期に分譲された他の団地には，専有面積の狭い，設備が不十分なものがあるが，大部分が補修や増改築を行い，建物の効用を維持して

いる。建替えは，社会的損失をもたらすとともに，取壊費用約960万円/人は，負担が大きい。

Z及びYは，Xに対して次のように主張した。

① 老朽化の判断は，単に物理的視点のみならず，社会的，経済的視点から判断されるべきである。

② クラックや外壁の防水劣化等の物理的老朽化のみならず，電気容量が少ない，洗濯機置場がない，バルコニーの2方向避難が確保できないという社会的老朽化が進んでいる。

③ 建物の価額とは，本件決議時の建物全体の価額であり，敷地利用権は含まれないもので，約243万円〜457万円/戸の評価がなされている。維持回復費用としては，約1,174万円/戸が今後30年間において必要であり，最低でも約646万円/戸必要である。費用の過分性の要件は，満たされる。

④ 本件決議に至るまでには，意見交換会・建替え調査委員会による調査報告等を経ているので，本件決議の手続きには瑕疵はない。

⑤ 団地規約は，区分所有法に抵触するもので，無効である。本件決議は，議決権総数272のうち，賛成263により瑕疵がなく成立している。

【判　旨】

建替え決議は有効に成立する。Zが，4,080万円の支払いをするのと引き換えに，Xには，所有権移転登記及び明渡しを命じる。

① 老朽化は，物理的事由によるものでY及びZの主張する社会経済的事由を含まない。社会的要求水準である効用の増加のための改良費用は含まない。但し，建物の機能的陳腐化の内容と程度，建替えの相当性，設備の不便さは，費用の過分性の判断において考慮されるべきである。

② 老朽とは，年月の経過によって建物としての物理的効用の減退はあるが，未だ建物としての社会的効用を維持している状態をいう。屋上防水，外壁開口部の構造クラック，バルコニー・窓庇の防水劣化，鉄筋の露出，内部鉄筋の腐食によるコンクリート塊の剥落が生じていることを考慮すると，建物躯体の老朽化は否定できない。排水管は通常の圧力洗浄（60〜80kg/㎡）がで

きない。鉄筋の標準的な経済的残存耐用年数は35年～40年，設備は15年とされている実証的調査研究によれば，各棟建物には大規模修繕が必要な時期が到来している。
③ 補修費用については，Y及びZの主張する約646万円（㎡単価2,200円）を基礎として，建設物価に基づき㎡単価を1,960円とみると，約580万円/戸と試算されるので，約500万円/戸を必要とする。
④ 建物の価額は，補修費用との費用対効果を考える要素となる。効用の維持回復費用には改良費用を含まないので，補修費用を投下しても建築時における住宅機能しか維持回復することはできない。建物の価額は，約300万円/戸と認定する。
⑤ 費用の過分性は，建物の価額その他の事情に照らし，建物の効用の維持回復費用が合理的な範囲にとどまるか否かの相対的な判断であって，一定の絶対的な価額を前提とするものではない。効用の維持回復費用として必要とされる補修費用を投ずることが，もはや社会通念上不合理と判断される場合，建物の存続自体が不可能となる。
⑥ 建物の価額が約300万円/戸であり，補修費用は最低でも約500万円/戸である。補修費用を費やしても，建物は昭和42年当時の機能水準に留まる。専有面積が狭くエレベーターや洗濯機置場がない等生活上の不便さを総合的に勘案すれば，建物の効用の維持回復には過分の費用を要するに至ったというべきである。費用の過分性の要件は認められる。
⑦ 手続的瑕疵に関して，Xは，団地規約の定めに従い，団地管理組合が共有する集会所や共有の敷地が存しているため，団地管理組合の決議が必要であると主張する。しかし，66条は62条を準用していないので，本事案のような建替え決議は，団地内建物の各棟において決議されるものである。団地規約の定めは，66条に抵触するため無効である。
⑧ 買受指定者が，本件決議と同時に附帯決議によって指定されたことは，63条4項に違背する。建替え決議後の書面催告がなされて建替え参加者が確定し，建替え参加者全員の合意によって，買受指定者を指定しなければならな

い。しかし，B棟，C棟，D棟，I棟，J棟の集会において，不参加者のみが棄権し，その他の区分所有者が全員賛成しているので，手続的瑕疵は治癒されたといえる。
⑨　平成8年4月1日における建物及び土地の合計額が，約4,077万円と算定されていることを考慮して，区分所有権等の価格は，4,080万円/戸と認定する。Zが，売渡請求権の行使により，建物の時価4,080万円を支払うことと引き換えに，Xは，所有権移転登記及び明渡しをしなければならない。

【ワンポイント整理：2002年法と建替え決議の要件】
建替え決議とは，建物を取り壊し，新たな建物を建築する旨の決議をいう。

> ❶　区分所有者及び議決権の各5分の4以上の多数により決する。
> ❷　当該建物の敷地若しくはその一部の土地又は当該建物の敷地の全部若しくは一部を含む土地を目的とする。

2002年の区分所有法の改正によって，次のように要件の緩和又は撤廃がなされた。本事案の争点は，法改正によって考慮する必要性がなくなった。

> ❶　従前敷地が一部でも重なっていれば，隣接地を含めてもよいし，従前敷地の一部を売却した残地に建て替えてもよい（敷地要件の緩和）。
> ❷　使用目的について，住宅から事務所又は店舗としてもよい。使用目的の同一性は問われない（用途要件の撤廃）。
> ❸　建物の効用の維持又は回復のために過分の費用を要するに至ったか否かの判断は不要である（費用要件の撤廃）。

2002年の成立前，建替え決議には，「老朽，損傷，一部の滅失その他の事由により，建物の価額その他の事情に照らし，建物がその効用を維持し，又は回復するのに過分の費用を要するに至ったとき」という費用の過分性

が要件となっていた。本判決では，この判断の可否が争点となったが，費用の過分性の要件（客観的要件）は撤廃され，手続的要件に集約された。

【ワンポイント整理：手続的瑕疵の主張と団地に関する準用規定】
Xは，規約の定めに従い，団地管理組合が共有する集会所や共有の敷地が存しているため，団地管理組合の総会決議が必要であり，手続的な瑕疵があると主張した。しかし，裁判所は，団地規約の定めは無効であると判断した。各棟における本件決議は，6棟で全員賛成，他の6棟において1人～2人の棄権又は反対であるため，団地管理組合においても建替え決議が成立することは間違いない状況であるが，62条が団地に準用されていないため，団地内建物の各棟の建替えに際しては，62条による建替え決議が成立すれば足り，団地管理組合の決議を要件とする規約は，区分所有法に反して無効と判断した。

【ワンポイント整理：団地の建替え決議】
2002年の改正によって，次の❶～❸の団地の建替え決議が新たに設けられている。団地の建替えに関しては，団地管理組合が成立すれば，当該組合（団地管理組合又は団地管理組合法人）及び各棟における管理組合又は管理組合法人の双方の特別決議を必要とする。

❶ 団地内建物1棟の建替え⇒建替え承認決議
団地内建物のうち，最低1棟が区分所有建物であり，かつ，その所在土地が団地建物所有者の共有に属する場合，議決権（土地の共有持分割合）の4分の3以上の多数により，特定建物（単一棟）の建替え承認決議ができる（69条1項）。

❷ 団地内建物2棟以上の建替え⇒一括建替え承認決議
ＡＢの2棟の建替えについて，区分所有者及び議決権の各5分の4以上の多数により，一括して建替え承認決議に付することができる（69条6項）。

> ❸ 団地内建物全棟の建替え⇒一括建替え決議
>   団地内建物のすべてが区分所有建物であって、かつ、その敷地が団地建物所有者の共有に属する場合、団地内建物を団地管理組合の管理対象とする旨の団地管理規約が定められていれば、団地内建物全棟の建替えについて団地管理組合における区分所有者及び議決権の各5分の4以上の決議（団地要件）及び各棟管理組合における区分所有者及び議決権の各3分の2以上の賛成（各棟要件）を満たすことにより、一括建替え決議を行うことができる（70条1項）。

本事案の審理時点では、❶～❸の規定はなかったため、各棟の建替え決議に委ねられた。本件団地規約の定めが、66条に抵触するために無効となった。

- 本件団地規約：62条の建替え決議には、団地管理組合の総会決議を得なければならない。
- 区分所有法66条：62条は準用されていない。

2002年法の成立前、団地のように共有敷地に複数建物が建っている場合には、民法の共有の定めに従い、共有物の変更として敷地共有者全員の同意が必要であった（民法251条）。全員の同意を得ることは、現実的ではないため、多数決による団地の建替え決議が整備された。

第17章　建替えと売渡請求権

【ワンポイント整理：団地の建替え決議とその要件】

	1．建替え承認決議	2．一括建替え承認決議	3．一括建替え決議
区分所有法根拠	69条1項～5項	69条6項～7項	70条1項～4項
建替えの対象	特定建物（単一棟）	特定建物（複数棟）	団地内建物（全棟一括）
区分又は非区分所有建物の区別	最低一棟が区分所有建物。敷地を共有すれば、非区分所有建物を含む建替え可能。	区分所有建物に限定。敷地の共有が条件。	区分所有建物に限定。敷地の共有が条件。
決議要件	議決権（土地の共有持分割合）の4分の3以上の決議。	区分所有者及び議決権（土地の共有持分割合）の各5分の4以上の決議。	団地規約の設定。団地内建物の区分所有者及び議決権（土地の共有持分割合）の各5分の4以上による決議(団地要件)。各棟の区分所有者及び議決権の各3分の2以上の賛成（各棟要件）。
注意事項	当該他の建物が建替えに特別の影響を及ぼす場合、区分所有者全員の議決権の4分の3以上の賛成が必要。各棟管理組合の建替え決議が先行成立した場合、決議反対者は、団地管理組合の建替え承認決議に反対できない（みなし承認）。	一括建替え承認決議は、当該決議のあった棟において有効。建替対象となる他棟の管理組合の決議が、別途必要。	各棟要件の議決権について規約による別段の定めは可能。定めるべき事項は次の通り。 ❶ 一体的な敷地の利用計画（一括建替え決議にのみ必要） ❷ 設計の概要 ❸ 建築費概算額とその分担額 ❹ 区分所有権の帰属に関する事項

重要判例153　未分譲棟の団地関係

第一審：平9（ワ）476号（福岡地判平成12年3月29日），控訴審：平12（ネ）472号（福岡高判平成15年2月13日）

【争　点】

9棟の区分所有建物で構成される一団地において，区分所有建物が，完成に伴い順次分譲される場合，未分譲棟の敷地について団地関係が成立するか否かが問題になった。団地管理組合が，分譲業者に対して，未分譲棟の管理費等の支払いを求めた。既分譲棟における区分所有者と未分譲棟における分譲業者は，土地の利用状況が異なるため，団地関係の成立は認められないと判示した。

【事実の概要】　複数の区分所有建物で構成される一団地において，住宅都市整備公団（「J」と称する）は，6階建てから13階建てのマンション9棟（総戸数390）を建築して順次分譲した。1～7号棟の分譲が終了し，8～9号棟については，内装工事が未施工であるために，未分譲となっていた。Jは，未分譲棟については，団地内建物の区分所有者ではないとして，管理費等の支払義務を果たしていなかった。団地管理組合Xが，既に分譲された1～7号棟の区分所有者Aの要望を受けて，Jに対して未分譲棟の管理費等の支払を求めた。Jは，1号棟から5号棟を4回に分けて分譲した。6号棟から9号棟に関しては，ユニバーシアード組織委員会の役員及び選手等の宿舎として使用した後，6号棟及び7号棟には内装工事を施して分譲した。8号棟及び9号棟には内装工事が施されず，分譲が開始されていない。XとJは，平成7年7月1日以降，団地建物所有者として，敷地及附属施設を共有している。1号棟から7号棟には売れ残った住戸があるが，Jは，総会において議決権を行使し，管理費等の支払義務を果たしている。

【当事者の主張】　Xは，Jに対して次のとおり主張した。

① 敷地を共有しているので，Jは，団地建物所有者であり，団地における共有関係が成立する。Jは，未分譲棟に関してもXに管理費等を納入すべき義

務がある。
② 未分譲棟の販売は，終期が明らかではないため，Ｘの運営の収支に影響を及ぼす。Ｊには，8号棟及び9号棟の124戸について月額合計1,897,200円の滞納管理費等が存する。
③ 平成9年2月から平成11年1月までの滞納管理費等45,532,800円及び遅延損害金を請求する。

Ｊは，Ｘに対して次のとおり主張した。
① 全棟の建築が完了し，分譲が終了されるまでは，敷地を共有するという要件を実質的には充足しないので，団地関係は成立しない。
② 未分譲棟の敷地については，規約の定め又は集会の決議等に意思決定を行い得る状況にはなく，Ｘの運営に関して利害関係を共通にしていない。

【判　旨】

|控訴審| Ｘの控訴棄却。Ｊには，管理費等の支払義務はない。
① 未分譲棟は，既分譲棟と同様にすべて一筆の土地上にある。外形的に建物として完成し，Ｊが建物所有権を取得した以上，団地建物所有者の一員となる。建物完成と同時に，団地関係が成立し，規約の適用を受けると解される余地もある。
② 65条による団体の成立は，利害関係を共通にする事項の管理について，団地建物所有者全員を構成員とする団体の意思によって決定し，実行することを目的とする。
③ 一筆の土地上に9棟のマンションが建設される場合，既分譲棟と未分譲棟では，土地の利用状況に大きな隔たりがある。既分譲棟ではＡ又はＸが利用するのに対して，未分譲棟ではＪが工事専用に利用する。Ｊは，敷地の一部を建築工事等のために専用使用することを承諾する旨の書面の交付を区分所有者から受けている。
④ ＡとＪは，未分譲棟の敷地については，利害関係を共通にするとはいえない。各棟の建築が完了し分譲が開始されるまでは，敷地を共有するという要件を実質的には充足しないので，団地関係は成立しない。Ｊの滞納管理費等

の支払義務は否定される。

【基礎的事項の確認】
① 売渡請求権は，形成権であり，意思表示の到達によって売買契約の効果が生じる。売渡請求権の被行使者は，専有部分の引渡義務及び所有権登記の移転義務を負い，売渡請求権の行使者は，時価による売買代金支払義務を負う。両者の義務は，同時履行の関係に立つ。
② 売渡請求権の被行使者には，借家人を退去させて専有部分を引き渡す義務がある。敷地利用権が賃借権であれば，土地所有者の承諾を得る義務を有する。
③ 売渡請求権の時価については，建替えが完成した場合の再建建物及び敷地利用権の価額から建替え経費を控除した額と，再建建物の敷地とすることを予定した更地価額から解体費を控除した額とをそれぞれ算出し，これらを比較衡量した上で個別的事情を加味して総合的に判断する。
④ 複数の区分所有者が一つの専有部分を共有する場合，一人の区分所有者が複数の専有部分を所有する場合，いずれも区分所有者は一人と数える。区分所有者は，登記を具備する者に限られる。
⑤ 66条は62条を準用していないので，団地内建物の各棟の建替えは，各棟において決議が成立すれば足りる。団地管理組合の総会決議が必要であると定めた団地規約の定めは，66条に抵触するため，無効である。
⑥ 建物の効用の維持回復費用を投ずることが社会通念上不合理と判断される場合，建物の存続自体が不可能となり，建替え決議における費用の過分性は認められる。
⑦ 団地建物所有者の全員が利害関係を共通にする場合に，はじめて団地関係が成立し，管理費等の支払義務が発生する。

第18章 財産管理と登記

The Point

- 管理業者名義の預金は，区分所有者が出資した場合，預金者は誰なのか。
- 専有部分を法定共用部分に変更する場合の登記手続は，どのように行うのか。
- 過少登記後の真正な共有持分割合に基づく更正登記請求は，認められるか。

【Theme & Target】

① 管理業者が，管理費等の剰余金を自己名義で定期預金として預け入れた場合，預金者は，管理業者となるのか又は出捐者である区分所有者全員で構成される管理組合となるのか。

② 管理業者が，管理委託契約に基づき，管理業者名義で預金をした場合，預金者は，管理組合又は管理業者のいずれになるのか。

③ 権利能力なき社団である管理組合が，不動産に関する所有権を取得した場合，管理組合は，登記名義人となる資格を有するのか。

④ 管理室，自家発電室等が法定共用部分と認定されたが，専有部分として，表示に関する登記及び所有権保存登記が既に完了している場合，登記手続はどのように行うべきか。

⑤ 土地家屋調査士の過誤によって，共有持分割合が過少に登記された場合，錯誤を原因として更正登記を求めることは可能か。

重要判例154　管理業者の倒産と預金口座

第一審：平5（ワ）13432号・20928号，平6（ワ）4641号・10840号（東京地判平成8年5月10日），控訴審：平8（ネ）2630号・2632号・2688号・2698号（東京高判平成11年8月31日）

【争　点】

管理業者が，管理費等の剰余金を自己名義で定期預金として預け入れた場合，預金者は，出捐者である区分所有者全員で構成される管理組合であると判示した。第一審では，区分所有者が預託した管理費等を管理業者名義で預金した場合，銀行に対する預金債権は管理業者に帰属するとされたが，控訴審において，預金者は管理組合であると認定した。

【事実の概要】　管理業者Yは，管理組合X（6つの管理組合であるX1～X6を総称する）から管理業務を受託し，管理業務を行っていた。Yは，A銀行において，Xの区分所有者から徴収した管理費等を原資としてY名義の普通預金口座を開設し，その剰余金を定期預金とする定期預金契約を締結した。Yの親会社Zが自己破産の申立てを行ったため，Yが破産宣告を受け，Yの破産管財人としてZが選任された。Aは，Yに7,000万円を貸し付けていたが，貸金債権7,000万円を自働債権として，Yの定期預金返還請求債権71,963,893円と相殺し，Yの普通預金口座に本件相殺後の残金1,963,893円を振り込んで弁済させた。Yが管理委託契約を締結していた18棟では，管理委託契約を解除し，定期預金の返還を受けたが，払戻しを受けた18棟については，Zから破産法に定める否認権の対象となるおそれがあるという指摘がされた。管理組合のない12棟については，定期預金がZの管理下に置かれて，ＡＢＣ3銀行に預金担保の実行によって相殺された。ＡＢＣ3銀行とは，三和銀行（「Ａ」という），東京三菱銀行（「Ｂ」という），さくら銀行（「Ｃ」という）である。本事案の第一審はＣに関する判決であり，控訴審はＡに関する判決である（Ｂに対する判決は【重要判例155】で検討する）。

【当事者の主張】　Zは，次のとおり主張し訴訟を提起した。
① 定期預金はYに帰属するため，Aの相殺は無効である。
② 定期預金は，法的・形式的にはYに帰属しているが，実質的にはXに帰属するものでYに信託された信託財産である。
③ 定期預金は，Xの構成員である区分所有者が，マンションの管理・修繕の目的に従い，使途を限定してYに預託した信託財産であり，Yの固有財産とは独立した財産として把握される。Aに対して，定期預金の解約と払戻しを求める。
④ 定期預金元本合計57,215,526円及び遅延損害金のZへの支払いを求める。
⑤ 本件相殺は，信託法17条の適用により，無効である。信託法17条とは，「（信託債権の相殺の禁止）信託財産に属する債権と信託財産に属せざる債務とは相殺をなすことを得ず。」という規定である。
⑥ 本件相殺は，過去に設定した担保権の実行としてなされたもので，信託財産である定期預金を目的として，Xの承認なしに担保設定を行うことは，横領行為であり，民法90条の公序良俗違反として無効である。担保権の実行行為としてなされた本件相殺は，無効である。

Aは，次のとおり主張した。
① 定期預金については，区分所有者から支払いを受けた管理委託費の剰余金を原資としてY名義で預金したものであるので，Yの預金である。
② Yは，区分所有者から委託を受けてマンションの清掃，設備の保守管理，定期検査等の業務を行っている。金銭の出納業務のみに着目して信託的契約関係と解することは認められない。Yと区分所有者との間には業務委託関係があるにすぎない。
③ Yに対する定期預金返還債務は，本件相殺によってすべて消滅した。

Xは，次のとおり主張し，独立当事者として訴訟に参加した。
① 自ら出捐し，自己の預金とする意思でAに対して自ら又は使者・代理人を通じて預金契約をした者が預金者である。Yの管理受託者としての職務に基づく預入行為は，区分所有者全員の総意に基づくものである。Xには自己の

預金とする意思が存する。

② Yの管理費等の保管のための預入行為は，区分所有者のための職務行為であり，法的効果は，区分所有者の団体に及ぶ。定期預金債権は，当然にXに帰属する。

③ Aに対して定期預金の元本相当額の不当利得返還請求権を有する。Aが，定期預金は実質的にはXに帰属することを認識しながら，本件相殺によって定期預金を受領した。Aは，Xの損失において債権回収を図り，利益を享受したものである。Aの利得は，不当利得となる。

④ Zに対して，定期預金債権がXに属することの確認を求める。預金返還請求権又は不当利得返還請求権に基づき，Aに対して，定期預金の元本合計額57,215,526円及び遅延損害金を求める。

【判　旨】

控訴審　Zの控訴を棄却。定期預金は，Xに帰属する。

① 自らの出捐によって自己の預金とする意思を持って，Aに対して，自ら又は使者・代理人を通じて預金契約をした者が預金者である。預入行為者が，出捐者から交付を受けた管理費等の剰余金を横領し，自己の預金にする意図で預金をした場合等の特段の事情がある場合を除く。

② 定期預金の原資である管理費等は，Yが，Xとの管理委託契約によって区分所有者から徴収し保管する。定期預金の出捐者は，Xの構成員である区分所有者全員であり，全員に総有的又は合有的に帰属する。

③ Yは，管理費等の余剰を原資とする定期預金を自己の預金又は資産とは考えておらず，X又は区分所有者全員に帰属すると認識していた。Yは，管理委託契約の受託者であり，区分所有者に預入意思があるため，Yは，区分所有者の使者として定期預金の預入を行ったにすぎない。

④ 定期預金は，信託財産には当たらない。信託契約とは，財産権を移転し，財産の管理又は処分を行う行為をいう。Yは，定期預金をYの財産として取り扱っていないので，財産権移転の契機を見出すことができない。定期預金は，Yに属するものではなく，本件相殺は無効である。

⑤ 定期預金債権はXに帰属するため，Aは，X1に18,212,960円，X2に10,000,000円，X3に6,934,991円，X4に4,886,307円，X5に4,184,000円，X6に3,152,268円及びこれらの遅延損害金を支払う義務がある。

【ワンポイント整理：否認権と組合財産の確保のための訴訟提起】

否認権とは，破産直前において，一部債権者に対する返済及び支払いは，他の債権者に対して不平等又は不当なものとなるため，その支払いを否定し，返還を請求する権利をいう（破産法160条1項～3項）。次の❶～❹の行為は，破産手続開始後において破産財団のために否認権の対象となる。

> ❶ 破産者が，破産債権者を害することを知って行った行為
> ❷ 破産者が，支払いの停止又は破産手続開始の申立て（「支払いの停止等」という）があった後に行った破産債権者を害する行為
> ❸ 破産者が，債務の消滅に関する行為を行い，債権者の給付価額が消滅した債務額よりも過大となり上記❶又は❷に該当する場合，過大となった部分
> ❹ 破産者が，支払いの停止等があった後又はそれ以前の6ヵ月以内に行った無償行為

本事案では，18棟の管理組合が払戻しを受けたが，定期預金の返還及び払戻しを受けた行為は，他の債権者である管理組合に対して不平等となる可能性が生じる。そのためにZによる否認権の行使によって，返還請求を受けることがある。定期預金がYに帰属し，XがYに対して破産債権である預け金返還請求権を有するにすぎないならば，Xの定期預金は，否認権の行使によって破産財団に取り戻され，Xは組合財産を否認権の行使によって喪失することになる。そこで，Xには，定期預金の帰属を裁判によって決着する必要性が生じたのである。

重要判例155　管理業者名義の預金と預金者の認定

第一審：平5（ワ）20928号，平6（ワ）4641号，平6（ワ）13432号（東京地判平成10年1月23日），控訴審：平10(ネ)841号（東京高判平成12年12月14日）「榮高事件」

【争　点】

管理業者が，管理委託契約に基づき管理業者名義で預金をした場合，預金者は管理組合又は管理業者のいずれであるかが問われた。第一審を覆し，控訴審では管理組合であると認定した。本事案は【重要判例154】で検討したうち，東京三菱銀行にかかわるものである。

【事実の概要】

分譲業者Hが，本件マンションを2棟分譲した。Hの子会社Eは，区分所有法上の管理者の地位に就くとともに，管理業者として2棟の区分所有者Yとの間で管理委託契約を締結して管理業務を行った。Eは，銀行Aに自らの名義の普通預金口座を開設して，Yの出捐する管理費等を管理した。管理業務に必要な費用を払い出し，管理報酬（管理費の15％相当額）を受領した後の余剰金が一定額に達すると，順次定期預金（「本件預金」という）に組み替えて貯蓄した。Eは，Hに対する債権担保のために，連帯保証人として本件預金にAの質権の設定を受けた。その後，H及びEが破産宣告を受け，ZがEの破産管財人に選任された。Aは，本件預金の質権を実行し，Hの債権の弁済として47,090,763円を充当し，Zにその旨を通知した。Zは，EがAに預け入れた本件預金3口の払戻しを求めて訴訟を提起し，Aに対して質権設定契約の無効を主張して47,712,047円及び遅延損害金の支払いを求めた。Eと管理委託契約を締結する2つの管理組合法人X1及びX2（両者を併せて「X」という）が，本件預金の3口のうち，2口がXに帰属すると主張した。Xは，その旨の確認及び払戻しを求めて，独立当事者（「参加人」という）として本訴に参加した。Aに対する預金返還請求権又は不当利得返還請求権に基づき，X1は，16,688,055円（平成4年11月25日時点の積立額）及び遅延損害金の支払いを求

め，X2は，8,995,516円（平成4年2月25日時点の積立額）及び遅延損害金の支払いを求めた。

【当事者の主張】　Xは，Aに対して次のとおり主張した。

① 　Yは，Eと管理委託契約を締結し，Eは，Y又はXのためにする意思でAに預け入れた。Aは，Eが管理者であること及び管理費の徴収のために普通預金口座を開設したことを知っていた。Eが，Y又はXのためにする意思で預け入れたことを知らなかったならば，重大な過失がある。民法478条（債権の準占有者に対する弁済は，弁済者が善意無過失であれば有効である）及び民法94条2項（真実であると信じるだけの外観を作出している場合，外観作出者は，善意の第三者に対して，保護されない）の類推適用は，認められない。

② 　質権設定契約は，Eの取締役会の承認を欠く利益相反取引に該当する。質権設定契約の締結は，YがEに信託した財産を横領するもので，公序良俗に反するために無効である。

③ 　Aには，質権の実行について，悪意又は重大な過失がある。質権の回収には法律上の原因がなく，不当利得に該当する。預金返還請求権又は不当利得返還請求権に基づき，本件預金の返還を請求する。

Aは，Xに対して次のとおり主張した。

① 　Eは，自らの預金とする意思で出捐者として預金行為を行ったので，本件預金の預金者はEである。出捐者とは，預金原資を提供しただけでは足りず，預金意思を有し，かつ，預金通帳や印鑑を保管して実質的に預金を支配する者をいう。Yは，預金意思を有しない。

② 　Eは，HのAに対する債務を担保するため，本件預金に関する質権設定契約に合意した。Hの倒産のために，Aは，質権の実行により本件預金を債権の回収に充当した。

③ 　Eは，預金者としての外観を有しているため，Eが預金者ではないことを知らないことについて過失はない。質権の実行は，民法478条の類推適用によって，Xに対して効力を有する。

④　Yは，Eとの通謀虚偽表示によって，本件預金の預金者がEであると誤信させたものである。民法94条2項の類推適用に基づき，Aは，善意の第三者に当たるので，Xは質権設定の無効を主張できない。

【判　旨】

|控訴審|　Xが控訴し，原審取消。Xの請求認容。

①　Eは，管理委託契約に基づき，預金口座の開設の権限を与えられていた。Xが法人化される前に，団体の表示としてE名義を用いて，Aとの間に預金口座を開設したにすぎない。Yは，Xに対する債務の履行として管理費等を送金していたので，預金者はXである。

②　Eが，普通預金の余剰金を本件預金に組み替えたとしても，預金者がYであることに変更はなく，Xは，黙示の承諾をしていたといえる。EがHのために，質権を設定しても預金者に変更はない。

③　預金者とは，自らの出捐によって，自己の預金とする意思で銀行と預金契約をした者をいう。Xは，管理者であるEを代理人としてAとの間で預金契約をしたもので，自らの出捐に基づく本件預金の預金者である。

④　Aは，Eが管理費の徴収のために普通預金口座を開設したことを知っていた。Eは，本件預金に関して口座名義をマンションごとに明確に区分していた。Aは，真実の預金者であるXと異なるEを預金者であると認定して，質権の実行によって被担保債権を自働債権，本件預金を受働債権として相殺をした。Aは，質権の設定時，Eを預金者と認定することについて相当の注意義務を尽くしていない。質権の設定に際しては，単なる預金の払戻しを受けるのとは異なり，一層慎重な注意義務が必要である。民法478条及び94条2項の類推適用は認められない。

⑤　定期預金債権は，Xに帰属する。Aは，X1に対して16,688,055円及び遅延損害金，X2に対して8,995,516円及び遅延損害金の支払義務がある。

【ワンポイント整理：独立当事者としての訴訟参加】
Ｘ１及びＸ２が，本件預金のうち，２口の帰属の確認及び払戻しを求めて，独立当事者である参加人として本訴に参加した。土地の所有権について当事者間に争いがある場合，第三者（「参加人」という）が真の所有者であると主張して訴訟に参加する場合が具体例として考えられる。従前の当事者と参加人との間で，訴訟目的である権利又は法律関係の紛争について一挙に決着をつけるものである。独立当事者参加では，従前の当事者と参加人との間で三面的な対立関係が生じるので，原告・被告・参加人による三面訴訟となる。第三者が自らの要求を主張して他人間の訴訟に介入し，当事者となる「当事者参加」には，次の２つがある。

❶ 独立当事者参加（民事訴訟法47条１項）
　→第三者が，独立当事者として参加する。
❷ 共同訴訟参加（民事訴訟法52条１項）
　→第三者が，原告又は被告とともに共同訴訟人となる。共同訴訟とは，原告又は被告の少なくともどちらか一方が複数人である訴訟をいう。

重要判例156　権利能力なき社団の不動産登記

昭45(オ)232号（最判昭和47年６月２日）

【争　点】

権利能力なき社団が，不動産に関する所有権を取得した場合，登記名義人となる資格を有しないため，代表者の個人名義で登記をすることが認められている。

【判 旨】

[上告審] 権利能力なき社団は，代表者の個人名義等で登記をする。

① 権利能力なき社団の取得した不動産は，構成員全員の総有に属する。権利能力なき社団の代表者は，構成員全員のために受託者としての地位において，信託的に自己名義で不動産登記をすることができる。

② 権利能力なき社団の名義で登記をすること又は社団の代表者である旨の肩書を付した代表者個人名義で登記をすることは，不動産登記法に反するため，許されない。不動産登記法は，登記権利者を実体法において権利能力を有する者に限定する。

③ 新たな代表者が選任されたときは，新代表者は，旧代表者に対して，自己名義にかえるための所有権移転登記手続をすることを請求できる。

重要判例157　共用部分への変更登記

昭54(ワ)9036号（東京地判平成元年10月19日）

【争 点】

分譲業者が，管理室・自家発電室等につき，専有部分として表示に関する登記及び所有権保存登記を完了させている場合に，区分所有者が法定共用部分であると主張し，所有権保存登記の抹消登記を求めた。建物の全部を法定共用部分に変更する場合，所有権保存登記の抹消登記により行い，建物の一部を法定共用部分に変更する場合，表示に関する登記の一部抹消を内容とする更正登記により行うと判示された。

【事実の概要】　本件マンションは，地上8階（塔屋付）・地下2階建ての建物規模を有し，分譲業者Cが94戸を分譲した。不動産登記時においては，4つの廊閣があることから，鉄筋コンクリート造陸屋根「地下4階付き地上17階建て」として登記された。Cが，地下1階から地上5階にかけて所有権を留保し

た建物部分が存在した。

```
Cが，所有権を留保した建物部分
  【地上5階】　メーター室，倉庫
  【地上2階】　管理室，ゲストルーム5室，大ホール・廊下・Eホール，
　　　　　　　　ウェイテングルーム
  【地上1階】　事務所，器材室，ゲストルーム5室，店舗，茶室，廊下・
　　　　　　　　階段室・Eホール，ロビー
  【地下1階】　駐車場，自家発電室・バッテリー室，倉庫3室，トランク
　　　　　　　　ルーム
  【地下2階】　電気室，休息室，倉庫2室
```

【当事者の主張】　区分所有者A（7名）は，次のとおり主張した。
①　Cが所有権を留保した建物部分のうち，管理室，自家発電室・バッテリー室，メーター室，廊下・階段室，駐車場，事務所，器材室，電気室，休息室，地下2階の倉庫2室，ロビー，ウェイティングルーム，大ホールは，法定共用部分である。地下1階の倉庫3室，5階の倉庫，ゲストルーム5室及び茶室，トランクルーム，2階にあるゲストルーム5室は，規約共用部分である。
②　主位的請求として，Cが所有権を留保した建物部分のうち，法定共用部分に該当するものについて，当該建物部分の明渡しと表示に関する登記及び所有権保存登記の抹消登記を請求する。

Cは，次のとおり，主張した。
①　管理室には，火災受信機はあるが，これはわずかの部分を占めるにすぎず，Cの排他的使用に障害となるものではない。管理室は，区分所有者全員に必要不可欠なものではなく，法定共用部分ではない。
②　自家発電室及びバッテリー室，メーター室，1階階段室は，法定共用部分ではない。駐車場，事務所及び管理室は，構造上及び利用上の独立性を有する。器材室は，Cの事務所として使用され，法定共用部分ではない。
③　電気室は，Cが認可を受けた自家用電気工作物である。認可の要件として，

Cが電気室を所有しなければならないので，法定共用部分とはならない。ロビー，ウェイティングルーム，大ホールは，構造上の独立性を有するため，法定共用部分ではない。

【判　旨】

法定共用部分については，所有権保存登記を抹消する。建物の一部を法定共用部分に変更する場合には，更正登記を命じる。

① 管理室，自家発電室・バッテリー室，メーター室，電気室，休息室，地下2階の倉庫2室を法定共用部分として認定する。それ以外は，構造上及び利用上の独立性が認められるため，専有部分である。

② 管理室は，利用上の独立性を欠き，自家発電室・バッテリー室は，緊急時に区分所有者に対して電気を供給し保管するもので利用上の独立性を欠き，メーター室は，狭隘な空間に給水・給湯配管等が収納され，他の用途に利用することは予測しがたく利用上の独立性を欠くことが理由である。

③ 専有部分から法定共用部分への登記申請手続は，管理室のように専有部分の全部を共用部分に変更する場合には，Cが所有権保存登記を抹消するべきである。所有権保存登記を抹消すれば，登記官の職権によって表示に関する登記は抹消される。

④ 専有部分の一部を共用部分に変更する場合には，実体と齟齬がある限度において，表示に関する登記を更正すべきである。専有部分を減少させた床面積に更正すれば足りるので，所有権保存登記に触れる必要はない。

⑤ Aの請求のうち，建物の全部を法定共用部分に変更する場合，所有権保存登記の抹消登記を命じる。建物の一部を法定共用部分に変更する場合，表示に関する登記の一部抹消を内容とする更正登記を命じる。

第18章　財産管理と登記

【ワンポイント整理：管理室における利用上の独立性の判断基準】
管理室を専有部分として捉えると，物権変動によって取得した第三者に対して，共用設備の保守管理のために，その排他的使用を制限することは困難となってしまう。管理室は，区分所有者全員の利益のために，共用部分とする必要性が高い。利用上の独立性の判断基準として，外形的に判断して，一義的に明確に客観的に判断できるものとして，次の❶及び❷の2点を掲げる（最判昭和56年6月18日【重要判例7】）。

【利用上の独立性の判断基準】
❶　独立の建物としての用途に供することができる外形を有する。
❷　独立の建物と実質的に異ならない排他的使用に供することができる。

共用設備があっても，次の場合には利用上の独立性を認定することができる。

【専有部分の認定要件】
ⅰ　共用設備の小規模性：共用設備は小部分を占めるにとどまる。
ⅱ　排他的使用の可能性：共用設備の他の部分をもって，独立の建物と実質的に異なることのない排他的使用に供することができる。
ⅲ　共用設備の保存と他の区分所有者の利用に対する非影響性：共用設備の利用管理によって，他の区分所有者の排他的使用に制限又は障害を生じることがない。

重要判例158　敷地権の共有持分割合の更正登記

平4（ワ）625号（神戸地判平成4年10月6日）

【争　点】

共有持分割合が，土地家屋調査士の過誤によって過少に登記された場合，敷地権を分離処分することを可能にするために分離処分可能規約の設定をしなければならないが，これは管理組合の自治に委ねられているため，同意請求権は否定された。敷地権である旨の登記の抹消については，登記官が職権において行うものであるため，抹消登記請求権は否定された。他の区分所有者に対する真正な共有持分割合に基づく共有持分権存在確認請求及び更正登記又はその承諾の請求は，認容された。

【事実の概要】　分譲業者Cが，買主Aに対して分譲した本件マンションにおいて，Cが，敷地権表示を含む表示に関する登記を行い，Aが，甲区欄において所有保存登記を行った。表示に関する登記の申請時に，土地家屋調査士の過誤によってAの購入した602号室の専有面積を70.16m^{2}としたが，実際には80.40m^{2}が適正であった（10.24m^{2}の過少登記）。それに伴い，本件敷地について，敷地権割合の分母は186,863となってしまったが，187,887が適正であった。Aは，登記官に表示に関する登記の更正を求め，専有部分については錯誤による建物表示に関する更正登記がなされた。しかし，敷地権割合については更正登記ができないままであった。そこで，Aが，他の区分所有者及び利害関係者に対して訴訟を提起して，登記官に更正登記を求めた。A以外には36名の区分所有者（「B」とする）と，Bに対する抵当権者16名（「D」とする）が存在した。

【当事者の主張】　Aは，B及びDに対して次のとおり主張し訴えを提起した。

① Bに対して，敷地権につき分離処分可能規約の設定に関する同意を求めるとともに，本件敷地につき敷地権である旨の登記の抹消を求める。

② 敷地権割合及び共有持分割合の分母が187,887である旨の確認を求める。

B及びDに対しては，錯誤を原因としてAの共有持分割合を187,887分の8,040，Bについては，分子を現状のままとして分母を187,887とする敷地権割合の更正登記に関する登記手続及びその承諾を請求する。

Bは，次のとおり主張した。
① 分離処分可能規約の設定のための規約の変更は，特別決議又は区分所有者全員による書面合意によって行う。管理組合が決定すべきことであり，裁判権は及ばないため，Aの請求は，不適法で無効である。
② 更正登記は，分離処分可能規約の設定がなされなければできない。分離処分可能規約の設定が不適法かつ無効であれば，更正登記は，訴えの利益がなく不適法として却下される。
③ 敷地権が敷地権でない権利となれば，建物の表示の変更登記は，表示に関する登記であり，登記官が職権で行うことができる。敷地権である旨の登記の抹消は，建物の表示の変更登記に伴い，登記官の職権でなされる。抹消登記を請求するものではない。

【判　旨】

共有持分権の確認及び更正登記請求と敷地権割合を真正なものにするための承諾請求については，認容する。
① 分離処分可能規約の設定に関する同意請求権について，特定の区分所有者の利益のために，区分所有者の議決権を行使すべき義務はないので認められない。敷地権である旨の登記の抹消は，登記官の職権によって行うものであるため，認められない。真正な共有持分割合に対応するために，Bに対する共有持分権の確認及び更正登記請求と，敷地権割合を真正なものにするために，Dに対する更正登記の承諾請求については，適切な理由が存在する。
② AのBに対する共有持分権確認請求を認容する。Aは，187,887分の8,040の共有持分権を有することを確認する。Bは，分母を187,887とする共有持分権を有することを確認し，更正登記をなすべき義務を負う。
③ 錯誤による共有持分の差はBにとって無権利であるため，Aの所有に属する。錯誤を原因として，187,887を分母として，その分子につき，Aは8,040,

Bは専有面積に基づく敷地権割合とする旨の更正登記をなすべき義務を負う。Bは，Dのように承諾を請求する相手方ではない。
④　Dは，抵当権設定登記及び抵当権設定仮登記を有する担保権者である。更正登記によって権利を害されることが明らかであるため，不動産登記法（旧法）146条1項に定める利害関係人に該当する。Dに対する承諾請求は理由があるために認容する。Dは，更正登記を承諾すべき義務を負う。
⑤　Aの所有する専有部分の床面積が，80.40㎡であることの確認を求める訴えは却下する。Cは，無権利者であるため，承諾義務を負う者ではない。

【ワンポイント整理：敷地権と不動産登記法73条2項及び3項】
Aの住戸に限って，専有部分の床面積を更正するためには，真正な専有面積を表示する資料を提出すれば，Aだけで対応することができる（不動産登記法44条1項3号，53条1項・2項）。しかし，区分所有者全員に係る敷地権割合の更正については，原則として，民法251条に従い，区分所有者全員の合意が必要である。そのために，まず敷地権を分離処分する方策をとらなければならない。旧法110条の13では，敷地権である旨の登記のある土地及び敷地権の表示の登記がある建物について，所有権移転登記を禁止する。これは，現行（平成19年12月21日改正）の不動産登記法73条2項及び3項の規定に相当する。

［不動産登記法73条2項］
敷地権である旨の登記をした土地には，敷地権の移転の登記又は敷地権を目的とする担保権に係る権利に関する登記をすることができない。
［不動産登記法73条3項］
敷地権付き区分建物には，当該建物のみの所有権の移転を登記原因とする所有権の登記又は当該建物のみを目的とする担保権に係る権利に関する登記をすることができない。

> ［昭和58年11月10日民事三第6400号通達では，次のように登記実務を示す。］
> ① 土地の所有権が敷地権である場合，敷地権たる旨の登記をしたときは，土地の登記用紙には所有権移転の登記をすることができない。
> ② 敷地権の表示を登記した建物の登記用紙には，建物のみを目的とする所有権の移転を登記原因とする所有権の登記はすることができない。所有権の保存登記もすることができない。

区分所有建物の敷地権の目的となっている土地所有権の更正登記で，共有持分割合を更正する場合は，実質的には敷地権である権利の一部移転の登記をすることになる。これは，敷地権である旨の登記がある限りできないので，登記実務では，<u>敷地権である権利の一部が敷地権でなかったことによる建物の表示更正登記において，建物の表題部における敷地権の表示を更正し，かつ，土地の登記記録になされた敷地権である旨の登記を更正（一部抹消）したうえで行う必要がある。</u>

【ワンポイント整理：不動産登記の実務と事実認定】

① 登記実務と分離処分可能規約の同意請求権

Aが，敷地権の更正登記を行うためには，次の前提が必要である。

> ❶ 本件敷地につき，敷地権である登記の抹消登記を経由する。
> ❷ 管理組合として，分離処分可能規約を設定する特別決議を経る。

22条1項において，専有部分と敷地利用権との分離処分が禁止されている。Aが敷地権割合を増加させることによって，Bの敷地権割合を減少させることは，分離処分禁止規定に抵触する。そこで，22条1項但書に基づき，集会の特別決議によって分離処分可能な規約を設定する手続が必要となる。本事案では，次の理由から，分離処分可能規約を設定する合理性がある。

> ❶ 専有部分の建物床面積の変更登記を経由しなければならない。
> ❷ 専有部分の敷地権割合の増加によって，正当な敷地権割合の更正登記を実現するために，敷地利用権を分離する必要がある。
> ❸ 区分所有者から敷地利用権の一部譲渡を受けるほかに方法がない場合には，22条1項但書に基づき，集会の特別決議によって分離処分可能規約を設定する手続を必要とする。

分離処分可能規約の設定は，特別決議のほか，区分所有者全員による書面合意によってすることが可能であり，これ以外に方法はない。区分所有者は，専有部分の床面積割合に基づき議決権を有するが，集会の決議においてこの議決権を自由に行使することが可能である。しかしながら，Aの利益のためにこの議決権を行使しなければならないという義務または拘束を定める規定は存在しないので，分離処分可能規約の設定に関する同意請求権を求めるAの主張は，認めることができない。Bに対して，同意請求権を行使することはできないと判示した。

② 敷地権である旨の登記に関する職権抹消

分離処分可能規約が設定されれば，敷地権が敷地権ではなくなり，敷地権の抹消登記の申請をすることが可能となる。規約を証する書面を添付して申請すれば，登記官は職権によって敷地権である旨の登記を抹消する（不動産登記法（旧法）93条の6第1項，93条の16第1項）。敷地権である旨の登記の抹消は，登記官が職権によって行うものである。従って，Bに対する抹消登記請求権は，認められないため，棄却すると判示した。

③ 真正な専有面積の確認と訴えの利益

Aは，Bに対して，専有面積80.40m^2が真正な床面積であるという確認を求めているが，これは単なる事実の確認にほかならない。昭和62年2月9日において，建物の表示に関する更正登記がすでになされていることから，訴えの利益は存在しないため，Aの請求は却下された。

④ 共有持分権の存在確認請求の認容

次の共有持分権(共有持分割合に関する権利)が存在することにつき,AのBに対する請求は認容された。

	更 正 前	更 正 後
❶ Aの専有面積	70.16㎡	80.40㎡(10.24㎡ 増加)
❷ Aの共有持分権	7,016／186,863＝3.75%	8,040／187,887＝4.27%
❸ Bの共有持分権	専有面積×100／186,863	専有面積×100／187,887

更正登記の前後における共有持分権の差である1,024はBにとって無権利のものであり,建物の表示に関する更正登記に基づき,Aに帰属する。従って,<u>AのBに対する錯誤を原因とする更正登記手続の請求は,認容された</u>。

【基礎的事項の確認】
① 管理業者が自己名義で定期預金として預け入れた場合でも，預金者は実質的な出捐者である区分所有者全員で構成される管理組合となる。定期預金は，区分所有者全員に帰属する。
② 管理業者が，管理委託契約に基づき，管理業者名義で預金をした場合，管理組合とは管理者の地位にあり，区分所有者とは管理委託契約における受任者の地位にある。預金は，管理組合に帰属する。
③ 権利能力なき社団である管理組合が取得した不動産は，構成員全員のために代表者の自己名義で不動産登記をすることができる。管理組合の名義で登記をすること又は管理組合の代表者の肩書を付した代表者個人名義の登記をすることは許されない。
④ 専有部分として表示に関する登記及び所有権保存登記が完了している場合，建物の全部の法定共用部分への変更は，所有権保存登記の抹消登記により行い，建物の一部の法定共用部分への変更は，表示に関する登記の一部抹消を内容とする更正登記により行う。
⑤ 共有持分割合が過少に登記された場合，敷地権の分離処分可能規約設定の同意請求及び敷地権である旨の登記の抹消請求は否定された。他の区分所有者に対する真正な共有持分割合に基づく共有持分権の存在確認請求及びその旨の更正登記又は承諾の請求が認められた。

○参考文献

本書を論述するにあたって，次の著作を参考にさせて頂いた。一括して記載し，感謝申し上げる。

　『判例時報』判例時報社発行

　『判例タイムズ』判例タイムズ社発行

　『裁判所時報』最高裁判所事務総局発行

　『金融商事判例』経済法令研究会発行

　『旬刊金融法務事情』社団法人金融財政事情研究会発行

　稲本洋之助・鎌野邦樹著『コンメンタール　マンション区分所有法（第2版）』2004年10月20日株式会社日本評論社発行

　財団法人マンション管理センター編『マンション管理の判例＆解説』平成14年10月15日株式会社オーム社発行

　上原敏夫，池田辰夫，山本和彦著『民事訴訟法（第5版）』2006年12月25日株式会社有斐閣発行

　中野貞一郎著『民事裁判入門（第2版補訂版）』2005年10月30日株式会社有斐閣発行

　吉田徹編著『一問一答改正マンション法』2003年7月30日株式会社商事法務発行

　星野英一著『民法概論Ⅱ（物権・担保物権）』昭和58年7月5日良書普及会発行

　社団法人日本不動産鑑定協会監修・編著『新・要説不動産鑑定評価基準』2007年11月17日株式会社住宅新報社発行

　太田知行・村辻義信・田村誠邦編『マンション建替えの法と実務』2005年6月10日株式会社有斐閣発行

　塩崎勤編『裁判実務体系19区分所有関係訴訟』1992年4月株式会社青林書院発行　本書においては『区分所有関係訴訟』と略記

　北九州マンション問題研究会・福岡マンション問題研究会編『わかりやすいマンション判例の解説（第2版）』平成18年8月25日株式会社民事法研究会発行

水本浩著『注釈民法(1)（第2版）』1984年1月30日株式会社有斐閣発行
篠塚昭次著『注釈民法(2)』1981年1月20日株式会社有斐閣発行
水本浩著『注釈民法(3)（第2版）』1982年11月20日株式会社有斐閣発行
藤木英雄・金子宏・新堂幸司編集代表1983年6月30日株式会社有斐閣発行『法律学小辞典』
『宅地建物取引主任者講習テキスト』平成16年3月財団法人不動産流通近代化センター発行
『平成19年度マンション管理士法定講習テキスト』平成19年3月財団法人マンション管理センター発行
『平成19年度管理業務主任者証の交付に係る講習テキスト』平成19年3月社団法人高層住宅管理業協会発行
『マンション管理に係る紛争事例集』平成19年3月社団法人高層住宅管理業協会発行
渡辺晋著『最新区分所有法の解説』平成15年4月7日株式会社住宅新報社発行
山本和彦著『よくわかる民事裁判（第2版）』2005年4月15日株式会社有斐閣発行
日下千章・坂本一洋著『要説不動産に関する行政法規』1993年12月25日株式会社学陽書房発行
中野貞一郎編『民事執行・保全法概説（第3版）』2006年11月20日株式会社有斐閣発行
『ＮＢＬ（エヌ・ビー・エル）』社団法人商事法務研究会発行

著者略歴

昭和61年大阪大学法学部法学科卒業。
清水建設開発事業本部にて12年間、マンションの企画・販売・管理等を担当。御茶ノ水や幕張等のプロジェクトを担当。
その後、ミサワホーム・大和ハウス工業の工業化住宅の営業及び営業設計に従事。現在、住宅建設会社を経営し、設計・建築・マンション管理・人材派遣等を業務として行う。
マンション管理士・管理業務主任者・宅地建物取引主任者・二級建築士資格を登録し、それらを実務上駆使している。マンション法を探求する気鋭の実務法律研究者。

著書等
- 『マンション法徹底解説』(清文社。2007年7月17日)
- 『ケーススタディと判例で語るマンション実務　区分所有法を読み解く21話』(住宅新報社。2007年4月16日)
- 『うかるぞ管理業務主任者』(週刊住宅新聞。2007年9月20日)
- 『鉄則マン管講義』(東京法経学院出版。2003年版～2006年版)
- 『マンション管理士／管理業務主任者ＣＤ及びカセット (上・下)』(早稲田経営出版。ＣＤ平成14年5月15日。カセット平成15年7月30日)
- 週刊住宅 (週刊住宅新聞) に「進化するマンション管理」を執筆 (平成16年7月15日～同年9月13日。全7回)
- 不動産法律セミナー (東京法経学院出版) に「事例解法の鉄則　マンション物語」を執筆 (平成18年4月～平成19年1月。全10回)
- 『鉄則マン管改正法と予想問題2003年版』(自費出版。2003年10月1日)

著者との契約により検印省略

| 平成21年7月1日　初版第1刷発行 | 管理業務主任者　マンション管理士
出る　出る　受験判例160選 |

著　者　嶋　本　勝　浩
発行者　大　坪　嘉　春
印刷所　税経印刷株式会社
製本所　牧製本印刷株式会社

発行所　〒161-0033 東京都新宿区下落合2丁目5番13号　株式会社 税務経理協会
　　　　振替　00190-2-187408　　電話(03)3953-3301(編集部)
　　　　ＦＡＸ(03)3565-3391　　　　　(03)3953-3325(営業部)
　　　　ＵＲＬ　http://www.zeikei.co.jp/
　　　　乱丁・落丁の場合は，お取り替えいたします。

© 嶋本勝浩 2009　　　　　　　　　　　　　Printed in Japan

本書を無断で複写複製(コピー)することは，著作権法上の例外を除き，禁じられています。本書をコピーされる場合は，事前に日本複写権センター(ＪＲＲＣ)の許諾を受けてください。

JRRC〈http://www.jrrc.or.jp　eメール：info@jrrc.or.jp　電話：03-3401-2382〉

ISBN978-4-419-05294-2　C3032